国家级精品课程
“十二五”普通高等教育本科国家级规划教材
普通高等教育“十一五”国家级规划教材
上海财经大学会计专业系列教材
上海普通高校优秀教材
上海财经大学精品课程

成本会计习题与案例集

（第五版）

潘　飞　乐艳芬　主　编

上海财经大学出版社

目　录

第一篇　导　论

第二篇　成本核算

第三篇 成本控制与成本考核

第四篇 战略成本管理

第一篇 导论

第一章

成本会计概述

一、单项选择题

1. 在成本会计的各种职能中,(　　)是基础。

A. 成本预测　　B. 成本控制　　C. 成本核算　　D. 成本考核

2. 由于成本与(　　)结合密切,因此成本的内容往往要服从管理的需要。

A. 生产　　B. 管理　　C. 核算　　D. 经济

3. 与传统成本会计相比,现代成本会计的重点已转移到(　　)。

A. 事中控制　　B. 事后计算　　C. 事后分析　　D. 事前规划

4. 我国企业会计制度规定,企业应采用(　　)计算成本。

A. 制造成本计算法　　B. 标准成本计算法

C. 变动成本计算法　　D. 实际成本计算法

5. 实行(　　)制度,满足了存货估价和计算损益的要求,为编制财务报表提供资料。

A. 变动成本计算　　B. 估计成本计算　　C. 标准成本计算　　D. 实际成本计算

6. 为了保证所做的决策是最优的,在进行决策时应考虑(　　)。

A. 已耗成本　　B. 未耗成本　　C. 支出成本　　D. 机会成本

7. 下列各项中,表述错误的是(　　)。

A. 成本与费用是一组既有紧密联系又有一定区别的概念

B. 没有发生费用就不会形成成本

C. 成本的发生期与补偿期并非完全一致

D. 成本在损益表上被列为当期收益的减项

8. 下列各项中,既是成本预测的结果,又是制订成本计划依据的是(　　)。

A. 成本核算　　B. 成本决策　　C. 成本控制　　D. 成本分析

9. 下列各项中,不属于成本信息质量要求的是(　　)。

A. 相关性　　B. 可理解性　　C. 真实性　　D. 效益性。

10. 有助于管理人员确定不增加价值但耗费资源的作业活动的成本计算方法是(　　)。

A. 实际成本制度　　B. 标准成本制度　　C. 估计成本制度　　D. 作业基础成本制度

二、多项选择题

1. 现代成本会计的主要职能包括(　　)。

A. 成本预测　　B. 成本决策
C. 成本计划和成本控制　　D. 成本核算
E. 成本分析和考核

2. (　　)是成本事前规划的具体手段。
A. 成本预测　　B. 成本决策　　C. 成本计划　　D. 成本分析
E. 成本考核

3. 下列各项中,属于成本会计提供的信息是(　　)。
A. 制定决策和计划的信息　　B. 指导和控制经营活动的信息
C. 反映财务状况和经营成果的信息　　D. 业绩评价和激励的信息
E. 评价企业竞争地位的信息

4. 现代成本会计具有的特征是(　　)。
A. 成本会计与管理的直接结合　　B. 建立数量化的管理技术
C. 按照成本最优化的要求　　D. 促使企业生产经营实现最优化运转
E. 以提高企业的市场适应和竞争能力

5. 现代成本会计是包括了(　　)等内容,以全面提高经济效益为核心的现代成本会计信息系统。
A. 质量成本管理　　B. 作业成本管理　　C. 战略成本管理　　D. 环境成本管理
E. 人力资源成本管理

6. 尽管不同的经济环境,不同的行业,对成本的内涵有不同的理解,但是,成本的经济内容的共同点表现为(　　)。
A. 成本的形成是以某种目标为对象的
B. 成本是指企业的各项支出
C. 成本是为实现一定的目标而发生的耗费
D. 成本是会计期间为获得收益而发生的支出
E. 成本都是有形的

7. 下列有关成本的表述中,正确的是(　　)。
A. 成本是为取得财产或接受劳务而牺牲的经济资源
B. 成本可以是主观认定的,也可以是客观认定的
C. 成本是会计期间为获得收益而发生的费用
D. 成本可以分为未耗成本与已耗成本两大类
E. 未耗成本在资产负债表上列为资产项目

8. 下列各项中,表述正确的是(　　)。
A. 现代成本会计实际上也就是成本管理
B. 成本数据更多地被用于对企业内部管理人员的业绩评价
C. 成本信息主要为财务会计编制财务报表之用
D. 成本会计是以管理为重心的
E. 财务会计与管理会计都必须依赖于成本会计系统所提供的信息

9. 成本控制是(　　)。
A. 对成本计划的实施进行监督

B. 成本会计的基本职能
C. 实现成本决策既定目标的保证
D. 实现成本决策和成本计划目标的有效手段
E. 制订成本计划的依据

10. 下列各项关于适时生产系统的表述中，正确的是(　　)。
A. 是一种需求拉动式的生产系统　　B. 通常将存货数量减少到最低水平
C. 更强调质量控制　　D. 成本的可溯性大为增强
E. 成本计算的准确性大大提高

三、判断题

1. 费用是会计期间与收入相配比的成本。(　　)
2. 成本是为了取得财产或劳务而牺牲的经济资源，因此，成本都是有形的。(　　)
3. 会计系统的特征是记录支出成本而不是记录机会成本。但是，在决策时应考虑机会成本。(　　)
4. 成本会计是为编制财务会计报表提供成本信息服务的。(　　)
5. 现代成本会计实际上就是成本管理。(　　)
6. 即使所从事经济活动的内容不同，但成本的内涵是一致的。(　　)
7. 费用和损失都属于已耗成本。(　　)
8. 随着产品的售出，其成本就转化为出售当期的费用，并与当期发生的其他费用一起，由当期营业收入予以补偿。(　　)
9. 计算产品成本以确定存货成本及销售成本是成本会计的主要目的。(　　)
10. 质量成本的计量和报告是现代成本会计系统的主要特征之一。(　　)

参 考 答 案

一、单项选择题

1. C　2. B　3. D　4. A　5. D　6. D　7. D　8. B　9. C　10. D

二、多项选择题

1. ABCDE　2. ABC　3. ABDE　4. ABCDE　5. ABCDE　6. AC　7. ABDE　8. ABDE　9. ACD　10. ABCDE

三、判断题

1. √　2. ×　3. √　4. ×　5. √　6. ×　7. √　8. √　9. ×　10. √

第二章

成本会计的基本原理

一、单项选择题

1. 生产性成本和服务性成本是成本按(　　)的分类。

A. 成本与特定对象关系　　B. 成本与业务量关系

C. 经营目标不同　　D. 成本在经济工作中的作用

2. 在采用分摊法分配间接成本时,所选择的分配标准应满足(　　)。

A. 合法性原则　　B. 权责发生制原则

C. 一贯性原则　　D. 受益原则

3. 成本分配方法中,其结果最准确的是(　　)。

A. 直接追溯法　　B. 动因追溯法　　C. 分摊法　　D. 配比法

4. 在编制损益表和资产负债表时,首先要区分(　　)。

A. 产品成本和期间成本

B. 资本化成本与非资本化成本

C. 变动成本固定成本

D. 可计入存货的资本化成本和不可计入存货的资本化成本

5. 成本会计的对象可以概括为(　　)。

A. 产品的生产成本

B. 商品的采购成本

C. 经营管理费用

D. 各行业企业生产经营业务的成本和经营管理费用

6. 在选择成本计算方法时,应遵循(　　)。

A. 成本—效益原则　　B. 历史成本原则

C. 分期核算原则　　D. 权责发生制原则

7. 下列表述中,正确的是(　　)。

A. 差量成本仅包括变动成本

B. 差量成本仅包括固定成本

C. 差量成本既包括固定成本也包括变动成本

D. 差量成本就是增量成本

8. 下列各项中,构成制造费用的是(　　)。

A. 所有的直接材料、直接人工和管理费用

B. 除了直接人工之外的所有的制造成本
C. 除了直接材料和直接人工之外的所有的制造成本
D. 所有的营销和管理费用

9. 正确计算产品成本,应该做好的基础工作是(　　)。
A. 正确划分各种费用的界限　　B. 确定成本计算对象
C. 建立和健全原始记录工作　　D. 各种费用的分配

10. 各种成本计算方法中,最基本的方法是(　　)。
A. 品种法　　B. 分批法　　C. 分步法　　D. 作业基础成本法

二、多项选择题

1. 成本按与特定对象的关系可分为(　　)。
A. 变动成本　　B. 固定成本　　C. 直接成本　　D. 间接成本
E. 混合成本

2. 财务成本在企业中有多种多样的表现形式。在生产性企业中,财务成本还可进一步分为(　　)。
A. 购储成本　　B. 生产成本　　C. 期间成本　　D. 定额成本
E. 责任成本

3. 成本计算对象可以是(　　)。
A. 一种产品　　B. 一项服务　　C. 一张订单　　D. 一个作业
E. 一个部门

4. 通常,成本对象由(　　)等要素构成。
A. 成本归集方法　　B. 成本承担者　　C. 成本计算期　　D. 成本计算空间
E. 成本分配方法

5. 相关成本是指与特定决策所相关,决策时必须加以考虑的未来成本。下列各项中,属于相关成本的有(　　)。
A. 可避免成本　　B. 边际成本　　C. 沉没成本　　D. 差量成本
E. 重置成本

6. 下列各项中,构成产品成本的是(　　)。
A. 直接材料　　B. 制造费用　　C. 管理费用　　D. 营业费用
E. 直接人工

7. 下列各种成本计算方法中,属于基本方法的有(　　)。
A. 作业基础成本法　B. 分步法　　C. 定额法　　D. 分批法
E. 分类法

8. 下列各项中,属于期间费用的有(　　)。
A. 销售费用　　B. 管理费用　　C. 制造费用　　D. 生产费用
E. 财务费用

9. 成本会计核算一般应遵循(　　)。
A. 历史成本原则　　B. 成本效益原则　　C. 分期核算原则　　D. 可比性原则
E. 分期核算原则

10. 下列各项中,可以作为间接成本分配标准的有(　　)。

A. 产品重量　　B. 机器工时　　C. 定额消耗量　　D. 生产工时

E. 定额费用

三、判断题

1. 服务性企业的劳务成果一般不具有实物形态,只能按照劳务的性质、数量和质量,归集所发生的经营费用,计算成本。(　　)

2. 从管理会计的角度看,成本计算是为企业正确地制定最优决策,有效经营和严格进行成本控制服务的。(　　)

3. 广义的差量成本是指由于生产能力利用程度的不同而形成的成本差异。(　　)

4. 机会成本并非实际支出,因此,在进行决策时,不应将其作为一个现实的因素加以考虑。(　　)

5. 由于成本的结果将用于公司的财务报表,因此,财务报告的要求将影响成本会计系统的设计。(　　)

6. 根据分期核算原则的要求,企业应定期计算完工产品成本。(　　)

7. 在制造业,可供销售商品是指本期完工产品与期初在产品之和。(　　)

8. 成本会计的对象可以概括为各行业企业生产经营业务的成本和有关的经营管理费用。(　　)

9. 对单位产品而言,固定成本是随着业务量呈反向变动的。(　　)

10. 在编制对外财务报表时,制造业往往将折旧费用作为产品成本处理。(　　)

四、业务处理题

习题一

一、目的:熟悉成本的不同分类方法。

二、资料:比尔研发了一种新的电动装置。比尔准备辞去现在每月8 000元薪水的工作去开发自己的事业,并准备每月花3 000元租赁一间厂房用于产品的生产,每月预计发生1 400元的动力费。为了更好地发展事业,比尔已经支付了2 000元开始在社区学校学习工业设计课程。比尔还准备每月以5 000元的租金租赁生产设备。比尔估计每件产品的材料成本为40元,人工成本25元,每月广告费用6 800元。

三、要求:正确划分各项费用的类别,并将其填入下表中的相应栏内。

项　目	机会成本	沉入成本	变动成本	固定成本	制造费用	产品成本	期间费用	差别成本*
厂房租金								
动力费								
工业设计课程学费								
设备租赁费								
材料成本								
人工成本								

续　表

项　　目	机会成本	沉入成本	变动成本	固定成本	制造费用	产品成本	期间费用	差别成本*
现有工资								
广告费								

* 差别成本是指辞去现有工作、发展自己事业与继续从事现有工作两个方案的成本差别。

习题二

一、目的：了解不同行业成本项目的特点。

二、资料：下列 10 个成本项目中，3 个属于服务性企业，3 个属于商业企业，4 个属于制造性企业。

服务业(会计师事务所)
1. 50 000 元——购买办公电脑成本 2. 45 000 元——办公室的月租金 3. 135 000 元——秘书的薪金
商业企业(建材零售商店)
4. 7 680 元——销售佣金 5. 234 000 元——购买商品成本 6. 3 859 元——展览大厅照明用电费用
制造性企业(钢铁厂)
7. 234 900 元——高炉折旧费 8. 584 000——炼钢工人工资 9. 130 490——管理部门房屋折旧费 10. 354 800——为销售人员添置车辆的成本

三、要求：

(1) 为了编制资产负债表和利润表，将以上 10 个成本项目划分为资本化成本与非资本化成本。

(2) 将要求(1)中的资本化成本划分为可计入存货的资本化成本与不可计入存货的资本化成本。

五、案例题

Prescott 制造公司经营着几家工厂，每家工厂都生产一种不同的产品。在今年年初约翰被选为 Meadowbrooke 工厂的新经理。在年末，所有工厂的经理都被要求在公司董事会上总结其所管理工厂的经营状况。

约翰对董事会做了如下陈述："正如你们看到的，Meadowbrooke 工厂的销售量保持不变。今年和去年我们的销售量都是 100 000 件。但是，我们在成本控制方面取得了实质性的进步。通过高效的工厂经营，我们已经较大幅度地降低了产品成本，表现为：已售产品的单位成本从去年的 10.20 美元(1 020 000 美元/100 000 件)下降到今年的 9.09 美元(909 000 美元/100 000 件)。"公司其他资料如下：

项　　目	今　　年		去　　年	
	数　　量	金　　额	数　　量	金　　额
年初产成品存货	30 000 件	$255 000	10 000 件	$85 000
年末产成品存货	20 000 件	202 000	30 000 件	255 000
生产完工成品的成本	?	909 000	?	1 020 000

卡特是圣玛丽大学的校长，同时也是 Prescott 制造公司董事会的董事。但他对制造公司的会计处理知之甚少，请你帮助他评估约翰的陈述。

要求：具体评价约翰关于所出售产品的产品成本计算过程是否正确，是否通过更有效率的经营使得所出售产品的成本降低了。

参考答案

一、单项选择题

1. C　2. D　3. A　4. B　5. D　6. A　7. C　8. C　9. C　10. A

二、多项选择题

1. CD　2. ABC　3. ABCDE　4. BCD　5. ABDE　6. ABE　7. BD　8. ABE　9. ABCDE　10. ABCDE

三、判断题

1. √　2. √　3. ×　4. ×　5. √　6. ×　7. ×　8. √　9. √　10. ×

四、业务处理题

习题一

项　　目	机会成本	沉入成本	变动成本	固定成本	制造费用	产品成本	期间费用	差别成本
厂房租金				√	√	√		√
动力费				√	√	√		√
工业设计课程学费		√						
设备租赁费				√	√	√		√
材料成本			√			√		√
人工成本			√			√		√
现有工资	√							√
广告费				√			√	√

习题二

(1) 划分资本化成本与非资本化成本。

项　　目	资本化成本	非资本化成本
服务业：		
1. 购买办公电脑成本	√	

续　表

项　　目	资本化成本	非资本化成本
2. 办公室月租金		√
3. 秘书的薪金		√
商业：		
4. 销售佣金		√
5. 购买商品成本	√	
6. 展览大厅照明用电费用		√
制造业：		
7. 高炉折旧费	√	
8. 炼钢工人工资	√	
9. 管理部门房屋折旧费		√
10. 添置销售车辆成本	√	

（2）划分可计入存货的资本化成本与不可计入存货的资本化成本。

项　　目	可计入存货的资本化成本	不可计入存货的资本化成本
服务业：		
1. 购买办公电脑成本		√
商业：		
5. 购买商品成本	√	
制造业：		
7. 高炉折旧费	√	
8. 炼钢工人工资	√	
10. 添置销售车辆成本		√

五、案例题

约翰的评述是错误的。今年产品的总成本下降是由于今年产量减少的缘故。实际上，由于今年的产量减少了 30 000 件，产品的单位成本从去年的 8.50 美元上升到今年的 10.10 美元。此外，约翰还将产品的生产量和销售量混为一谈，因而得出了错误的结论。

第二篇 成本核算

第三章

成本费用的归集和分配(一)

一、单项选择题

1. 下列不能计入产品成本的费用是(　　)。

A. 燃料和动力　　B. 车间、分厂管理人员工资

C. 生产工人工资　　D. 利息费用

2. 工业企业产品成本核算中各项费用的划分,都应贯彻(　　)原则,以期正确核算各类产品的生产成本。

A. 配比　　B. 权责发生制　　C. 谨慎　　D. 受益

3. 设置产品成本项目的主要目的是(　　)。

A. 反映企业在一定时期内发生了哪些费用

B. 反映产品成本的构成情况

C. 为计算工业净产值提供资料

D. 为核定生产资金提供资料

4. 每个工业企业为遵守成本开支范围,应制止(　　)的错误做法。

A. 在各种产品之间任意调剂成本

B. 在完工产品与月末在产品之间不按规定分配成本

C. 乱计成本和少计成本

D. 在各个月份之间任意调剂成本

5. 下列属于直接材料费用的是(　　)。

A. 车间耗用的机物料　　B. 在建工程领料

C. 生产产品领料　　D. 福利部门领料

6. 基本生产明细账应该按(　　)分设专栏或专行进行登记。

A. 产品名称　　B. 成本项目　　C. 费用要素　　D. 费用项目

7. "材料成本差异"账户借方余额反映结存材料成本的(　　)。

A. 节约差异　　B. 计划成本　　C. 超支差异　　D. 实际成本

8. 生产费用按其计入产品成本的方法分类,可分为(　　)两类。

A. 费用要素与成本项目　　B. 直接生产费用与间接生产费用

C. 产品成本与期间费用　　D. 直接计入费用与间接计入费用

9. 企业在自行建造固定资产的过程中发生的职工薪酬应当计入(　　)。

A. 生产成本　　B. 固定资产的建造成本

C. 管理费用　　D. 制造费用

10. 基本生产车间照明用电费应借记(　　)。

A. “管理费用”账户　　B. “基本生产成本”账户

C. “制造费用”账户　　D. “车间经费”账户

二、多项选择题

1. 下列各项中,属于费用要素的有(　　)。

A. 直接材料　　B. 工资　　C. 外购燃料　　D. 外购动力

E. 利息支出

2. 下列各项中不应该记入“直接人工成本”项目的是(　　)。

A. 车间生产工人的工资

B. 车间管理人员的工资

C. 行政部门人员的工资

D. 根据车间生产工人工资总额提取的社会保险费

E. 根据车间管理人员工资总额提取的社会保险费

3. 下列各项中,属于直接成本的有(　　)。

A. 构成产品实体的原材料　　B. 车间照明用电

C. 车间生产工人的工资　　D. 车间管理人员工资

E. 生产车间固定资产的折旧费

4. 下列各项中,属于职工薪酬核算范围的内容有(　　)。

A. 社会保险费

B. 企业职工生活困难补助

C. 非货币性福利

D. 解除与企业职工的劳动关系而给予的补偿

E. 职工差旅费

5. 下列各项中,属于产品成本项目的是(　　)。

A. 直接材料　　B. 直接人工　　C. 制造费用　　D. 废品损失

E. 自制半成品

6. 生产经营管理费用中税金包括(　　)。

A. 印花税　　B. 所得税　　C. 房产税　　D. 增值税

E. 车船使用税

7. 下列各项中,不直接在“生产成本——基本生产成本”账户核算的内容是(　　)。

A. 直接材料费用　　B. 折旧费用

C. 车间管理人员的工资　　D. 机器设备的修理费

E. 照明用电

8. 下列有关基本生产明细账的表述中,正确的是(　　)。

A. 应该按产品品种等成本计算对象设置

B. 应该按照车间别设置

C. 应按成本项目分设专栏或专行

D. 按成本项目汇总反映全部产品的总成本
E. 也称产品成本计算单或产品成本明细账

9. 为了正确计算成本,必须划分(　　)的界限。
A. 生产经营管理费用支出与其他支出
B. 各个会计期间的产品成本
C. 不同产品的费用
D. 完工产品与在产品费用
E. 产品制造成本与期间成本

10. 工业企业费用要素中的外购材料,是指企业耗用的一切从外部购进的(　　)。
A. 主要材料　　B. 辅助材料　　C. 气体燃料　　D. 半成品
E. 液体燃料

三、判断题

1. 工业企业的成本核算,包括产品成本的核算和经营管理费用的核算。(　　)
2. 直接材料费用在记入成本计算单时只能直接计入。(　　)
3. 在几种产品共同耗用原材料的情况下,原材料既可以按定额耗用量分配,也可以按定额费用分配。(　　)
4. 为了均衡成本负担,凡是数额较大的费用,均应作为待摊费用。(　　)
5. 生产车间职工的薪酬应全部计入制造费用。(　　)
6. 在只生产一种产品的工业企业或车间中,直接生产费用和间接生产费用都可以直接计入该种产品成本,都是直接计入费用,这种情况下,没有间接计入费用。(　　)
7. 直接生产费用不一定是直接计入费用,间接生产费用大多是间接计入费用。(　　)
8. 如果该人员的工资计入了产品生产成本,则根据其工资总额计提的其他职工薪酬也应计入生产成本。(　　)
9. 企业主要生产设备计提的折旧费应该作为直接费用,记入“生产成本”账户。(　　)
10. 企业在经营过程中发生的各种税金都应计入经营管理费用。(　　)

四、业务处理题

习题一

一、目的:了解制造业产品成本计算的流程。

二、资料:某制造公司 2017 年有关的成本费用如下表(单位:千万元)。

年初(末)余额		本年发生额	
年初直接材料存货	15	直接材料采购	325
年初在产品存货	10	直接人工成本	100
年初产成品存货	70	厂房和设备折旧	80
年末直接材料存货	20	公司管理人员薪金	5
年末在产品存货	5	车间办公费支出	35

续 表

年初(末)余额		本年发生额	
年末产成品存货	35	营销、分销和售后成本	240
		机器设备保养成本	10
		动力费用	30
		间接人工费	60

三、要求：计算完工产品的制造成本。

习题二

一、目的：进一步熟悉制造业产品成本计算的程序。

二、资料：某制造企业今年的制造成本流转状况如下面有关的 T 形账户。

原材料

期初余额	64 500		
本期发生额	585 000	本期发生额	?
期末余额	58 500		

生产成本

期初余额	33 000		
本期发生额	?	本期发生额	1 333 500
期末余额	40 500		

应付职工薪酬

本期发生额	324 750	本期发生额	324 750
		期末余额	0

库存商品

期初余额	142 500		
本期发生额	1 333 500	本期发生额	?
期末余额	180 000		

制造费用

本期发生额	441 000	本期发生额	?
期末余额	0		

主营业务成本

本期发生额	?		

三、要求：

(1) 计算原材料的采购成本；

(2) 计算生产耗用的直接材料(假定耗用的材料全部用于生产)；

(3) 计算当年发生的生产费用总额；

(4) 计算生产中发生的直接人工；

(5) 计算完工产品成本；

(6) 计算主营业务成本；

(7) 计算年末资产负债表中存货总额。

习题三

一、目的：练习材料费用分配及核算。

二、资料：

某企业生产甲、乙、丙三种产品，耗用 A、B、C 三种主要材料，2017 年 5 月份，甲、乙两种产品共同领用 A 材料 8 700 千克，计划单价为 90 元，乙、丙材料共同领用 C 材料 1 260 千克，计划单价为 30 元。乙产品还单独领用 B 材料 1 150 千克，计划单价为 25 元。甲产品的产量为 800 件，耗用 A 材料的消耗定额为 5 千克；乙产品的产量为 600 件，耗用 A 材料的消耗定额为 3 千克，耗用 B 材料的消耗定额为 2 千克，耗用 C 材料的消耗定额为 1 千克；丙产品的产量为 300 件，消耗 C 材料的消耗定额为 1.5 千克，A 材料的成本差异率为－3%，B 材料的成本差异率为 2%，C 材料的成本差异率为－1%。

三、要求：编制原材料费用分配表并编制相应的分配分录。

习题四

一、目的：练习共同领用材料费用的分配。

二、资料：某企业生产甲、乙两种产品，某月份共同领用 A 材料 2 375 千克，单位计划成本为 45 元，甲产品的材料消耗定额为 2.5 千克，乙产品的材料消耗定额为 3 千克，该月份甲产品的产量为 400 件，乙产品的产量为 500 件。A 材料成本差异为－3%。

三、要求：按定额耗用量比例分配 A 材料，并编制会计分录。

习题五

一、目的：练习材料费用的分配。

二、资料：某企业的丙类产品中有 A、B、C 三种产品，三种产品的材料费用定额分别为 A 产品 200 元/件，B 产品 300 元/件，C 产品 400 元/件。2017 年 6 月份，丙类产品的完工产品总成本为 888 000 元，完工产品产量分别为：A 产品 50 件，B 产品 80 件，C 产品 100 件。

三、要求：采用定额费用计算材料费用分配率，并计算各种产品应分摊的材料费用。

习题六

一、目的：练习工资费用的计算和分配。

二、资料：某企业 2017 年 8 月第一生产车间和第二生产车间工资汇总资料如下：

项　　目	第　一　车　间	第　二　车　间
直接加工甲产品工人的工资	45 300	65 100
直接加工乙产品工人的工资	51 500	27 800
既加工甲产品又加工乙产品的工人工资	35 600	28 900
车间管理人员的工资	38 900	43 600
合　　计	171 300	165 400

该企业直接工资费用分配是以生产工人工时为分配标准，第一车间甲产品工时为 2 000

小时,乙产品为3 000小时;第二车间甲产品工时为6 000小时,乙产品为4 000小时。

三、要求:分别计算应计入甲产品和乙产品的直接人工费用。

五、案例题

约翰于2010年初成立了一家约翰工程公司,专门生产其自己设计的一种阀门。年末,公司的会计因病无法完成年末的财务报表,但该会计已经正确地计算了年末存货的数据。

项　　目	金　　额
原材料	230 000元
在产品	157 500元
产成品(3 000个)	442 500元

由于这是第一年生产,因而年初没有存货。

为了能够及时了解公司的经营结果,约翰自己计算了当年的经营成果。其结果如下:

项　　目	金　　额		
销售净额			3 053 000元
已销售产品的成本: 　购买原材料	905 000元		
生产工人工资	550 000元		
发生的制造费用	850 000元		
销售费用	353 000元		
管理费用	660 000元		3 318 000元
净亏损			265 000元

约翰对公司的经营成果非常不满意。他说:今年我们不但亏损了26多万元,而且单位成本也太高。我们销售了10 000个阀门,总成本为3 318 000元,平均单位成本为331.80元。而有些竞争对手的单位成本只有175元。不用会计我也知道今年的经营结果糟透了。

要求:你是否同意约翰关于公司没有盈利以及单位成本远高于竞争对手的说法?如果你不同意约翰的说法,请解释其在计算过程中所犯的错误,并予以更正。假设该公司的所得税率为25%。

参 考 答 案

一、单项选择题

1. D　2. D　3. B　4. C　5. C　6. B　7. C　8. B　9. B　10. C

二、多项选择题

1. BCDE　2. BCE　3. AC　4. ABCD　5. ABC　6. ACE　7. BCDE　8. ACE　9. ABCDE　10. ABCDE

三、判断题

1. √　2. ×　3. √　4. ×　5. ×　6. ×　7. √　8. √　9. ×　10. ×

四、业务处理题

习题一

完工产品成本计算表　　单位：千万元

项　目	金　额	
直接材料：		
年初直接材料存货	15	
本期采购直接材料	325	
年末直接材料存货	20	
耗用的直接材料		320
直接人工：		100
制造费用：		
厂房和设备折旧	80	
车间办公费支出	35	
机器设备保养成本	10	
动力费用	30	
间接人工	60	215
制造成本总额		635
加：年初在产品存货		10
减：年末在产品存货		5
完工产品的制造成本		640

习题二

(1) 原材料的采购成本＝585 000(元)

(2) 生产耗用的直接材料＝64 500＋585 000－58 500＝591 000(元)

(3) 当年发生的生产费用总额＝40 500＋1 333 500－33 000＝1 341 000(元)

(4) 生产中发生的直接人工＝1 341 000－591 000－441 000＝309 000(元)

(5) 完工产品成本＝1 333 500(元)

(6) 主营业务成本＝142 500＋1 333 500－180 000＝1 296 000(元)

(7) 年末资产负债表中存货总额＝58 500＋40 500＋180 000＝279 000(元)

习题三

1.

甲、乙共同领用A材料分配表

分配对象	分配标准	分配率	分配量	计划成本	分配额
甲	4 000	—	6 000	90	540 000
乙	1 800	—	2 700	90	243 000
	5 800	1.5	8 700	90	783 000

乙、丙共同领用C材料分配表

分配对象	分配标准	分配率	分配量	计划成本	分配额
乙	600	—	720	30	21 600
丙	450	—	540	30	16 200
	1 050	1.2	1 260	30	37 800

领用材料会计分录：

借：生产成本——基本生产成本——甲　　540 000

——乙　　293 350

——丙　　16 200

贷：原材料——A　　783 000

——B　　28 750

——C　　37 800

2. 调整差异分录：

借：生产成本——基本生产成本——甲　　(16 200)

——乙　　(7 506)

——丙　　(162)

贷：材料成本差异——A　　(23 490)

——B　　(378)

借：生产成本——基本生产成本——乙　　575

贷：材料成本差异——B　　575

习题四

$$A材料消耗量分配率=\frac{2\ 375}{2.5\times 400+3\times 500}=0.95(千克)$$

甲产品应分配A材料的数量＝1 000×0.95＝950(千克)

乙产品应分配A材料的数量＝1 500×0.95＝1 425(千克)

甲产品应分配A材料的计划成本＝950×45＝42 750(元)

乙产品应分配A材料的计划成本＝1 425×45＝64 125(元)

会计分录：

借：生产成本——基本生产成本——甲　　42 750

——乙　　64 125

贷：原材料　　106 875

借：生产成本——基本生产成本——甲　　(1 282.5)

——乙　　(1 923.75)

贷：材料成本差异　　(3 206.25)

习题五

材料费用分配率＝888 000÷74 000＝12(元)

A产品应分摊的材料费用＝200×50×12＝120 000(元)

B产品应分摊的材料费用＝80×300×12＝288 000(元)

C产品应分摊的材料费用＝100×400×12＝480 000(元)

习题六

第一车间工资分配率＝35 600÷5 000＝7.12

第二车间工资分配率＝28 900÷10 000＝2.89

应计入甲产品的直接人工费用＝2 000×7.12＋6 000×2.89＋45 300＋65 100
＝141 980(元)

应计入乙产品的直接人工费用＝3 000×7.12＋4 000×2.89＋51 500＋27 800
＝112 220(元)

五、案例题

完工产品成本＝(905 000－230 000)＋550 000＋850 000－157 500＝1 917 500(元)

单位产品成本＝1 917 500÷(10 000＋3 000)＝147.50(元)

利润＝[3 053 000－(1 917 500－442 500)－353 000－660 000]×(1－25%)
＝423 750(元)

从上述计算中可以看出，约翰关于公司没有盈利以及单位成本远高于竞争对手的说法是错误的。约翰在计算过程中有三个错误：

(1) 将销售费用和管理费用等期间成本作为产品成本；

(2) 混淆了当期生产费用与完工产品之间的关系；

(3) 按销售数量而非按生产数量计算产品的单位成本。

第四章

成本费用的归集和分配(二)

一、单项选择题

1. 辅助生产费用交互分配后的实际费用,应在(　　)之间进行分配。

A. 各辅助生产车间　　B. 各受益单位

C. 辅助生产车间以外的各受益单位　　D. 基本生产车间

2. 能分清内部经济责任,有利于加强企业内经济核算的辅助生产费用分配方法是(　　)。

A. 直接分配法　　B. 交互分配法

C. 顺序分配法　　D. 计划成本分配法

3. 辅助生产费用直接分配法的适用条件是(　　)。

A. 企业的计划成本不够准确

B. 企业未实行电算化

C. 辅助生产车间相互受益程度有明显顺序

D. 辅助生产车间相互提供劳务不多

4. 为了简化辅助生产费用的分配,辅助生产成本差异一般全部计入(　　)。

A. 营业外支出　　B. 管理费用　　C. 制造费用　　D. 基本生产成本

5. 某种产品的各项定额准确、稳定,且各月末在产品数量变化不大,为了简化成本计算工作,其生产费用在完工产品与在产品之间分配应采用(　　)。

A. 在产品按定额成本计价法　　B. 在产品按固定成本计价法

C. 定额比例法　　D. 约当产量比例法

6. 在产品采用定额成本计价法计算时,其实际成本与定额成本之间的差异应计入(　　)。

A. 期间费用　　B. 完工产品成本　　C. 营业外支出　　D. 在产品成本

7. 某企业生产的产品需要经过若干加工工序才能形成产成品,且月末在产品数量变动较大,产品成本中原材料所占比重较小。该企业在完工产品和在产品之间分配生产费用时,应该采用(　　)。

A. 不计算在产品成本的方法　　B. 在产品成本按年初数固定计算

C. 约当产量比例法　　D. 在产品成本按其所耗用的原材料计算

8. 采用约当产量比例法计算在产品成本时,影响在产品成本准确性的关键因素是(　　)。

A. 在产品的数量　　　　　　　　B. 在产品的完工程度
C. 完工产品数量　　　　　　　　D. 成本定额的合理性

9. 某企业甲产品需要经过两道工序制成，第一道工序工时定额为 20 小时，第二道工序工时定额为 30 小时，则第二道工序的完工率为(　　)。

A. 40%　　B. 60%　　C. 70%　　D. 80%

10. 某工厂的甲产品单位工时定额为 60 小时，经过两道工序加工完成。第一道工序工时定额为 20 小时，第二道为 40 小时。本月月末第一道工序有在产品 60 件，第二道工序有在产品 90 件，则在分配人工费用时在产品的约当产量为(　　)件。

A. 10　　B. 60　　C. 70　　D. 80

二、多项选择题

1. 辅助生产费用交互分配的方法有(　　)。

A. 直接分配法　　B. 顺序分配法　　C. 代数分配法　　D. 计划成本分配法
E. 一次交互分配法

2. 辅助生产费用分配的直接分配法具有(　　)的特点。

A. 计算结果正确　　　　　　　　B. 计算结果不正确
C. 便于考核分析　　　　　　　　D. 核算工作简便
E. 分配及时

3. 分配结转辅助生产费用时，可能借记的账户有(　　)。

A. 基本生产成本　　B. 制造费用　　C. 低值易耗品　　D. 在建工程
E. 管理费用

4. 制造费用的分配方法主要有(　　)。

A. 交互分配率法　　B. 预定分配率法　　C. 直接分配法　　D. 实际分配率法
E. 累计分配率法

5. 在产品发生盘亏和毁损时，应根据不同的原因和责任分别处理，从“待处理财产损溢”账户的贷方转入(　　)账户的借方。

A. “制造费用”　　B. “管理费用”　　C. “营业外支出”　　D. “其他应收款”
E. 生产成本

6. 下列各项中，属于广义在产品的有(　　)。

A. 正在车间返修的返工品
B. 已入库尚待加工的自制半成品
C. 已入库用于直接对外销售的自制半成品
D. 已完工尚未入库的产品
E. 正在车间加工中的在产品

7. 完工产品与在产品之间分配费用，采用在产品按固定成本计价法的情况有(　　)。

A. 各月末在产品数量较大
B. 各月末在产品数量较小
C. 各月成本水平相差不大
D. 各月末在产品数量虽大，但各月之间变化不大

E. 各月末完工产品数量较小

8. 采用定额比例法分配完工产品和在产品费用,应具备(　　)条件。

A. 消耗定额比较准确

B. 消耗定额比较稳定

C. 各月末在产品数量变化较大

D. 各月末在产品数量变化很小

E. 产品成本中各项费用的比重相差不多

9. 在产品不计算成本法,适用的情况是(　　)。

A. 各月月末完工产品数量变化很小

B. 各月月末在产品数量变化很大

C. 各月月末在产品数量很大

D. 各月月末在产品数量很小

E. 上述情况都可以

10. 企业生产费用在完工产品和在产品之间分配,其分配方法的选择依据是(　　)。

A. 期末在产品数量的多少

B. 各月末在产品数量变化的大小

C. 各项费用比重的大小

D. 企业成本会计核算工作是否健全

E. 定额管理基础的好坏

三、判断题

1. 在顺序分配法下,施惠多、受益少的辅助生产车间要负担施惠少、受益多的辅助生产车间的费用。 (　　)

2. 在代数分配法下,各辅助生产车间分配的费用是本车间发生的费用加上其他辅助生产车间分进来的费用之和。 (　　)

3. 辅助生产车间采用计划成本分配法分配时,其实际成本不是"纯粹"的实际成本。 (　　)

4. 按年度预定分配率分配制造费用时,每月各种产品负担的制造费用与各月实际发生的制造费用无关。 (　　)

5. 月末,制造费用分配以后,"制造费用"账户应该无余额。 (　　)

6. 如果某种产品所耗原材料费用在产品成本中所占比重很大,可以按所耗原材料费用来计算在产品成本。 (　　)

7. 采用定额比例法计算完工产品与在产品成本时,各种费用应采用相同的分配标准。 (　　)

8. 各月末的在产品数量变化不大的产品,可以不计算月末在产品成本。 (　　)

9. 在约当产量比例法下,当我们采用先进先出法对月末在产品进行计价时,其单位成本是一种"混合"成本,不能如实反映本期实际的成本水平。 (　　)

10. 当企业定额管理较好,各项消耗定额比较准确和稳定,而各月月末在产品结存数量变化较大时,应该采用定额比例法计算在产品成本。 (　　)

四、业务处理题

习题一

一、目的:熟悉服务部门费用的分配方法。

二、资料:某企业有供电和机修两个辅助生产车间,2017 年 8 月份根据辅助生产成本明细账得知:供电车间直接发生的待分配费用为 7 040 元,机修车间为 6 720 元。供电车间和机修车间之间相互提供劳务,供电车间受益少,机修车间受益多。供电车间和供水车间本月提供的劳务量如下表所示。假设供电车间的计划单位成本为0.16元,供水车间的计划单位单本为1.80元。

车间、部门		用电度数	修理工时
第一基本生产车间	产品耗用	18 500	—
	一般耗用	1 500	1 800
第二基本生产车间	产品耗用	17 000	—
	一般耗用	1 000	2 100
管理部门		2 000	100
供电车间		—	200
机修车间		4 000	—
合　计		44 000	4 200

三、要求:

1. 采用直接分配法分配辅助生产费用,并编制分配分录。
2. 采用顺序分配法分配辅助生产费用,并编制分配分录。
3. 采用一次交互分配法分配辅助生产费用,并编制分配分录。
4. 采用计划成本分配法分配辅助生产费用,并编制分配分录。
5. 采用代数分配法分配辅助生产费用,并编制分配分录。

习题二

一、目的:熟悉制造费用的分配。

二、资料:春光公司8月份生产甲产品实际产量为200件,乙产品100件,甲产品全年计划产量为1 800件,乙产品为1 200件。甲产品的工时定额为每件5小时,乙产品的工时定额为每件4小时,该月份发生的制造费用为4 480元。该企业全年计划制造费用为62 100元。

三、要求:

1. 按定额工时比例分配该月份的制造费用。
2. 按预定分配率分配该月份的制造费用。

习题三

一、目的:进一步掌握制造费用的预定分配率法。

二、资料:大众工厂一车间全年制造费用的计划数为234 000元,全年各种产品的计划产量为:甲产品19 000件,乙产品6 000件,丙产品8 000件。单位产品工时定额为:甲产品5小时,乙产品7小时,丙产品7.25小时。3月份实际产量为:甲产品1 800件,乙产品700件,丙产品500件,3月份实际发生的制造费用为20 600元。

三、要求:

(1) 按年度计划分配率分配法分配制造费用,并编制相应的会计分录。

(2) 假如一车间全年实际发生制造费用233 415元,实际产量为:甲产品20 000件,乙产品8 000件,丙产品6 000件。试对“制造费用”账户的年末余额进行调整,并编制相应的会计分录。

习题四

一、目的：练习约当产量比例法。

二、资料：某企业生产丁产品，需经过三道工序加工，其各道工序的工时定额依次如下：24小时、30小时和6小时。该企业的月初在产品成本为：原材料4 500元，直接人工2 070元，制造费用1 242元。本月发生的生产费用为：原材料37 590元，直接人工12 930元，制造费用8 758元。月末丁产品完工2 086件，各道工序的在产品分别为200件、400件和120件。丁产品的原材料是在生产开始时一次投入的。

三、要求：

(1) 计算各道工序在产品的完工率。

(2) 计算在产品的约当产量。

(3) 采用约当产量比例法分配完工产品成本和在产品成本。

习题五

一、目的：练习完工产品与在产品成本划分的计算。

二、资料：某企业生产E产品，原材料是在生产开始时一次投入的。5月初在产品费用为：原材料28 000元，直接人工12 000元，制造费用4 000元。5月份发生的生产费用为：原材料164 000元，直接人工60 000元，制造费用20 000元。5月份完工产品8 000件，月末在产品2 000件，完工程度为80%。该企业产成品的定额如下：单件原材料耗用量5千克，每千克计划成本4元；单件工时定额2.50小时，每小时工资及福利费定额为3.20元，每小时制造费用定额为1.10元。

三、要求：

(1) 采用在产品按定额成本计价法分配完工产品成本和在产品成本。

(2) 采用定额比例法分配完工产品成本和在产品成本。

习题六

一、目的：练习约当产量比例法。

二、资料：某企业甲产品的原材料随着生产进度陆续投入，其完工产品和各工序的消耗定额，以及月末在产品数量如下：

工　　序	本工序原材料消耗定额	月末在产品数量
1	120千克	2 800件
2	80千克	1 800件
完工产品合计	200千克	—

在产品在本工序的消耗定额按50%计算。

该月初在产品原材料费用为5 220元，本月原材料费用为9 780元。该月完工产品3 720件。

三、要求：

(1) 按原材料投入的程度计算各工序在产品的投料程度和该产品的月末在产品约当产量。

(2) 采用约当产量比例法，分配计算完工甲产品和月末在产品的原材料费用。

习题七

一、目的：练习约当产量比例法。

二、资料：某企业 A 产品经三道工序完成，其材料在每道工序开始时分别一次投入，其各工序的材料消耗定额和 8 月末在产品数量如下：

工　　序	本工序材料消耗定额(千克)	8 月末在产品数量(件)
1	360	400
2	216	300
3	144	460
合　　计	720	—

该种产品 8 月初在产品原材料费用为 3 460 元，8 月份原材料费用为 4 640 元；该月完工产品 1 800 件。

三、要求：

(1) 计算各工序按原材料消耗程度表示的完工率。

(2) 计算 8 月末在产品约当产量。

(3) 分配计算完工产品和月末在产品的原材料费用。

习题八

一、目的：练习约当产量比例法。

二、资料：

1. 某企业 2017 年 7 月有关 A 产品的生产成本资料汇总如下：

项　　目	直 接 材 料	直 接 人 工	制 造 费 用
月初在产品成本	5 000	4 160	1 760
本月生产耗费	29 800	16 084	8 650

2. A 产品 7 月份投入和产出的情况如下表所示：

项　　目	数量(件)	在产品加工程度
月初结存在产品	40	40%
本月投入生产	250	
本月完工产成品	210	
月末结存在产品	80	50%

3. A 产品所耗用直接材料在生产开始时一次投入。

4. 该企业采用约当产量比例法划分完工产品与在产品成本。

三、要求：

(1) 采用加权平均法计算月末在产品和本月完工产品总成本以及单位成本。

(2) 采用先进先出法计算月末在产品和本月完工产品总成本以及单位成本。

习题九

一、目的：熟练掌握约当产量比例法。

二、资料：某企业完工产品与在产品成本划分采用约当产量比例法，20××年4月份和5月份的有关资料如下：

1. 4月份甲产品的实际单位制造成本如下：

成本项目	甲　产　品
直接材料	200元
直接人工	55元
制造费用	25元
合　　计	280元

2. 5月份生产投入和产出资料如下：

	甲　产　品	
	数量(件)	加工程度
月初结存在产品	200	40%
本月生产投入	900	
本月完工产成品	800	
月末结存在产品	300	60%

3. 5月份没有发生可修复废品和不可修复废品。

4. 甲产品所耗直接材料是在生产开始时投入40%，当加工到50%时再投入其余的50%，另外所耗10%的直接材料是在加工到70%时投入的。甲产品所耗直接人工和制造费用是随产品加工程度逐步发生的。

5. 5月份在产品实际成本如下：

成本项目	甲　产　品
直接材料	25 920元
直接人工	2 700元
制造费用	1 800元
合　　计	30 420元

三、要求：

(1) 按加权平均法计算5月份甲产品所耗用的生产费用。

(2) 按加权平均法计算5月份完工甲产品的总成本和单位成本。

五、案例题

大众公司根据客户订单生产产品，采用分批成本法计算产品成本。与大众公司竞争的大部分企业是以全部成本加成20%的利润报价的。最近,大众公司期望扩大市场份额,将其加成利润率从25%下降到20%。大众公司有两个基本生产车间和两个服务部门,每个部门的预算成本和正常作业水平如下:

项　目	服务部门		基本生产车间	
	运输车间	机修车间	第一车间	第二车间
间接费用	100 000	200 000	100 000	50 000
员工人数	8	7	30	30
维修工时	2 000	200	6 400	1 600
机器工时	—	—	10 000	1 000
人工小时	—	—	1 000	10 000

运输车间的成本以员工人数为基础进行分配;机修车间的成本以维修工时为基础进行分配;第一车间的成本以机器工时为基础进行分配;第二车间的成本以人工小时为基础分配。

大众公司接到一张生产甲产品100件的订单,并准备为该订单报价。预计甲产品仅需要在第一车间加工3个机器小时,其主要成本为67元。

研讨问题:

1. 如果采用直接分配法分配服务部门费用,甲产品订单的报价是多少?
2. 如果采用顺序分配法分配服务部门费用,甲产品订单的报价是多少?
3. 如果采用一次交互分配法分配服务部门费用,甲产品订单的报价是多少?

参 考 答 案

一、单项选择题

1. C　2. D　3. D　4. B　5. A　6. B　7. C　8. B　9. C　10. C

二、多项选择题

1. CDE　2. BD　3. ABCDE　4. BDE　5. ACD　6. ABDE　7. BCD　8. ABC　9. AD　10. ABCE

三、判断题

1. ×　2. √　3. √　4. √　5. ×　6. √　7. ×　8. √　9. ×　10. √

四、业务处理题

习题一

1. 分配结果如下:

基本生产成本——第一基本生产车间3 256元,基本生产成本——第二基本生产车间2 992元,制造费用——第一基本生产车间3 288元,制造费用——第二基本生产车间3 704元,管理费用520元。

2. 分配结果如下:

基本生产成本——第一基本生产车间2 960元,基本生产成本——第二基本生产车间2 720元,制造费用——第一基本生产车间3 552元,制造费用——第二基本生产车间4 024元,管理费用504元。

3. 分配结果如下：

基本生产成本——第一基本生产车间 3 108 元，基本生产成本——第二基本生产车间 2 856 元，制造费用——第一基本生产车间 3 420 元，制造费用——第二基本生产车间 3 864 元，管理费用 512 元。

4. 分配结果如下：

基本生产成本——第一基本生产车间 2 960 元，基本生产成本——第二基本生产车间 2 720 元，制造费用——第一基本生产车间 3 480 元，制造费用——第二基本生产车间 3 940 元，管理费用 660 元。

5. 分配结果如下：

基本生产成本——第一基本生产车间 3 108 元，基本生产成本——第二基本生产车间 2 856 元，制造费用——第一基本生产车间 3 420 元，制造费用——第二基本生产车间 3 864 元，管理费用 512 元。

习题二

1. 制造费用分配率＝4 480÷(200×5＋100×4)＝3.2

甲：1 000×3.2＝3 200(元)

乙：400×3.2＝1 280(元)

2. 预定分配率＝62 100÷(1 800×5＋1 200×4)＝4.5

甲：200×5×4.5＝4 500(元)

乙：100×4×4.5＝1 800(元)

习题三

(1) 年度计划分配率＝234 000÷(5×19 000＋7×6 000＋7.25×8 000)

＝234 000÷195 000＝1.2(元/小时)

甲产品分配的制造费用＝1.2×(5×1 800)＝10 800(元)

乙产品分配的制造费用＝1.2×(7×700)＝5 880(元)

丙产品分配的制造费用＝1.2×(7.25×500)＝4 350(元)

编制制造费分配的会计分录如下：

借：生产成本——基本生产成本——甲产品	10 800	
——乙产品	5 880	
——丙产品	4 350	
贷：制造费用——一车间		21 030

全年实际发生制造费用 233 415 元，全年已分配的制造费用为 239 400 元。

调整分配率＝5 985÷(120 000＋67 200＋52 200)＝0.025

甲产品应冲减的制造费用＝0.025×120 000＝3 000(元)

乙产品应冲减的制造费用＝0.025×67 200＝1 680(元)

丙产品应冲减的制造费用＝0.025×5 220＝1 305(元)

编制调整会计分录如下：

借：生产成本——基本生产成本——甲成本	(3 000)	
——乙产品	(1 680)	
——丙产品	(1 305)	
贷：制造费用		(5 985)

习题四

(1) 1 工序完工率＝20%

2 工序完工率＝65%

3 工序完工率＝95%

(2) 在产品约当产量＝414(件)

(3) 完工产品成本＝52 150(元)

月末在产品成本＝14 940(元)

习题五

(1) 完工产品成本＝230 800(元)

月末在产品成本＝57 200(元)

(2) 完工产品成本＝233 600(元)

月末在产品成本＝54 400(元)

习题六

(1) 1 工序投料程度＝30%

2 工序投料程度＝80%

月末在产品约当产量＝2 280(件)

(2) 完工产品原材料费用＝9 300(元)

月末在产品原材料费用＝5 700(元)

习题七

(1) 1 工序完工率＝50%

2 工序完工率＝80%

3 工序完工率＝100%

(2) 在产品约当产量＝900(件)

(3) 完工产品原材料费用＝5 400(元)

月末在产品原材料费用＝2 700(元)

习题八

(1) 加权平均法

月末在产品成本＝14 503.8(元)

完工产品总成本＝50 950.2(元)

单位成本＝242.62(元)

(2) 先进先出法

期末在产品总成本＝13 764(元)

完工产品总成本＝51 690(元)

单位成本＝246.10(元)

习题九

(1) 本月耗用的直接材料费用＝86 720(元)

本月耗用的直接人工＝10 300(元)

本月耗用的制造费用＝7 800(元)

(2) 完工产品总成本＝96 800(元)

完工产品单位成本＝121(元)

五、案例题

1. 甲产品订单的报价＝19 200(元)
2. 甲产品订单的报价＝18 768(元)
3. 甲产品订单的报价＝18 879.60(元)

第五章

产品成本计算方法

一、单项选择题

1. 产品成本计算最基本的方法是(　　)。

A. 分批法　　B. 分类法　　C. 品种法　　D. 分步法

2. 下列不属于成本计算基本方法的是(　　)。

A. 品种法　　B. 分批法　　C. 分类法　　D. 分步法

3. 工业企业产品成本的计算是通过下列(　　)账户进行的。

A. “制造成本”　　B. “基本生产成本”

C. “制造费用”　　D. “辅助生产成本”

4. 区别各种成本计算基本方法的主要标志是(　　)。

A. 成本计算期

B. 成本计算对象

C. 间接费用的分配方法

D. 完工产品与在产品之间分配费用的方法

5. 品种法适用的生产组织是(　　)。

A. 大量大批生产　　B. 大量成批生产

C. 大量小批生产　　D. 单件小批生产

6. 划分成本计算的基本方法和辅助方法的标准是(　　)。

A. 成本计算工作的繁简

B. 成本计算是否及时

C. 对成本管理作用的大小

D. 对于计算产品实际成本是否必不可少

7. 下列各种成本计算方法中,不是计算产品实际成本必不可少的方法是(　　)。

A. 品种法　　B. 分批法　　C. 定额法　　D. 分步法

8. 能够简化产品成本计算工作的成本计算方法是(　　)。

A. 品种法　　B. 分批法　　C. 定额法　　D. 分类法

9. 能够满足企业经与决策需要的成本计算方法是(　　)。

A. 作业成本法　　B. 标准成本法　　C. 定额成本法　　D. 变动成本法

10. 在大量大批生产且管理上要求分步骤计算成本的多步骤生产企业中,应采用的成本计算方法是(　　)。

A. 分批法　　B. 分步法　　C. 分类法　　D. 定额法

二、多项选择题

1. 品种法适用于(　　)。

A. 大量大批单步骤生产企业

B. 大量大批多步骤生产但管理上不要求分步计算成本的企业

C. 大量大批多步骤生产而且在管理上要求分步计算成本的企业

D. 单件生产企业

E. 成批生产企业

2. 企业在确定成本计算基本方法时,必须从企业的具体情况出发,同时考虑(　　)。

A. 企业的生产特点　　B. 月末有没有在产品

C. 企业生产规模的大小　　D. 进行成本管理的要求

E. 产品成本构成情况

3. 一个企业在(　　)情况下,可同时运用或者结合应用几种成本计算方法。

A. 基本生产车间和辅助生产车间的生产类型不同

B. 一个生产车间中的各种产品生产类型不同

C. 为了解决成本计算或成本管理工作中某一个方面的问题

D. 一种产品不同生产步骤的生产特点和管理要求不同

E. 为了简化成本计算工作

4. 品种法是产品成本计算最基本的方法,这是因为(　　)。

A. 品种法计算成本最简单

B. 任何成本计算方法最终都要计算出各品种的成本

C. 品种法的成本计算程序最有代表性

D. 品种法需要按月计算产品成本

E. 品种法的运用范围最广泛

5. 下列有关品种法的计算程序叙述中,正确的有(　　)。

A. 如果只生产一种产品,只需为这种产品开设一张产品成本明细账

B. 如果生产多种产品,要按照产品的品种分别开设产品成本明细账

C. 发生的各项直接费用直接记入各产品成本明细账

D. 发生的间接费用则采用适当的分配方法在各种产品之间分配

6. 将分类法和定额法归为产品成本计算的辅助方法,是因为这两种方法(　　)。

A. 与生产类型特点没有直接的联系　　B. 不受成本计算对象所制约

C. 对于成本管理并不重要　　D. 不是计算产品实际成本必不可少的方法

E. 必须与成本计算的基本方法结合使用

7. 大量大批生产的企业,可能采用的产品成本计算的基本方法有(　　)。

A. 品种法　　B. 分批法　　C. 分步法　　D. 定额法

E. 分类法

8. 工业企业在选择成本计算方法时,应该结合考虑(　　)。

A. 生产组织特点　　B. 工艺过程特点

C. 企业规模大小　　D. 企业管理要求
E. 成本核算要求

9. 产品成本计算的基本方法有(　　)。

A. 品种法　　B. 分批法　　C. 分类法　　D. 分步法
E. 定额法

10. 产品成本计算的辅助方法有(　　)。

A. 品种法　　B. 分步法　　C. 分类法　　D. 定额法
E. 分批法

三、判断题

1. 企业的生产按其生产组织方式的特点划分,可分为大量生产、成批生产和单件生产。(　　)

2. 在大量大批生产的企业里,其成本计算期一般与生产同期一致。(　　)

3. 不论什么组织方式的制造企业,不论什么生产类型的产品,也不论成本管理要求如何,最终都必须按照产品品种计算出产品成本。(　　)

4. 单步骤生产都应采用品种法计算产品成本。(　　)

5. 从成本计算对象和成本计算程序来看,品种法是产品成本计算最基本的方法。(　　)

6. 生产特点和管理要求对产品成本计算的影响,主要表现在产品成本计算对象的确定上。(　　)

7. 在大量大批多步骤生产的情况下,为了计算各个生产步骤的成本,加强各个步骤的生产管理,不仅要求按照产品的品种或批别计算成本,而且还要求按照生产步骤计算成本。(　　)

8. 成本计算的分类法和定额法,可以应用于各种类型的生产,但必须与各种类型生产所采用的基本成本计算方法结合应用。(　　)

9. 区分产品成本计算基本方法的主要标志是产品成本计算对象。(　　)

10. 单件生产可以视同小批生产,因此,按单件计算产品成本,也可以视同按批别计算产品成本。(　　)

四、业务处理题

习题一

一、目的:练习品种法的成本计算方法。

二、资料:某企业采用品种法计算产品成本。该企业生产甲、乙两种产品。月末在产品成本只包括原材料费用,不分摊人工费用和其他费用。甲、乙两种产品的共同费用按工人工资的比例分配。该企业 2017 年 9 月初甲产品的在产品实际成本为 4 400 元,乙产品无在产品。9 月末,甲产品在产品应负担的原材料为 6 800 元,乙产品全部完工。9 月份发生如下经济业务:

(1) 基本生产车间领用原材料,实际成本为 26 400 元,其中,甲产品耗用 20 000 元,乙产品耗用 6 400 元;

(2) 基本生产车间领用低值易耗品，实际成本 1 000 元，该企业低值易耗品采用一次摊销法摊销；

(3) 计算提取固定资产折旧费 2 300 元，其中，生产车间折旧费 1 960 元，厂部管理部门折旧费 340 元；

(4) 应付职工工资 10 000 元，其中，生产工人工资 6 000 元(生产甲产品工人的工资为 3 600 元，生产乙产品工人的工资为 2 400 元)，车间管理人员工资 1 000 元，厂部管理人员工资 3 000 元；

(5) 职工福利费等职工薪酬 1 400 元，其中，生产工人 840 元(甲产品为 504 元，乙产品为 336 元)，车间管理人员 140 元，厂部管理人员 420 元；

(6) 分配间接费用。

三、要求：

(1) 根据上述经济业务，编制会计分录；

(2) 计算甲、乙两种产品总成本及甲产品在产品成本，结转完工产品成本。

习题二

一、目的：进一步熟悉品种法的成本计算程序。

二、资料：某企业基本生产车间大量生产甲、乙两种产品，另有机修辅助生产车间。该厂采用品种法计算产品成本。该企业 2017 年 9 月份有关产品产量及成本资料如下表所示：

月初在产品　　单位：元

产　品	直接材料	直接人工	制造费用	合　计
甲产品	7 680	6 592	3 574.78	17 846.78
乙产品	8 320	2 008	2 320.02	12 648.02

产量资料　　单位：元

项　目	甲　产　品	乙　产　品
期初在产品	340	280
本月投产	860	720
本月完工	800	600
月末在产品	400	400

定额消耗量、工时记录

项　目		生产工时(小时)	修理工时(小时)	定额消耗量(千克)
基本生产车间	甲产品	2 480		540
	乙产品	1 520		460
	一　般		6 000	
企业行政管理部门			4 000	

生产费用资料　　单位：元

费用要素 \ 用途	甲产品生产用	乙产品生产用	甲、乙产品共用	基本生产一般用	辅助生产生产用	辅助生产一般用	合　计
原材料	24 000	18 000	8 000	2 000	600	400	53 000
工　资	—	—	60 000	4 200	5 800	2 500	72 500
福利费	—	—	8 400	588	812	350	10 150
折旧费	—	—	—	12 000	—	3 000	15 000
外购动力费	—	—	—	14 200	—	12 800	27 000
办公费及其他	—	—	—	25 400	—	6 600	32 000

材料在生产开始时一次投入，在产品的完工率均为50%，甲、乙两种产品共同耗用的材料按甲、乙产品的定额消耗量比例分配，基本生产车间生产工人工资、制造费用按生产工时比例分配。辅助生产车间费用按修理工时比例分配。甲、乙两产品采用约当产量法计算完工产品成本和月末在产品成本。

三、要求：

(1) 根据上述资料，编制各种费用分配表；

(2) 计算甲、乙产品的总成本和单位成本，并写出相应的会计分录。

参考答案

一、单项选择题

1. C　2. C　3. B　4. B　5. A　6. D　7. C　8. D　9. D　10. B

二、多项选择题

1. AB　2. AD　3. CD　4. BC　5. ABCDE　6. ABDE　7. AC　8. ABD　9. ABD　10. CD

三、判断题

1. √　2. ×　3. √　4. ×　5. √　6. √　7. √　8. √　9. √　10. √

四、业务处理题

习题一

(1) 借：基本生产成本——甲产品　　20 000

　　　　　　　　　——乙产品　　6 400

　　贷：原材料　　26 400

(2) 借：制造费用——基本生产车间　　1 000

　　贷：周转材料——低值易耗品　　1 000

(3) 借：制造费用——基本生产车间　　1 960

　　　　管理费用　　340

　　贷：累计折旧　　2 300

(4) 借：基本生产成本——甲产品　3 600
　　　　　　　　——乙产品　2 400
　　制造费用　1 000
　　管理费用　3 000
　贷：应付职工薪酬——工资　10 000

(5) 借：基本生产成本——甲产品　504
　　　　　　　　——乙产品　336
　　制造费用——基本生产车间　140
　　管理费用　420
　贷：应付职工薪酬——职工福利费　1 400

(6) 分配制造费用：

制造费用总额＝1 000＋1 960＋1 000＋140＝4 100(元)

制造费用分配率＝4 100÷(3 600＋2 400)＝0.683 3

甲产品应负担制造费用＝3 600×0.683 3＝2 459.88(元)

乙产品应负担制造费用＝2 400×0.683 3＝1 640.12(元)

借：基本生产成本——甲产品　2 459.88
　　　　　　　——乙产品　1 640.12
　贷：制造费用——基本生产车间　4 100

计算甲、乙产品成本：

甲产品完工产品成本＝4 400＋20 000＋3 600＋504＋2 459.88－6 800＝24 163.88(元)

甲产品在产品成本＝6 800(元)

乙产品完工产品成本＝6 400＋2 400＋336＋1 640.12＝10 776.12(元)

结转完工产品成本：

借：库存商品——甲产品　24 163.88
　　　　　——乙产品　10 776.12
　贷：基本生产成本——甲产品　24 163.88
　　　　　　　　——乙产品　10 776.12

习题二

(1) 根据题中所给资料，编制产品共同耗用材料分配表、原材料费用分配表，如下表所示：

产品共同耗用材料分配表

2017 年 9 月　　　　单位：元

产品名称	分配标准	分配率	分配金额
甲产品	540	8	4 320
乙产品	460	8	3 680
合　计	1 000		8 000

原材料费用分配表

2017 年 10 月　　单位：元

应借科目 / 应贷科目	生产成本——基本生产成本		生产成本——辅助生产成本	制造费用		合计
	甲产品	乙产品	机修车间	基本车间	辅助车间	
原材料	28 320	21 680	600	2 000	400	53 000
合计						

会计分录：

借：基本生产成本——甲产品　28 320

　　　　　　　　——乙产品　21 680

　　辅助生产成本　600

　　制造费用——基本生产车间　2 000

　　　　　　——机修车间　400

　贷：原材料　53 000

(2) 根据工资资料，编制人工费用分配汇总表，如下表所示：

人工费用分配汇总表

2017 年 9 月　　单位：元

应借科目 / 应贷科目		生产成本——基本生产成本			生产成本——辅助生产成本	制造费用		合计
		甲产品	乙产品	小计		基本车间	辅助车间	
应付职工薪酬——工资	分配标准（小时）	2 480	1 520	4 000				
	分配率	15	15	15				
	分配金额	37 200	22 800	60 000	5 800	4 200	2 500	72 500
应付职工薪酬——福利费		5 208	3 192	8 400	812	588	350	10 150

会计分录：

借：基本生产成本——甲产品　37 200

　　　　　　　　——乙产品　22 800

　　辅助生产成本　5 800

　　制造费用——基本生产车间　4 200

　　　　　　——机修车间　2 500

　贷：应付职工薪酬——工资　72 500

借：基本生产成本——甲产品　5 208

　　　　　　　　——乙产品　3 192

　　辅助生产成本　812

　　制造费用——基本生产车间　588

　　　　　　——机修车间　350

贷：应付职工薪酬——职工福利费　　10 150

(3) 根据折旧资料，编制固定资产折旧费用分配表，如下表所示：

固定资产折旧费用分配表

2017 年 9 月　　单位：元

应借科目 应贷科目	制造费用		合　计
	基本车间	辅助车间	
累计折旧	12 000	3 000	15 000

会计分录：

借：制造费用——基本车间　　12 000

　　　　　　——机修车间　　3 000

　贷：累计折旧　　15 000

(4) 根据动力费用资料编制外购动力费用分配表，如下表所示：

外购动力费用分配表

2017 年 9 月　　单位：元

应借科目 应贷科目	制造费用		合　计
	基本车间	辅助车间	
银行存款	14 200	12 800	27 000

会计分录：

借：制造费用——基本车间　　14 200

　　　　　　——机修车间　　12 800

　贷：银行存款　　27 000

(5) 根据办公费等资料编制其他费用分配表，如下表所示：

其他费用分配表

2017 年 9 月　　单位：元

应借科目 应贷科目	制造费用		合　计
	基本车间	辅助车间	
办公费及其他	25 400	6 600	32 000

会计分录：

借：制造费用——基本车间　　25 400

　　　　　　——机修车间　　6 600

　贷：银行存款　　32 000

(6) 根据上述各要素费用分配表，编制辅助生产车间制造费用明细账，如下表所示：

制造费用明细账

车间名称：机修车间　　　　2017 年 9 月　　　　单位：元

摘　　要	材料费	工　资	福利费	折旧费	动力费	办公费	合　计
根据材料分配表	400						400
根据人工费用分配汇总表		2 500	350				2 850
根据折旧费分配表				3 000			3 000
根据动力费分配表					12 800		12 800
根据其他费用分配表						6 600	6 600
合　计	400	2 500	350	3 000	12 800	6 600	25 650
本月转出	400	2 500	350	3 000	12 800	6 600	25 650

(7) 根据上述有关费用分配表登记辅助生产成本明细账，如下表所示：

辅助生产成本明细账

车间名称：机修车间　　　　2017 年 9 月　　　　单位：元

摘　　要	直接材料	直接人工	制造费用	合　　计
根据材料分配表	600			600
根据人工费用分配汇总表		6 612		6 612
根据制造费用明细账			25 650	25 650
合　计	600	6 612	25 650	32 862
本月转出	600	6 612	25 650	32 862

(8) 编制辅助生产费用分配表，如下表所示：

辅助生产费用分配表

2017 年 9 月　　　　单位：元

应借科目 / 应贷科目		制 造 费 用	管 理 费 用	合　　计
机修车间	耗用量(小时)	6 000	4 000	10 000
	分配率	3.286 2	3.286 2	
	分配金额	19 717.2	13 144.8	32 862

会计分录如下：

借：制造费用——基本生产车间　　19 717.2

　　　管理费用　　13 144.8

　贷：辅助生产成本　　32 862

(9) 根据上述资料，编制基本生产车间制造费用明细账，如下表所示：

制造费用明细账

车间名称：基本生产车间　　　　2017 年 9 月　　　　单位：元

摘　要	材料费	工　资	福利费	折旧费	动力费	办公费	修理费	合　计
根据材料分配表	2 000							2 000
根据人工费用分配汇总表		4 200	588					4 788
根据折旧费分配表				12 000				12 000
根据动力费分配表					14 200			14 200
根据其他费用分配表						25 400		25 400
根据辅助生产费用分配表							19 717.2	19 717.2
合　计	2 000	4 200	588	1 200	14 200	25 400	19 717.2	78 105.2
本月转出	2 000	4 200	588	1 200	14 200	25 400	19 717.2	78 105.2

(10) 根据基本生产车间制造费用明细账及其他资料编制制造费用分配表，如下表所示：

制造费用分配表

车间名称：基本生产车间　　　　2017 年 9 月

项　目		分配标准(小时)	分配率	分配金额(元)
生产成本——基本生产成本	甲	2 480	19.526 3	48 425.22
	乙	1 520	19.526 3	29 679.98
	合　计	4 000		78 105.2

会计分录：

借：基本生产成本——甲产品　　48 425.22

　　　　　　　　——乙产品　　29 679.98

　贷：制造费用——基本生产车间　　78 105.2

(11) 计算甲、乙产成品的总成本和单位成本，如下表所示：

产品成本计算单

本月完工：800

月末在产品：400

产品名称：甲　　　　2017 年 9 月　　　　单位：元

摘　要	直接材料	直接人工	制造费用	合　计
月初在产品成本	7 680	6 592	3 574.78	17 846.78
本月生产费用	28 320	42 408	48 425.22	119 153.22
生产费用合计	36 000	49 000	52 000	137 000
完工产品总成本	24 000	39 200	41 600	104 800

续　表

摘　　要	直接材料	直接人工	制造费用	合　　计
完工产品单位成本	30	49	52	131
月末在产品成本	12 000	9 800	10 400	32 200

产品成本计算单

本月完工：600

月末在产品：400

产品名称：乙　　2017 年 9 月　　单位：元

摘　　要	直接材料	直接人工	制造费用	合　　计
月初在产品成本	8 320	2 008	2 320.02	12 648.02
本月生产费用	21 680	25 992	29 679.98	77 351.98
生产费用合计	30 000	28 000	32 000	90 000
完工产品总成本	18 000	21 000	24 000	63 800
完工产品单位成本	30	35	40	105
月末在产品成本	12 000	7 000	8 000	27 000

会计分录如下：

借：库存商品——甲产品　　104 800

　　　　　　——乙产品　　63 000

　贷：基本生产成本——甲产品　　104 800

　　　　　　　　　——乙产品　　63 000

第六章

分批成本法

一、单项选择题

1. 下列方法中，需设置基本生产成本二级账的是（　　）。

A. 分类法　　B. 简化的分批法　　C. 定额法　　D. 简化的品种法

2. 分批法的主要特点是（　　）。

A. 批内产品都同时完工，不存在完工产品与在产品之间分配费用的问题

B. 以产品批别为成本计算对象

C. 费用归集和分配比较简便

D. 定期计算成本

3. 制造费用是指（　　）。

A. 间接计入费用

B. 间接生产费用

C. 应计入产品成本的车间生产费用

D. 应计入产品成本但没有专设成本项目的各项费用

4. 简化分批法适用于（　　）的企业。

A. 投产批数繁多，而且未完工批数较多

B. 投产批数繁多，而且完工批数较多

C. 投产批数繁多，而未完工批数较少

D. 投产批数较少，而未完工批数较多

5. 采用简化分批法计算产品成本，基本生产成本二级账与产品成本计算单无法核对的项目是（　　）。

A. 月末在产品生产工时项目余额　　B. 月末在产品直接材料项目余额

C. 完工产品成本合计数　　D. 月末在产品间接计入费用项目余额

6. 采用简化分批法，在产品完工之前，产品成本计算单（　　）。

A. 只登记直接材料费用　　B. 不登记任何费用

C. 只登记直接材料和生产工时　　D. 登记间接费用，不登记直接费用

7. 在简化分批法下，累计间接费用分配率（　　）。

A. 只是在各批完工产品之间分配间接费用的依据

B. 只是在各批在产品之间分配间接费用的依据

C. 只是在完工产品与在产品之间分配间接费用的依据

D. 既是各批产品之间，也是完工产品与在产品之间分配间接费用的依据

8. 累计间接计入费用分配率是依据(　　)的有关数据计算的。

A. 基本生产成本明细账　　B. 基本生产成本总账

C. 基本生产成本二级账　　D. 都不是

9. 以下有关分批法的表述错误的是(　　)。

A. 分批法的主要特点是以产品的批别为成本计算对象

B. 分批法的成本计算期是定期的

C. 分批法下可按累计分配法分配间接计入费用

D. 分批法下可按当月分配法分配间接计入费用

10. 简化分批法与一般分批成本法的主要区别是(　　)。

A. 不分配间接费用　　B. 分批计算直接材料成本

C. 不分批计算在产品成本　　D. 不分批计算完工产品成本

二、多项选择题

1. 在分批法下，如批内产品跨月完工，对先完工的产品，可(　　)。

A. 以定额成本作为实际成本予以结转　　B. 以计划成本作为实际成本予以结转

C. 按约当产量计算并结转　　D. 暂不结转，待全部完工后一并计算、结转

E. 按实际单位成本结转

2. 分批法适用于(　　)。

A. 新产品的试制　　B. 单件生产

C. 小批生产　　D. 辅助生产的工具、模具制造

E. 机器设备的大修理

3. 采用分批法计算产品成本的企业，可将(　　)作为成本计算对象。

A. 同一订单中的不同产品

B. 产品的组成部分

C. 同一时期不同订单中的同种产品合并

D. 不同订单中的不同产品

E. 本企业规定的产品批别

4. 采用简化分批法，在各批产品成本明细账中，对于没有完工产品的月份，只登记(　　)。

A. 生产工时　　B. 直接材料　　C. 直接人工费用　　D. 制造费用

E. 间接计入费用

5. 分批零件法适用于(　　)。

A. 零件数量较多　　B. 零件数量不多　　C. 成批生产　　D. 大批生产

E. 装配式复杂生产

6. 简化分批法适用于(　　)的企业。

A. 各个月份的间接计入费用的水平相差悬殊

B. 各个月份的间接计入费用的水平相差不多

C. 月末完工产品批数比较多

D. 月末完工产品批数比较少

E. 月末未完工产品批数比较多

7. 在简化分批法下,(　　)。

A. 在产品完工之前,产品成本计算单只登记直接材料费用和生产工时

B. 在产品完工之前,产品成本计算单既要登记直接计入费用,又要登记间接计入费用

C. 在基本生产成本二级账中,既要登记直接计入费用,又要登记间接计入费用

D. 只在有完工产品的那个月份,才计算完工产品成本

E. 不分批计算在产品成本

8. 间接费用的分配方法主要有(　　)。

A. 交互分配率法　B. 当月分配法　C. 直接分配法　D. 实际分配率法

E. 累计分配率法

9. 分批零件法与分批成本法相比较,两者的不同处主要包括(　　)。

A. 成本计算程序　B. 在产品的含义　C. 适用范围　D. 成本计算期

E. 成本计算的对象

三、判断题

1. 在月末未完工产品批数较多的情况下,不适宜采用简化分批法。(　　)

2. 在单件小批生产的企业中,按照产品批别计算产品成本,往往也就是按照订单计算产品成本,因此,产品成本计算的分批法,也称订单法。(　　)

3. 简化分批法适用于投产批数繁多,而且完工批数较多的企业。(　　)

4. 采用分批法计算产品成本时,不存在完工产品与月末在产品之间分配费用的问题。(　　)

5. 如果间接计入费用采用累计分配法进行分配,这种分批法又称为简化分批法。(　　)

6. 月末,制造费用分配以后,“制造费用”账户应该无余额。(　　)

7. 为了使同一批产品同时完工,避免跨月陆续完工的情况,减少在完工产品与月末在产品之间分配费用的工作,产品的批量越小越好。(　　)

8. 在简化分批法下,在各批产品成本计算单中,对于没有完工产品的月份,只登记直接材料费用和生产工时。(　　)

9. 采用简化分批法计算产品成本,各批完工产品的间接计入费用是根据完工产品生产工时和累计间接计入费用分配率计算的。(　　)

10. 采用分批零件法计算产品成本时,其成本计算期与生产周期一致,而与会计报告期不一致。(　　)

四、业务处理题

习题一

一、目的:熟悉批内产品跨月完工的成本结转。

二、资料:春雷公司S16订单生产甲产品20台。8月份12台已完工,8台未完工。8台未完工产品的加工程度为60%。8月底成本明细账上累计生产成本为直接材料36 500元、直接人工22 680元和制造费用19 656元,估计还有17 500元材料未投入。

三、要求：

(1) 计算甲产品的估计单位成本。

(2) 编制 12 台完工产品入库的会计分录。

习题二

一、目的：练习产品成本计算的分批法。

二、资料：长城工厂产品成本计算采用分批法，2017 年 3 月份同时生产三批产品，批号＃101A 产品，1 月份投产，产量 20 台，2 月份已完工 8 台，本月完工 12 台；批号＃201B 产品，2 月份投资，产量 30 台，本月完工 30 台；批号＃301C 产品，本月投产，产量 45 台，本月尚未完工。3 月份有关成本资料如下：

(1) 3 月初在产品成本如下(单位：元)：

产品批号及名称	月份	摘　　要	直接材料	直接人工	制造费用
＃101A 产品	1		12 000	2 200	1 980
	2		38 000	8 000	6 020
	2	转出完工 8 台计划成本	−27 600	−7 100	−6 160
＃201B 产品	2		9 300	1 060	1 100

(2) 本月耗用原材料及生产工时如下：

产 品 批 号	产 品 名 称	直 接 材 料	生 产 工 时
＃101	A 产品	20 000	1 240
＃201	B 产品	15 000	1 660
＃301	C 产品	9 800	500

(3) 3 月份发生的直接人工 18 700 元，制造费用 20 400 元。

三、要求：

(1) 编制费用分配表，按生产工时比例分配直接人工和制造费用。

(2) 编制产品成本计算单，计算各种完工产品的总成本和单位成本。

(3) 编制完工产品入库的会计分录。

习题三

一、目的：练习产品成本计算的简化的分批法。

二、资料：新益工厂的生产组织属于小批生产，产品批数多，每月末完工不多，为简化核算，采用简化的分批法计算产品成本。2017 年 7 月、8 月份有关成本资料如下：

(1) 产品批号及完工情况如下表所示：

批　号	产 品 别	投 产 日 期	完 工 情 况
＃701	甲产品 12 件	7 月 12 日投产	8 月 15 日完工
＃702	乙产品 8 件	7 月 28 日投产	8 月 30 日完工 3 件
＃703	丙产品 6 件	8 月 15 日投产	尚未完工

(2) 各批号各月份发生的原材料费用及生产工时如下表所示：

批　号	原 材 料	生 产 工 时
＃701	7 月份原材料 12 400 元 8 月份原材料 10 600 元	生产工时 1 020 小时 生产工时 1 780 小时
＃702	7 月份原材料 30 800 元 8 月份原材料 0	生产工时 4 140 小时 生产工时 5 560 小时
＃703	8 月份原材料 25 000 元	生产工时 1 200 小时

注：＃702 产品的原材料在生产开始时一次投入的，其完工 3 件产品的生产工时为 6 800 小时。

(3) 7 月份该厂全部在产品的工资及福利费 24 800 元，制造费用 27 920 元。

(4) 8 月份该厂全部产品的工资及福利费 36 850 元，制造费用 48 800 元。

三、要求：采用简化分批法，计算完工产品总成本和单位成本。

习题四

一、目的：练习产品成本计算的分批法。

二、资料：长明工厂产品成本计算采用分批法，2017 年 6 月同时生产三批产品：产品批号＃501，5 月份投产，产量 15 台，本月完工 15 台；＃502，5 月份投产，产量 20 台，本月完工 6 台，＃601，本月投产，产量 10 台，本月尚未完工。有关成本资料如下：

(1) 月初在产品成本如下(单位：元)：

产 品 批 号	月　份	直 接 材 料	直 接 人 工	制 造 费 用
＃501	5	10 680	1 230	1 570
＃502	5	18 460	2 020	1 980

(2) 本月发生费用：

① 耗用原材料(实际成本)：＃501 号，2 200 元；＃502 号，31 540 元；＃601 号，29 480 元。

② 生产工人工时：＃501 号，1 250 小时；＃502 号，2 050 小时；＃601 号，560 小时。

③ 本月发生的直接人工 15 440 元，制造费用 17 756 元。

④ ＃502 号产品的计划单位成本，直接材料 2 600 元，直接人工 680 元，制造费用 700 元。

三、要求：

(1) 编制费用分配表，按生产工人实际工时的比例分配直接人工和制造费用。

(2) 编制产品成本计算单，计算各种完工产品的总成本和单位成本。

(3) 编制完工产品入库的会计分录。

习题五

一、目的：练习产品成本计算的分批法。

二、资料：某制造企业生产 A、B 两种产品，生产组织属于小批生产，采用分批法计算成本。2017 年 7 月份和 8 月份的生产情况和生产耗费资料如下：

(1) 7 月份生产的产品批号有：701 批号 A 产品 12 台，本月投产，完工 8 台，未完工 4 台。702 批号 B 产品 10 台，本月投产，计划下月完工，月末提前完工 2 台。

(2) 7 月份的成本资料如下表所示：

单位：元

产品批号	直接材料	直接人工	制造费用
701	13 440	9 408	5 184
702	18 400	16 200	10 400

701 批号 A 产品完工数量较大，生产费用在完工产品与月末在产品之间分配采用约当产量比例法。在产品的完工程度为 40%。原材料在生产开始时一次投入。

702 批号 B 产品完工数量少，按计划成本结转，每台计划成本为：直接材料 1 800 元，直接人工 1 640 元，制造费用 1 060 元。

(3) 8 月份生产的产品批号有：

701 批号 A 产品 4 台完工。

702 批号 B 产品 8 台完工。

(4) 8 月份生产的产品成本资料见下表：

单位：元

批　　号	直接材料	直接人工	制造费用
701		2 400	1 120
702		600	440

要求：

登记 7 月份和 8 月份各批产品成本计算单，并编制结转 7 月份和 8 月份完工产品成本的会计分录。

习题六

一、目的：练习产品成本计算的简化分批法。

二、资料：某制造企业产品成本计算方法采用简化分批法，6 月份投产的产品批号及产品完工情况如下表所示：

批　号	数　量	投产日	完工日	工　时
101 号	10 件	5 月 5 日	6 月 25 日	5 600 小时
102 号	5 件	5 月 8 日	6 月 30 日	4 400 小时
103 号	4 件	6 月 2 日	尚未完工	2 000 小时

三、要求：

根据相关资料，计算下表中的 A、B、C、D、E、F、G、H 各为多少。

基本生产成本二级账

金额单位：元

月	日	摘　　要	直接材料	生产工时（小时）	直接人工	制造费用	合　计
5	31	余　额	27 000	7 000	16 000	19 000	62 000
6	30	本月发生	23 000	5 000	20 000	29 000	72 000
6	30	累　计	50 000	12 000	36 000	48 000	134 000
		全部产品累计间接费用分配率			A	B	
6	30	本月完工转出	37 000	C	E	G	
6	30	在产品	13 000	D	F	H	

习题七

一、目的：练习产品成本计算的简化分批法。

二、资料：益明工厂的生产组织属于小批生产，产品批数较多，但每月完工的不多，为简化核算，采用简化的分批法计算产品成本。2017 年 7 月份有关生产和成本资料如下：

（1）产品批号及完工情况：

批　　号	产品及产量	投 产 日 期	完 工 情 况
#701	甲产品 10 件	5 月投产	7 月完工
#702	乙产品 8 件	5 月投产	尚未完工
……	……	……	……
#710	庚产品 6 件	6 月投产	尚未完工

（2）各批产品 7 月初累计数及 7 月份发生数：

批　号	原　材　料	生 产 工 时
#701	7 月初累计数：13 400 元 7 月份发生数：6 200 元	7 月初累计数：2 800 小时 7 月份发生数：1 420 小时
#702	7 月初累计数：10 800 元 7 月份发生数：2 800 元	7 月初累计数：2 100 小时 7 月份发生数：910 小时
……	……	……
#710	7 月初累计数：3 400 元 7 月份发生数：2 600 元	7 月初累计数：940 小时 7 月份发生数：720 小时

（3）待分配间接费用账的 7 月初累计数及 7 月份发生数：

月　　份	摘　　要	工　　时	直 接 人 工	制 造 费 用
7	期初累计	12 700	85 340	98 040
7	本月发生	5 100	35 700	40 800

三、要求：

采用简化分批法，登记生产成本明细账和待分配间接费用账，计算完工产品总成本和单位成本。

五、案例题

Taylor 公司是一家咨询公司，仅有一个直接成本项目（专业人工）和一个间接成本项目（客户服务）。Taylor 公司 2017 年的预算如下：

项　　目	金　　额	
营业收入		20 000 000
营业成本		
直接成本（专业人工）	5 000 000	
间接成本（客户服务）	13 000 000	18 000 000
营业利润		2 000 000

Taylor 公司的间接成本以专业人工成本为基础进行分配。

要求：

(1) 计算 Taylor 公司 2016 年预算间接成本分配率。

(2) Taylor 公司通过成本加成来实现 10%的毛利率，计算以专业人工成本为基础的成本加成率。

(3) Taylor 公司正在竞投 Rooster 公司的一项咨询业务，Rooster 公司是一家快餐连锁店。该业务相关预算如下：

专业人工项目	预算分配率	预算小时
主　管	200	3
合伙人	100	16
一般咨询人员	50	40
其他人员	30	160

请计算这一业务的预算成本。如果要达到 10%的毛利率，Taylor 公司应要价多少？

参 考 答 案

一、单项选择题

1. B　2. B　3. D　4. A　5. D　6. C　7. D　8. C　9. B　10. C

二、多项选择题

1. ABC　2. ABCDE　3. ABCDE　4. AB　5. BCDE　6. BDE　7. ACDE　8. BDE　9. ABCE

三、判断题

1. ×　2. √　3. ×　4. ×　5. √　6. ×　7. ×　8. √　9. √　10. √

四、业务处理题

习题一

甲产品的估计单位成本：

直接材料成本=(36 500+17 500)÷20=1 800(元)

直接人工成本=22 680÷(12+8×60%)=1 350(元)

制造费用=19 656÷(18+12×60%)=1 170(元)

12 台甲产品成本=(1 800+1 350+1 170)×12=77 760(元)

完工产品入库的会计分录：

借：产成品　　77 760

　贷：生产成本　　77 760

习题二

(1) 直接人工分配率=5.5

　制造费用分配率=6

(2) #101A 本月完工产品成本=61 600(元)

　整批完工产品实际总成本=102 460(元)

　实际单位成本=5 123(元)

　#201B 本月完工产品成本=45 550(元)

(3) 借：库存商品——A 产品　　62 400

　　　　　——B 产品　　45 550

　　贷：基本生产成本——A 产品　　62 400

　　　　　　——B 产品　　45 550

习题三

(1) 直接人工分配率=4.5

　制造费用分配率=5.6

　#701 甲产品完工产品成本=51 280(元)

　#702 乙产品完工产品成本=80 230(元)

(2) 借：库存商品——甲产品　　51 280

　　　　　——乙产品　　80 230

　　贷：基本生产成本——甲产品　　51 280

　　　　　　——乙产品　　80 230

习题四

(1)

费用分配表

单位：元

应借账户：生产成本	生产工时	直接人工		制造费用	
		分配率	分配金额	分配率	分配金额
501	1 250	4	5 000	4.6	5 750
502	2 050	4	8 200	4.6	9 430
601	560	4	2 240	4.6	2 576
合　计	3 860		15 440		17 756

(2)

产品成本计算单 单位：元

产品批号：501 产量：15台 开工日期：5月 完工日期：6月

日 期	直接材料	生产工时	直接人工	制造费用	合 计
5月	10 680		1 230	1 570	13 480
6月	2 200	1 250	5 000	5 750	12 950
完工转出	12 880		6 230	7 320	26 430
完工产品单位成本	859		415	488	1 762

产品成本计算单 单位：元

产品批号：502 产量：20台 开工日期：5月 完工日期：

日 期	直接材料	生产工时	直接人工	制造费用	合 计
5月	18 460		2 020	1 980	22 460
6月	31 540	2 050	8 200	9 430	49 170
完工转出	15 600		4 080	4 200	23 880
月末在产品	34 400		6 140	7 210	47 750

产品成本计算单 单位：元

产品批号：601 产量：10台 开工日期：6月 完工日期：

日 期	直接材料	生产工时	直接材料	制造费用	合 计
6月	29 480	560	2 240	2 576	34 296

(3) 完工产品入库的会计分录：

#501批号：

借：库存商品——#501批号 26 430

贷：基本生产成本——#501批号 26 430

#502批号：

借：库存商品——#502批号 23 880

贷：基本生产成本——#502批号 23 880

习题五

产品成本计算单 单位：元

产品批号：701 开工日期：7月份 完工日期：7月份8台

产品名称：A 产品批量：12台 完工日期：8月份4台

日 期	摘 要	直接材料	直接人工	制造费用	合 计
7月	本月生产费用	13 440	9 408	5 184	28 032
7月	分配率	1 120	980	540	2 640
7月	完工产品成本(8台)	8 960	7 840	4 320	21 120

续　表

日　期	摘　　要	直接材料	直接人工	制造费用	合　　计
7月	完工产品单位成本	1 120	980	540	2 640
7月	月末在产品成本	4 480	1 568	864	6 912
8月	本月生产费用		2 400	1 120	3 520
8月	完工产品成本	4 480	3 968	1 984	10 432
8月	完工产品单位成本	1 120	992	496	2 608
8月	整批产品实际成本	13 440	11 808	6 304	31 552

产品成本计算单

单位：元

产品批号：702　　开工日期：7月份2台　　完工日期：7月份2台

产品名称：B　　产品批量：10台　　完工日期：8月份8台

日　期	摘　　要	直接材料	直接人工	制造费用	合　　计
7月	本月生产费用	18 400	16 200	10 400	45 000
7月	完工2台按机会成本转出	−13 600	−3 280	−2 120	−9 000
7月	完工产品单位成本	1 800	1 640	1 060	4 500
7月	月末在产品成本	14 800	12 920	8 280	36 000
8月	本月生产费用		600	440	1 040
8月	完工产品成本	14 800	13 520	8 720	37 040
8月	完工产品单位成本	1 850	1 690	1 090	4 630
8月	整批产品实际总成本	18 400	16 800	10 840	46 040
8月	实际单位成本	1 840	1 680	1 048	4 604

会计分录：

7月份：

借：库存商品——A产品　　21 120

　　　　　　——B产品　　9 000

　贷：基本生产成本——A产品　　21 120

　　　　　　　　　——B产品　　9 000

8月份：

借：库存商品——A产品　　10 432

　　　　　　——B产品　　37 040

　贷：基本生产成本——A产品　　10 432

　　　　　　　　　——B产品　　37 040

习题六

A=36 000÷12 000=3(元)

B=48 000÷12 000=4(元)

C=5 600+4 400=10 000(元)

D=12 000−10 000=2 000(元)
E=10 000×3=30 000(元)
F=2 000×3=6 000(元)
或=36 000−30 000=6 000(元)
G=10 000×4=40 000(元)
H=2 000×4=8 000(元)
或=48 000−40 000=8 000(元)

习题七

生产成本明细账

产品批号：#701　　　　　　　　　　开工日期：2017 年 5 月
产品名称：甲产品　　　　产量：10 件　　　　完工日期：2017 年 7 月

月　份	摘　　要	直接材料	工　时	直接人工	制造费用	合　计
7	期初累计	13 400	2 800			13 400
7	本月发生	6 200	1 420			6 200
7	期末累计	19 600	4 220			19 600
7	分配间接计入费用		4 220	28 696	32 916	61 612
7	结转 12 件完工产品成本	−19 600		−28 696	−32 916	−81 212
7	完工产品单位成本	1 960		2 869.6	3 291.6	8 121.2

生产成本明细账

产品批号：#702　　　　　　　　　　开工日期：2017 年 5 月
产品名称：乙产品　　　　产量：8 件　　　　完工日期：

月　份	摘　　要	直接材料	工　时	直接人工	制造费用	合　计
7	期初累计	10 800	2 100			10 800
7	本月发生	2 800	910			2 800
7	期末累计	13 600	3 010			13 600

生产成本明细账

产品批号：#710　　　　　　　　　　开工日期：2017 年 5 月
产品名称：庚产品　　　　产量：6 件　　　　完工日期：

月　份	摘　　要	直接材料	工　时	直接人工	制造费用	合　计
7	期初累计	3 400	940			3 400
7	本月发生	2 600	720			2 600
7	期末累计	6 000	1 660			6 000

待分配间接费用账

月 份	摘 要	工 时	直接人工	制造费用	合 计
7	期初累计	12 700	85 340	98 040	183 380
7	本月发生	5 100	35 700	40 800	76 500
7	合 计	17 800	121 040	138 840	259 880
7	累计分配率		6.8	7.8	
7	分配间接计入费用	−4 220	−28 696	−32 916	−61 612
7	期末累计	13 580	92 344	105 924	198 268

五、案例题

1. 预算间接成本分配率＝13 000 000÷5 000 000＝2.60(元/小时)
2. 加成率＝20 000 000÷5 000 000－1＝300%
3. 预算成本计算如下：

直接成本：		
主管(200×3)	600	
合伙人(100×16)	1 600	
一般咨询人员(50×40)	2 000	
其他人员(30×160)	4 800	9 000
间接成本：		
客户服务(2.60×9 000)		23 400
总成本		32 400

如果要达到10%的毛利率，Taylor公司应要价＝32 400÷90%＝36 000(元)。

第七章

分步成本法

一、单项选择题

1. 下列各种分步法中，半成品成本不随实物转移而结转的方法是（　　）。

A. 按计划成本综合结转分步法　　B. 按实际成本综合结转分步法

C. 分项结转分步法　　D. 平行结转分步法

2. 采用平行结转分步法，第二生产步骤的广义在产品不包括（　　）。

A. 第一生产步骤正在加工的在产品　　B. 第二生产步骤正在加工的在产品

C. 第二生产步骤完工入库的半成品　　D. 第三生产步骤正在加工的在产品

3. 需要进行成本还原的分步法是（　　）。

A. 综合结转分步法　　B. 平行结转分步法

C. 分项结转分步法　　D. 逐步结转分步法

4. 下列方法中，属于不计算半成品成本的分步法是（　　）。

A. 逐步结转分步法　　B. 平行结转分步法

C. 综合结转分步法　　D. 分项结转分步法

5. 成本还原分配率的计算公式是（　　）。

A. 本月产成品成本合计÷本月产成品所耗半成品费用

B. 本步骤完工产品的自制半成品成本÷本月产成品所耗该种半成品费用

C. 本月产成品所耗半成品费用÷本月产成品成本合计

D. 本步骤完工产品的自制半成品成本÷上步骤完工产品成本

6. 逐步结转分步法，按照半成品成本在下一步骤成本明细账中的反映方法，可以分为（　　）。

A. 综合结转分步法和平行结转分步法

B. 平行结转分步法和分项结转分步法

C. 实际成本结转分步法和计划成本结转分步法

D. 综合结转分步法和分项结转分步法

7. 某产品由四个生产步骤组成，采用逐步结转分步法计算产品成本，需要进行成本还原的次数是（　　）。

A. 5 次　　B. 4 次　　C. 3 次　　D. 2 次

8. 分步法适用于（　　）。

A. 单件小批生产　　B. 大量大批生产

C. 大量大批多步骤生产　　D. 单步骤生产

9. 在平行结转分步法下,在完工产品与在产品之间分配费用,是指(　　)。

A. 产成品与广义在产品

B. 前面步骤的完工半成品与加工中的在产品

C. 产成品与月末在产品

D. 完工半成品与月末加工中的在产品

10. 成本还原的对象是(　　)。

A. 本步骤生产费用　　B. 上步骤转来的生产费用

C. 产成品成本　　D. 各步骤所耗上一步骤半成品的综合成本

二、多项选择题

1. 下列各种分步法中,不必进行成本还原的有(　　)。

A. 平行结转分步法　　B. 逐步结转分步法

C. 分项结转法　　D. 按实际成本综合结转法

E. 按计划成本综合结转法

2. 采用分步法,作为成本计算对象的生产步骤,可以(　　)。

A. 按生产车间设立　　B. 按一个企业设立

C. 按实际生产步骤设立　　D. 按一个车间中的几个生产步骤分别设立

E. 按几个车间合并成的一个生产步骤设立

3. 半成品成本综合结转可以采用的方法有(　　)。

A. 按实际成本结转　　B. 按计划成本结转

C. 按成本项目结转　　D. 按原材料成本结转

E. 按固定成本结转

4. 采用平行结转分步法,不能提供(　　)。

A. 所耗上一步骤半成品成本的资料　　B. 按原始成本项目反映的产成品成本资料

C. 本步骤应计入产成品成本份额的资料　　D. 各步骤完工半成品成本的资料

E. 各步骤在产品成本的资料

5. 在分步法中,相互对称的结转方法有(　　)。

A. 综合结转与平行结转　　B. 逐步结转与平行结转

C. 逐步结转与分项结转　　D. 综合结转与分项结转

E. 平行结转与分项结转

6. 在平行结转分步法下,对第二生产步骤而言,其广义的在产品包括(　　)。

A. 第一生产步骤正在加工的在产品　　B. 第一生产步骤完工入库的半成品

C. 第二生产步骤正在加工的在产品　　D. 第二生产步骤完工入库的半成品

E. 第三生产步骤正在加工的在产品

7. 采用综合结转分步法,可以按照(　　)计算结转半成品的成本。

A. 先进先出法　　B. 后进先出法　　C. 加权平均法　　D. 计划成本法

E. 顺序结转法

8. 在逐步结转分步法下,产成品成本中的半成品费用,可以按(　　)还原。

A. 本月所耗半成品成本的结构　　B. 本月所产产成品成本的结构
C. 本月所产半成品成本的结构　　D. 计划成本
E. 定额成本

9. 采用平行结转分步法计算产品成本，最后一个生产步骤的产品成本计算单中，能够反映的数据有(　　)。

A. 本步骤费用　　B. 产成品实际成本
C. 本步骤在产品成本　　D. 所耗上一步骤的半成品成本
E. 本步骤费用中应计入产成品成本的份额

10. 在平行结转分步法下，完工产品与在产品之间的费用分配，是指(　　)之间的费用分配。

A. 产成品与狭义在产品
B. 产成品与广义在产品
C. 产成品与半成品
D. 各步骤完工半成品与月末加工中的在产品
E. 前面各步骤的产成品与广义在产品，最后步骤的产成品与狭义在产品

三、判断题

1. 平行结转分步法实际上就是品种法的多次连接应用。　(　　)
2. 大量大批的多步骤生产企业都应按分步法计算成本。　(　　)
3. 分生产步骤计算产品成本不一定就是分车间计算产品成本。　(　　)
4. 成本还原的对象是还原前的产品成本。　(　　)
5. 生产车间转出完工半成品时，编制的会计分录可能是：借记“基本生产成本”账户，贷记“基本生产成本”账户。　(　　)
6. 在逐步结转分步法下，半成品的收发都应通过“自制半成品”账户核算。　(　　)
7. 在逐步结转分步法下，不论是综合结转法还是分项结转法，半成品成本都是随着半成品实物的转移而结转的。　(　　)
8. 在平行结转分步法下，各步骤的生产费用都必须在产成品和在产品之间分配。　(　　)
9. 采用平行结转分步法，各步骤不计算半成品成本。　(　　)
10. 在平行结转分步法下，在产品的费用不按其发生地点反映，而按其所在地反映。　(　　)

四、业务处理题

习题一

一、目的：练习逐步结转分步法。

二、资料：某企业生产甲产品需经过两个加工步骤，第一步骤生产出甲半成品；第二步骤对甲半成品加工，生产出甲产成品。该企业采用逐步结转分步法计算产品成本，设有“直接材料”“自制半成品”“直接人工”和“制造费用”四个成本项目。

该企业20××年7月有关成本资料如下：

(1) 产量记录:

项　目	第一步骤	第二步骤
月初在产品	120(完工 60%)	20 件(完工 70%)
本月投入	480 件	500 件
本月完工	500 件	400 件
月末在产品	100 件(完工 40%)	120 件(完工 50%)

原材料在生产开始时一次投入。

(2) 各步骤月初在产品成本资料(金额单位:元):

步　骤	直接材料	自制半成品	直接人工	制造费用
第一步骤	5 340		480	1 000
第二步骤		1 950	82	184

(3) 本月各步骤发生的生产费用(金额单位:元):

步　骤	直接材料	直接人工	制造费用
第一步骤	42 960	4 920	9 800
第二步骤		3 506	7 222

三、要求:根据以上资料,采用逐步结转分步法计算完工甲产品成本。

(1) 各步骤在产品成本按加权平均法计算;

(2) 各步骤在产品成本按先进先出法计算。

习题二

一、目的:练习逐步结转分步法。

二、资料:某企业生产 A 产品需经过第一、第二车间连续加工完成。第一车间半成品通过“自制半成品”账户核算,第二车间所耗半成品费用按全月一次加权平均单位成本计算,两个车间月末在产品均按定额成本计算。2017 年 8 月有关成本资料如下表所示(金额单位:元):

项　目	直接材料	直接人工	制造费用	合　计
第一车间				
月初在产品(定额成本)	24 000	8 000	10 000	42 000
本月费用	56 000	12 000	20 000	88 000
月末在产品(定额成本)	12 000	4 000	6 000	22 000
第二车间				
月初在产品(定额成本)	40 000	10 000	20 000	70 000
本月费用		28 000	30 000	
月末在产品(定额成本)	15 000	4 000	10 000	29 000

第一车间完工半成品 1 800 件，半成品库期初结存 200 件，实际成本 11 000 元，第二车间领用半成品 1 600 件，完工产成品 2 000 件。

三、要求：采用逐步结转分步法计算第一车间完工半成品成本、第二车间产成品成本，并编制相应的会计分录。

习题三

一、目的：练习成本还原方法。

二、资料：某企业生产的乙产品需经过第一、第二车间连续加工完成。采用逐步结转分步法计算产品成本，并设“自制半成品”成本项目。20××年 6 月有关成本资料如下表所示（金额单位：元）：

项　　目	直接材料（或自制半成品）	直接人工	制造费用	合　　计
第一车间半成品成本	16 000	5 000	9 000	30 000
第二车间产成品成本	36 000	8 000	12 000	56 000

三、要求：根据以上资料将第二车间的产成品成本进行成本还原。

习题四

一、目的：练习产品成本计算的分步法。

二、资料：某企业生产 A 产品需经过三个连续加工步骤。第一步骤投入原材料生产出甲半成品；第二步骤对甲半成品加工，生产出乙半成品；第三步骤对乙半成品加工，生产出 A 产成品。该企业采用逐步结转分步法计算产品成本。自制半成品均由半成品仓库收发，设有“自制半成品”账户，自制半成品的计价采用加权平均法。假定上月初没有半成品存货。

（1）2017 年 8 月各步骤投入产出资料如下表所示（单位：件）：

步　　骤	月初在产品	本 月 投 入	本 月 完 工	月末在产品
第一步	50	200	220	30
第二步	40	160	140	60
第三步	20	180	172	28

原材料在第一步开工时一次投入，工费随加工程度逐步发生，月末在产品完工程度均为 50%。

（2）2017 年 8 月初自制半成品资料如下表所示：

产　　品	数量（件）	单位成本（元）	金额（元）
甲半成品	20	22.40	448
乙半成品	80	26.75	2 140

（3）2017 年 8 月初各步骤在产品部分成本资料如下表所示（单位：元）：

步　骤	直接材料	自制半成品	直接工资	制造费用
第一步	750	—	140	50
第二步	—	—	41	20
第三步	—	—	25	15.60

(4) 本月各步骤发生的生产费用如下表所示(单位:元):

步　骤	直接材料	自制半成品	直接工资	制造费用
第一步	3 000	—	800	185
第二步	—	—	350	160.20
第三步	—	—	440	189

三、要求:

设置A产品成本计算单并自制半成品明细账,采用逐步结转分步法计算成本,并按约当产量比例法划分完工产品成本和月末在产品成本(在产品成本按加权平均法计算)。

习题五

一、目的:练习逐步结转分步法下的分项结转法。

二、资料:某企业是连续加工式大量生产企业,设有两个基本生产车间。第一车间生产出甲半成品,交第二车间继续加工;第二车间生产出乙产成品。2017年8月的产量记录和成本资料详见以下两张表:

产量记录　　单位:件

项　目	第一步骤	第二步骤
月初在产品	40	30
本月投入	700	680
本月完工	680	670
月末在产品	60	40
月末在产品加工程度	40%	50%

原材料在生产开工时一次投入,工费随加工程度均匀发生。

成本资料　　单位:元

项　目	直接材料	直接人工	制造费用
月初在产品成本			
第一步骤	21 000	4 600	6 500
第二步骤(上步骤转入)	14 180	8 590	12 490

续　表

项　　目	直接材料	直接人工	制造费用
第二步骤(本步骤发生)		3 700	5 100
本月费用			
第一步骤	363 800	213 640	303 260
第二步骤		168 800	229 500

三、要求：按逐步结转分步法下的分项结转法编制两个车间的成本明细账，计算两个车间的产品成本。

五、案例题

安德鲁是底特律部件公司(DCW)的部门经理，他不停地抱怨："我被吓坏了，因为我丢失了2017年7月份的成本记录。而我要去参加的部门会议上必须对比6月份的工作业绩来评价7月份的。现在我手头只有加权平均数字。这对我要回答的问题基本没什么帮助。从我的角度来看，我们的效率应有所提高，而且直接材料价格下调，所以我应该报告一些好消息。我现在马上需要7月份的数据！"DCW公司通过机械车间和装配车间生产复杂的飞机机械部件。

2017年7月份装配车间的产量记录如下：

项　　目	实　物　量	投　料　率	完　工　率
7月初在产品	120	0	62.5%
7月份投入	200		
7月份完工	220		
7月末在产品	100	0	80%

7月份装配车间的有关成本数据如下：

项　　目	自制半成品	直接材料	加工成本
7月初在产品成本	16 800	0	9 000
7月份加权平均约当单位成本	131.25	20	114

要求：

(1) 采用先进先出法计算装配车间7月份完工产品的单位成本，这也是安德鲁想要的数据。

(2) 说明FIFO法下计算的装配车间7月份完工产品成本比加权平均法下的高还是低？为什么？

参考答案

一、单项选择题

1. D　2. A　3. A　4. B　5. D　6. D　7. C　8. C　9. A　10. D

二、多项选择题

1. AC 2. ACDE 3. AB 4. AD 5. BD 6. CDE 7. ACD 8. CD 9. ACE 10. ABE

三、判断题

1. × 2. × 3. √ 4. × 5. √ 6. × 7. √ 8. √ 9. √ 10. ×

四、业务处理题

习题一

(1) 第一步骤:

完工半成品成本=55 250(元)

月末在产品成本=9 250(元)

第二步骤:

完工产成品成本=53 560(元)

月末在产品成本=14 634(元)

(2) 第一步骤:

完工半成品成本=54 291.88(元)

月末在产品成本=10 208.12(元)

第二步骤:

完工产成品成本=52 762.60(元)

月末在产品成本=14 473.28(元)

习题二

产品成本计算单

车间:第一车间　　　　单位:元

日期	摘要	直接材料	直接人工	制造费用	合计
8月	月初在产品成本	24 000	8 000	10 000	42 000
8月	本月生产费用	56 000	12 000	20 000	88 000
8月	生产费用合计	80 000	20 000	30 000	130 000
8月	月末在产品成本	12 000	4 000	6 000	22 000
8月	完工产品成本	68 000	16 000	24 000	108 000

借:自制半成品　　108 000

　贷:基本生产成本——第一车间　　108 000

产品成本计算单

车间:第二车间　　　　单位:元

日期	摘要	直接半成品	直接人工	制造费用	合计
8月	月初在产品成本	40 000	10 000	20 000	70 000
8月	本月生产费用	95 200	28 000	30 000	153 200

续　表

日　期	摘　　要	直接半成品	直接人工	制造费用	合　　计
8月	生产费用合计	135 200	38 000	50 000	223 200
8月	月末在产品成本	15 000	4 000	10 000	29 000
8月	完工产品成本	120 200	34 000	40 000	194 200

借：基本生产成本——第二车间　　95 200
　贷：自制半成品　　95 200
借：库存商品　　194 200
　贷：基本生产成本——第二车间　　194 200

习题三

产品成本还原计算表

行次	项　　目	还原分配率	自制半成品	直接材料	直接人工	制造费用	合　计
1	还原前产品成本		36 000		8 000	12 000	56 000
2	本月所产半成品成本			16 000	5 000	9 000	30 000
3	本产品成本还原	1.2	—36 000	19 200	6 000	10 800	0
4	还原后产成品成本			19 200	14 000	22 800	56 000

习题四

(1)

自制半成品明细账

甲半成品　　单位：元

日期	摘　　要	收　　入			发　　出			结　　存		
		数量	单位成本	金额	数量	单位成本	金额	数量	单位成本	金额
5月	月初结存							20	22.40	448
5月	本月完工入库	220	20	4 440				240	20.20	4 848
5月	本月领用				160	20.20	3 232	80	20.20	1 616

自制半成品明细账

乙半成品　　单位：元

日期	摘　　要	收　　入			发　　出			结　　存		
		数量	单位成本	金额	数量	单位成本	金额	数量	单位成本	金额
5月	月初结存							80	26.75	2 140
5月	本月完工入库	140	24	3 360				220	25	5 500
5月	本月领用				180	25	4 500	40	25	1 000

产品成本计算单

2017年8月

第一步骤　　产品名称：甲半成品　　单位：元

项　目	直接材料	直接人工	制造费用	合　计
月初在产品成本	750	140	50	940
本月生产费用	3 000	800	185	3 985
生产费用合计	3 750	940	235	4 925
约当总产量	250	235	235	
单位成本	15	4	1	20
完工半成品成本	3 300	880	220	4 400
月末在产品成本	450	60	15	525

产品成本计算单

2017年8月

第二步骤　　产品名称：乙半成品　　单位：元

项　目	自制半成品	直接人工	制造费用	合　计
月初在产品成本	896	41	20	957
本月生产费用	3 232	350	160.20	3 742.20
生产费用合计	4 128	391	180.20	4 699.20
约当总产量	200	170	170	
单位成本	20.64	2.30	1.06	24
完工半成品成本	2 889.60	322	148.40	3 360
月末在产品成本	1 238.40	69	31.80	1 339.20

产品成本计算单

2017年8月

第三步骤　　产品名称：A产品　　单位：元

项　目	自制半成品	直接人工	制造费用	合　计
月初在产品成本	535	25	15.60	575.60
本月生产费用	4 500	440	189	5 129
生产费用合计	5 035	465	204.60	5 704.60
约当总产量	200	186	186	
单位成本	25.175	2.50	1.10	28.775
完工产成品成本	4 330.10	430	189.20	4 949.30
月末在产品成本	704.90	35	15.40	755.30

习题五

成本明细账

第一车间

项　　目	直接材料	直接工资	制造费用	合　　计
月初在产品成本	21 000	4 600	6 500	32 100
本月生产成本	363 800	213 640	303 260	880 700
合　计	384 800	218 240	309 760	912 800
约当产量	740	704	704	
约当产量单位成本	520	310	440	
月末在产品成本	31 200	7 440	10 560	49 200
完工半成品成本	353 600	210 800	299 200	863 600
完工半成品单位成本	520	310	440	1 270

成本明细账

第二车间

项　　目		直接材料	直接工资	制造费用	合　　计
上步骤转入	期初在产品成本	14 180	8 590	12 490	35 260
	本月生产费用	353 600	210 800	299 200	863 600
	合　计	367 780	219 390	311 690	898 860
	约当产量	710	710	710	
	约当产量单位成本	518	309	439	
	月末在产品成本	20 720	12 360	17 560	50 640
	完工产成品成本	347 060	207 030	294 130	848 220
本步骤发生	期初在产品成本		3 700	5 100	8 800
	本月生产费用		168 800	229 500	398 300
	合　计		172 500	234 600	407 100
	约当产量		690	690	
	约当产量单位成本		250	340	
	月末在产品成本		5 000	6 800	11 800
	完工产成品成本		167 500	227 800	395 300
完工产成品成本		347 060	374 530	521 930	1 243 520
完工产成品单位成本		518	559	779	1 856

五、案例题

1.

产品成本计算单

项　　目	自制半成品	直接材料	加工成本	合　　计
期初在产品成本	16 800	0	9 000	25 800
本期生产费用	25 200	4 400	25 200	54 800
生产费用合计	42 000	4 400	34 200	80 600
约当产量	200	220	225	
约当产量单位成本	126	20	112	258
期末在产品成本	12 600	0	8 960	21 560
完工产品成本	29 400	4 400	25 240	59 040
完工产品单位成本	133.64	20	114.73	268.37

2. 采用先进先出法计算的完工产品成本要比采用加权平均法的高。这是因为，与本期相比，上期投入的自制半成品成本与加工成本的单位成本都较高，而采用先进先出法时，较高的期初在产品成本全部由完工产品负担。

第八章

分类成本法和联合成本的分配

一、单项选择题

1. 必须采用分类法计算成本的是(　　)。

A. 主产品　　B. 联产品

C. 副产品　　D. 等级产品

2. 下列各项中,属于分类法优点的是(　　)。

A. 能加强成本控制　　B. 能简化产品成本的计算

C. 能提高成本计算的正确性　　D. 能分品种掌握产品成本水平

3. 某企业将甲、乙两种产品作为一类,采用分类法计算产品成本。甲、乙两种产品共同耗用 A 种材料,消耗定额分别为 16 千克和 20 千克,每千克 A 种材料的单位成本为 5 元。该企业将甲产品作为标准产品,则乙产品的原材料费用系数为(　　)。

A. 1.25　　B. 0.8　　C. 6.25　　D. 4

4. 分类法是按照(　　)归集费用、计算成本的。

A. 批别　　B. 品种　　C. 步骤　　D. 类别

5. 联产品是指(　　)。

A. 一种原材料加工出来的不同质量产品

B. 一种原材料加工出来的几种主要产品

C. 一种原材料加工出来的主要产品和副产品

D. 不同原材料加工出来的不同产品

6. 产品成本计算的分类法适用于(　　)。

A. 大量大批多步骤生产　　B. 大量大批单步骤生产

C. 各种类型的生产　　D. 单件小批单步骤生产

7. 采用分类法计算产品成本,目的在于(　　)。

A. 简化各类产品成本的计算工作　　B. 分品种计算产品成本

C. 简化各种产品成本的计算工作　　D. 分类计算产品成本

8. 以下有关副产品的表述中,正确的是(　　)。

A. 副产品是企业生产活动的主要目标之一

B. 副产品不需要负担联合成本

C. 副产品必须负担联合成本

D. 副产品的成本核算工作可以简化

9. 在副产品加工处理所需时间不长、费用不大的情况下,副产品也可以(　　)。
A. 按固定成本计价
B. 按计划成本计价
C. 不计价
D. 以售价扣除税金和销售费用后的余额计价

二、多项选择题

1. 下列产品中,可以采用分类法计算成本的有(　　)。
A. 等级产品
B. 主、副产品
C. 联产品
D. 不同规格的针织品
E. 各种糖果产品
2. 采用分类法,某类产品中各种产品之间分配费用的标准可以选用(　　)。
A. 定额消耗量
B. 计划成本
C. 定额成本
D. 产品售价
E. 相对固定的系数
3. 在品种规格繁多且可按一定标准划分为若干类别的企业或车间中,能够应用分类法计算成本的产品生产类型有(　　)。
A. 大量大批多步骤生产
B. 大量大批单步骤生产
C. 单件小批多步骤生产
D. 单件小批单步骤生产
E. 成批生产
4. 副产品成本可以(　　)。
A. 按计划成本确定
B. 按实际成本确定
C. 按可分成本确定
D. 不计算
E. 按售价扣除税金和销售费用后的余额确定
5. 在主副产品合为一类进行成本计算的情况下,如果副产品的售价不能抵偿其销售费用,则副产品成本的计算方法不应采用的有(　　)。
A. 不计算副产品成本
B. 副产品成本按实际成本计算
C. 副产品成本按定额成本计算
D. 副产品成本按计划成本计算
E. 主、副产品按一定比例分配
6. 分离以后不再加工的联产品,其联合成本的分配适合采用(　　)。
A. 系数分配法
B. 实物量分配法
C. 可实现净值分配法
D. 销售价值分配法
E. 定额比例法
7. 以下有关分类法的表述中,正确的是(　　)。
A. 分类法是一种独立的成本计算方法
B. 分类法适用于产品品种、规格繁多但可按一定标准分类的生产企业
C. 分类法可以和分步法结合起来应用
D. 分类法可以应用于各种类型的生产企业
E. 分类法的优点是核算工作简便

8. 副产品成本按计划单位成本计价时，适合于(　　)。
A. 副产品进一步加工所需时间不长
B. 副产品进一步加工所需时间较长
C. 副产品加工处理费用不大
D. 副产品加工处理费用大
E. 副产品的计划单位成本制定得比较准确
9. 联产品的生产特点是(　　)。
A. 经过同一个生产过程进行生产
B. 生产成本相同
C. 使用同一种原材料加工
D. 都是企业的主要产品
E. 有的是主要产品，有的是非主要产品
10. 可按分类法的成本计算原理计算产品成本的等级品是(　　)。
A. 由于工艺技术条件不成熟造成的等级品
B. 由于违规操作造成的等级品
C. 由于生产管理不当造成的等级品
D. 由于原材料质量造成的等级品
E. 由于自然原因造成的等级品

三、判断题

1. 分类法不需要分产品品种计算成本，因而产品成本计算单可按类别设置。(　　)
2. 分类法与生产类型没有直接的关系，可以应用在各种类型的生产中。(　　)
3. 分类法是一种独立的成本计算方法，它无须与成本计算的基本方法结合起来应用。(　　)
4. 副产品成本必须采用分类法计算。(　　)
5. 采用分类法计算产品成本，如果系数是按消耗定额或费用定额计算确定的，按系数比例分配费用的结果与直接按定额消耗量或定额费用比例分配费用的结果相同。(　　)
6. 等级产品均可采用分类法计算成本。(　　)
7. 用分类法计算出来的类内各种产品的成本具有一定的假定性。(　　)
8. 联产品必须采用分类法计算成本。(　　)
9. 采用分类法计算产品成本，每类产品内各种产品的生产费用，不论是间接费用还是直接费用，都采用分配方法分配计算。(　　)
10. 等级产品是非合格品。(　　)

四、业务处理题

习题一

一、目的：练习成本计算的分类法——定额比例法。

二、资料：明星工厂生产甲、乙两大类产品，每类产品各有若干不同的品种规格，分别在第一、第二两个封闭式车间进行生产。该厂采用定额比例法计算产品成本，设置直接材料、直接人工、专用费用和制造费用四个成本项目。

(1) 2017 年 9 月完工产品的产量及单件定额资料如下(金额单位：元)：

产品类别	规　格	完工产量(件)	每件定额材料成本	每件工时定额
甲	E1	1 000	480	60
	E2	8 000	140	20
	E3	4 000	80	13
乙	F1	2 000	300	15
	F2	400	314	16
	F3	4 000	180	12

(2) 月初在产品和本月实际发生的生产费用以及实际工时如下(金额单位：元)：

项　　目	直接材料(实际成本)	直接人工	专用费用	制造费用
甲类月初在产品成本	710 000	42 400	28 000	82 000
乙类月初在产品成本	550 000	9 616	4 000	18 600
甲类本月生产费用	1 224 400	90 520	69 440	145 360
乙类本月生产费用	1 001 760	32 000	9 872	41 512

(3) 月末在产品的定额资料如下(金额单位：元)：

产品类别	材料定额成本	工时定额
甲	560 000	134 000
乙	380 000	31 200

三、要求：

(1) 计算两类产品的材料定额成本和工时定额。

(2) 分别计算两类产品料工费定额分配率，并计算各种规格产成品的总成本和单位成本以及期末在产品成本。

习题二

一、目的：练习产品成本计算的分类法——系数法。

二、资料：新联毛巾厂生产小号、中号、大号丝光毛巾。三种产品所用原材料和生产工艺过程基本相同，以中号丝光毛巾为标准产品。2017 年 8 月有关成本、产量的资料如下：

1. 月初在产品成本和本月发生的生产费用(金额单位：元)：

项　　目	直接材料	直接人工	制造费用
月初在产品成本	11 280	5 400	4 084
本月发生费用	30 000	10 080	8 300

2. 产量和系数：

产品名称	折合标准产量系数	完工产量	在产品	
			数　量	完工程度
小号丝光毛巾	0.8	2 000	2 500	60%
中号丝光毛巾	1	2 400	3 500	40%
大号丝光毛巾	1.2	1 500	2 000	80%

三、要求：

(1) 编制标准产品产量换算表。

(2) 编制产品成本计算单，计算月末在产品成本、本月产成品的总成本和单位成本。

习题三

一、目的：练习联产品的成本计算方法。

二、资料：大华工厂用某种原材料同时生产出A、B两种联产品，2017年9月份生产A产品40 000千克，B产品20 000千克，无期初、期末在产品。该月生产这些联产品的联合成本为直接材料600 000元，直接人工216 000元，制造费用240 000元。A产品每公斤销售价格为25元，B产品每公斤销售价格为30元，产品已全部售出。

三、要求：根据上例资料，分别按下列方法计算A、B产品的成本、毛利和毛利率。

(1) 按实物量分配法计算。

(2) 按系数法分配计算(A产品为标准产品，其系数为1，B产品系数为1.125)。

(3) 按销售价值分配法计算。

(4) 若联产品分离后，A、B两种产品还需继续加工，其继续加工的成本分别为200 000元和120 000元，按可实现净值分配法计算两种产品的成本。

习题四

一、目的：练习副产品的成本计算。

二、资料：星晨工厂第一基本生产车间3月份生产出主产品——A产品4 000千克，并利用A产品产生的废料加工制成副产品——B产品1 000千克。A产品的月末在产品按定额成本计价。其月初在产品的原材料定额费用为15 000元，月末在产品的原材料定额费用为22 000元。B产品的月末在产品很少，不计算月末在产品成本。

本月A、B两种产品的实际生产费用、生产工时资料如下：

A产品领用原材料196 000元，A产品生产过程中产生废料8 000千克，每千克按固订单价0.50元计算，全部为B产品耗用。

该车间的生产工人工资及福利费为12 800元，制造费用为22 400元。直接费用都按生产工时比例分配，A产品的生产工时为30 000小时，B产品的生产工时为2 000小时。

三、要求：

(1) 编制工费分配表，分配主、副产品应负担的加工费用。

(2) 登记产品成本计算单，计算主、副产品的实际成本。

习题五

一、目的：练习联产品成本的计算。

二、资料：工厂生产甲、乙、丙三种联产品。20××年2月有关成本、产量、销售量的资料如下：

产　　品	甲	乙	丙	合　　计
分离前联合成本(元)				320 000
分离后加工成本(元)	50 000	80 000	70 000	
产量(件)	6 000	12 000	6 250	
销售量(件)	4 000	9 000	4 250	
销售单价(元)	50	37.50	40	

三、要求：

(1) 假定该厂无期初存货，采用可实现净值分配法分摊联合成本，计算各种产品期末存货成本。

(2) 假设某商愿以每件30元的价格，购买该厂分离时的乙产品(半成品)，该厂是否要接受此项订购业务？

习题六

一、目的：练习副产品成本的计算。

二、资料：某制造企业的基本生产车间将A、B、C三种产品(主产品)归为一类，采用分类法计算成本。生产主产品产生的废料经过加工，可以制成D产品(副产品)。主产品的月末在产品按定额成本计价(资料见主产品成本计算单)，副产品不计算月末在产品成本。

该车间2017年8月的有关资料如下：

(1) 本月生产中领用的用于主产品的原材料为186 968元，发生的直接人工费用为45 486元，制造费用为26 600元。

(2) 主产品生产过程中产生的废料计价1 308元，全部用于生产D产品。

(3) 主产品的成本分配方法是：原材料费用按耗料总系数比例分配，其中A产品单件系数为1，B产品单件系数为1.1，C产品单件系数为0.8，其他费用按定额工时比例分配，其中A产品工时定额为2.1小时，B产品工时定额为1.8小时，C产品工时定额为2.3小时。

工资和制造费用分配表

2017年8月　　　　单位：元

项　　目	生产工时	直接人工	制造费用
本月发生额	×		
工费分配率	×		
主产品	13 000		
副产品	300		
合　计	13 300		

主产品成本计算单

产品类别：甲　　　　2017 年 8 月　　　　单位：元

项　　目	产品产量	耗料总系数	定额工时	成　　本			
				直接材料	直接人工	制造费用	合　　计
月初在产品定额成本				42 000	10 970	5 930	
本月生产费用							
减：废料价值							
生产费用累计							
产成品总成本(主产品)							
产成品成本分配率							
A 产成品成本	2 400						
B 产成品成本	2 600						
C 产成品成本	1 600						
月末在产品定额成本	×	×	×	38 000	9 200	5 800	

副产品成本计算单

产品名称：D　　　　2017 年 8 月　　　　产量：200 件　单位：元

项　　目	直 接 材 料	直 接 人 工	制 造 费 用	合　　计
本月生产费用				
产成品成本				

三、要求：

(1) 计算填列工资和制造费用分配表。

(2) 计算填列主、副产品成本计算表。

五、案例题

普林塞斯公司种植苹果，并加工、包装及销售三种联合果产品：用于冷冻馅饼的苹果片，苹果酱，苹果汁。加工成动物的饲料的苹果皮被视为副产品。普林塞斯公司采用预计可实现净值法将联合加工成本分配给联产品。普林塞斯公司生产加工过程细节如下：

(1) 在切割车间清洗苹果，削外皮，然后去核和削整。在切割车间加工后，三种联产品和副产品可以分别确认。接着每一种产品被运送到各个车间以进行最后加工。

(2) 运送削整过的苹果到切片车间进行切片和冷冻，在切片时生产的苹果汁与苹果片一起冷冻。

(3) 在碾碎车间削整过的苹果被加工成苹果酱。在此过程中产生的苹果汁用于苹果酱。

(4) 在榨汁车间果核和切割车间的苹果余料被压榨成液体。此车间加工损失为产品重量的 8%。

(5) 在饲料车间,苹果皮被切碎制成动物饲料并被包装,苹果皮可被冷藏直至需要时再使用。

2017 年 11 月切割车间完工产品 270 000 千克,发送至各个车间进一步加工。有关的具体数据如下:

车　　间	发 生 成 本	运到车间的产品重量比例	最终产品每千克的售价
切割车间	60 000		
切片车间	11 280	33%	0.80
碾碎车间	8 550	30	0.55
榨汁车间	3 000	27	0.40
饲料车间	700	10	0.10
合　计	83 530	100	

要求:

(1) 普林塞斯公司用预计可实现净值法来确定联产品存货成本。从 2014 年起,普林塞斯公司将动物饲料作为副产品。副产品在制成后以销售价格盘存,其可实现净值用于抵减分离点前联合生产成本。请计算 2014 年 11 月这个月内如下数据:

① 苹果片、苹果酱、苹果汁和动物饲料的产量各是多少?

② 三种联产品在分离点处预计可实现净值是多少?

③ 根据公司的会计政策,切割车间分配给三种联产品的成本是多少?三种联产品各自的毛利又是多少?

(2) 2017 年前,普林塞斯公司将苹果汁和动物饲料均作为副产品。在会计制度中这些副产品直至销售时才被确认,不负担联合成本,其销售收入在销售时作为收入项目记入。普林塞斯公司以"目标管理"为基础对管理人员支付报酬。也就是每六个月,以管理人员的"弹性"营业利润占收入的比例为评价目标。如果他们没有达到这一目标,他们就得不到奖金;如果达到或超过这一目标,他们就会收到固定数额的奖金。

① 假定普林塞斯公司管理人员以奖金最大化为目标,那他们将更乐意采用哪种副产品会计处理方法(是 2017 年以前所用方法还是 2014 年所用方法)?

② 公司负责人怎样才能判断产品部门的管理人员是否为了使自己奖金最大化而"滥用"会计制度?

参 考 答 案

一、单项选择题

1. B　2. B　3. A　4. D　5. B　6. C　7. C　8. D　9. B

二、多项选择题

1. ABCDE　2. ABCDE　3. ABCDE　4. ABCDE　5. BCDE　6. ABDE　7. BCDE　8. ACE　9. ACD　10. ADE

三、判断题

1. ×　2. √　3. ×　4. ×　5. √　6. ×　7. √　8. √　9. √　10. ×

四、业务处理题

习题一

（1）

产品产量及定额计算表

产品类别：甲　　2017 年 9 月　　单位：元

规　格	数　量	材料定额成本		定　额　工　时	
		单　位	合　计	单　位	合　计
产成品					
E1	1 000	480	480 000	60	60 000
E2	8 000	140	1 120 000	20	160 000
E3	4 000	80	320 000	13	52 000
小　计			1 920 000		272 000
期末在产品			560 000		134 000
合　计			2 480 000		406 000

产品产量及定额计算表

产品类别：乙　　2017 年 9 月　　单位：元

规　格	数　量	材料定额成本		定　额　工　时	
		单　位	合　计	单　位	合　计
产成品					
F1	2 000	300	600 000	15	30 000
F2	400	314	125 600	16	6 400
F3	4 000	180	720 000	12	48 000
小　计			1 445 600		84 400
期末在产品			380 000		31 200
合　计			1 825 600		115 600

（2）

产品成本计算表

类别：甲　　2017 年 9 月　　单位：元

摘　　要	直接材料		定额工时	直接人工	专用费用	制造费用	合　计
	定额成本	实际成本					
月初在产品成本		710 000		42 400	28 000	82 000	862 400
本月生产费用		1 224 400		90 520	69 440	145 360	1 529 720
合　计	2 480 000	1 934 400	406 000	132 920	97 440	227 360	2 392 120

续 表

摘　　要	直接材料		定额工时	直接人工	专用费用	制造费用	合　计
	定额成本	实际成本					
分配率		0.78		0.327 4	0.24	0.56	—
月末在产品成本	560 000	436 800	134 000	43 870	32 160	75 040	587 870
产成品成本	1 920 000	1 497 600	272 000	89 050	65 280	152 320	1 804 250
其中：							
E1 总成本	480 000	374 400	60 000	19 643	14 400	33 600	442 043
E1 单位成本		374.40		19.64	14.40	33.60	442.04
E2 总成本	1 120 000	873 600	160 000	52 382	38 400	89 600	1 053 982
E2 单位成本		109.20		6.55	4.80	11.20	131.75
E3 总成本	320 000	249 600	52 000	17 024	12 480	29 120	308 224
E3 单位成本		62.40		4.26	3.12	7.28	77.06

产品成本计算表

类别：乙　　　　2017 年 9 月　　　　单位：元

摘　　要	直接材料		定额工时	直接人工	专用费用	制造费用	合　计
	定额成本	实际成本					
月初在产品成本		550 000		9 616	4 000	18 600	582 216
本月生产费用		1 001 760		32 000	9 872	41 512	1 085 144
合　计	1 825 600	1 551 760	115 600	41 616	13 872	60 112	1 667 360
分配率		0.85		0.36	0.12	0.52	—
月末在产品成本	380 000	323 000	31 200	11 232	3 744	16 224	354 200
产成品成本	1 445 600	1 228 760	84 400	30 384	10 128	43 888	1 313 160
其中：							
F1 总成本	600 000	510 000	30 000	10 800	3 600	15 600	540 000
F1 单位成本		255		5.40	1.80	7.80	270
F2 总成本	125 600	106 760	6 400	2 034	768	3 328	113 160
F2 单位成本		266.90		5.76	1.92	8.32	282.90
F3 总成本	720 000	612 000	48 000	17 280	5 760	24 960	660 000
F3 单位成本		153		4.32	1.44	6.24	165

习题二

标准产品产量换算表

类别：丝光毛巾　　　　2017年8月　　　　单位：元

产品名称	系数	产成品		在产品			标准产量合计
		实际产量	标准产量	实际产量	完工程度	标准产量	
	(1)	(2)	(3)=(1)×(2)	(4)	(5)	(6)=(1)×(4)×(5)	(7)=(3)+(6)
小号丝光毛巾	0.8	2 000	1 600	2 500	60%	1 200	2 800
中号丝光毛巾	1	2 400	2 400	3 500	40%	1 400	3 800
大号丝光毛巾	1.2	1 500	1 800	2 000	80%	1 920	3 720
合　计	—	5 900	5 800	8 000	—	4 520	10 320

产品成本计算单

类别：丝光毛巾　　　　2017年8月　　　　单位：元

摘　要	产品数量	标准产量			成本项目			
		产成品	在产品	合　计	直接材料	直接人工	制造费用	合　计
月初在产品					11 280	5 400	4 084	20 764
本月生产费用					30 000	10 080	8 300	48 380
合　计					41 280	15 480	12 384	69 144
分配率					4	1.5	1.2	—
月末在产品成本			4 520	4 520	18 080	6 780	5 424	30 284
产成品成本		5 800		5 800	23 200	8 700	6 960	38 860
合　计		5 800	4 520	10 320	41 280	15 480	12 384	69 114
小号丝光毛巾	2 000	1 600			6 400	2 400	1 920	10 720
单位成本					3.2	1.2	0.96	5.36
中号丝光毛巾	2 400	2 400			9 600	3 600	2 880	16 080
单位成本					4	1.5	1.2	6.7
大号丝光毛巾	1 500	1 800			7 200	2 700	2 160	12 060
单位成本					4.8	1.8	1.44	8.04

习题三

(1) A产品应负担成本=70 400(元)
　　B产品应负担成本=35 200(元)

(2) A产品应负担成本=675 840(元)
　　B产品应负担成本=380 160(元)

(3) A产品应负担成本=754 286(元)
　　B产品应负担成本=301 714(元)

(4) A产品应负担成本=782 222(元)

B产品应负担成本＝273 778(元)

习题四

(1)

工资分配表

2017年3月　　　　单位：元

项　　目	生产工时	直接人工	制造费用
分配率		0.4	0.7
A产品(主产品)	30 000	12 000	21 000
B产品(副产品)	2 000	800	1 400
本月发生额	32 000	12 800	22 420

(2)

产品成本计算单

产品名称：A(主产品)　　2017年3月　　单位：元

项　　目	直接材料	直接人工	制造费用	合　　计
月初在产品成本(定额成本)	15 000			15 000
本月生产费用	196 000	12 000	21 000	229 000
减：副产品原料	4 000			
合　计	207 000	12 000	21 000	240 000
产成品成本	185 000	12 000	21 000	218 000
产成品单位成本	46.25	3	5.25	54.50
月末在产品成本	22 000			22 000

产品成本计算单

产品名称：B(副产品)　　2017年3月　　单位：元

项　　目	直接材料	直接人工	制造费用	合　　计
本月生产费用	4 000	800	1 400	6 200
产成品成本	4 000	800	1 400	6 200
产成品单位成本	4	0.8	1.4	6.2
月末在产品成本				

习题五

(1)

项　　目	总　成　本	期末存货成本
甲	150 000	50 000
乙	228 000	57 000
丙	142 000	45 440

（2）

① 分离出售：单位毛利率$=\frac{30-12.33}{30}=58.97\%$

② 加工出售：单位毛利率$=\frac{37.5-19}{37.5}=49.33\%$，因此，可接受。

习题六

（1）计算填列工资和制造费用分配表。

工资和制造费用分配表

2017 年 8 月　　单位：元

项　目	生产工时	直接人工	制造费用
本月发生额		45 486	26 600
工资分配率		3.42	2
主产品	13 000	44 460	26 000
副产品	300	1 026	600
合　计	13 300	45 486	26 600

主产品成本计算单

产品类别：甲　　2017 年 8 月　　单位：元

项　目	产品产量	耗料总系数	定额工时	成本			
				直接材料	直接人工	制造费用	合　计
月初在产品定额成本				42 000	10 970	5 930	5 890
本月生产费用				186 968	44 460	26 000	257 428
减：残料价值				1 308			1 308
生产费用累计				227 660	55 430	31 930	315 020
产成品总成本(主产品)				189 660	46 230	26 130	262 020
产成品成本分配率				29	3.45	1.95	
A 产成品成本	2 400	2 400	5 040	69 600	17 388	9 826	96 816
B 产成品成本	2 600	2 860	4 680	82 940	16 146	9 126	108 212
C 产成品成本	1 600	1 280	3 680	37 120	12 696	7 176	56 992
月末在产品成本				38 000	9 200	5 800	53 000

副产品成本计算单

产品名称：D　　2017 年 8 月　　产量：200 件　单位：元

项　目	直接材料	直接人工	制造费用	合　计
本月生产费用	1 308	1 026	600	2 934
产成品成本	1 308	1 026	600	2 934

五、案例题

(1)

① 苹果片、苹果酱、苹果汁和动物饲料的产量计算如下:

产　品	总投入	重量比例	车间投入	加工损失	产　量
苹果片	270 000	33%	89 100	—	89 100
苹果酱	270 000	30%	81 000	—	81 000
苹果汁	270 000	27%	72 900	5 400	67 500
动物饲料	270 000	10%	27 000	—	27 000
合　计		100%	270 000	5 400	264 600

② 三种联产品在分离点处预计可实现净值如下:

产　品	产　量	售　价	总收入	可分成本	可实现净值
苹果片	89 100	0.80	71 280	11 280	60 000
苹果酱	81 000	0.55	44 550	8 550	36 000
苹果汁	67 500	0.40	27 000	3 000	24 000
合　计			142 830	22 830	120 000

③ 副产品可实现净值=0.10×(270 000×10%)−700=2 700−700=2 000(元)

三种联产品的联合成本=60 000−2 000=58 000(元)

具体分配如下:

产　品	收　入	可分成本	联合成本	毛　利
苹果片	71 280	11 280	29 000	31 000
苹果酱	44 550	8 550	17 400	18 600
苹果汁	27 000	3 000	11 600	12 400
合　计	142 830	22 830	58 000	62 000

(2)

① 2014 年前,普林塞斯公司将苹果汁和动物饲料均作为副产品,因而只有苹果片和苹果酱两种主要产品,则联合成本只需按苹果片和苹果酱的可实现净值的比例分配。

苹果片应负担的联合成本=60 000÷96 000×60 000=37 500(元)

苹果酱应负担的联合成本=36 000÷96 000×60 000=22 500(元)

四种产品的毛利率计算如下:

产　品	收　入	可分成本	联合成本	毛　利	毛利率
苹果片	71 280	11 280	37 500	22 500	31.57%
苹果酱	44 550	8 550	22 500	13 500	30.30%

续　表

产　品	收　入	可分成本	联合成本	毛　利	毛利率
苹果汁	27 000	3 000	—	24 000	88.89%
动物饲料	2 700	700	—	2 000	74.07%

管理人员更愿意采用 2014 年前的方法。管理人员可以通过将苹果汁和动物饲料冷冻的方法推迟这些副产品的销售，从而达到任意调节利润等指标的目的。

② 公司负责人可以通过检查年末苹果汁和动物饲料等副产品的库存情况，判断果产品部门的管理人员是否为了使自己奖金最大化"滥用"会计制度。在当年的毛利率高于目标毛利率时，管理人员可能会推迟副产品的销售，以备下年度"缓冲"之用；在当年的毛利率低于目标毛利率时，管理人员可能会将上年度"隐藏"的毛利转出。

公司负责人还可以通过检查月末各种存货的持有方式进行判断。如果发现两种副产品存货的持有方式与两种联产品存货的持有方式不同，应该进一步调查果产品部门的管理人员是否有滥用会计制度的情况。

第三篇

成本控制与成本考核

第九章

标准成本制度

一、单项选择题

1. 以资源无浪费、设备无故障、产出无废品、工时都有效的假设前提为依据而制订的标准成本是(　　)。

A. 基本标准成本　　B. 理想标准成本

C. 正常标准成本　　D. 现行标准成本

2. 固定制造费用的产量差异,可以进一步分为(　　)。

A. 能力差异和耗费差异　　B. 能力差异和效率差异

C. 耗费差异和效率差异　　D. 以上任何两种差异

3. 出现下列情况时,不需要修订基本标准成本的是(　　)。

A. 产品的物理结构发生变化　　B. 重要原材料价格发生变化

C. 生产技术和工艺发生变化　　D. 市场变化导致生产能力利用程度的变化

4. 在标准成本差异分析中,材料价格差异是根据实际数量与价格脱离标准的差额计算的,其中实际数量是指材料的(　　)。

A. 采购数量　　B. 入库数量　　C. 领用数量　　D. 耗用数量

5. 下列各项中,属于直接人工标准工时组成内容的是(　　)。

A. 由于设备意外故障产生的停工工时

B. 由于更换产品产生的设备调整工时

C. 由于生产作业计划安排不当产生的停工工时

D. 由于外部供电系统故障产生的停工工时

6. 标准成本是一种(　　)。

A. 机会成本　　B. 历史成本　　C. 重置成本　　D. 预计成本

7. 固定制造费用的能力差异,是(　　)。

A. 未能充分使用现有生产能量而形成的差异

B. 实际工时与预计生产能量而形成的差异

C. 实际工时脱离标准工时而形成的差异

D. 固定制造费用的实际金额脱离预算金额而形成的差异

8. 本月生产甲产品 8 000 件,实际耗用 A 材料 32 000 千克,其实际价格为每千克 40 元。该产品 A 材料的用量标准为 3 千克,标准价格为 45 元,其直接材料用量差异为(　　)元。

A. 360 000　　B. 320 000　　C. 200 000　　D. −160 000

9. 下列变动成本差异中,无法从生产过程的分析中找出产生原因的是(　　)。

A. 变动制造费用效率差异　　B. 变动制造费用耗费差异

C. 材料价格差异　　D. 直接人工差异

10. 通常应对不利的材料价格差异负责的部门是(　　)。

A. 质量控制部门　　B. 采购部门

C. 工程设计部门　　D. 生产部门

二、多项选择题

1. 在进行标准成本差异分析时,形成直接材料数量差异的原因经常有(　　)。

A. 操作疏忽致使废品增加

B. 机器或工具不适用

C. 供应厂家材料价格增加,迫使降低材料用量

D. 紧急订货形成的采购成本增加

E. 操作技术改进而节省用料

2. 下列成本差异中,通常不属于生产部门责任的是(　　)。

A. 直接材料价格差异　　B. 直接人工工资率差异

C. 直接人工效率差异　　D. 变动制造费用效率差异

E. 变动制造费用耗费差异

3. 标准成本按其所依据的生产技术和经营管理水平的分类包括(　　)。

A. 现实标准成本　　B. 理想标准成本

C. 正常标准成本　　D. 现行标准成本

E. 重置成本

4. 在确定直接人工正常标准成本时,标准工时包括(　　)。

A. 直接加工操作必不可少的时间　　B. 必要的工间休息

C. 调整设备时间　　D. 不可避免的废品耗用工时

E. 由于设备意外故障产生的停工工时

5. 在标准成本账务处理系统下,下列成本中只包含标准成本,不含有成本差异的是(　　)。

A. 在产品成本　　B. 半成品成本

C. 产成品成本　　D. 产品销售成本

E. 生产成本

6. 各成本差异科目的贷方登记(　　)。

A. “成本超支差异”　　B. “成本节约差异”

C. “超支差异转出额”　　D. “节约差异转出额”

E. 不确定

7. 原材料质量低劣,会造成(　　)向不利方面扩大。

A. 直接材料成本的用量差异　　B. 直接人工成本的效率差异

C. 变动制造费用的效率差异　　D. 固定制造费用的能量差异

E. 变动制造费用的耗费差异

8. 下列各项中,能够造成变动制造费用耗费差异的有( )。

A. 直接材料质量次,废料过多

B. 间接材料价格变化

C. 间接人工工资调整

D. 间接人工的人数过多

E. 产品物理结构变化

9. 影响变动制造费用效率差异的原因的有( )。

A. 工人劳动情绪不佳

B. 作业计划安排不当

C. 加班或使用临时工

D. 出勤率变化

E. 设备故障较多

10. 固定制造费用的三差异分析法是将固定制造费用差异分为( )三部分。

A. 固定制造费用预算差异

B. 固定制造费用能力差异

C. 固定制造费用产量差异

D. 固定制造费用效率差异

E. 固定制造费用耗费差异

三、判断题

1. 标准成本制度的关键是标准成本的制订。( )

2. 标准成本制度不仅可以用于制造企业,也可以用于服务企业。( )

3. 利用三因素法分析固定制造费用差异时,固定制造费用能力差异是根据计划产量标准工时与实际产量标准工时的差额,乘以固定制造费用标准分配率计算得出的。( )

4. 管理用的成本数据通常不受统一的财务会计制度约束,也不能从财务报表直接取数,故与财务会计中使用的成本概念无关。( )

5. 在标准成本系统中,直接材料的价格标准是指预计下年度实际需要支付的材料市价。( )

6. 在成本差异分析中,数量差异的大小是由用量脱离标准的程度以及实际价格高低决定的。( )

7. 在标准成本制度下,除了要设置"生产成本"等成本账户,用以反映产品的标准成本外,还需要设置有关的成本差异账户,用以反映产品实际成本脱离标准成本的差异。( )

8. 在标准成本账务处理系统中,原材料账户无论是借方和贷方都只能登记实际数量的标准成本。( )

9. 作为直接人工标准成本的用量标准必须是直接人工生产工时。( )

10. 无论哪种变动成本项目的实际价格上升,都会引起整个变动成本差异的不利变化。( )

四、业务处理题

习题一

一、目的:练习各项差异的计算。

二、资料:某产品的计划产量 400 件,其有关资料如下:

(1) 标准成本:

直接材料(30 千克×1)	30 元
直接人工(5 小时×2)	10 元

变动制造费用(5 小时×3)	15 元
固定制造费用(4 000 元)	10 元
单位成本	65 元

(2) 实际产量 480 件,实际成本如下:

直接材料(17 280×1.20)	20 736 元
直接人工(2 160×2.50)	5 400 元
变动制造费用(2 160×2.80)	6 048 元
固定制造费用	3 600 元
总成本	35 784 元

三、要求:计算各项成本差异。

习题二

一、目的:熟悉各种差异的计算。

二、资料:某企业生产甲产品,采用标准成本制度。有关资料如下:

(1) 甲产品的标准成本如下:

直接材料(50 千克,单价 0.20)	10.00 元
直接人工(3 小时,单价 6.00 元)	18.00 元
变动制造费用(3 小时,单价 1.00 元)	3.00 元
固定制造费用(3 小时,单价 0.50 元)	1.50 元
单位产品标准成本	32.50 元

(2) 制造费用预算如下:

固定制造费用总额	700 元
变动制造费用分配率	1 元/小时
正常生产能力	1 400 直接人工小时

(3) 实际生产资料如下:

购进材料 25 000 千克,单价 0.21 元;耗用材料 19 000 千克;直接人工工资 6 490 元(1 100 小时,单价 5.90 元);变动制造费用 1 300 元;固定制造费用 710 元;甲产品生产量 400 件。

三、要求:分析有关的成本差异。

五、案例题

某公司生产一种电子产品,原采用分步法计算产品成本,现考虑采用标准成本法计算产品成本。2017 年 4 月公司财务经理想对采用实际成本编制的利润表与采用标准成本法编制的利润表做比较。

该产品的标准单位成本如下:

原材料 (4 千克@1 元)	4 元
直接人工(2 小时@3 元)	6 元
制造费用(3.40 元/单位)	3.40 元
	13.40 元

其他资料如下：

正常月生产量	70 000 单位
正常生产量下制造费用预算额	238 000 元/月
其中：固定制造费用	175 000 元

变动制造费用的动因为机器小时，每单位产品需要 1.5 机器小时。

4 月 1 日，公司分类账上有关资料如下：

原材料	45 000 元(45 000 千克@1 元)
产成品	82 350 元(6 100 单位@13.50 元)
其他资产	667 000 元
应付账款	94 359 元
实收资本	100 000 元
留存收益	600 000 元

4 月份发生如下经济业务：

(1) 赊购原材料 360 000 千克@1.10 元。

(2) 生产领用原材料 350 000 千克。

(3) 发生直接人工 165 000 小时@3.05 元，应付工资为 503 250 元。

(4) 发生 116 000 机器小时。

(5) 制造费用是实际发生额为：固定制造费用 177 250 元，变动制造费用为 70 500 元。

(6) 本期生产 80 000 单位产品。

(7) 本期赊销 60 000 单位产品，赊销额为 1 020 000 元。

(8) 本期收回应收账款 950 000 元。

(9) 本期支付应付账款 400 000 元。

在实际成本法下，该公司存货计价采用后进先出法。4 月份无期初期末在产品。

要求：

(1) 编制两种方法下的利润表和资产负债表。

(2) 解释两张表的差异。

(3) 你认为哪种方法比较好？为什么？

参考答案

一、单项选择题

1. B　2. B　3. D　4. D　5. B　6. D　7. B　8. A　9. C　10. B

二、多项选择题

1. ABCE　2. AB　3. ABC　4. ABCD　5. ABCE　6. BC　7. ABC　8. BCD　9. ABE　10. ABD

三、判断题

1. √　2. √　3. ×　4. ×　5. ×　6. ×　7. √　8. √　9. ×　10. √

四、业务题

习题一

产品成本总差异＝35 784－480×65＝4 584(元)

(1) 原材料成本总差异＝20 736－480×30＝6 336(元)
其中：
材料用量差异＝(17 280－480×30)×1＝2 880(元)
材料价格差异＝(1.20－1)×17 280＝3 456(元)
(2) 工资成本总差异＝5 400－480×10＝600(元)
其中：
人工效率差异＝(2 160－480×5)×2＝－480(元)
工资率差异＝(2.50－2)×2 160＝1 080(元)
(3) 变动制造费用总差异＝6 048－480×15＝－1 152(元)
其中：
变动制造费用效率差异＝(2 160－480×5)×3＝－720(元)
变动制造费用耗用差异＝(2.80－3)×2 160＝－432(元)
(4) 固定制造费用总差异＝3 600－480×10＝－1 200(元)
其中：
固定制造费用效率差异＝(2 160－480×5)×4 000÷(400×5)＝－480(元)
固定制造费用预算差异＝3 600－4 000＝－400(元)
固定制造费用能力差异＝(400×5－2 160)×2＝－320(元)
总差异＝6 336＋600－1 152－1 200＝4 584(元)

习题二

甲产品的成本差异分析如下：
(1) 直接材料成本差异
材料用量差异＝(19 000－400×50)×0.20＝－200(元)(节约)
材料价格差异＝(0.21－0.20)×19 000＝190(元)(超支)
直接材料成本总差异＝－200＋190＝－10(元)(节约)
(2) 直接人工成本差异
人工效率差异＝(1 100－400×3)×6＝－600(元)(节约)
工资率差异＝(5.90－6)×1 100＝－110(元)(节约)
直接人工成本总差异＝－600＋(－110)＝－710(元)(节约)
(3) 变动制造费用差异
变动制造费用效率差异＝1 100×1－400×3×1＝－100(元)(节约)
变动制造费用耗用差异＝1 300－1 100×1＝200(元)(超支)
变动制造费用总差异＝－100＋200＝100(元)(超支)
(4) 固定制造费用差异
固定制造费用效率差异＝1 100×0.5－400×3×0.5＝－50(元)(节约)
固定制造费用预算差异＝710－700＝10(元)(超支)
固定制造费用能力差异＝700－1 100×(700÷1 400)＝150(元)(超支)
固定制造费用总差异＝－50＋10＋150＝110(超支)

五、案例题

（1）

实际成本法下利润表

2017 年 4 月　　单位：元

项　目	金　额	
主营业务收入		1 020 000
主营业务成本		
期初	82 350	
加：本月生产	1 136 000	
减：期末	366 350	852 000
毛利		168 000

实际成本法下资产负债表

2017 年 4 月 30 日　　单位：元

项　目	金　额	项　目	金　额
原材料	56 000	应付账款	593 600
产成品	366 350	实收资本	100 000
其他资产	1 039 250	留存收益	768 000
合　计	1 461 600	合　计	1 461 600

标准成本法下利润表

2017 年 6 月　　单位：元

项　目	金　额		
主营业务收入			1 020 000
主营业务成本			
期初	81 740		
加：本月生产	1 072 000		
减：期末	349 740		804 000
毛利			216 000
加：变动制造费用效率差异		2 400(F)	
固定制造费用产量差异		25 000(F)	27 400
减：材料数量差异		30 000(U)	
材料价格差异		35 000(U)	
人工效率差异		15 000(U)	
工资率差异		8 250(U)	
变动制造费用耗费差异		900(U)	
固定制造费用预算差异		2 250(U)	(91 400)
			152 000

标准成本法下资产负债表

2017年4月30日　　　　单位：元

项　目	金　额	项　目	金　额
原材料	56 000*	应付账款	593 600
产成品	349 740	实收资本	100 000
其他资产	1 039 250	留存收益	750 390**
合　计	1 444 990	合　计	1 444 990

* 该金额包括1 000元未摊销到产品成本中去的材料价格差异。

** 因为期初产成品采用计划成本计价，期初留存收益也需要调整。

材料成本差异：

数量差异＝(80 000×4－350 000)×1＝30 000(元)(U)

价格差异＝(1－1.10)×360 000＝36 000(元)(U)

人工成本差异：

人工效率差异：(80 000×2－165 000)×3＝15 000(元)(U)

工资率差异：(3－3.05)×165 000＝8 250(元)(U)

变动制造费用差异：

效率差异＝(80 000×1.5－116 000)×0.60＝2 400(元)(F)

耗费差异＝(0.60－0.607 758 62)×116 000＝900(元)(U)

固定制造费用差异：

产量差异＝(80 000－70 000)×2.50＝25 000(元)(F)

预算差异＝175 000－177 250＝2 250(元)(U)

(2) 在实际成本法下该公司的利润为168 000元，而在标准成本法下该公司的利润为152 000元，相差16 000元。其原因是因为本期产生的差异全部在本期利润表中扣除，如果将本期发生的总差异64 000元在销售产品与未销售产品之间分配，即本期销售60 000单位产品，应负担的差异为48 000元[(64 000÷80 000)×60 000]。而16 000元的差异正是48 000元与64 000元之间的差异。

第十章

责任成本与成本考核

一、单项选择题

1. 为了适应分权管理的需要，一般应以(　　)作为成本考核指标。

A. 可比产品成本计划完成指标　　B. 全部产品成本计划完成率

C. 标准成本　　D. 责任成本

2. (　　)是目标成本管理的重要环节。

A. 成本控制　　B. 成本考核　　C. 成本分析　　D. 成本计划

3. 既要对收入负责，又要对成本费用负责的是(　　)。

A. 成本中心　　B. 费用中心　　C. 利润中心　　D. 投资中心

4. (　　)是企业目标成本管理的核心。

A. 责任成本　　B. 标准成本　　C. 定额成本　　D. 产品成本

5. 下列有关责任成本的表述中，正确的是(　　)。

A. 责任成本与产品成本的目标是不一致的

B. 责任成本是发生在成本中心的成本

C. 责任成本只包括可控成本

D. 责任成本与产品成本完全不同

6. 应用得最为广泛的责任中心是(　　)。

A. 成本中心　　B. 利润中心　　C. 投资中心　　D. 不确定

7. 责任成本考核的关键在于(　　)。

A. 编制责任成本预算　　B. 修订责任成本预算

C. 确定成本考核指标　　D. 评价最终业绩

8. 责任中心的成本考核应以(　　)为重点。

A. 责任成本　　B. 产品成本　　C. 变动成本　　D. 可控成本

9. 下列有关可控成本的表述中错误的是(　　)。

A. 成本的可控性是就特定的责任中心、特定的期间和特定的权限而言的

B. 某项成本对某责任中心是可控的，但对另一责任中心却是不可控的

C. 有些成本在一个时间是可控的，而在另一个时间可能是不可控的

D. 下一级责任中心的可控成本，往往是上一级责任中心的不可控成本

10. 目标成本责任制的核心是(　　)。

A. 责、权、利相结合

B. 借以控制和降低各种产品的成本
C. 明确各责任中心的经济责任和经济利益
D. 对目标成本的实现情况和成本预算指标的完成结果进行全面的审核和评价

二、多项选择题

1. 责任成本与产品成本的主要区别是(　　)。
A. 成本核算的对象不同　　B. 成本核算的原则不同
C. 成本核算的内容不同　　D. 成本核算的目的不同
E. 成本信息来源不同
2. 下列说法中,正确的有(　　)。
A. 责任中心所计量和考核的责任成本必须是可控成本
B. 责任中心发生的成本都是可控成本
C. 可控成本是相对于不可控成本而言的
D. 可控成本与不可控成本的划分是绝对的
E. 可控成本是对责任中心进行成本考核的主要依据
3. 成本考核工作的内容主要包括(　　)。
A. 编制责任成本预算　　B. 计算各责任中心的责任成本
C. 修订责任成本预算　　D. 确定成本考核指标
E. 进行业绩评价
4. 责任中心具有的特征是(　　)。
A. 拥有适当的经营决策权　　B. 承担与其经营权相适应的经济责任
C. 建立与责任相配套的利益机制　　D. 局部利益必须与企业整体利益相一致
E. 一般可分为成本中心、利润中心和投资中心三种类型
5. 下列有关责任成本的表述中,正确的有(　　)。
A. 责任中心,不论层次高低、所负责任大小,都要考核其责任成本
B. 责任成本是企业目标成本管理的核心
C. 责任成本是指由特定的责任中心所发生的耗费
D. 责任成本的核算原则是“谁受益,谁承担”
E. 责任成本预算应按各责任中心的预定业务量进行编制,并按实际发生的业务量进行调整
6. 将责任中心划分为成本中心、利润中心和投资中心的依据是(　　)。
A. 规模大小　　B. 费用多少　　C. 控制区域　　D. 权责范围
E. 业务量
7. 责任成本与产品成本之间的联系主要表现为(　　)。
A. 原始成本信息是相同的
B. 加工整理的主体是相同的
C. 责任成本控制的有效与否将直接影响产品成本的耗费水平
D. 两者的总目标是一致的
E. 一定时期的责任成本总额和一定时期的产品成本总额

8. 责任成本核算体系的具体内容由(　　)构成。

A. 责任中心的划分　　B. 原始凭证的设计和填制

C. 内部转移价格的制定　　D. 内部控制制度的建立和完善

E. 确定成本考核指标

9. 下列有关成本考核的表述中,正确的有(　　)。

A. 责任成本预算是各责任中心业绩控制和考核的重要依据

B. 成本考核是目标成本管理的重要环节

C. 成本考核必须同目标成本责任制结合起来

D. 成本考核应以弹性预算为依据

E. 成本考核的指标主要集中于目标成本完成情况

10. 进行责任成本考核,应以(　　)为主要考核指标。

A. 营业利润　　B. 目标成本节约额

C. 投资报酬率　　D. 剩余利润

E. 目标成本节约率

三、判断题

1. 企业一定时期内的销售收入是一个限定的常数,而成本在很大程度上是一个企业可控制的变量。(　　)

2. 不论是什么类型的责任中心,也不论其层次高低、所负责任的大小,都有责任成本发生。(　　)

3. 由于责任成本的计算与产品成本的计算是两个不同的核算体系,因此,责任成本控制的有效与否不会影响产品成本的耗费水平。(　　)

4. 成本的可控性是就特定的责任中心、特定的期间和特定的权限而言的。(　　)

5. 在对成本中心考核时,如果预算产量与实际产量不一致时,应先按弹性预算的方法调整预算指标,然后再进行考核。(　　)

6. 成本中心不论其规模的大小,其控制和考核的内容是一致的。(　　)

7. 责任成本核算既是进行成本控制和成本考核的重要手段,又是实施经济核算制的重要手段。(　　)

8. 成本的可控性是就特定的责任中心而言的。(　　)

9. 在进行成本考核时,只要某责任中心发生目标成本超支情况,就意味着该责任中心的成本控制较差,业绩也较差。(　　)

10. 分清可控成本与不可控成本是责任中心成本核算的一个前提条件。(　　)

四、业务处理题

习题一

一、目的:熟悉各个责任中心的特点。

二、资料:德尔玛食品店有一个小烘烤房,以很低廉的价格销售咖啡和烘烤食品(例如,一杯咖啡和一个面包圈的价格为4元)。烘烤房的基本目标是将客户吸引到商店来,并使商店洋溢烘烤香气。每个会计年度,烘烤房的成本都超过了收入。

三、要求：你认为烘烤房应当作为成本中心还是利润中心核算？请加以解释。

习题二

一、目的：了解预算与业绩评价的关系。

二、资料：赛洋公司下属的一分厂生产运动鞋，直接材料、直接人工与制造费用的单位预算成本分别为120元、24元和36元。该厂的经理对下列业绩报告十分满意：

项　　目	实际成本	预算成本	差　　异
直接材料	1 092 000	1 200 000	108 000(有利)
直接人工	234 000	240 000	6 000(有利)
制造费用	330 000	360 000	30 000(有利)
合　　计	1 656 000	1 800 000	144 000(有利)

假设上述三个成本项目均为变动成本。赛洋公司当期实际生产运动鞋8 800双。

三、要求：根据上述资料，对该分厂的业绩进行评价。

习题三

一、目的：熟悉成本考核指标。

二、资料：三洋公司的一车间生产甲产品，预算产量6 000件，其成本预算资料下表所示：

甲产品成本预算表

成本项目	标准单价	标准用量	标准成本
直接材料	8元/千克	5千克/件	40元
直接人工	20元/小时	1小时/件	20元
合　　计			60元

当期实际生产甲产品5 500件，实际发生的成本资料下表所示：

甲产品实际成本表

成本项目	实际单价	实际用量	实际单位成本	实际总成本
直接材料	8.50元/千克	4.8千克/件	40.80元	224 400元
直接人工	18.20元/千克	1.2小时/件	21.84元	120 120元
合　　计			62.64元	344 520元

三、要求：计算该车间的目标成本降低额和目标成本降低率。

五、案例题

Pike公司有三个分公司。各分公司经理的经营业绩根据他们所创造的营业利润来衡量。但在他们的营业利润的计算要扣除所分配的总公司间接费用，分配方法是根据销售收入的高低按比例分配。2017年第一季度的利润表如下(单位：万元)：

Pike 公司利润表(2017 年第一季度)

项　　目	Andorian 分公司	Orion 分公司	Tibble 分公司	合　　计
销售收入	2 000	1 200	1 600	4 800
销售成本	1 050	540	640	2 230
销售毛利	950	660	960	2 570
分公司间接费用	250	125	160	535
总公司间接费用	400	240	320	960
分公司营业利润	300	295	480	1 075

Andorian 分公司的经理对其部门的销售收入远高于其他两个分公司,而营业利润却仅与 Orion 分公司相当,且远低于 Tibble 分公司的现象感到不满意。他开始认为这是因为他所经营的产品的利润率很低造成的,所以开始努力寻找利润率更高的替代产品。但同时,为避免现有生产能力闲置,他仍然继续经营微利产品。最近他突然认识到,由于公司目前所采用的间接费用的分配方法,他所努力的结果是分配了大量的公司间接费用,而他的微利产品也因此变成了亏损产品。

上述微利产品在最近一个季度的财务数据如下(单位:万元):

项　　目	金　　额
销售收入	800
销售成本	600
分公司间接费用	100

要求:

(1) 编制 Pike 公司 2017 年第二季度的利润表。假设销售收入与经营结果均与第一季度相同,唯一不同的是 Andorian 分公司放弃了对微利产品的生产与销售。

(2) Andorian 分公司的行动对 Pike 公司有利还是不利?

(3) Andorian 分公司的经理是否会从放弃微利产品的生产与销售中获益?

(4) 提出一个激励分公司经理的方案,使之有利于实现 Pike 公司的整体利益,并讨论你的建议的潜在不利因素。

参 考 答 案

一、单项选择题

1. D　2. B　3. C　4. A　5. C　6. A　7. C　8. D　9. D　10. A

二、多项选择题

1. ABCD　2. ACE　3. ACDE　4. ABCDE　5. ACE　6. CD　7. ACD　8. ABCD　9. ABCDE　10. BE

三、判断题

1. √　2. √　3. ×　4. √　5. √　6. ×　7. ×　8. √　9. ×　10. √

四、业务处理题

习题一

因为德尔玛食品店小烘烤房不是以盈利为目的的,而是为了将客户吸引到食品店购买食品。因此,小烘烤房的成本应该由食品店的其他部门补偿。

习题二

现行的业绩评价是在单一的业务量(也即固定预算)基础上做出的,并没有考虑实际业务量变化的情况。从固定预算直接材料总额 1 200 000 元可以推算出固定预算的业务量为 10 000 双(1 200 000÷120)。

为了正确地进行业绩评价,应该以弹性预算为基础进行比较。比较结果如下:

项　　目	实际成本	预算成本	差　　异
直接材料	1 092 000	1 056 000	36 000(不利)
直接人工	234 000	211 200	22 800(不利)
制造费用	330 000	316 800	13 200(不利)
合　　计	1 656 000	1 584 000	72 000(不利)

从上述比较结果可以看出,该分厂的总成本是超支的,实际业绩是不理想的。

习题三

对于一车间而言,材料单价和人工单价是不可控成本,因此,应该按照标准单价和实际用量计算确定其责任成本,并采用弹性预算的方式,作为计算目标成本降低额和目标成本降低率的依据,从而对一车间的业绩做出合理的评价。

一车间的责任成本=(8×4.8+20×1.2)×5 500=343 200(元)

弹性预算成本=60×5 500=330 000(元)

目标成本降低额=330 000−343 200=−13 200(元)(超支)

目标成本降低率=−13 200÷330 000=−4%(超支)

五、案例题

1. 假如 Andorian 分公司放弃对微利产品的生产与销售,则各分公司第二季度的利润表如下:

Pike 公司利润表

(2017 年第二季度)　　　　单位:万元

项　　目	Andorian 分公司	Orion 分公司	Tibble 分公司	合　　计
销售收入	1 200	1 200	1 600	4 000
销售成本	450	540	640	1 630
分公司间接费用	150	125	160	435
分公司边际贡献	600	535	400	1 535
总公司间接费用	288	288	384	960
分公司经营利润	312	247	416	975

2. Andorian 分公司的行动对 Pike 公司是不利的。因为 Andorian 分公司放弃对微利产品的生产和销售,结果损失了 100 万元的营业利润,但总公司的间接费用总额并没有降低。因而 Pike 公司的利润从第一季度的 1 075 万元降低到 975 万元。

3. 尽管此项举措使 Andorian 分公司的边际贡献减少了 100 万元,但所分摊的总公司的间接费用从原先的 41.7%下降到 30%,从而经营利润从第一季度 300 万元上升到第二季度的 312 万元。由于各分公司经理的经营业绩根据他们所创造的营业利润来衡量的,Andorian 分公司的经理会从放弃微利产品的生产与销售中获益。

4. 可以选择一个有利于总公司整体目标实现的、不受分公司经理人为操纵的指标为分配基础来分配总公司的间接费用。

第四篇

战略成本管理

第十一章
战略成本管理

一、单项选择题

1. 许多战略计划都是以(　　)为目标的。

A. 成本领先　　B. 差异领先　　C. 成本集中　　D. 目标集中

2. (　　)是分析竞争优势的源泉。

A. 价值链分析　　B. 成本动因分析　　C. 战略定位分析　　D. 成本优势分析

3. (　　)重在创新。

A. 成本领先战略　　B. 差异领先战略　　C. 目标聚集战略　　D. 所有战略

4. 下列有关价值链的说法中,不正确的是(　　)。

A. 要优化价值链,首先要尽可能消除所有不增加价值的作业

B. 每个价值链既会产生价值,同时也要消耗资源

C. 企业内部价值链分析的目的是从战略上明确企业在行业价值链中的位置

D. 价值链分析最重要的应用是揭示企业与竞争对手相比的相对成本地位

5. 生命周期成本管理的重点是(　　)。

A. 成本降低　　B. 成本控制　　C. 成本分析　　D. 成本考核

6. 既决定了企业的产品成本,也会对企业的产品质量、人力资源、财务、生产经营等方面产生极其重要影响的是(　　)。

A. 作业成本动因　　B. 结构性成本动因

C. 执行性成本动因　　D. 经营性成本动因

7. 企业战略目标的确定,可以通过(　　)来进行。

A. 价值链分析　　B. 成本动因分析　　C. 战略定位分析　　D. 战略成本管理

8. 揭示企业与竞争对手的相对成本地位是(　　)最重要的应用。

A. 价值链分析　　B. 成本动因分析　　C. 战略定位分析　　D. 外部环境分析

9. 下列各项表述中,错误的是(　　)。

A. 战略成本管理的目标就是在强化所选择的战略定位的同时降低成本

B. 采用 SWOT 分析可初步确定企业战略目标

C. 采用产品生命周期进行分析是为了确保战略目标的合理性

D. 目标成本是获得预定的市场份额需要的销售价格与期望单位利润之间的差额

10. 如果购买者偏好的多样性太强,标准化的产品难以完全满足,那么,(　　)就成了一个很有吸引力的竞争战略。

A. 成本领先战略　　B. 差异化领先战略
C. 目标聚集战略　　D. 所有的战略

二、多项选择题

1. 战略成本管理的基本框架由(　　)三个部分构成。
A. 价值链分析　B. 成本动因分析　C. 战略计划编制　D. 战略定位分析
E. 成本领先战略
2. 下列各项中,属于可增加价值的作业有(　　)。
A. 产品设计　B. 加工制造　C. 存货储存　D. 产品包装
E. 产品营销
3. 战略成本动因具有(　　)等特点。
A. 与企业战略密切相关
B. 对产品成本的影响更长期、更持久、更深远
C. 可塑性大
D. 形成与改变均较为困难
E. 常常被传统的成本管理所忽视
4. 下列各项中,属于结构性成本动因的有(　　)。
A. 整合程度　　B. 全面质量管理
C. 生产能力运用模式　　D. 技术
E. 地理位置
5. 下列说法中,正确的有(　　)。
A. 控制成本驱动因素和重构价值链是获取成本优势的两种主要方法
B. 成本领先是一种特别强调先发制人策略的战略
C. 成本领先意味着以成本为竞争的中心或先导
D. 成本优势的价值取决于它的持久性
E. 无论在什么情况下,采用成本领先战略都能取得竞争优势
6. 下列各项作业中,属于非增值作业的有(　　)。
A. 产品的设计　B. 存货的储存　C. 产品的检验　D. 产品的加工
E. 产品的返工
7. 下列各项中,属于执行性成本动因的有(　　)。
A. 顾客订单数量　　B. 生产能力的运用模式
C. 地理位置　　D. 技术的多样性
E. 全面质量管理
8. 企业在进行战略定位,确定战略目标时所运用的具体方法包括(　　)。
A. SWOT 分析　　B. 波士顿的矩阵分析
C. 产品生命周期分析　　D. 目标成本分析
E. 成本动因分析
9. 采用成本领先战略的企业可以通过(　　)实现其目标。
A. 使用独特的技术　　B. 引进更先进的设备

C. 改变产品结构　　D. 改善工艺流程

E. 利用规模经济

10. 下列有关执行性成本动因的描述中，正确的有(　　)。

A. 执行性成本动因的分析能够决定企业的成本地位

B. 执行性成本动因分析的目的是选择满足顾客需要所用的作业

C. 对于执行性成本动因而言，并不是程度越高越好，而是存在一个适度的问题

D. 执行性成本动因解决的是绩效提高问题

E. 执行性成本动因应对目标的实现起到基础保证作用

三、判断题

1. 所有作业的实施最终都能使"顾客价值"增加。(　　)

2. 通过企业内部价值链的分析，可以有效地消除不增值的作业。(　　)

3. 结构性成本动因分析主要是解决绩效的提高问题。(　　)

4. 每一个成本动因都可能成为企业独特的竞争优势来源。(　　)

5. 差异领先战略是采用适当的突破点，从成本上或差异化上领先于他人。(　　)

6. 价值链分析的主要目的是通过控制成本动因或重新优化价值链，构建具有自身特色的价值链，以取得竞争优势。(　　)

7. 一个企业的成本优势或劣势的地位不会因市场的变化而变化。(　　)

8. 执行性成本动因分析所要求的战略强化是针对"最佳"的效果目标，最终可归纳为一个"选择"的问题。(　　)

9. 相对市场份额是反映企业与竞争对手实力对比的一个重要指标。(　　)

10. 生命周期成本管理的重点是成本控制，而不是成本降低。(　　)

四、业务处理题

习题一

1. 目的：了解顾客价值与企业内部价值链的关系。

2. 资料：银河公司正在考虑一个电动工具的两种新设计方案对顾客价值的影响。这两种设计方案都可降低电动工具的直接材料和直接人工。

(1) 这两种设计方案的有关资料如下：

① 按传统成本系统计算

变动制造费用分配率：每直接人工小时 40 元；材料费用率：每个零件 8 元。

② 按作业基础成本法计算

人工小时工资率：每直接人工小时 10 元；

直接材料费用分配率：每个零件 8 元；

机器加工成本；每机器小时 28 元；

采购作业成本：每采购订单 60 元；

设备调整作业成本：每调整小时 1 000 元；

担保作业成本：每件退回产品 200 元；

顾客修理成本：每修理小时 10 元。

(2) 有关作业和资源信息(按年估计)如下:

项　　目	A 方 案	B 方 案
产量(件)	10 000	10 000
直接材料用量(个)	100 000	60 000
人工加工(小时)	50 000	80 000
机器加工(小时)	25 000	20 000
采购订单(张)	300	200
设备调整(小时)	200	100
退回产品数量(件)	400	75
修理小时(顾客)	800	150

3. 要求:分别采用传统成本计算方法和作业基础成本法计算 A、B 方案的成本。

习题二

1. 目的:了解供应商关系的利用和开发。

2. 资料:众城公司生产甲产品的配件 X1Z 和 Y2Z 由奥托公司和三星公司供应。有关作业成本和两个供应商的供货情况如下:

(1) 作业成本:

单位:元

作　　业	配件缺陷/滞后交货	程序缺陷/失误
产品返工	200 000	40 000
产品赶工	50 000	10 000

(2) 供应商数据:

项　　目	奥 托 公 司		三 星 公 司	
	X1Z	Y2Z	X1Z	Y2Z
单位采购价格(元)	10	26	12	28
采购数量(件)	40 000	20 000	5 000	5 000
缺陷配件数量(件)	800	190	5	5
误期到货(次)	30	20	0	0

采购经理倾向于将奥托公司作为战略合作伙伴,因为其配件价格较低。

3. 要求:你认为应该选择哪位供应商作为众城公司的战略合作伙伴?为什么?

习题三

1. 目的:了解目标成本与战略定位的关系。

2. 资料:五月电子仪器公司的总裁马丁非常关心年末的销售报告。根据营销经理玛丽的报告,为了维持公司在集成电路板市场的份额,下年度必须进行降价活动。当前产品的单位售价为 18 美元,每单位利润为 2 美元——是一般正常利润 4 美元的一半。国外竞争者也在不断地采取降价行动。为了在竞争中取胜，公司必须将价格从现在的 18 美元降至 14 美元。这个价格将使得公司以低于成本的价格销售产品。为什么其他公司能以这样的价格销售产品呢？

为了发现公司业务中存在的问题，马丁决定聘请外部咨询顾问对公司的生产和销售进行评估。两周以后，顾问提出了关于公司 120 000 件集成电路板产品成本的作业报告。

作　　业	成　本(美元)
机器准备	125 000
材料处理	180 000
检　验	122 000
客户支持	120 000
客户投诉	100 000
质量保证成本	170 000
存　储	80 000
返　工	75 000
直接材料	500 000
动力费用	48 000
人工费用	250 000
其他人工	150 000
总成本	1 920 000

咨询顾问提出一些初步的作业分析表明，单位成本最少可节约 7 美元。营销经理认为，如果价格降低到 12 美元，市场份额可以达到 50%的增长。

3. 要求：

(1) 确定每种作业为价值增加作业还是非价值增加作业。

(2) 如果所有的非价值增加作业都能消除，单位产品成本将会降低多少？咨询顾问的初步作业分析是否正确？

(3) 计算为保持公司目前的市场份额并获得正常的 4 美元利润所需要的目标成本。同时计算使销售额扩大 50%所需要的目标成本。为了达到上述目标，单位成本应降低多少？

(4) 咨询顾问也揭示了以下信息：转移到自动化插入元器件将会节省 90 000 美元的直接人工、20 000 美元的返工费用和 40 000 美元的质量保证费用。必需的每年机器维护费用是 50 000 美元。根据上述信息，潜在的单位成本降低可能是多少？公司能否为保持市场份额达到目标成本？

(5) 为了达到目标成本，公司征求了客户、供应商、员工和其他咨询顾问的意见。下面的措施被认为是可行的：

① 公司的生产经理认为工厂可以重新设计，以使材料处理成本降低 100 000 美元——这将相应减少 10 000 美元的返工成本。重新设计工厂的成本是 20 000 美元。

② 供应商建议租用一台机器减少设备启动成本 80 000 美元,设备的年租用成本为 15 000 美元。

③ 一位客户,建议在 KD 公司、五月电子仪器公司和五月电子仪器公司最大的原材料供应商之间建立适时制造系统。这将减少五月电子仪器公司的存贮成本 45 000 美元,但是将增加运输成本 5 000 美元。

④ 一位员工建议公司对所有员工进行质量控制措施培训,并对质量控制实行一定的奖励措施。一位外部咨询顾问估计培训和奖励成本为 35 000 美元。采取这种措施后,检验作业可以消除,返工、客户投诉成本以及质量保证成本可以降低 120 000 美元。

如果包括元器件插入的自动化项目在内的所有建议都被采纳,五月电子仪器公司能否达到维持市场份额所需的目标成本?

五、案例题

中华公司发生的作业及相关的成本性态如下:

作　业	成　本　性　态
组装配件	每直接人工小时 10 美元
调整设备	变动:每次调整 100 美元 半固定阶梯成本:每阶梯 30 000 美元,每阶梯=10 次调整
接收货物	半固定阶梯成本:每阶梯 40 000 美元,每阶梯=2 000 小时

当前情况下,具有阶梯成本性态的作业已被现有产品充分利用。因此,任何新产品的生产都将需要增加这些作业的资源支出。

现中华公司开发了一种新产品,计划产量 1 000 件。该新产品的生产有甲、乙两种设计方案,每种设计方案的有关信息如下:

作　业　动　因	方　案　1	方　案　2
直接人工小时	3 000	2 000
调整次数	10	20
接收小时	2 000	4 000

公司以直接人工小时作为动因建立了一个关于生产成本的成本公式。公式如下所示:

$$Y=150\,000+20X$$

要求:

(1) 假如以直接人工小时为唯一的成本动因,请根据上述直接人工成本公式,计算每种方案的成本。你将选择哪种设计?

(2) 假如利用所有的动因和作业信息计算每种方案的成本,现在你将选择哪种方案?这个更完整的作业信息还有什么其他用途?

(3) 考虑下面的说明:“战略成本分析应该开发内部联系。”这是什么意思? 利用要求

(1)和要求(2)的分析结果进行解释。

(4) 外部咨询人员指出,应该在设计阶段利用目标成本法。解释什么是目标成本法?说明目标成本法为什么需要了解供应商和顾客联系。

(5) 对于这两种方案,还可以提供什么其他的信息吗?请进行解释。

参考答案

一、单项选择题

1. A 2. A 3. B 4. C 5. A 6. B 7. C 8. A 9. B 10. B

二、多项选择题

1. ABD 2. ABDE 3. ABCDE 4. ADE 5. ABCD 6. BCE 7. BE 8. ABCD 9. ABCDE 10. BDE

三、判断题

1. × 2. √ 3. × 4. √ 5. × 6. √ 7. × 8. × 9. √ 10. ×

四、业务处理题

习题一

按传统成本计算方法计算的结果如下:

单位:元

项 目	A 方 案	B 方 案
直接材料	800 000	480 000
加工成本	2 000 000	3 200 000
生产成本合计	2 800 000	3 680 000
产 量	10 000	10 000
单位成本	280	368

按作业成本基础计算的结果如下:

单位:元

项 目	A 方 案	B 方 案
直接材料	800 000	480 000
直接人工	500 000	800 000
加 工	700 000	560 000
采 购	18 000	12 000
设备调整	200 000	100 000
担 保	80 000	15 000
产品总成本	2 298 000	1 967 000
产 量	10 000	10 000

续 表

项　目	A 方 案	B 方 案
单位成本	230	197
售后成本	8 000	1 500

习题二

项　目	奥 托 公 司		三 星 公 司	
	X1Z	Y2Z	X1Z	Y2Z
采购成本	400 000	520 000	60 000	140 000
产品返工	160 000	38 000	1 000	1 000
产品赶工	30 000	20 000		
全面成本	590 000	578 000	61 000	141 000
数　量	40 000	20 000	5 000	5 000
单位全面成本	14.75	28.90	12.20	28.20

从上面的计算可以看出，应该选择三星公司为战略合作伙伴，因为它以更低的单位全面成本准时地提供更高质量的配件。

习题三

(1) 增值作业：客户支持、直接材料、动力费用、直接人工和其他人工。

非增值作业：机器准备、材料处理、检验、客户投诉、质量保证成本、存储和返工。

(2) 非增值作业总成本＝852 000(元)。

如果所有的非增值作业都能消除，单位成本将会降低 7.1 元(852 000÷120 000)。咨询顾问的初步作业分析是正确的。

(3) 为保持目前市场份额并获得 4 元目标利润所需要的目标成本为 10 元(14－4)。使销售扩大 50%并获得 4 元目标利润所需要的目标成本为 8 元(12－4)，此时，单位成本应降低 8 元(16－8)。

(4) 潜在的单位成本降低额＝(90 000＋20 000＋40 000－50 000)÷120 000

＝0.83(元)

由于保持市场份额需要降低 6 元的成本，因此此项措施不能使公司达到目标成本。

(5) 如果包括自动化在内的所有建议都被采纳，则总成本降低额＝100 000＋100 000＋10 000－20 000＋80 000－15 000＋45 000－5 000＋122 000＋120 000－35 000＝502 000(元)

单位成本降低额＝502 000÷120 000＝4.18(元)

公司维持市场份额所需的目标成本还是无法达到。

五、案例题

1. 方案 1：20×3 000＝60 000(美元)

   方案 2：20×2 000＝40 000(美元)

根据这个产量基础的成本假设，应选择方案 2。

2. 方案 1(单位：美元)：

组装配件(10×3 000)	30 000
调整设备(10×100+1×30 000)	31 000
接收货物(1×40 000)	40 000
合　计	101 000

方案 2(单位：美元)：

组装配件(10×2 000)	20 000
调整设备(20×100+2×30 000)	62 000
接收货物(2×40 000)	80 000
合　计	162 000

从总成本看,方案 1 的成本较低。利用这个更完整的作业信息计算得出的成本还可以用于定价策略等。

3. 开发利用内部联系意味着充分利用企业价值链作业之间的联系。为了做到这一点,我们必须了解这些作业是什么,它们具有什么样的联系。作业成本和动因是这种分析的基本组成部分。在方案决策中,如像要求 1 那样,只考虑产量基础动因,会忽略不同设计对非产量基础作业的影响。要求 2 的分析结果表明,相对于产量基础分析而言两种设计有显著不同。简单来说,传统成本系统不能为开发利用内部联系提供充分的信息。

4. 目标成本法是设计阶段建立成本降低目标的一个特别有用的工具。目标成本是获得预定的市场份额需要的销售价格与期望单位利润之间的差额。销售价格反映为顾客所看重的产品设计和功能。如果目标成本低于当前可达到水平,管理当局就必须寻找降低成本的方法,使实际成本趋向目标成本。为实现成本降低,可以采用的基本方法有三种：(1) 分解设计法;(2) 价值分析法;(3) 流程改进法。分解设计法分解竞争对手的产品,寻找更高效的产品设计。价值设计法评价顾客对产品功能的反应,以决定这些功能是否值得增加成本。流程改进法寻求改进生产新产品所使用的流程的效率。前两种方法与改进产品设计相关,而第三种方法与改进流程设计相关。顾客与供应商参与这个过程,是为了实现比各设计团队分别工作情况下更低的成本。例如,供应商可能建议用可降低产品配件成本的设计。当然,顾客可能指出他们是否重视某一个特别的设计特性,如果他们重视某一设计特性的话,他们愿意为它多支付多少价格。

5. 联系还可扩展到企业其他的内部价值链作业。因此,了解后勤作业如何影响设计选择非常有用,而且,外部联系也很有用。例如,了解两种设计如何影响购后作业和成本非常有意义。

第十二章
作业基础成本法

一、单项选择题

1. 作业基础成本法适用于具有以下特征的企业(　　)。

A. 间接生产费用比重较小　　B. 作业环节较少

C. 生产准备成本较高　　D. 产品品种较少

2. 作业基础成本法的缺陷有(　　)。

A. 实施成本较高　　B. 实施效果较差

C. 成本决策相关性较弱　　D. 间接费用的分配与产出量相关性较弱

3. 作业基础成本法与传统成本法的区别之一是作业基础成本法(　　)。

A. 存在较多的同质成本库　　B. 存在较少的同质成本库

C. 间接费用分配基础不一定是成本动因　　D. 成本决策相关性较弱

4. 作业基础成本法下间接成本分配的路径是(　　)。

A. 资源—产品　　B. 资源—部门—产品

C. 资源—作业—产品　　D. 作业—产品

5. 下列项目中,不属于按受益对象分类的作业是(　　)。

A. 单位水平作业　B. 协调平衡作业　C. 批次水平作业　D. 工厂维持作业

6. 销售成本和调运成本不包括(　　)。

A. 执行订单成本　　B. 装运成本

C. 编制商品销售价目表　　D. 材料采购

7. 作业成本法所采用的成本动因(　　)。

A. 不考虑辅助作业　　B. 只考虑某些生产作业

C. 将作业与产品直接联系在一起　　D. 将作业与产品间接联系在一起

8. 华宇公司本期制造费用共计 480 000 元,采用传统成本法核算,它拥有 5 个辅助生产部门和 5 个生产部门,生产 25 种产品。其制造费用中应有(　　)元分配至产品层次。

A. 48 000　B. 480 000　C. 1 920　D. 0

9. 与数量相关的动因不包括(　　)。

A. 产量　B. 直接人工工时　C. 机器工时　D. 生产工人人数

10. 在作业成本法下通常难以找到合适的成本动因来将(　　)作业所消耗的资源分配至产品。

A. 车间管理　B. 直接人工　C. 质量检验　D. 机器调试

二、多项选择题

1. 作业按产出或消耗方式可以分为(　　)。
A. 批次水平作业　B. 产品维持作业　C. 单位水平作业　D. 工厂维持作业
E. 后勤作业
2. 作业基础成本法适用于具有以下特征的企业(　　)。
A. 间接生产费用比重较大　B. 企业规模大、产品品种多
C. 作业环节多且易辨认　D. 生产准备成本较高
E. 计算机技术较高
3. 下列有关资源动因的表述中,正确的有(　　)。
A. 它是引起作业成本增加的驱动因素
B. 它是引起产品成本增加的驱动因素
C. 它被用来衡量一项作业的资源消耗量,运用它可以将资源成本分配给各有关作业
D. 它是计量各成本对象耗用作业的情况,并被用来作为作业成本的分配基础
E. 它是将资源成本分配到作业中心的标准
4. 作业基础成本法的兴起和运用与以下新的制造环境密切相关(　　)。
A. 专业化生产　B. 电脑辅助设计
C. 弹性制造系统　D. 适时制生产方式
E. 自动化生产
5. 成本动因的选择应遵循(　　)原则。
A. 因果关系　B. 受益性　C. 合理性　D. 全面性
E. 灵活性
6. 作业基础成本计算制度相对于产量基础成本计算制度而言具有以下特点(　　)。
A. 建立众多的间接成本集合
B. 同一个间接成本集合中的间接成本是基于同一个成本动因所驱动
C. 间接成本的分配应以成本动因为基础
D. 不同集合之间的间接成本缺乏同质性
E. 实施成本低
7. 下列有关产量基础成本计算制度的表述中,正确的有(　　)。
A. 以人工成本、人工工时等作为间接费用分配的基础
B. 往往会夸大高产量产品的成本,而缩小低产量产品的成本
C. 整个工厂仅有一个或几个间接成本集合(如制造费用、辅助生产等),他们通常缺乏同质性
D. 主要适用于产量是成本主要驱动因素的传统加工业
E. 间接成本的分配以成本动因为基础
8. 下列各项中,属于直接成本的有(　　)。
A. 构成产品实体的原材料　B. 车间照明用电费
C. 车间生产工人工资　D. 车间管理人员工资
E. 销售部门员工工资

9. 决定企业采用成本计算方法的影响因素有(　　)。

A. 企业生产组织特点　　B. 企业生产工艺过程特点

C. 成本会计人员的素质　　D. 企业对成本管理的要求

E. 企业所处行业的特点

10. 作业基础成本法与传统成本法相比(　　)。

A. 有较多的间接成本库

B. 按成本动因分配生产费用

C. 间接生产费用的分配基础常为非财务变量

D. 提供较精确的成本信息

E. 成本决策相关性较强

三、判断题

1. 企业的生产过程既是作业消耗资源、产品消耗作业的过程,又是产品价值的形成过程。(　　)

2. 成本动因是驱动或产生成本、费用的各种因素,它通常可分为资源动因和作业动因。(　　)

3. 作业动因是将作业中心的成本分配到产品或劳务的标准,它反映了作业中心对资源的耗用情况。(　　)

4. 作业基础成本法是传统成本计算方法的一种,其主要特点是先按资源动因分配费用,计算各作业中心成本,再按作业动因分配作业成本,计算产品成本。(　　)

5. 在作业基础成本法下,制造费用的分配主要以与产出量相关的因素为分配基础。(　　)

6. 在作业成本法下,辅助生产部门的成本在分派到某种产品或劳务之前也是先分配至生产部门的。(　　)

7. 预期的机器工时可以作为分配机器维护成本的合理动因。(　　)

8. 作业成本法以成本动因作为分配成本的基础,因此,它能提供比传统成本法更为精确的成本信息。(　　)

9. 作业成本管理涉及的仅仅是生产成本而不包括期间费用。(　　)

10. 要实现作业成本管理的基本思想,就必须借助于作业分析。(　　)

四、业务处理题

习题一

一、目的:熟悉成本动因的选择。

二、资料:Photon 公司有以下作业:

(1) 机器启动　　(2) 生产计划

(3) 材料移动　　(4) 供电

(5) 质量控制　　(6) 厂房维护

(7) 设备保险　　(8) 员工监管

三、要求:为以上作业选择合适的成本动因。

习题二

一、目的：练习作业成本法。

二、资料：某服装制造企业采用作业基础成本法核算产品成本。该企业某月发生直接材料成本32 000元，其中甲产品耗用18 000元，乙产品耗用14 000元；直接人工成本19 000元，其中甲产品应负担11 000元，乙产品应负担8 000元；制造费用56 000元。经分析，该企业的作业情况如下表所示(金额单位：元)：

作业中心	资源分配	成本动因	动因量	
			甲产品	乙产品
材料整理	14 000	处理材料批数	10	30
质量检验	10 000	检验次数	10	15
机器调试	20 000	调试次数	80	120
使用机器	12 000	机器小时数	20	80

三、要求：

(1) 计算各作业中心的动因率。

(2) 假定该企业的当月产量为甲产品500件，乙产品400件，期初期末在产品为零，计算这个月的完工产品总成本和完工产品单位成本。

(3) 编制有关费用归集、分配和完工产品入库的分录。

习题三

一、目的：练习作业成本法。

二、资料：某钟表制造公司采用作业基础成本法计算分配间接费用。2017年3月份，该企业有关资料如下：

作业	成本动因	成本(元)	作业水平	
			时钟	手表
生产准备	准备次数	70 000	30	20
材料管理	零件数	20 000	15	25
包装与运输	运输数量	45 000	5 000	7 000
间接费用合计		135 000		

三、要求：

(1) 用作业基础成本法计算分配每种产品的间接费用总额。

(2) 以人工工时作为分配基础计算分配各产品的间接费用总额。假定装配每只时钟的小时数是0.5小时，装配每只手表的小时数是1小时。时钟的生产量为5 000只，手表为7 000只。

五、案例题

某电脑零配件生产销售公司，生产销售A配件和B配件。在过去5年该公司平均生产配件 A 25 000 只,生产配件 B 5 000 只。而且会计账簿显示这两种部件都是盈利的。而公司财务总监直觉认为不是这样的,他感觉配件 B 比配件 A 制造成本高得多,可能是一个亏损产品,并把这种感觉告诉了总经理。总经理认为公司只要是盈利的,就不用考虑太多。财务总监为了证实自己的观点,收集了公司的部分存货数据,有关资料如下:

项　　目	定　　额	配件 A	配件 B
生产数量		25 000	5 000
单位成本(元)			
直接材料		10	10
直接人工	0.5 小时@10 元	5	5
制造费用			
机器制造费用		80 (2 小时@40 元)	40 (1 小时@40 元)
其他制造费用			
预算额	1 500 000 元		
计划直接人工小时总和	15 000 小时		
制造费用分配率	100 元/小时 (1 500 000÷15 000)	50	50
单位成本总额		145	105

财务总监还获取了其他制造费用的下列数据:

作业及成本	成本中心预算	预算活动量	A　配　件	B　配　件
工程设计	200 000 元	4 000 小时	1 000	3 000
生产规划	600 000 元	2 000 小时	250	1 750
机器准备	500 000 元	2 000 次	500	1 500
检　　查	200 000 元	4 000 次	1 000	3 000
	1 500 000 元			

财务总监对这些数据分析后,感到很迷茫。

试问:如果你是该公司的财务顾问,你会如何建议?假设配件 A 和配件 B 的单位售价各为 150 元,且市场对这两种配件的总需求量为 30 000 只。

参 考 答 案

一、单项选择题

1. C　2. A　3. A　4. C　5. B　6. D　7. C　8. B　9. D　10. A

二、多项选择题

1. ABCD　2. ABCDE　3. ACE　4. BCDE　5. ABC　6. ABCD　7. ABCD　8. AC

9. ABD　10. ABCDE

三、判断题

1. √　2. √　3. ×　4. ×　5. ×　6. ×　7. √　8. √　9. ×　10. √

四、业务处理题

习题一

(1) 机器启动小时数　(2) 生产批次数
(3) 材料移动次数　(4) 供电量
(5) 检验次数　(6) 厂房的占地面积
(7) 保险费　(8) 直接人工工时

习题二

(1) 计算成本动因率：

作业中心	资源分配	成本动因	动因量			动因率
			甲产品	乙产品	合　计	
材料整理	14 000	处理材料批数	10	30	40	350
质量检验	10 000	检验次数	10	15	25	400
机器调试	20 000	调试次数	80	120	200	100
使用机器	12 000	机器小时数	20	80	100	120

(2) 分别作业中心将资源成本分配到各产品：

作业中心	动因量		动因率	资源成本分配	
	甲产品	乙产品		甲产品	乙产品
材料整理	10	30	350	3 500	10 500
质量检验	10	15	400	4 000	6 000
机器调试	80	120	100	8 000	12 000
使用机器	20	80	120	2 400	9 600
合　计				17 900	38 100

计算完工产品总成本和完工产品单位成本：

项　　目	甲　产　品	乙　产　品
直接材料	18 000	14 000
直接人工	11 000	8 000
制造费用	17 900	38 100
完工产品总成本	46 900	60 100
完工产品产量	500	400
完工产品单位成本	93.8	150.25

(3) 有关费用归集、分配和完工产品入库的分录:

序号	日期	账户名称	借方金额	贷方金额
1	(略)	基本生产成本——甲产品 基本生产成本——乙产品 　　原材料	18 000 14 000	 32 000
2		基本生产成本——甲产品 基本生产成本——乙产品 　　应付职工薪酬	11 000 8 000	 19 000
3		制造费用——材料整理 　　原材料、应付职工薪酬、银行存款等	14 000	 14 000
4		制造费用——质量检验 　　原材料、应付职工薪酬、银行存款等	10 000	 10 000
5		制造费用——机器调试 　　原材料、应付职工薪酬、银行存款等	20 000	 20 000
6		制造费用——使用机器 　　原材料、应付职工薪酬、银行存款等	12 000	 12 000
7		基本生产成本——甲产品 　　制造费用——材料整理 　　制造费用——质量检验 　　制造费用——机器调试 　　制造费用——使用机器	17 900	 3 500 4 000 8 000 2 400
8		基本生产成本——乙产品 　　制造费用——材料整理 　　制造费用——质量检验 　　制造费用——机器调试 　　制造费用——使用机器	38 100	 10 500 6 000 12 000 9 600
9		库存商品 　　基本生产成本——甲产品 　　基本生产成本——乙产品	107 000	 46 900 60 100

习题三

(1) 作业成本法

作业中心	资源分配	成本动因	动因量			动因率	成本分配	
			钟	手表	合计		时钟	手表
生产准备	70 000	准备次数	30	20	50	1 400	42 000	28 000
材料管理	20 000	零件数	15	25	40	500	7 500	12 500
包装与运输	45 000	运输数量	5 000	7 000	12 000	3.75	18 750	26 250
合计	135 000						68 250	66 750

（2）以人工工时作为分配基础

产　品	产　量	单位产量所用工时	总工时	总费用	分配率	成本分配
时钟	5 000	0.5	2 500			35 526.32
手表	7 000	1	7 000			99 473.68
合计			9 500	135 000	14.210 53	135 000

五、案例题

企业按产品数量分配其他制造费用，企业盈利情况如下：

(150－145)×25 000＋(150－105)×5 000＝125 000＋225 000＝350 000(元)

A 配件应分配的其他制造费用如下：

200 000÷4 000×1 000＝50 000(元)
600 000÷2 000×250＝75 000(元)
500 000÷2 000×500＝125 000(元)
200 000÷4 000×1 000＝50 000(元)
300 000(元)

单位费用(300 000÷25 000)　　12(元)
单位总成本　　107 元

B 配件应分配的其他制造费用如下：

200 000÷4 000×3 000＝150 000(元)
600 000÷2 000×1 750＝525 000(元)
500 000÷2 000×1 500＝375 000(元)
200 000÷4 000×3 000＝150 000(元)
1 200 000(元)

单位成本(1 200 000÷5 000)　　240 元
单位总成本　　295 元

可见，如果销售价格为 150 元，B 配件的成本将远远高于其售价。如果按现在的生产结构生产，企业将会失去 B 产品的盈利，企业总盈利仍为 350 000 元。如果企业改变生产结构，生产 B 配件 25 000 只，A 配件 5 000 只，那么企业的盈利将会为 1 150 000 元。所以，建议企业生产 B 配件 25 000 只，A 配件 5 000 只。

第十三章
质量成本管理

一、单项选择题

1. 质量成本按其(　　)可以划分为预防成本、鉴定成本、内部缺陷成本与外部缺陷成本四种。

A. 发生的性质　　B. 表现形式　　C. 成本控制角度　　D. 考核方式

2. (　　)是因质量达不到既定要求、控制失效而造成的损失。

A. 预防成本　　B. 鉴定成本　　C. 可控成本　　D. 结果成本

3. 由于质量缺陷而导致的销售下降、降价而放弃的收益等,属于(　　)。

A. 可控成本　　B. 显性成本

C. 结果成本　　D. 直接质量不良成本

4. 现代质量成本管理的最优水平存在于(　　)。

A. 质量总成本最低之处　　B. 产品质量最佳之处

C. 经济效益最好之处　　D. 所生产产品达到目标价值之处

5. 产品制造周期指标是反映(　　)。

A. 客户满意度的财务指标　　B. 客户满意度的非财务指标

C. 企业内部绩效的财务指标　　D. 企业内部绩效的非财务指标

6. 显性成本和隐性成本是从(　　)角度进行的分类。

A. 成本控制　　B. 成本发生　　C. 全面质量管理　　D. 价值补偿

7. 随着产品质量的提高(　　)。

A. 预防成本与鉴定成本出现下降的趋势,内部缺陷成本与外部缺陷成本也呈下降趋势

B. 预防成本与鉴定成本出现向上的趋势,内部缺陷成本与外部缺陷成本则呈下降趋势

C. 预防成本与鉴定成本出现向上的趋势,内部缺陷成本与外部缺陷成本也呈上升趋势

D. 预防成本与鉴定成本出现下降的趋势,内部缺陷成本与外部缺陷成本则呈上升趋势

8. 在以质量为竞争手段时,列示(　　)成本占销售收入的比率则更具有现实意义。

A. 质量　　B. 内部缺陷　　C. 外部缺陷　　D. 机会成本

9. 将期内质量改进项目的进展程度以图表的形式加以表达的报告是(　　)。

A. 短期质量成本报告　　B. 多期趋势质量成本报告

C. 中期质量报告　　D. 长期质量成本报告

10. 下列有关质量业绩财务指标的表述中,不正确的是(　　)。

A. 是权衡预防成本和缺陷成本的通用标准

B. 是反映企业质量状况的简要的指标
C. 是反映企业质量状况总括性的指标
D. 有助于将注意力集中在需要改进的问题领域

二、多项选择题

1. 现代质量成本具有的特征是(　　)。
A. 广泛性　B. 动态性　C. 多样性　D. 收益性
E. 潜在性
2. 工作质量指标一般包括(　　)等。
A. 合格率　B. 废品率　C. 返修率　D. 质量稳定提高率
E. 等级品率
3. 从成本控制角度考察,质量成本可分为可控成本和结果成本。可控成本包括(　　)。
A. 预防成本　B. 内部缺陷成本　C. 外部缺陷成本　D. 鉴定成本
E. 显性质量成本
4. 客户满意度的非财务指标包括(　　)。
A. 合格产品占总产品的比例　B. 客户投诉次数
C. 每条生产线的不良产品数量　D. 准时交货的比例
E. 销售给客户的不良产品数量占销售产品总数量的百分比
5. 下列说法中,正确的有(　　)。
A. 产品质量和产品成本之间存在着依存关系
B. 传统质量成本管理的目标是寻求可接受的质量水平
C. 预防成本与鉴定成本随着产品质量的提高而迅速下降
D. 可控成本的提高,将导致结果成本的下降
E. 现代质量成本管理强调通过减少缺陷产品的数量,以便降低其质量总成本
6. 下列各项中,属于质量成本的是(　　)。
A. 由于一项质量诉讼导致销售额的下降
B. 由于车床故障导致公司产品不合格而发生的返修费
C. 支付给废品率最低生产小组的奖金
D. 支付给售后服务人员的工资
E. 质量评审费用
7. 下列各项中,属于外部缺陷成本的有(　　)。
A. 由于产品需要返工而发生的额外运输费
B. 缺陷产品的退回成本
C. 产品保修费用
D. 商誉的损失
E. 产品降级损失
8. 下列各项中,属于反映企业内部质量业绩状况的指标有(　　)。
A. 不良产品数量占销售产品总数量的百分比
B. 合格产品占总产品的比例

C. 预防成本
D. 每条生产线的缺陷产品数量
E. 鉴定成本

9. 质量业绩考核的财务指标通常有(　　)。
A. 客户满意度　B. 企业内部绩效　C. 外部缺陷成本　D. 内部缺陷成本
E. 预防成本

10. 质量成本报告一般有(　　)。
A. 短期质量成本报告　B. 多期趋势质量成本报告
C. 不定期质量报告　D. 中期质量成本报告
E. 长期质量报告

三、判断题

1. 为了全面地反映和考核质量成本的发生情况,在进行会计计量时,还应考虑由于质量缺陷而发生的机会成本。(　　)

2. 质量成本随着地域、时期、使用对象、社会环境、市场竞争的变化而被赋予不同的内容和要求。(　　)

3. 进行质量成本的核算,是实施全面质量管理的一个重要前提。(　　)

4. 由于隐性成本是不可计量的,为了满足分析决策之需,可采用适当的方法做相应的估计。(　　)

5. 可控成本与结果成本呈同方向的变化。(　　)

6. 鉴定成本是为了防止产生不合格品与质量故障而发生的各项费用。(　　)

7. 质量成本效益分析的目的,就是结合企业的具体条件,寻求质量成本的最佳值。(　　)

8. 列示质量成本占销售收入的比率,或列示质量成本占销售成本的比率,能帮助管理人员判断质量相关支出的合理性。(　　)

9. 由于现代质量成本管理的目标是追求零缺陷,因此不应该存在缺陷成本。质量成本报告只是增值成本与非增值成本之间差异的报告。(　　)

10. 在所有的质量成本中,内部缺陷成本是最具有破坏性的,而且是最难计量的。(　　)

四、业务处理题

习题一

一、目的:熟悉质量成本的计算及其分析。

二、资料:春光公司制造直立式和分体式两种空调这两种空调的相关资料如下:

项　目	直立式	分体式
产销量	10 000 台	5 000 台
单位售价	20 000 元	40 000 元

续　表

项　　目	直　立　式	分　体　式
单位变动成本	12 000 元	30 000 元
设计工程耗用时数	5 000 小时	8 000 小时
每台空调检验和测试	1 小时	2 小时
返工百分比	5%	10%
每台空调返工成本	4 000 元	6 000 元
售后修理百分比	4%	8%
每台空调修理成本	5 000 元	7 500 元
估计因质量不良而丧失的销售收入	—	600 台

各种作业每小时人工工资率如下：

设　计	每小时 600 元
检验和测试	每小时 500 元

三、要求：

(1) 计算春光公司直立式与分体式空调的预防成本、鉴定成本、内部缺陷成本及外部缺陷成本等各类质量成本。

(2) 计算各类空调的质量成本占销售收入的百分比。

习题二

一、目的：进一步熟悉质量成本的内容，并进行分析。

二、资料：2017 年初，大众公司计划开始进行一个质量改进项目。年末，短期质量成本报告所反映的废品和返工品都有所减少。公司的管理当局要求估算该质量改进项目产生的财务影响。为了进行这个估算，收集了下列关于当年和前年的财务数据(见下表)。

项　　目	上年(2016 年)	本年(2017 年)
销售收入	20 000 000	20 000 000
废　品	600 000	400 000
返　工	800 000	500 000
产品检验	200 000	220 000
产品保修	1 500 000	1 200 000
质量培训	80 000	100 000
材料检验	50 000	30 000

三、要求：

(1) 对上述各项成本分类。

(2) 计算每年质量成本占销售收入的百分比。

(3) 估算到目前为止，由于质量改进已经增加了多少利润？假定预计质量成本能够降低到销售收入的5%,通过质量改进还可增加多少利润(假定销售收入保持不变)?

习题三

一、目的:熟悉质量管理与企业收益的关系。

二、资料:Photon公司每年生产和销售20 000台扫描仪。返修和修理扫描仪的成本资料如下:

单位:元

项　　目	变动成本	固定成本	总　成　本
单位返工成本	2 400	3 600	6 000
单位修理成本:			
顾客支持成本	120	180	300
修理部件的运输成本	270	90	360
质量担保成本	2 700	3 900	6 600

Photon公司的工程师目前正在着手解决扫描分辨率的问题,他们建议更换扫描仪的一个部件,新部件将比旧部件多投入成本75元。Photon公司准备在年末推出新的扫描仪。通过更换部件,Photon公司预计:(1)返工产品将减少300台;(2)少修理扫描仪200台;(3)多销售扫描仪100台;(4)返工和修理成本中的固定成本部分不变。

Photon公司现有扫描仪的单位边际贡献为9 000元。

三、要求:

(1)选择新部件的增量成本是多少?

(2)选择新部件的增量收入是多少?

(3)Photon公司是否应该使用新部件?

五、案例题

阿鲁塞塔公司生产一种空调,并提供5年的质量保证。2016年,公司开始实行全面质量管理,质量成本显著下降。

单位:美元

项　　目	2016年	2017年
销售收入	500 000	500 000
质量保证费用	22 000	18 500
产品设计成本	5 000	15 000
废品成本	2 000	1 200
流程再造成本	8 000	12 000
原材料检验成本	4 800	2 300
产品责任索赔成本	5 000	8 500
返工成本	3 100	2 800

续　表

项　　目	2016年	2017年
缺陷造成的产品退回成本	7 000	4 500
供应商认证成本	500	2 500
设备的维护成本	1 300	2 600
产成品检验成本	10 000	7 000
员工质量培训成本	1 200	4 000
设备的修理成本	8 500	3 000
质量问题造成的销售额损失	10 000	10 000

要求：

(1) 编制公司2016年和2017年的质量成本报告。报告应将上述成本划分为4种质量成本，并包括每种成本的总额。

(2) 两年内，预防成本和外部缺陷成本发生了什么样的变化？为什么？

(3) 公司的预防性维修与设备损坏的修理成本有直接的联系。修理成本的降低是否证明维护成本的上升是适当的？

(4) 为什么在采用了完全质量管理之后，公司的销售额损失估计数字保持不变？

参考答案

一、单项选择题

1. A　2. D　3. C　4. D　5. D　6. D　7. B　8. C　9. B　10. D

二、多项选择题

1. ABCD　2. ABCDE　3. AD　4. BDE　5. ABDE　6. ABCE　7. BCD　8. BCDE　9. CDE　10. ABE

三、判断题

1. ×　2. √　3. √　4. √　5. ×　6. ×　7. √　8. √　9. ×　10. ×

四、业务处理题

习题一

(1) 直立式

项　　目	成　　本	占销售百分比
预防成本		
设计工程(600×5 000)	3 000 000	1.5%
鉴定成本		
检验与测试(500×1×10 000)	5 000 000	2.5%
厂内缺陷成本		
返修(4 000×5%×10 000)	2 000 000	1%

续　表

项　　目	成　　本	占销售百分比
厂外缺陷成本		
修理成本(5 000×4%×10 000)	2 000 000	1%
合　计	12 000 000	6%

(2) 分体式

项　　目	成　　本	占销售百分比
预防成本		
设计工程(600×8 000)	4 800 000	2.4%
鉴定成本		
检验与测试(500×2×5 000)	5 000 000	2.5%
厂内缺陷成本		
返工(6 000×10%×5 000)	3 000 000	1.5%
厂外缺陷成本		
修理成本(7 500×8%×5 000)	3 000 000	1.5%
因质量不良而丧失的销售收入[(40 000－30 000)×600]	6 000 000	3%
厂外缺陷总成本	9 000 000	4.5%
合　　计	21 800 000	10.9%

习题二

(1) 预防成本：质量培训；

鉴定成本：产品检验和材料检验；

内部缺陷成本：废品和返工；

外部缺陷成本：产品保修。

(2) 2016 年的总质量成本为 3 230 000 元;质量成本占销售收入的百分比为 16.15%。

2017 年的总质量成本为 2 450 000 元;质量成本占销售收入的百分比为 12.25%。

由于质量改进而增加的利润＝3 230 000－2 450 000＝780 000(元)

如果质量成本下降到销售收入的 5%,还可增加利润＝2 450 000－20 000 000×5%＝1 450 000(元)

习题三

1. 增量成本＝75×2 000＝1 500 000(元)

2. 增量收入＝节约的返工成本＋节约的顾客支持成本＋节约的修理部件运输成本＋节约的质量担保成本＋机会成本＝2 400×300＋120×200＋270×200＋2 700×200＋100×6 000＝1 938 000(元)

3. 由于增量收入 1 938 000 元大于增量成本 1 500 000 元,因而 Photon 公司应该使用新部件。应该注意的是，机会成本是增量收入的一个重要组成部分。如果不考虑机会成本，那么增量收入为 1 338 000 元，小于增量成本 1 500 000 元，因而 Photon 公司必须考虑新增销售的扫描仪至少能带来边际贡献 162 000 元(1 500 000－1 338 000)，也即扫描仪至少要多销售 27 台时才能接受使用新部件的方案。

五、案例题

(1)

质量成本报告

项　　目	2016 年	2017 年
预防成本：		
产品设计	5 000	15 000
流程再造	8 000	12 000
供应商认证	500	2 500
设备维护成本	1 300	2 600
质量培训	1 200	4 000
预防成本合计	16 000	36 100
鉴定成本：		
原材料检验	4 800	2 300
产成品检验	10 000	7 000
鉴定成本合计	14 800	9 300
内部缺陷成本：		
废　品	2 000	1 200
返　工	3 100	2 800
设备维修	8 500	3 000
内部缺陷成本合计	13 600	7 000
外部缺陷成本：		
质量保证	22 000	18 500
产品责任索赔	5 000	8 500
缺陷产品退回	7 000	4 500
销售额损失	10 000	10 000
外部缺陷成本	44 000	41 500
质量成本合计	88 400	93 900

(2) 预防成本 2017 年比 2016 年增加 20 100 元，而外部损失成本 2017 年只比 2016 年下降 2 500 元。这是因为质量保证成本和产品责任索赔成本在外部缺陷成本中占很大的比重。随着全面质量管理的推行，这些成本将会呈下降趋势。

(3) 是的。随着维护成本上升 1 300 元,修理成本下降了 5 500 元,说明维护成本的上升是正常的。

(4) 销售额的损失往往是由于公司不良的信誉而引起的。尽管公司已经推行全面质量管理,但是,改进产品质量、建立良好的信誉需要较长的时间才能见效。

第十四章
环境成本管理

一、单项选择题

1. 环境问题从经济学角度来看是(　　)。

A. 供给过剩　　B. 经济增长　　C. 资源配置　　D. 过度消费

2. 环境方面的国际管理标准是(　　)。

A. ISO9001　　B. ISO9002　　C. ISO14000　　D. ISO15000

3. 下列说法中,错误的是(　)。

A. 环境成本事后管理法的着眼点在于现有生产过程中发生的环境支出成本

B. 环境成本事先管理法注重的是对企业整个价值链的分析

C. 环境成本核算方法的选择应以核算方法所提供环境成本信息的质量为依据

D. 环境成本的核算方法是互相排斥的

4. 对环境会计而言,最重要的,也是最有争议的是(　　)。

A. 环境资产　　B. 环境成本　　C. 环境收入　　D. 环境费用

5. 可靠性较弱,但由于能够及时地提供更为完全的环境成本信息,有利于企业产品的正确定价的环境成本核算方法是(　　)。

A. 制造成本法　　B. 作业成本法　　C. 生命周期成本法　D. 完全成本法

6. (　　)属于消极性环境成本。

A. 环境损失成本　B. 环境维持成本　C. 环境管理成本　D. 环境预防成本

7. 将环境成本划分为内部环境成本和外部环境成本的依据是(　　)。

A. 不同功能　　B. 是否由企业承担　C. 驱动因素　　D. 发生地点

8. 从企业生产活动价值链来看,环境成本具有(　　)特点。

A. 强制性　　B. 一体性　　C. 增长性　　D. 突发性

9. (　　)环境成本管理战略适合涵盖的环境成本最为广泛。

A. 不合规战略　　B. 最低程度合规战略

C. 超合规战略　　D. 积极性环保领先战略

10. 从企业角度来看,产品生命周期成本不包含(　　)阶段发生的成本。

A. 研发　　B. 使用　　C. 销售　　D. 生产

二、多项选择题

1. 从经济学角度来看,环境问题的产生有(　　)方面的原因。

A. 政策失效 B. 利润最大化 C. 市场失效 D. 道德风险
E. 管理理念

2. 完全成本法涵盖的成本包括( )。
A. 内部成本 B. 内部环境成本
C. 可量化的外部环境影响 D. 不可量化的外部环境影响
E. 使用成本

3. 企业环境成本管理的内容包括( )。
A. 环境损失成本 B. 环境维持成本
C. 生产成本 D. 环境预防成本
E. 研究开发成本

4. 环境成本会计对企业经营活动具有的意义是( )。
A. 提供相关成本信息使得企业了解并改进环境因素对生产流程所造成的影响
B. 使得决策者获知他们所造成的环境成本
C. 可以增加管理者对环境成本的责任意识
D. 正确计算产品成本
E. 提供企业就符合环境保护标准所从事各项活动的相关证据

5. 环境成本的分类方法有( )。
A. 广义/狭义的分类 B. 加拿大特许会计师协会的分类
C. 日本环境省的分类 D. 美国环保局的分类
E. 按照价值链分类

6. 加拿大特许会计师协会(CICA)判别环境成本是否资本化的标准有( )。
A. 未来利益是否增加 B. 延长了资产使用寿命
C. 改进了其安全性和生产效率 D. 是否为未来利益支付代价
E. 资产将被出售

7. 基于价值链的环境成本管理表现在( )环节。
A. 产品研发 B. 生产 C. 营销 D. 分销
E. 顾客服务

8. 环境成本核算的方法主要有( )。
A. 制造成本法 B. 作业成本法
C. 生命周期成本法 D. 完全成本法
E. 变动成本法

9. 从消费者角度来看,产品生命周期成本应包含的成本有( )。
A. 研发 B. 生产 C. 销售 D. 使用
E. 弃置

10. 环境业绩评价的非财务指标包括( )。
A. 污染物生成总量 B. 投入/产出效率
C. 废弃物再生利用率 D. 生产流程再造成本
E. 废弃物处置成本

三、判断题

1. 环境成本管理的基本目标是可持续发展。（　　）

2. 环境成本会计系统提供相关成本信息使得企业了解并改进环境因素对生产流程所造成的影响，从而找出最能符合成本效益且能符合环保需求的解决方法。（　　）

3. 环境成本与其他成本项目如直接材料那样均衡地发生在产品生产过程中。（　　）

4. 环境损失成本属于积极性环境成本，它们会导致其他资产（如环境保护或治理设施）的增加或生产能力的改善；而预防性环境成本和维持性环境成本都属于消极性环境成本，是对污染导致的物质耗损的弥补或是对污染导致的他人健康耗损的补偿。（　　）

5. 企业承担的环境成本随着环境治理的深入将逐渐减少。（　　）

6. 应当由本企业承担的环境成本都是内部环境成本。（　　）

7. 企业采用积极性环保领先战略加大了其经营成本，不利于长期发展。（　　）

8. 环境成本日益增长的特点要求企业必须建立企业层次的环境成本责任中心。（　　）

9. 企业进行环境业绩评价需要同时考虑绝对量和相对量两个方面。（　　）

10. 从经济角度来看，未来利益额外成本法更符合会计意义上的资产确认标准。（　　）

四、业务处理题

习题一

一、目的：熟悉环境成本的计算方法。

二、资料：联强塑料制品公司生产 A、B、C 三种产品，年产量分别是 2 000 吨、3 000 吨和 2 500 吨，每种产品生产过程中分别产生有毒废弃物 120 吨、200 吨和 180 吨，经过焚化炉处理再向外排放，全年废弃物处理费用 30 000 元，设备启动费用 18 000 元，设备维修费用 30 000 元，焚化炉运转费用 32 000 元。相关的作业动因：A、B、C 产品产生的废弃物搬动次数分别为 40 次、30 次和 50 次，焚化炉启动次数为 6 次、8 次、6 次，焚化炉每次启动前的维修时间为 1 小时，运转时间分别为 100 小时、150 小时和 150 小时。

三、要求：试比较制造成本法和作业成本法在计算分配到 A、B、C 三种产品的环境成本的差异。

习题二

一、目的：了解环境成本管理的方法。

二、资料：桃源化学试剂制造有限公司专门从事各类化学试剂的生产，年产 300 万支，现有的生产工艺流程会产生有毒废弃物 30 吨，须经处理后对外排放，处理费用 6 万元/吨，最终产品使用后也会有残留化学物质，消费者购买产品需支付生态税 1.2 元/支，产品报废后的处理成本为 1 元/支。由于绿色产品成为市场主流，公司打算开发新工艺，预计研发投入 900 万元，添置辅助设备 300 万元，寿命 5 年，无残值，并采用新型环保材料，直接材料增加 300 万元，直接人工不变，有毒废弃物减少到 5 吨，最终产品为绿色产品，消费者无须支付生态税，产品报废后的处理成本为 0.8 元/支。假设公司原来直接材料和直接人工合计 5 000 万元，生产设备年折旧费用 600 万元，年销售费用 500 万元，新工艺研发成本按 10 年摊销。

三、要求：试讨论进行新工艺流程研发的必要性。

习题三

一、目的：了解环境改进方案的选择方法。

二、资料：奇正光电公司生产 L 产品，产品原材料可供选择的有三种 A、B、C，价格分别为 20 000 元/吨、16 000 元/吨和 12 000 元/吨，由于质量上的差异，原料耗用效率有所不同，三种材料的全年耗用预计分别为 1 400 吨、1 700 吨和 2 200 吨，材料采购部门从成本考虑选择了 B 原料进行生产。同时，由于产品生产过程中有毒废气、废渣产生，奇正公司为此购置了专用处理设备并成立了污染处理中心，每百吨 C 原料在生产过程中产生 10 吨废渣和 50 立方米废气，废渣和废气的处理成本分别为 4 000 元/吨和 1 500 元/立方米。

奇正公司发现尽管其毛利率水平达到行业平均水平，但经营效益一直不佳，经查找原因是计入管理费用的污染处理费用过高所致。另奇正公司经测试发现每百吨 A 原料在生产过程中产生 2 吨废渣和 4 立方米废气，每百吨 B 原料在生产过程中会产生 8 吨废渣和 40 立方米废气。

三、要求：试测算如何提高奇正公司的盈利能力。

五、案例题

史威特制衣有限公司从事纺织品生产，全部销往 M 国，客户群比较稳定，年生产能力 80 万件/年，全部出口，销售价格 100 元/件，产品毛利率 8%，净利润率 6%。2017 年初，M 国提高了对进口纺织品的环保准入标准，对于不符合标准的须追加 5%的惩罚性关税。史威特公司的成衣产品中化学残留物不符合环保标准，属于惩罚性关税征缴对象，同时由于史威特公司议价能力较为被动，迫于 M 国分销商的压力，销售价格不得不下滑 4.75%，故毛利率下滑到 3.25%，净利润率为−0.75%。

史威特公司管理层为摆脱目前亏损状况进行了讨论，讨论结果一致认为努力符合 M 国环保准入标准是关键，会上提出了两种方案：(1) 购置专门用于去除化学残留物的设备，价格 800 万元，寿命 5 年，残值为零，运行费用 20 万元/年；(2) 采用新型环保材料，每年材料采购增加 400 万元，由于迎合了市场需求，经与分销商协商单价提高至 103 元/件。

试比较两种方案中哪一个对史威特公司更有利。

参 考 答 案

一、单项选择题

1. C　2. C　3. D　4. B　5. C　6. D　7. B　8. B　9. D　10. B

二、多项选择题

1. AC　2. ABCD　3. ABD　4. ABCE　5. ABCDE　6. AD　7. ABCDE　8. ABCD　9. ABCDE　10. ABC

三、判断题

1. √　2. √　3. ×　4. ×　5. ×　6. ×　7. ×　8. ×　9. √　10. ×

四、业务处理题

习题一

(1) 将与废弃物处理相关的费用按照作业划分

项　　目	金　　额
废弃物处理	30 000 元
设备启动	18 000 元
设备维修	30 000 元
焚化炉运转(折旧、动力等)	32 000 元
合　计	110 000 元

（2）作业动因分析

废弃物处理的相关费用	金　额	成本动因	A	B	C	合计	动因比率
废弃物处理	30 000	废弃物移动	40	30	50	120	250
设备启动	18 000	启动次数	6	8	6	20	900
设备维修	30 000	维修小时	6	8	6	20	1 500
焚化炉运转(折旧、动力等)	32 000	直接工时	100	150	150	400	80

（3）产品分摊的环境成本计算

废弃物处理的相关费用	A	B	C
废弃物处理	10 000	7 500	12 500
设备启动	5 400	7 200	5 400
设备维修	9 000	12 000	9 000
焚化炉运转(折旧、动力等)	8 000	12 000	12 000
合　计	32 400	38 700	38 900
成本占比	29.45%	35.18%	35.37%
单位成本(元/吨)	16.2	12.9	15.56

传统成本分配法下以废弃物处理时间为分配标准，则作业成本法和制造成本法的差异如下表所示：

成本核算方法	产　品　甲		产　品　乙		产　品　丙	
	元	%	元	%	元	%
传统成本计算	27 500	25	41 250	37.5	41 250	37.5
作业成本计算	32 400	29.45	38 700	35.18	38 900	35.37

习题二

分别比较原有工艺流程和新工艺流程下的成本：

（1）原有工艺流程下的成本

生产成本＝5 000＋600＋30×6＝5 780(万元)

销售成本=500(万元)

企业角度生命周期成本：6 280(万元)

使用成本=300×1.2=360(万元)

消费者角度生命周期成本：6 640(万元)

弃置成本=300×1=300(万元)

社会角度生命周期成本：6 940(万元)

(2) 新工艺流程下的成本

研发成本=900÷10=90(万元)

生产成本=5 000+300+600+300÷5+5×6=5 990(万元)

销售成本=500(万元)

企业角度生命周期成本：6 580(万元)

使用成本=300×0=0(万元)

消费者角度生命周期成本：6 580(万元)

弃置成本=300×0.8=240(万元)

社会角度生命周期成本：6 820(万元)

有鉴于此，采用原有工艺流程下的产品成本固然较小，但产品最终是由消费者选择的，他们必然会考虑到使用成本，额外支付的生态税会影响其购买决策，并且随着环境成本内化程度的不断加深，弃置成本也将通过某种制度安排转由企业承担，故进行新工艺流程的研发并投入生产更符合整体社会的可持续发展概念。

习题三

(1) 原料成本比较

原料 A：2×1 400=2 800(万元)

原料 B：1.6×1 700=2 720(万元)

原料 C：1.2×2 200=2 640(万元)

(2) 废弃物处理成本比较

原　料	废渣处理成本(万元)	废气处理成本(万元)	处理成本合计(万元)
原料 A	14×2×0.4=11.2	14×4×0.15=8.4	19.6
原料 B	17×8×0.4=54.4	17×40×0.15=102	156.4
原料 C	22×10×0.4=88	22×50×0.15=198	253

(3) 原料成本和废弃物处理成本合计

原　料	原料成本(万元)	废弃物处理成本(万元)	合计(万元)
原料 A	2 800	19.6	2 819.6
原料 B	2 720	156.4	2 876.4
原料 C	2 640	253	2 893

从测算结果来看，由于奇正公司将废弃物处理成本计入了管理费用，没有在收入成本中

直接体现，因此公司选择原料 C 仅仅在采购生产环节达到了成本最小化，而在考虑了废弃物处理成本后，选择原料 A 才能达到整体成本最小化，成本可节约 73.4 万元（2 893－2 819.6）。

因此，奇正公司有必要建立整体环境责任中心，将公司各个环节的环境成本进行整体规划，达到成本最小化。

五、案例题

分别计算两种方案下净利润率的变化情况：

方案 A

毛利率不变为 8％

生产成本为 80×100×（1－8％）＝7 360（万元）

增量折旧费用为 800÷5＝160（万元）

增量运行费用为 20 万元。

增量期间费用占比为（160＋20）÷8 000＝2.25％

期间费用占比增加至 2.25％＋（8％－6％）＝4.25％

净利润率为 8％－4.25％＝3.75％

净利润为 8 000×3.75％＝300（万元）

方案 B

生产成本为 7 360＋400＝7 760（万元）

毛利率为（80×103－7 760）÷（80×103）＝5.83％

净利润率为 5.83％－2％＝3.83％

净利润为 8 240×3.83％＝315.6（万元）

因此，方案 B 对史威特公司更为有利。

国家级精品课程

“十二五”普通高等教育本科国家级规划教材

普通高等教育“十一五”国家级规划教材

上海财经大学会计专业系列教材

上海普通高校优秀教材

上海财经大学校级精品课程

成本会计

第五版

主　编／潘　飞　乐艳芬

副主编／杨忠莲　王　悦　杜　英　魏春燕

上海财经大学出版社

图书在版编目(CIP)数据

成本会计/潘飞,乐艳芬主编. —5版. —上海：上海财经大学出版社,2018.7
国家级精品课程
“十二五”普通高等教育本科国家级规划教材
普通高等教育“十一五”国家级规划教材
上海财经大学会计专业系列教材
上海普通高校优秀教材
上海财经大学校级精品课程
ISBN 978-7-5642-3033-3/F·3033

Ⅰ.①成… Ⅱ.①潘…②乐… Ⅲ.①成本会计-高等学校-教材 Ⅳ.①F234.2

中国版本图书馆CIP数据核字(2018)第131749号

□ 责任编辑　吴晓群
□ 封面设计　张克瑶

成本会计
（第五版）
潘　飞　乐艳芬　主编

上海财经大学出版社出版发行
（上海市中山北一路369号　邮编200083）
网　　址：http://www.sufep.com
电子邮箱：webmaster @ sufep.com
全国新华书店经销
上海华业装璜印刷厂有限公司印刷装订
2018年7月第5版　2025年8月第3次印刷

787mm×1092mm　1/16　18.5印张(插页：1)　450千字
（成本会计习题与案例集　9.25印张　225千字）
印数：89 001－89 500　定价：58.00元

第五版前言

上海财经大学“成本会计”课程于 2008 年被评为上海市市级精品课程及国家级精品课程。本书多年来一直是上海财经大学“成本会计”课程专用教材，自 2001 年 1 月《成本会计》第一版出版至今已经连续五版，由于其体系、框架和内容不断创新，广受国内高校教师和学生的欢迎和认可，并先后荣获上海市优秀教材二等奖，以及“十二五”普通高等教育本科国家级规划教材。

《成本会计》第五版保持了“教材内容与经济发展相适应，理论与实际相结合”的特色，并根据笔者多年来教授这门课程的经验累积和成本会计发展变化进行了修改。与第四版相比，第五版更强调教材创新内容的可读性和可接受性。

以较低的成本创造更多的价值——不仅是这本《成本会计》教材所体现的宗旨，也是笔者编写《成本会计》一书的愿景。我们确信，本教材是我们表达思想的最好途径。我们要让读者知道，成本核算不是最终目的，而是管理和决策的重要依据。在当今财务共享与大数据时代，企业的成本会计系统已实现自动集成，成本会计将更加关注不同决策的后果，及时识别风险，并通过积极的成本管理来创造更多的价值。

在第五版的编写过程中，笔者本着培养新型管理人才的目的，为帮助学生掌握成本会计方法和成本管理原则，了解成本会计在当代经济环境中的重要性，对《成本会计》的体系结构进行了改进，使其更富教学特色。《成本会计》第五版的主要特色表现在以下几个方面：

第一，引言和学习目标。每一章开头都列示了引言和学习目标，目的是吸引学生对本章主要内容的关注。

第二，同步思考题。每一章的内容中都有同步思考题，目的是引导学生积极思考，增加教学过程中的互动性，使学生进一步理解所学的内容，扎实地掌握相关的知识。

第三，关键术语。本书在每章的结尾处都列出了中英文对照的本章关键词，这样既有利于学生掌握每章的关键内容，又便于学生查阅国外相关的文献。

第四，讨论题。每章末都附有讨论题，这些问题的设计具有开放性和探索性，允许学生对同一问题有不同的见解或解决方案，目的是引导学生通过讨论有所领悟，并激励学生在学习中研究感兴趣的问题。

第五，习题与案例集。为了提高学生的学习兴趣，帮助学生理解和掌握本教材的内容，还配套出版了《成本会计习题与案例集》,除了形式多样的习题外,还配有拓展学生视野、培养其分析能力的案例题。

第六,教学课件。为了方便教师教学,本书配有课件和习题答案。教师如果需要可向出版社编辑免费索取。

第七,精品课程网站。作为国家级精品课程,《成本会计》具有示范性和辐射性,因此,课程教材及相关资源的使用对象不仅仅局限于上海财经大学的学生,更多的是其他院校的学生。配套建设的"成本会计"精品课程网站突破了时间和空间的限制,为广大学生提供了更方便、更灵活的学习平台,从而使其教学手段更加灵活和先进。

本书由潘飞、乐艳芬任主编,负责全书提纲的拟订及对全书定稿前的修改、补充和总纂。杨忠莲、王悦、杜英和魏春燕任副主编,协助主编完成有关工作。第五版各章的执笔修订分工如下:第一章、第二章潘飞,第三章、第四章杜英,第五章、第六章、第七章、第八章魏春燕,第九章、第十章杨忠莲,第十一章、第十二章、第十三章、第十四章王悦。

我们在此要特别感谢原主编乐艳芬副教授对《成本会计》教材及其课程所做的贡献,同时感谢原作者对本教材所付出的辛勤劳动。尽管如此,由于我们为本书设定的教学目的和要求较高,限于水平,本书很可能存在安排和表述不妥当之处,甚至某些失误恐亦难免,在此恳请读者批评指正。

凡是使用本教材的教师均可与上海财经大学出版社联系免费取得 PPT 及习题参考答案,也可以登录上海财经大学精品课程网站,浏览与本课程相关的教学资料。

潘　飞

2018 年 6 月

目　录

第二篇 成本核算

第三篇　成本控制与成本考核

第四篇　战略成本管理

第一篇 导论

任何一个企事业单位所正常开展的生产经营与社会活动都离不开成本会计。成本会计不仅能够为外部利益相关者提供产品、服务等方面的成本核算信息，而且能够为内部管理者提供计划、控制和决策等方面的管理信息。

在市场竞争日趋激烈的情况下，特别是在信息技术日益发展完善的情况下，企业需要更加精确、更加相关的成本信息以整合企业内部产品的开发、生产、营销和售后服务，甚至于整合外部资源，在当今社会，成本会计正扮演越来越重要的角色。

第一章
成本会计概述

引　言

成本会计是为了适应特定经济发展的要求而产生，并在与外部环境的相互作用中发展的。在过去几十年中发展起来的产品成本计算方法和成本管理实践对特定类型的决策环境和特定类型的生产技术是适用的。但从20世纪80年代和90年代起，伴随着日益白热化的国际国内竞争而出现的利润空间的急剧缩小，使得正确计算产品成本和加强成本控制在管理决策中占据了关键的地位。在当今的经济环境中，信息的产生和使用，尤其是成本管理信息的产生和使用是管理者有效进行管理、提升竞争地位的重要因素。正如19世纪英格兰首相本杰明·迪士累利所说："生活中最成功的人便是那些掌握最佳信息的人。"

学习目标

1. 理解成本的内涵和特点。
2. 了解成本会计产生和发展的历程。
3. 正确区分成本与费用。
4. 认识成本会计的特征以及它与管理会计和财务会计的关系。
5. 理解现代成本会计的基本职能。
6. 了解成本信息的主要用途。
7. 理解成本会计信息质量要求。
8. 认识新经济环境与成本会计的关系。

第一节　成本的含义

一、成本的概念

成本是商品经济的产物，是商品经济中的一个经济范畴，是商品价值的主要组成部分。

长期以来，我们主要是以马克思在《资本论》中的有关论述来论证成本的含义。马克思指出：产品的价值(W)由三个部分组成，即生产中消耗的生产资料的价值(C)，劳动者为自己的劳动所创造的价值(V),以及劳动者为社会创造的价值(M),其中,产品成本是由C+V构成。因此,从理论上说,产品成本是企业在生产过程中已经耗费的,用货币表现的生产资料的价值与相当于工资的劳动者为自己所创造的价值的总和。由于过分强调C+V的普遍意义,因此,人们将马克思所界定的产品成本当作一般的成本概念,即将C+V当作成本的全部,却忽略了成本的内容是随着经济的发展而发展的事实。

事实上,产品成本属于成本,但成本并不等于产品成本。由于成本与管理相结合,因此,成本的内容往往要服从于管理的需要。此外,从事经济活动的内容不同,成本含义也不同。

美国会计学会(AAA)与标准委员会将成本定义为:为达到特定目的而发生或应发生的价值牺牲,它可以用货币单位衡量。会计学成本的一般定义是:特定的会计主体为了达到一定的目的而发生的可以用货币计量的代价。

会计人员将成本定义为:为取得某些财产(如材料)或劳务(如人力资源)而牺牲的某些经济资源。而经济学家对于成本的定义则较为宏观:凡是经济资源的牺牲都是成本。换言之,成本可以是有形或无形的、主观认定或客观认定的、货币性或非货币性的,也可以包括社会成本,如因噪声和污染所引起的成本。

综上所述,在不同的经济环境中,因不同的行业特点,人们对成本的内涵有不同的理解。但是,成本的经济内容归纳起来有两大共同点:一是成本的形成是以某种目标为对象的。目标可以是有形的产品或无形的产品,如新技术、新工艺,也可以是某种服务,如教育、卫生系统的服务目标。二是成本是为实现一定的目标而发生的耗费,没有目标的支出是一种损失,不能称作成本。

二、成本与费用

成本与费用是一组既有紧密联系又有一定区别的概念。区分成本与费用是非常重要的。成本是指生产某种产品、完成某个项目或者说做成某件事情的代价,也即发生的耗费总和,是对象化的费用。费用是指企业在获取当期收入的过程中,对企业所拥有或控制的资产的耗费,是会计期间与收入相配比的成本。成本代表经济资源的牺牲,而费用则是会计期间为获得收益而发生的成本。

在财务会计中,成本可以分为未耗成本与已耗成本两大类。未耗成本是指可以在未来会计期间产生收益的支出,此类成本在资产负债表上列为资产项目,如设备、存货及应收账款等。已耗成本则是指本会计期间内已经消耗,且在未来会计期间不会创造收益的支出,这类成本又可分为费用和损失。费用在损益表上列为当期收益的减项,如已销产品的生产成本及各项期间费用等;损失则因无相应利益的产生,而在损益表上列为营业外支出等项目,如火灾、水灾等自然灾害造成的损失。

典型的成本是产品成本,其实质就是各项生产耗费的价值凝结,同时也被用作存货资产价值的计量。在产品没有被售出之前,产品成本始终作为资产的一个组成部分。一旦产品售出,其成本就转化为出售当期的销售成本,并与当期发生的其他费用一起由当期营业收入补偿。由此可以得出以下结论:第一,费用是成本的基础,没有发生费用就不会形成成本。第二,按对象归集的费用构成成本,其发生期与补偿期并非完全一致;不予对象化的费用则可按发生期间归集,由同期收入补偿。成本与费用的关系可以用图1-1说明。

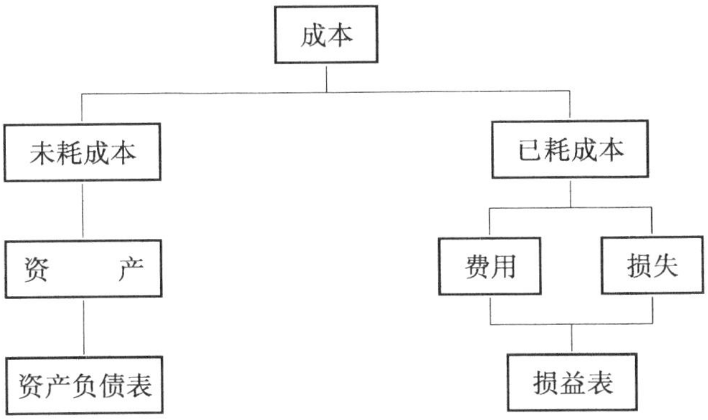

图 1-1　成本与费用的关系

成本会计关注的是成本而不是费用。成本的两种主要类型是支出成本和机会成本。支出成本是过去、现在或未来的现金流出；机会成本是指因选取一个最优方案而放弃的次优方案的收益。当然，在任何时刻，没有人能知道可利用的所有可能机会，因而无疑会忽略一些机会成本。尽管会计系统的特征是记录支出成本而不记录机会成本，但为了保证所做的决策是最优的，在进行决策时应考虑机会成本。

第二节　成本会计的产生和发展

成本会计是为了适应特定的经济发展的要求而产生的，并在与外部环境的相互作用中发展。

一、成本会计的产生和发展

成本会计先后经历了早期成本会计、近代成本会计、现代成本会计和战略成本管理四个阶段。成本会计的方式和理论体系随着发展阶段的不同而有所不同。

(一) 早期成本会计阶段(1880～1920 年)

如果说中世纪城市的兴起，商业和银行业的发展是产生复式记账的温床，那么中世纪发展起来的工场手工则是产生成本会计的摇篮。随着英国产业革命的完成，机器代替了手工劳动，工厂制代替了手工工场，会计人员为了满足企业管理上的需要，起初是在会计账簿之外，用统计的方法来计算成本。此时，成本会计出现了萌芽。随着企业规模逐渐扩大，企业之间出现了竞争，生产成本得到了普遍重视。为了满足有关各方面对成本信息资料的需要和企业管理上的需要，提高成本计算的准确性，成本计算由统计核算逐步纳入复式账簿系统，并且与会计核算相结合，使成本记录与会计账簿一体化，从而形成了真正的成本会计。可见，成本会计体系产生的直接动因实际上是产业革命，以及随之而来的大生产方式和工厂制度。

早期研究成本会计的专家劳伦斯(W. B. Lawrence)对成本会计做了如下定义："成本会计就是应用普通会计的原理、原则，系统地记录某一工厂生产和销售成品时所发生的一切费用，并确定各种产品或服务的单位成本和总成本，以供工厂管理当局决定经济的、有效的和有利的产销政策时参考。"从成本会计的方式来看，在早期成本会计阶段，主要是采用分批法或分步法成本会计制度;从成本会计的目的来看,计算产品成本以确定存货成本及销售成本。所以,初创阶段的成本会计也称记录型成本会计。

(二) 近代成本会计阶段(1921～1945 年)

随着科学技术的飞速发展,日趋复杂的外部环境,对企业管理提出了越来越高的要求,从而促使成本会计不断发展。19 世纪末 20 世纪初在制造业中发展起来的以泰勒为代表的科学管理,对成本会计的发展产生了深刻的影响。于是美国会计学家提出的标准成本制度脱离实验阶段而进入实施阶段,为生产过程成本控制提供了条件。在此之前,企业不重视有效的成本控制,对于生产中的实际耗费情况,只有事后通过计算实际成本以后才知道。标准成本法的出现使成本计算方法和成本管理方法发生了巨大的变化,成本会计进入了一个新的发展阶段。实施标准成本制度后,成本会计不只是事后计算产品的生产成本和销售成本,还要事前制定标准成本,并据以控制日常的生产耗费与定期分析成本。此时,成本会计的职能扩大了,发展成为管理成本和降低成本的手段,从而成本会计的理论和方法有了进一步的完善和发展,形成成本管理的雏形。它标志着成本会计已进入一个新的阶段——近代成本会计阶段。

在这一时期,成本会计的应用范围也从原来的工业企业扩大到各种行业,并深入应用到企业内部的各个主要部门,特别是应用到企业经营的销售方面。它不仅将会计核算与成本相结合,而且还包含了成本预算、成本控制、成本差异分析和考核等内容。美国尼科尔森(J. L. Nicholson)和罗尔巴克(F. D. Rohrback)合著的《成本会计》,及陀尔(J. L. Dohr)所著的《成本会计原理和实务》等,使成本会计理论和方法得到进一步完善和发展,并形成了独立的学科。

这一时期的成本会计的定义,可引用英国会计学家杰·贝蒂(J. Batty)的表述:"成本会计是用来详细地描述企业在预算和控制它的资源(指资产、设备、人员及所耗的各种材料和劳动)利用情况方面的原理、惯例、技术和制度的一种综合术语。"因此,近代成本会计主要采用标准成本制度和成本预测,为生产过程的成本控制提供条件。以标准成本系统为基础的责任成本控制系统的形成和发展,是成本会计的第二次革命。

(三) 现代成本会计阶段(1946～1980 年)

20 世纪 50 年代起,西方国家的社会经济进入了新的发展时期。一方面,社会资本高度集中,跨国公司大量出现,企业规模日益扩大,生产经营日趋多元化;另一方面,在战争中发展起来的军用科学技术向民用工业转移,新产品开发日新月异,市场竞争日趋激烈。在激烈的市场竞争中,企业为了适应社会化大生产的客观要求,管理也要现代化。随着管理现代化,运筹学、系统工程和电子计算机等各种科学技术成就在成本会计中得到广泛应用,从而使成本会计发展的重点由如何对成本进行事中控制、事后计算和分析转移到如何预测、决策和规划成本,形成了新型的以管理为主的现代成本会计,这是成本会计的一个重大变革。在现代成本会计阶段,加强事前成本控制,广泛应用管理科学的成果,其发展重点是趋向预测、规划和决策,实现最优化成本控制。

与传统的成本会计相比,现代成本会计更重视成本发生的前因后果,通过作业基础成本计算和有效控制,使成本计算与成本控制有机地结合。同时,成本控制与责任会计相辅相成,随责任会计系统的产生而产生,又随作业基础会计系统的形成而发展。因此,由传统的成本计算系统到现代的以作业为基础的成本计算,是成本会计发展的必然趋势。现代成本会计系统的形成和发展是成本会计的第三次革命，是一场真正的成本会计革命。

综上所述，现代成本会计是成本会计与管理的直接结合，它根据成本核算和其他资料，采用现代数学和数理统计的原理和方法，建立起数量化的管理技术，用来帮助人们按照成本最优化的要求，对企业的生产经营活动，进行预测、决策、控制、分析、考核，促使企业生产经营实现最优化运转，以提高企业的市场适应和竞争能力。因此，现代成本会计是广义的成本会计，实际上已经发展为成本管理。

（四）战略成本管理阶段（1981 年以后）

20 世纪 80 年代以来，随着电脑技术的进步，生产方式的改变，产品生命周期的缩短，以及全球性竞争的加剧，产品成本结构与市场竞争模式有了很大的改变，而这迫使许多企业必须彻底改变其惯用的经营方式与管理策略。经济的发展使市场环境发生了重要变化，市场需求由大众需求向个性化需求转变，传统的大批量、标准化生产向小批量、个性化产品过渡。经济环境的剧变，迫使企业成本管理的目标做适应性的调整，成本管理的理念也发生了很大的变化。为了满足新经济环境的需要，成本管理应具有更加开阔的视野和超前意识，更加注重普遍联系的特点，并能从根本上抓住企业经营过程中的主要矛盾。成本管理的视角应由单纯的生产经营过程管理和重股东财富，扩展到与顾客需求及利益直接相关的、包括产品设计和产品使用环节的产品生命周期管理，更加关注产品的顾客可察觉价值；同时要求企业更加注重内部组织管理，尽可能地消除各种增加顾客价值的内耗，以获取市场竞争优势。当今社会市场最根本的需求是“用户满意”，以用户满意程度来体现目标的实现程度。因此，成本管理的目标不再由利润最大化这一直接动因决定，而应定位在更具广度和深度的“用户满意”层面上。“用户满意”包括依赖性、质量、交货期和售后服务等方面，其中包含了价值型定量目标（如售价）、非价值型定量目标（如交货期）和其他定性目标，这一目标已远远超越传统上以利润或资产等价值量为唯一准绳的目标观。因此，从本质上说，新经济环境下的成本管理应该是“市场型导向”的成本管理，是一种以用户满意为目标而进行的价值控制和实体控制并重的管理。

经营方式与管理策略的变化使得成本会计信息在确定企业战略方向方面发挥着重要的作用；特别是，成本信息是高效管理所需信息中至关重要的一类。基于这点，成本会计的作用得到进一步的拓展。成本会计人员不再被认为只是成本会计方法与程序方面的技能专家，他们已经成为多职能管理团队的参与者，更是具有识别总结和报告企业关键成功因素的全天候的业务伙伴，为企业提供战略相关性的成本管理信息。关键成功因素是对企业竞争优势和成功至关重要的业绩的衡量指标。许多关键成功因素是财务方面的，还有许多关键成功因素是非财务方面的。每个企业特定的因素是由其面临的竞争决定的。因此，战略相关性成本管理信息已成为成本管理系统不可缺少的一部分。

当代经济的飞速发展，以及经济发展与会计变革相互依赖、互为联动的发展，客观上要求会计和管理科学做出适应环境的经济化调整。传统的企业成本管理是以价值管理来降低物耗和提高工效的，是基于单一会计信息的价值模型，它已越来越不适应 21 世纪的经济全球化、新技术革命的需要，应逐步让位于新的、大大提高了的、以控制为核心的价值模型体系，即实施现代企业的战略成本管理。

二、成本会计、管理会计与财务会计的关系

会计系统是任何企业组织取得财务和管理信息不可缺少的工具。现代会计系统可分为财务会计和管理会计两类。由于使用者不同,因此产生了财务会计和管理会计两个子系统。财务会计主要是为投资者、债权人、政府机构以及其他的企业外部使用者提供经营成果、财务状况及其变动信息,其主要目的是发挥会计信息的社会职能;财务会计关注过去发生的经营活动,为满足客观性、可验证性以及一致性的要求,必须受制于“公认会计原则”(GAAP)。而管理会计则主要为企业内部各阶层管理人员提供各种相关的管理信息,其主要目的是协助实现组织目标,一般不受限于公认会计原则;管理会计强调未来,除了提供历史报告外,还提供预算和其他预测信息。成本会计是财务会计与管理会计的混合物,是计算及提供成本信息的会计方法。成本会计主要是通过处理企业获取和消耗资源的成本及其相关信息,从而向财务会计和管理会计提供必要的数据。财务会计要依据成本会计所提供的有关资料进行资产计价和收益确定,而成本的形成、归集和结转程序也要纳入以复式记账法为基础的财务会计总框架,因此,成本数据往往被企业外部信息使用者用于对企业管理当局业绩的评价,并据此做出投资决策。同样,成本会计所提供的成本数据,更多地被企业管理当局作为决策的依据或被用于对企业内部管理人员的业绩评价,因为,成本会计中的一个重要内容就是确认以前的管理决策引起的成本支出。可见,成本会计提供的成本信息既可以为财务会计编制财务报表之用,也可以满足企业内部管理人员进行决策或业绩评价的需要。总之,就财务报表的编制而言,成本会计附属于财务会计;但从管理角度来看,成本会计是管理会计的一个重要组成部分,成本会计是以管理为重心的。更进一步而言,财务会计与管理会计都必须依赖于成本会计系统所提供的信息。成本会计、管理会计与财务会计之间的关系如图1-2所示。

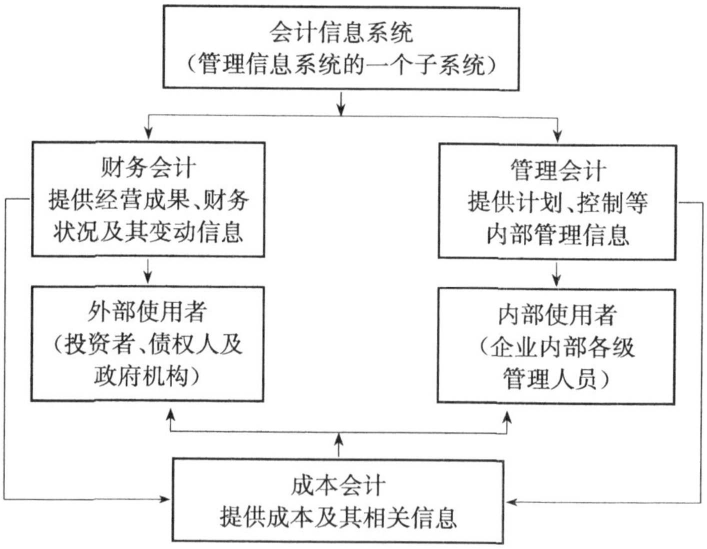

图1-2 成本会计、管理会计与财务会计的关系

同步思考题1.1

为什么说成本会计已发展成为成本管理?

第三节　成本会计的职能与信息质量要求

一、成本会计的职能

成本会计的职能，是指成本会计作为一种管理经济的活动，在生产经营过程中所能发挥的作用。由于现代成本会计与管理紧密结合，因此，它实际上包括成本管理的事前、事中和事后的各个环节。现代成本会计的主要职能有：成本预测、成本决策、成本计划、成本控制、成本核算、成本分析和成本考核。

（一）成本预测

成本预测是指根据与成本有关的各种数据及其各种技术经济因素的依存关系，采用一定的程序、方法和模型，对未来的成本水平及其变化趋势做出科学的推测。通过成本预测，可以减少生产经营的盲目性，有利于选择最优方案，挖掘降低成本、费用的潜力。

（二）成本决策

成本决策是指在成本预测的基础上，按照既定的要求或目标，运用专门的方法，在若干个与生产经营和成本有关的方案中，选择最优方案，据以制定目标成本。成本决策对于促进企业正确地制订成本计划、提高经济效益具有十分重要的意义。

（三）成本计划

成本计划是根据成本决策所制订的目标成本，具体规定在计划期内为完成经营活动所需支出的成本、费用，确定各种产品的成本水平，并提出为达到目标成本水平所应采用的各种措施。成本计划是降低成本、费用的具体目标，也是进行成本控制、成本分析和成本考核的依据。

（四）成本控制

成本控制是指在生产经营过程中，根据成本计划具体制订原材料、燃料、动力和工时等消耗定额及各项费用定额，对各项实际发生的成本、费用进行审核、控制，并及时反馈实际费用与标准之间的差异及其原因，进而采用措施，以保证成本计划的顺利执行。

（五）成本核算

成本核算是对生产经营过程中实际发生的成本、费用按照一定的对象和标准进行归集和分配，并采用适当的成本计算方法，计算出各对象的总成本和单位成本。成本核算是对成本计划的执行结果，亦即成本控制结果的事后反映，成本核算还可以为制定产品价格提供依据。

（六）成本分析

成本分析是根据成本核算所提供的成本数据和其他有关资料，通过与本期计划成本、上年同期实际成本、本企业历史先进成本水平，以及国内外先进企业的成本等进行比较，分析成本水平与构成的变动情况，研究成本变动的因素和原因，挖掘降低成本的潜力。通过成本分析，可以为成本考核提供依据，为未来成本的预测和决策，以及编制新的成本计划提供资料。

（七）成本考核

成本考核是指企业将计划成本或目标成本指标进行分解，制定企业内部的成本考核指标,分别下达给各内部责任单位,明确它们在完成成本指标时的经济责任,并定期对成本计划的执行结果进行评定和考核。成本考核应当与奖惩制度相结合,根据成本考核的结果进行奖惩,以便充分调动企业职工执行成本计划、提高经济效益的积极性。

在成本会计的各个职能中,成本核算是最基本的职能,它提供企业管理所需的成本信息资料。没有成本核算,成本的预测、决策、计划、控制、分析和考核都无法进行;同时成本核算也是对成本计划预期目标是否实现的最后检验,因此没有成本核算就没有成本会计。成本会计的其他职能正是在成本核算的基础上,随着企业经营管理要求的提高和管理科学的发展,随着成本会计与管理科学的结合,逐步发展形成的。成本预测是成本会计的第一个环节,它是成本决策的前提;成本决策既是成本预测的结果,又是制订成本计划的依据,在成本会计中居于中心地位;成本计划是成本决策的具体化;成本控制是对成本计划的实施进行监督,是实现成本决策既定目标的保证;成本分析和成本考核是实现成本决策和成本计划目标的有效手段。

综上所述,成本会计的各个职能是相互联系、互为条件的,并贯穿于企业生产经营活动的全过程,在全过程中发挥作用。

同步思考题 1.2

指出下列各项活动分别是成本会计的哪个职能:

1. 为通用汽车公司的产品设计者分析采用新型灯头对产品成本的影响。
2. 为联合利华公司的不同分支机构记录其成本费用开支。
3. 解释克莱斯勒一家分公司的生产经理的业绩报告。
4. 为福特汽车公司了解原油价格的变动对汽车需求量的影响提供相关资料。
5. 帮助三菱公司下属的一个制造部门决定是从韩国购买部件还是从中国购买部件。
6. 为丰田公司的一家分厂编制一份预算。

二、成本信息及其质量要求

(一) 成本信息

一般来说,企业越大,管理对信息的需求也就越大。成本会计服务并参与企业内部管理,其目标就是提供管理信息以满足实施各项管理职能的需要。成本会计主要为企业管理人员提供下列四类信息:

1. 制定决策和计划的信息

企业决策的制定在很大程度上依赖成本会计信息。为保证企业各项决策的正确性,成本会计通过收集和分析与该项决策相关的信息,及时为企业相关决策提供参考依据。例如,某企业拟投资一条新生产线,企业的管理人员在制订生产线的经营计划时就需要依赖成本会计资料。这些计划中最主要的内容是详细列示新生产线上马后的预计现金流入和流出。虽然关于生产线的最终决策由企业经理来决定,但成本会计人员不仅要提供有关资料,而且要对备选方案进行分析,并参与决策。

2. 指导和控制经营活动的信息

对日常经营活动的指导和控制需要各种有关经营成本费用的资料。成本会计通过追踪企业经营活动的预算执行过程，归集实际经营活动中的各项成本资料，并通过预算数据与实际数据的比较，揭示差异并分析差异，发现问题并调查分析其原因，帮助管理当局对预算实施过程进行控制，指导经营活动按既定的目标运行。例如，在指导企业的经营活动时，管理人员需要了解产品的成本，以便制定产品销售价格；在对经营的控制中，管理人员需要对实际成本和预算中的数据加以比较，并分析差异产生的原因。

3. 业绩评价和激励的信息

尽管企业有明确的目标，但是，每个企业的成员自身的目标各不相同，并且并不总是与企业的目标相一致。成本会计的一个重要目标就是激励管理人员和其他员工齐心协力完成企业的目标。激励员工达到企业目标的方式之一，是在实现这些目标的过程中计量他们的绩效，这种计量能够帮助员工了解其自身所能取得的最高绩效水平，同时，通过预算与实际执行情况的比较，对企业各部门和员工的业绩加以客观评价，运用激励机制产生激励效果，以调动员工的积极性。

4. 评价企业竞争地位的信息

日益加剧的竞争要求企业了解自身的市场和产品，以不断地改善产品的设计、制造和销售。成本会计的一个主要职能就是不断评价企业的竞争力，帮助管理者确定问题所在，从而塑造企业的核心能力，实现企业的战略目标。成本会计提供评价企业竞争地位的信息，以便有效地维护自身在行业内的竞争优势。

(二) 成本信息的质量要求

成本信息应满足准确性、相关性、可理解性、及时性和效益性等质量要求。

1. 准确性(accuracy)

准确性也称可靠性，是指所提供的信息在一定的范围内是正确的。不正确的信息对管理是无用的，甚至会导致决策失误从而影响企业的经营业绩。成本会计主要是面对未来的，许多信息是建立在估计和预测的基础上，主观因素难免要影响信息的准确性。然而，准确性要求成本会计在一定的环境和条件下，尽可能提供正确可靠的信息。

2. 相关性(relevance)

相关性是指成本会计所提供的信息必须与决策有关。现代成本会计的重要特征之一是面向未来决策，因此，是否有助于管理者正确决策，是衡量成本会计信息质量高低的重要标志。与决策相关的信息有助于管理者进行决策。然而相关性只是与特定决策目的相关，而与某一决策相关的信息和其他决策不一定相关。成本会计服务于企业的管理决策、内部规划和控制，其信息不受对外报告规范的约束，大量地使用预测、估计未来事项等信息。因此，对于成本会计而言，信息的相关性价值要高于客观性和可验证性。

3. 可理解性(understandability)

可理解性也就是简明易懂。如果提供的信息不为使用者所理解，那么就难以发挥其预期的作用，甚至无法为决策者所用。因此，成本会计所提供的信息应以使用者容易理解为原则，以使用者容易接受的形式及表达方式提供；而提高可理解性的途径就是成本会计人员应与信息的使用者加强沟通和协商，就成本会计报告的形式和内容上进行讨论。

4. 及时性(timeliness)

及时性要求规范成本会计信息的提供时间,讲求时效,在尽可能短的时间内迅速完成数据收集、处理和信息传递,确保有用的信息得以及时利用。由于及时性和准确性往往难以两全,因此,应根据具体情况权衡利害得失,在及时性和准确性之间进行折中,以满足决策者的需要。成本会计强调的及时性,其重要程度不亚于财务会计所强调的真实性和准确性。

5. 效益性(benefit)

效益性是指成本会计在对信息的收集和处理时应考虑其发生的成本和产生的效益。效益性包括两层含义:第一,信息质量应有助于成本会计总体目标的实现,即成本会计提供的信息必须能够体现成本会计为提高企业竞争地位的要求;第二,坚持成本—效益原则,即成本会计提供信息所获得的收益必须大于为取得或处理该信息所花费的信息成本。成本会计对信息资源的获取和利用应建立在效益性的基础上。

第四节　新经济环境与成本会计

20世纪80年代以来,随着信息技术的进步、生产方式的改变、产品生命周期的缩短,以及全球性竞争的加剧,产品成本结构与市场竞争模式有了很大的改变,而这迫使许多企业必须彻底改变其惯用的经营方式与管理策略。这些变化,一方面显示某些传统成本会计方法无法适应新经济环境快速变化的需要,不能再为管理人员提供有用的决策信息,对成本会计提出了挑战;另一方面也为成本会计创造了新的发展空间和机会。新的经济环境要求重新构建成本会计系统,成本会计正在经历着显著的变化。

新的经济环境对成本会计提出的挑战主要表现在以下几个方面:

一、全球竞争的加剧

飞速发展的通信和发达的交通将企业带入了全球市场。由于地理位置的间隔将市场分割开来,因此,几十年前,企业既不知道国外相似的企业在生产什么,也不关心这些企业以什么方式生产,因为那些国外的企业不是国内企业的竞争者,并不会对国内企业造成威胁。而今天,无论企业规模大小如何,都面临着全球竞争所带来的机遇和挑战。因此,新经济环境要求企业利用会计信息控制成本、提高生产率和盈利能力。

二、产业结构的变化

随着传统支柱产业的重要性逐渐下降,服务业的重要性日益上升。迅速发展起来的服务业改变了整个产业的结构,这种影响随着旅游业、银行业、保险业以及电信业等市场的开放而扩大。与制造业相比,服务业最终产出的成果难以确认,而与此同时,许多制造业面临的问题如质量、生产率、成本效率、顾客满意等也开始困扰着服务业。因此,随着服务业对成本信息需求的增加,成本会计人员必须花费更多的精力和时间,寻求更合适的成本会计方法,从而计算出各项产出或服务项目的实际成本,为管理人员制定决策提供必要的信息。

三、生产环境的进步

随着高科技的蓬勃发展,电脑数控机床和机器人、电脑辅助设计、电脑辅助生产以及弹性制造系统等高科技成果在生产经营活动中的广泛应用，企业生产组织和生产管理发生了许多根本性的变革。由于当前许多企业已利用计算机辅助方法来生产产品、推销产品，或提供劳务，因此，产业状态已从过去劳动力密集型转变为资本密集与技术密集型，直接人工成本在总成本中所占的比例从 20 世纪 70 年代的 40%急速下降到目前的 10%左右，而在某些高科技产业已下降到不足生产成本的 5%。与此同时，间接制造成本的比例大幅度提高，其构成内容也更加复杂，这就要求成本会计人员必须更深入地去了解间接制造成本产生的原因，即成本动因，以避免因间接制造成本分配不当而做出错误的管理决策。

四、适时生产系统的出现

传统的制造系统是推动式系统（push-through system），这意味着生产是沿着整个系统向前推进，然后就得尽力将所生产的产品都销售出去。如果产量大于销量，那就产生了产成品存货。为了适应新的制造环境，需求拉动式系统（如适时生产系统）应运而生。适时生产系统（Just-in-time production system，JIT）是一种严格以需求带动生产的制度。采用适时生产系统，产品只在需要时才保质保量地生产或采购，实现零存货（zero-based inventory），以达到降低成本与提高质量的目的。适时生产系统制造通常将存货数量减少到远低于传统系统中的水平，它更强调质量控制，并导致生产的组织和实施方式发生根本性的改变。由于在适时生产系统中，成本的可塑性大为增强，因此，从传统的制造环境转变到 JIT 的制造上，能让企业会计人员在为准备外部报告而评价存货价值方面花费的时间较少，从而集中更多的精力于质量和生产效率等问题，同时成本计算的准确性也大大提高。

五、全面质量管理的要求

随着消费者自我保护意识的增强，质量成为企业在竞争中取胜的重要因素。制造优异是在当今全球激烈竞争的环境中生存的关键。许多企业已经实现了全面质量管理（total quality management，TQM），这意味着整个组织要进行优化管理，最后由顾客认定质量。全面质量管理等新观念、新理论和新方法的相继形成，引导管理者努力营造能使员工制造完美（零缺陷）产品的环境。因此，不论是制造业还是服务业，质量成本的计量和报告都是现代成本会计系统的主要特征，这就要求成本会计人员在以往质量成本核算的基础上，根据全面质量管理要求，实行质量成本决策、最佳成本模型和质量成本综合控制等方法进行系统管理，借以全面降低质量成本，并提高产品的社会效益、企业效益和用户效益；同时，这种具有激励作用的全面质量管理制度影响着企业业绩的考核，它要求在提供业绩评价的财务信息的同时提供一些非财务性的相关信息，如质量成本报告、质量成本趋势报告和质量成本业绩报告等。

六、作业基础成本法的应用

以作业为基础的成本计算制度（activity-based costing，ABC）是以生产的电脑化、自动化为基础，与适时制和全面质量管理紧密结合的一种成本计算与成本管理相结合的方法。目前，作业基础成本法已成为广泛应用的一种产品成本计算方法，特别是在竞争激烈的行业和直接人工成本较低的行业。作业基础成本法的特点是制造费用核算过程非常明细化，它要求先将作业成本追溯到各项作业，诸如质量检验、机器维修、产品设计以及销售等活动，然后再追溯到消耗这些作业的产品或顾客。与传统的成本计算方法相比,作业基础成本法大大提高了成本分配的准确性,同时也有助于管理人员确定不增加价值但耗费资源的作业活动。以作业为基础的成本计算制度对正确进行经营决策、加强成本控制、促进成本降低,都具有重要意义。

综上所述,随着世界经济一体化,社会经济可持续发展,高新技术飞速发展,以及信息产业化和知识经济的到来,成本会计的内涵也日趋丰富和发展,它已经是包括了作业成本管理、质量成本管理、战略成本管理等内容,以全面提高企业竞争能力为核心的现代成本会计信息系统。

本章小结

成本是商品经济的产物,是商品经济中的一个经济范畴,是商品价值的主要组成部分。随着社会经济的发展,企业管理要求的提高,成本概念及内涵都在不断地发展、变化。

成本与费用是一组既有紧密联系又有一定区别的概念。成本是指生产某种产品、完成某个项目或做成某件事情的代价,也即发生的耗费总和,是对象化的费用。费用是指企业在获取当期收入的过程中,对企业所拥有或控制的资产的耗费,是会计期间与收入相配比的成本。

成本会计先后经历了早期成本会计、近代成本会计、现代成本会计和战略成本管理四个阶段。成本会计的方式和理论体系随着发展阶段的不同而有所不同。

成本会计提供的成本信息可以为财务会计编制财务报表所用,也可以满足企业内部管理人员进行决策或业绩评价的需要。

现代成本会计的主要职能有:成本预测、成本决策、成本计划、成本控制、成本核算、成本分析和成本考核。成本会计的各个职能是相互联系、互为条件的,并贯穿于企业生产经营活动的全过程,在全过程中发挥作用。

成本会计主要为企业管理人员提供制定决策和计划、指导和控制经营活动、业绩评价和激励及评价企业竞争地位等四类信息。成本信息应具备准确性、相关性、可理解性、及时性和效益性等质量要求。

全球竞争的加剧、产业结构的变化、生产环境的进步、适时生产系统的出现、全面质量管理的要求和作业基础成本计算制度应用等新的经济环境对成本会计提出了挑战。

本章关键词

成本	cost
费用	expense
成本会计	cost accounting
成本管理	cost management
成本函数	cost function
信息质量要求	quality of the information required
适时生产系统	just-in-time production system

全面质量管理	total quality management
作业基础成本法	activity based costing

思考题

1. 成本的含义是什么？为什么成本是一个发展的概念？
2. 试述成本与费用的关系。
3. 成本会计的发展经历了哪几个阶段？成本会计的发展有什么特点？
4. 为什么说现代成本会计也就是成本管理？
5. 试述成本会计与财务会计、管理会计的关系。
6. 现代成本会计的职能有哪些？它们之间的关系如何？
7. 成本会计提供哪些信息？成本信息的质量要求有哪些？
8. 新制造环境的出现对成本会计有什么影响？

同步思考题参考答案

1.1

成本会计主要是通过处理企业获取和消耗资源的成本及其相关信息，从而向财务会计和管理会计提供必要的数据。成本会计所提供的有关存货成本等成本信息，主要用于编制财务报表，进行资产计价和收益确定。成本会计所提供的多样化的成本信息更多地被企业管理层作为决策的依据或被用于对企业内部管理人员的业绩评价。随着生产方法和产品类型的迅速变化，成本会计不再集中于确定存货成本，而被要求用新的控制方法来对质量、生产率和环境等加以控制，成本会计以管理为重心的特点日益显著，因而，成本会计已经发展成为成本管理。

1.2

1. 成本分析　2. 成本核算　3. 成本考核　4. 成本预测　5. 成本决策　6. 成本计划

案例讨论

利用互联网资源查询有关 CMA（注册管理会计师）和 CPA（注册财务会计师）的资料。

要求：

1. 解释这两种资格认证的目的有什么不同。
2. 说明要获得每种资格认证需要掌握的专业技能。

第二章

成本会计的基本原理

引　言

成本会计过去被认为仅适用于制造业；然而，在当今的经济社会里，任何类型的组织都能从运用成本会计的相关技术来获得利益。成本是一个引起企业内外各有关方面关切和重视的因素，不仅编制财务报表需要它，而且企业管理当局的控制和计划也离不开它。因此，成本会计人员必须以通过一定方法进行成本计算所取得的成本数据为基础，进行加工、改制和延伸，为不同的对象提供不同的成本资料。

产品成本信息对企业的成功至关重要。管理人员用它来评估产品的盈利能力和企业的经营业绩，因为较低的成本意味着较高的利润，较高的利润意味着较好的经营业绩。产品成本信息还影响到产品的结构，因为管理人员会用获利高的产品取代获利低的产品。不可靠的成本信息会导致错误的决策。

学习目标

1. 理解各种成本的特点及其意义。
2. 掌握财务成本和管理成本的联系与区别。
3. 掌握成本对象的特点及其构成要素。
4. 理解成本分配的重要性。
5. 掌握成本分配的方法。
6. 理解成本会计系统设计的原理。
7. 了解成本会计核算原则。
8. 熟悉成本会计的基础工作。

第一节　成本术语及其用途

由于成本的含义会随着服务对象的不同而不同，因此，为了满足“不同的成本服务于不同的目的”的需要，必须了解成本的分类方法，正确界定各种成本的定义。

一、按经营目标不同分类

根据社会分工对各类企业的划分，除了工业企业之外，还有交通运输企业、建筑施工企业、商品流通企业、邮电通讯企业、种植养殖企业、饮食宾馆旅游服务企业、金融保险企业等各类企业。这些实行独立经济核算的企业，都需要按照企业自身的生产经营特点，组织成本核算。因此，按各类企业经营目标的不同，可以将企业成本划分为生产性成本和服务性成本两大类。

(一) 生产性成本

生产性成本是指生产性企业为生产一定质量和数量的产品，在生产要素上个别耗费的物化劳动(C)和生产者必要的活劳动(V)的补偿价值。生产性企业是指那些通过一系列生产工艺过程，采用一定的技术方法，将投入的生产要素有机结合起来，生产出具有某种使用价值和实物形态产品的企业。生产性企业包括工业企业、建筑施工企业、种植养殖企业等。这类企业的劳动成果都有特定的实物形态，能够以产品产出的地点和时间确定成本计算对象、归集生产费用，从而计算产品成本。

在生产性企业中，成本按其经济用途可划分为制造成本和非制造成本两大类。

1. 制造成本

制造成本通常由直接材料、直接人工和制造费用构成，是在产品生产过程中所发生的成本。

直接材料是指加工后直接构成产品实体或主要部分的材料成本。直接人工又称直接工资，是指在生产中对材料进行直接加工制成产品所耗用的生产工人的工资薪酬。制造费用通常是指在生产中所发生的除了直接材料及直接人工以外的其他费用，通常由间接材料、间接人工和其他制造费用三个部分构成。

在制造成本中，直接材料与直接人工的和一般称为主要成本，而直接人工与制造费用的和则称为加工成本(见图 2-1)。

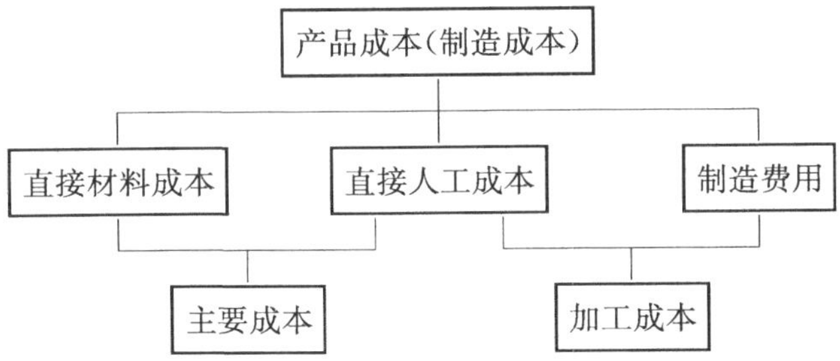

图 2-1　制造业产品成本

制造成本是否应全额作为产品成本处理，需视成本计算方法而定。在完全成本计算模式下，制造成本全额作为产品成本处理；但在变动成本计算模式下，只将制造成本中的直接材料、直接人工和变动制造费用作为产品成本，而固定制造费用则作为期间成本处理。

2. 非制造成本

对生产企业而言，非制造成本应视为期间费用，也称经营管理费用，主要包括管理费用、财务费用和销售费用。

(二) 服务性成本

服务性成本是指服务性企业为提供某种劳务在生产要素上个别耗费的物化劳动(C)和提供劳动者必要活劳动(V)的补偿价值。服务性企业是指那些以具有某种服务功能的设施,满足某方面需要的企业,包括交通运输企业、商品流通企业、邮电通讯企业、饮食宾馆旅游企业、金融保险企业等。这类企业的劳动成果一般不具有实物形态,只能按照提供劳务的性质、数量和质量,归集所发生的经营费用,计算成本。

服务性企业也有其产品成本,其成本通常包含直接材料成本、直接人工成本及经营费用三大类。以饮食业为例,采购食品的价款是直接材料成本,厨师的工资为直接人工成本,而餐馆的租金及水电空调费等则为经营费用。

二、按成本与特定对象的关系分类

按与特定对象的关系,成本可分为直接成本和间接成本。

(一) 直接成本

直接成本是指与某一特定对象(产品、劳务、加工步骤或部门)之间具有直接联系,可按特定标准直接归属于该对象的成本。由于直接成本可直接归属于某一特定对象,故直接成本又称可追溯成本。

(二) 间接成本

间接成本是指与某一特定对象之间没有直接联系,无法按某一特定标准直接归属有关对象的成本。由于间接成本的发生与许多对象都有联系,必须选择适当的分配标准在各对象之间进行分配,才能归属于某一特定对象,故间接成本又称共同成本。

将成本划分为直接成本与间接成本,对于正确计算产品成本十分重要。凡是直接成本,必须根据原始凭证直接计入该种成本计算对象;凡是间接成本,则要选择合理的分配标准分配给相关的成本计算对象。分配标准是否恰当,将直接影响成本计算的正确性。

三、按成本与业务量的关系分类

成本按其与业务量之间的依存关系(即成本性态),可划分为变动成本、固定成本与混合成本三类。

(一) 变动成本

变动成本是指其发生总额随业务量(可以是产量,也可以是直接人工小时、机器小时或其他成本动因)的变动而正比例增减变动的成本。但就单位变动成本而言则是固定的,如直接材料、直接人工中的计件工资等。

(二) 固定成本

固定成本是指在相关的范围内,其发生总额不随业务量的增减变动而变动的成本。但就单位固定成本而言,则是随着业务量的增减变化而呈反向变动。根据固定成本形成的原因,固定成本又可以进一步划分为约束性固定成本和酌量性固定成本两类。约束性固定成本,主要属于经营能力成本,它是与整个企业经营能力的形成及其正常维护直接联系的,如厂房、机器设备的折旧费、保险费、财产税等。企业的经营能力一经形成,在短期内难以做重大改变,因而与其相联系的成本也将在较长期内继续存在。酌量性固定成本,则是企业根据经营方针由高层管理者确定一定期间的预算额而形成的固定成本,如研究开发费、广告宣传费和职工培训费等。

必须指出的是，变动成本和固定成本与业务量的关系是有一定范围的，即相关范围，超过一定范围，变动成本和固定成本同业务量的关系就可能发生变化。

（三）混合成本

混合成本是指其发生总额虽受业务量变动的影响，但其变动幅度并不与业务量的变动保持严格的比例关系。也就是说，混合成本同时兼有变动成本和固定成本的特征，并可视其具体情况不同，进一步分为半变动成本和半固定成本。对于混合成本，为了便于管理，应采用适当的方法将其分解为变动成本和固定成本两部分。因此，按成本的属性分类，从根本上说，只有变动成本和固定成本两大类。

将成本划分为变动成本与固定成本两类，对于成本的预测、决策和分析，特别是控制和寻求降低成本的途径具有重要作用。

四、按成本在经济工作中的作用分类

成本在经济工作中的作用，除了满足考核企业耗费水平、正确计算企业损益的需要之外，还必须为企业的生产经营决策提供依据。为此，按成本在经济工作中的作用，可以将企业成本划分为财务成本和管理成本两大类。

（一）财务成本

财务成本是指根据国家统一的财务和会计法规及制度核算出来的，用于编制财务报表和从事企业内部成本管理的成本。财务成本也称法定成本或制度成本，目前，我国会计核算都是按这种成本入账的。正确计算企业的财务成本，对于保证合理的价值补偿，正确计算企业期末存货价值和盈利，考核企业成本费用水平，按照税法规定计算利润，缴纳税金，具有重要意义。

财务成本在企业中有多种多样的表现形式。例如，在生产性企业中，财务成本还可进一步分为购储成本、生产成本和期间成本（经营管理费用）等。

购储成本是指企业的原材料、辅助材料、包装物、低值易耗品、燃料等生产要素的采购及储备成本，它由买价、运输费和定额内的损耗等构成。

生产成本是指生产过程中发生的，与生产工艺过程直接相关的各种费用，包括产品生产耗费的原材料、燃料、生产工人的工资薪酬，以及各项用于生产经营活动的制造费用等。

期间成本（经营管理费用）是指按一定会计期间归集的，与生产工艺过程没有直接关系的各种费用，包括管理费用、财务费用和销售费用，这些费用应当作为当期营业收入的抵减项，全部冲减当期损益。

（二）管理成本

管理成本是用于企业内部经营管理的各种成本的总称，是根据财务成本和其他有关资料进行不同的归类、分析和调整后计算出来的，是对财务成本的进一步深化和发展。管理成本着重为企业管理部门的预测、决策、控制和业绩评价等职能服务。在实际工作中，为适应经营管理上的不同需要，运用了不同的成本概念。

1. 付现成本和沉入成本

付现成本和沉入成本是按费用的发生是否需要支付现金等流动资产来划分的。

付现成本是指由于某项决策引起的，需要在将来动用现金等流动资产的成本，它是一种未来成本。企业在短期经营决策中,付现成本的大小往往会决定企业最终方案的选择。企业在取舍决策方案时,特别是当企业的资金处于紧张状态、向市场筹措资金比较困难时,往往会因支付能力的不足而宁可放弃付现成本低而选择总成本相对较高的方案。只有符合企业目前实际支付能力的方案,才算得上最优方案。付现成本往往是制定决策时需要考虑的一种成本。

例 2-1

海岩公司拟购置一套设备,现有两家供应商供应该设备。A 供应商的价款为 120 000 元,货款需在交货时一次付清。B 供应商的价款为 135 000 元,交货时只需支付 35 000 元的货款,其余的货款分 4 年付清。从总成本来考虑,A 供应商的较低,应该选择 A 供应商。但在公司近期资金紧缺的情况下,公司会考虑付现成本较低的 B 公司。

沉入成本是指由于过去的决策所引起的并已经支出的且现在的决策不能改变的成本。该成本的发生不需要动用本期现金等流动资产,它所涉及的是以前的付现成本,如固定资产的折旧费用、无形资产的摊销费用等。从广义上说,凡是过去已经发生、不是目前决策所能改变的成本,都是沉入成本;从狭义上说,沉入成本是指过去发生的,在一定情况下无法补偿的成本。沉入成本往往是一种与决策无关的成本。

从决策的角度看,不同时期发生的成本对决策会产生不同的影响,因此,区分付现成本与沉入成本有助于正确判断成本的时效性,避免决策失误。

2. 原始成本和重置成本

原始成本和重置成本是按资产不同时期的价值作计量依据来划分的。

原始成本是指根据实际已经发生的支出而计算的成本。例如,购买的材料,就按购入时的买价、运费及其他采购费用作为其原始成本;自制的设备,就按生产该设备所消耗的料、工、费的价值作为该设备的原始成本。原始成本是财务会计中的一个重要概念。由于原始成本有较客观的参考价值,因此,在计算资产的价值和企业的净收益时,一般用原始成本作为确定销售成本的依据。但在物价波动较大的情况下,如果生产周期较长,用较早购入的原材料的原始成本与现时的产品售价相配比,所计算的利润就会显得偏高而不够稳妥,特别是当将所获利润全部分配完时,对于由销售收入的实现所补偿的原材料成本,由于物价的上涨就无法购到相同数量的原材料,这样就会影响企业的再生产活动。由于原始成本已经发生或支出,因此,对未来的决策不存在影响力。

重置成本也称现行成本,是指按照现在的市场价格购买与目前所持有的某项资产相同或相似的资产所需支付的成本,它带有现时估计的性质。与财务会计不同,管理会计立足现在、面向未来,强调信息的相关性。因此,在有关的决策中,如企业定价决策,侧重考虑的是重置成本信息,而不是历史成本信息。

例 2-2

海岩公司生产甲产品,所耗料、工、费的原始成本为 200 元,它们的重置成本为

250 元，如果该产品的出厂价按成本加 20%来定价，则按原始成本为基础所确定的出厂价为 240 元，虽然从表面上看有 40 元利润，但其收入还不足补偿再生产所需的料、工、费。如果按重置成本为基础来定价，出厂价就为 300 元，这样，当补偿了生产所需的料、工、费后，还有真正的利润 50 元。

由于通货膨胀、技术进步等因素，某项资产的重置成本与原始成本的差异较大，在制定决策时，不能根据原始成本来估价，而应该以重置成本为依据。

3. 专属成本和共同成本

专属成本与共同成本是按照费用的发生是否可直接追溯至某个成本对象来分类的。

专属成本是指可以明确归属于某种、某批或某个部门的成本，它是特定决策的相关成本。例如，某种设备专门生产某一种产品，那这种设备的折旧就是该种产品的专属成本。

共同成本是指那些需要由几种、几批或几个部门共同负担的成本，它不是某项特定决策的相关成本。例如，某种通用设备生产甲、乙、丙等多种产品，那该设备的折旧就是这几种产品的共同成本。

区分专属成本与共同成本的目的在于明确某项决策所发生的成本，从而做出正确的决策。

4. 可控成本和不可控成本

可控成本和不可控成本是按费用的发生能否为考核对象（即责任中心）所控制来划分的。

可控成本是指考核对象对成本的发生能予以控制的成本。例如，生产部门对材料的消耗是可以控制的，所以材料的耗用成本（按标准成本计算）是生产部门的可控成本，而材料的价格由供应部门控制，所以是供应部门的可控成本。又如，企业生产过程中所消耗的由辅助生产部门所提供的水、电、气，其成本的高低对辅助生产部门来说是可以控制的，因而是可控成本，但对生产部门来说则是不可控制的，所以必须按标准成本来结转其成本。由于可控成本对各责任中心来说是可控制的，因此各责任中心必须对其负责。

不可控成本是指考核对象对成本的发生不能予以控制，因而也不予以负责的成本。例如，上述材料的采购成本，生产部门是无法控制的，因而对生产部门来说是不可控成本，又如水、电、气的供应成本对生产部门来说也是不可控成本。

可控成本和不可控成本都是相对的，而不是绝对的，对于一个部门来说是可控的，对另一个部门来说就可能是不可控的。但从整个企业来考察，所发生的一切费用都是可控的，只是这种可控性需分解落实到确切的部门。所以，从整体上看，所有的成本都是可控成本，这样也就能同时调动各责任中心的积极性。

区分可控成本和不可控成本的目的在于明确各个责任中心的经济责任，便于评价和考核其工作业绩，促使可控成本不断降低。

5. 可避免成本和不可避免成本

可避免成本和不可避免成本是按决策方案变动时某项支出是否可以避免来划分的。

可避免成本是指当决策方案改变时某些可免予发生的成本，或者在有几种方案可供选择的情况下，当选定其中一种方案时，所选方案不需支出而其他方案需支出的成本。例如，在机械化生产情况下,产品零部件的传送需用人工搬运,而改用自动流水线生产时,就可以自动传送,这样对于自动流水线生产方案来说,机械化生产情况下搬运零部件所需的人工费用、设备费用就是该方案的可避免成本。应当注意:可避免成本不是指可降低的成本,虽然对本方案来说,其他方案的某些支出本方案可免予支出,但本方案可能会发生其他的支出。所以,可避免成本仅指其他方案需发生而本方案可免予发生的成本。由于可避免成本是与决策的某一备选方案直接联系的成本,因此,可避免成本常常是与决策相关的成本。

不可避免成本是指无论决策是否改变或选用哪一种方案都需发生的成本,也即在任何情况下都需发生的成本。例如,无论是机械化生产方案还是自动化生产方案,都需占用厂房,这样厂房的折旧费用对任何方案来说都需发生,因而是不可避免成本。同样,构成产品实体的材料成本无论哪一种方案都要发生,因而也是不可避免成本。由于不可避免成本与特定的决策方案没有直接的联系,因此,不可避免成本常常是与决策无关的成本。

区分可避免成本和不可避免成本对于企业制定亏损产品决策、特殊订货决策以及零部件自制或外购决策都具有重要的现实意义。

6. 可延缓成本和不可延缓成本

决策成本按其可递延性可分为可延缓成本和不可延缓成本。

可延缓成本是指已经选定,但可以延期实施而不会影响大局的与某方案相关联的成本。例如,某企业的办公条件较差,原来打算在预算年度改善办公条件,在办公室安装空调,现在因预算年度资金比较紧张,经过讨论决定将改善办公条件,安装空调的方案推迟到下个预算期执行,那么,与安装空调相关的成本就属于可延缓成本。因为是否在当期安装空调,对企业的全局不会产生重要的影响。

不可延缓成本是指对已经选定的某方案必须立即实施,否则将会对企业的全局产生重要影响的成本。例如,企业某项关键设备出现严重的故障,需要立即进行大修理;否则,将影响企业的正常生产经营活动,致使企业遭受重大损失。这时,即使企业资金再紧张,也必须想方设法,立即修复该项关键设备,尽快投入运行。因此,与关键设备大修理相关的成本就属于不可延缓成本。

区分可延缓成本和不可延缓成本,有助于企业在资源稀缺的约束条件下,根据轻重缓急安排方案的实施时间,从而提高企业资源的配置效益和使用效益。

7. 差量成本和边际成本

差量成本和边际成本的特点与上述成本概念的特点不同,它们不是相对称的成本概念。

差量成本有广义和狭义之分。广义的差量成本是指两个备选方案之间预计成本的差异;狭义的差量成本是指由于生产能力利用程度的不同而形成的成本差异。在企业的经营决策中,差量成本是一个广泛应用的重要成本概念。例如,在制定零部件外购或自制决策、应否接受特殊订货决策等时,都要考虑差量成本。

例 2-3

海岩公司的甲产品需用到A零件,A零件既可自制也可外购。若自制,每个零件的生产成本为10元;若外购,每个零件的采购成本为11元。

如果共需10 000个零件，则自制方案与外购方案的差量成本为10 000元[(11—10)×10 000]。

在各方案的成本比较中，当选定某一方案为基本方案，然后将其他方案与之相比较时，增加的成本也称增量成本，所以增量成本是差量成本的一种表现形式。在产品售价或销售收入相同的情况下，差量成本是进行决策的重要依据。

根据经济学的一般理论，边际成本是指成本对业务量无限小变化的部分。在数学上，它可用成本函数的一阶导数来表示。在现实的经济活动中，边际成本是指业务量每增加一个单位所需增加的成本。

在大批量生产情况下，由于在一定的生产能力范围内，每增加一个单位产品只增加变动成本，因此边际成本常表现为变动成本。但在单件小批生产情况下，增加一个单位产品常需增加生产能力，即需增添机器设备等，这时边际成本就包括由于增加这一单位产品所发生的所有变动成本和固定成本。严格地说，边际成本的含义如上所述，是指增加一个单位产品所增加的成本。但在会计实务中，人们常常将增加一批产量所增加的成本看作边际成本，这时的边际成本实际上是边际成本总额。

在经营决策中，边际成本可以用来判断业务量的增减在经济上是否合算。

8. 相关成本和非相关成本

相关成本和非相关成本是按费用的发生是否与所决策的问题相关来划分的。

相关成本是指与特定决策相关，决策时必须加以考虑的未来成本。例如，当决定是否接受一批订货时，生产该批订货所需发生的各种成本即为相关成本。相关成本通常随决策的产生而产生、随决策的改变而改变，从根本上影响着决策方案的取舍。属于相关成本的有：差量成本、边际成本、机会成本、付现成本、专属成本、重置成本和可避免成本等。

非相关成本是指与特定决策不相关的成本，因而决策时可不予考虑。例如，接受特殊订货时，原有的固定成本就属无关成本，因为即使不接受这批特殊订货，这些固定成本也照样发生。非相关成本不随决策的产生而产生，也不随决策的改变而改变，对决策不具影响力。属于非相关成本的有：原始成本、沉入成本、共同成本和不可避免成本等。

区分相关成本和非相关成本，可以使企业在决策中避免把精力耗费在收集那些无关紧要的信息和资料上，减少得不偿失的劳动。

9. 目标成本和标准成本

目标成本是指企业在一定时期内经营活动追求实现的成本期望值。它是产品成本应该达到的水平，也是考核企业经营成果的基础。目标成本是最有利于产品推销的最低价格减去税金和企业必须保证的利润后所确定各项费用支出的目标。目标成本对利润的实现提供了较大的可靠性。目标成本是成本控制的标准，目标成本的制定是实现目标成本管理的关键。

标准成本是常用的一种目标成本，它是根据企业目前的生产技术水平，在有效的经营条件下可能达到的成本。企业总的目标成本一旦制定，就要结合企业实际生产经营情况，层层分解，建立成本控制各个环节上的具体控制标准，即标准成本。标准成本在成本管理工作中能充分发挥其应有的积极作用。

10. 机会成本

机会成本是企业在做出最优决策时必须考虑的一种成本。

机会成本是指由于从多个可供选择的方案中选取一种最优方案而放弃的次优方案上的收益。

由于资源的稀缺性,资源用于某一方案就不能同时用于另一方案。为了保证经济资源得到最佳的利用,即选择资源利用的最优方案,在分析所选方案(机会)的收益时,就要求将所放弃方案中的最高的收益额视作选定该方案所付出的代价,这种被放弃的次优方案的最高收益额即为所选方案的机会成本。在选择方案时,如果考虑了机会成本,所选方案的收益仍为正数,该方案即为最优方案;如果考虑机会成本后,所选方案的收益为负数,该方案就不是最优方案。

例 2－4

海岩公司现有设备既可以生产甲产品,也可以生产乙产品。但由于生产能力有限,只能选择生产其中的一种产品。假定该设备用来生产甲产品可以获利 50 000 元,用来生产乙产品可以获利 60 000 元。为了保证经济资源的最佳利用,企业选择生产乙产品。此时,生产甲产品可获利的 50 000 元,即生产乙产品的机会成本。

机会成本不是实际所需支付的成本,也不记入账册,有时甚至难以计量。但是,为了保证所做的决策是最优的,就要将机会成本作为一个现实的重要因素加以考虑。

11. 质量成本

质量成本是指企业为了保证和提高产品或服务的质量而支出的一切费用,以及因未达到既定质量标准而发生的一切损失之和。它一般由预防成本、检验成本、内部缺陷成本和外部缺陷成本等几个部分组成。

此外,对于低质量所发生的机会成本如由于产品缺陷而导致的销售量下降,通常并不在会计系统中计量。但是,企业由于产品或服务的质量缺陷,可能会导致失去现有的和潜在的顾客,甚至会丧失市场份额,由此带来的损失是无法估量的,因此,在分析时也应加以考虑。

12. 责任成本

责任成本是一种以责任中心为对象计算的成本。

责任成本是考核评价各责任中心经营业绩和职责履行情况的一个重要依据。责任成本的计算原则是谁负责谁承担,即不管用于哪种产品,只要是由该责任中心负责生产的,就由该责任中心承担责任。责任成本大部分是可控成本,因为只有责任中心能控制的成本,才能作为考核评价其业绩的依据。如果以不可控成本来衡量各责任中心的经营业绩,就会产生许多不合理的情况,从而挫伤各责任中心的积极性。责任成本是责任会计核算的一个重要内容。在实现电算化会计信息系统的企业中,责任成本的计算可与产品成本的核算统一设计,以有效地协助企业管理部门进行责任考核。

同步思考题 2.1

Consumer Focus 公司是一家市场营销研究公司，为制造企业的新产品质量评定提供专家小组指导服务。每个专家小组由 8 位专家组成，每位专家每次评定会可得 50 美元的报酬。另外，公司聘请一名独立的市场营销分析师，组织专家小组进行新产品质量的评定，该分析师每次评定会可得 2 000 美元的报酬。每次会议期间，公司还派一名雇员安排会务工作。

要求：对下列各项成本进行分类(填表 2－1)。

(1) 为每个独立的专家小组划分直接成本(D)和间接成本(I)。

(2) 以专家小组的数量为成本动因，划分变动成本(V)和固定成本(F)。

表 2－1　　　　成本分类

成　本　开　支	D 或 I	V 或 F
A. 专家小组中每位专家的报酬		
B.《消费者报道》的年订阅费		
C. 为邀请专家参加新产品质量评定会而发生的电话费(与每位专家的通话并没有做记录)		
D. 指导 20 个专家小组进行新食品质量评定会的专家聘请费用		
E. 提供给每位专家的餐饮费		
F. 公司办公室的租赁费		
G. 记录每位专家评定内容的录音带的成本(这些录音带将被送往制造被评定产品的公司)		
H. 公司拥有汽车耗用汽油的成本(每位员工每月提交购油发票)		

第二节　成本对象及成本分配

一、成本对象

(一) 成本会计的对象

成本计算是在汇集一定时期发生的费用的基础上，运用一定的计算程序和方法，将费用按照确定的成本计算对象进行归集和分配，最终计算出各个成本计算对象的总成本和单位成本的一种方法。

成本会计的主要目的在于计量各项成本，并将其分配到每个实体即成本对象。因此，确认及选择成本对象是成本会计工作的基础。成本对象是指需要对其进行成本计量和分配的项目，如产品、服务、客户、部门、项目或作业等。例如，如果我们想知道生产一辆家庭轿车得花多少钱，那么成本对象是家庭轿车；如果我们想知道航空公司的一条从上海开往纽约航班的成本,那么成本对象就是该条航线的服务;如果我们想知道某一通信设备的开发成本,那么成本对象就是该通信设备的开发项目。因此,成本计算对象是为了计算经营业务成本而确定的归集经营费用的各个对象,也是成本的承担者。成本对象可以是一种产品、一项服务、一位顾客、一张订单、一纸合同、一个作业或是一个部门。

近年来,作业开始成为重要的成本对象。作业是一个组织内部分工的基本单元。作业还可以定义为组织内行动的集合,计算作业成本有助于管理人员进行计划、控制和决策。在成本分配中,作业起着重要作用,成为现代成本会计系统的必要组成部分。

不仅是制造业需要成本会计,其他行业同样需要成本会计。例如,施工企业要核算工程成本及管理费用和财务费用,商品流通企业要核算商品的采购成本、销售成本以及商品流通费用,旅游、饮食服务企业要核算营业成本、营业费用、管理费用和财务费用等。这些行业的商品流通费、销售费用、管理费用和财务费用,也可以统称经营管理费用。所以,成本会计的对象可以概括为各行业企业生产经营业务的成本和有关的经营管理费用,简称成本、费用。

(二) 成本对象的特点

计算产品成本、为对外财务报告服务是成本会计的中心目标之一。

由于管理目标不同,产品成本的定义也不一样,因此,产品成本的具体含义取决于其所服务的管理目标。产品有有形产品和无形产品两种。生产有形产品的企业称为生产性企业,提供无形产品(服务)的企业称为服务性企业。有形产品是指通过耗用人工以及工厂、土地和机器等资本投入将原材料加工而成的产品,电视机、计算机、家具、服装和饮料等都是有形产品。无形产品是指为顾客开展的各项工作或作业,或是顾客使用企业的产品或设施自行开展的作业,即为顾客提供服务。服务也需要耗用材料、人工和投入资本。保险服务、旅游服务、咨询服务等都属于向顾客提供的服务;汽车租赁、电话出租和保龄球馆等都是由顾客使用企业的产品或设施。

服务与有形产品相比,主要有四大方面的差别:无形性、瞬时性、不可分割性和多样性。无形性是指某项服务的购买者在购买之前无法直接感觉到该项服务的存在,因而服务是无形产品。瞬时性是指顾客只能即时享受服务,而不能储存到未来。不可分割性是指服务的提供者与购买者通常有直接的接触,以使交换得以发生。多样性是指服务的提供比产品的生产有着更大的差异性,提供服务的工人会受所从事工作、工作伙伴、教育程度、工作经验、个人因素等的影响。

(三) 成本对象的构成要素

成本对象,是以一定时期和空间范围为条件而存在的成本承担者。企业的任何经营成果都是依存于一定的时空范围而产生的。确定成本计算对象,不仅要认定计算什么产品(或劳务)的成本,而且要认定是什么地点、什么时期生产出来的产品。因此,确定成本计算对象一定要有"时空概念"。

通常,成本对象由三个要素构成:

1. 成本承担者

成本计算实体是指成本的承担者,也就是为计算产品成本而确定的归集和分配费用的载体。对于生产性企业而言,成本计算实体可以划分为某种产品、某批产品和某类产品的产成品或半成品;对于服务性企业而言,往往不存在有形的成本计算实体,而只能根据服务的性质确定，如运输企业的货运和客运、商贸企业的批发和零售等。

2. 成本计算期

成本计算期是指归集费用、计算产品成本所规定的起讫日期，也就是每次计算成本的期间。生产性企业按其生产特点，可分别以产品的生产周期和日历月份为成本计算期；服务性企业一般以日历月份为成本计算期。

3. 成本计算空间

成本计算空间是指费用发生并能组织企业成本计算的地点（如部门、单位）。生产性企业的成本计算空间可分为全厂和各生产步骤等，服务性企业的成本计算空间可划分为各部门和各单位等。采用作业成本计算的企业，其成本计算的空间还可以是各个作业。

二、成本分配

把成本准确地分配至各成本对象是至关重要的。歪曲的成本分配会导致错误的决策和评价。成本分配方法主要有以下几种：

（一）直接追溯法

直接追溯法是根据成本的可追溯性分配成本的方法，是将与某一成本对象存在特定或实物联系的成本直接确认分配至该成本对象的过程。了解成本与成本对象的关系将有助于提高成本分配的准确性。成本是与成本对象直接或间接关联的。直接成本是指能够容易和准确地归属到成本对象的成本，间接成本是指不能容易地或准确地归属于成本对象的成本。因此，可追溯性是指采用某一经济可行方法并遵循因果关系将成本分配至各成本对象的可能性。成本的可追溯性越强，成本分配的准确性就越高。所以，建立成本的可追溯性是提高成本分配准确性的关键一环。

（二）动因追溯法

动因追溯是指使用动因将成本分配至各成本对象的过程。成本动因通常是通过因果分析确定。这些动因是可观察的，并且能够计量出成本对象的资源消耗情况，它是影响资源耗用、作业耗用、成本及收入等方面的变化因素。尽管动因追溯法不如直接追溯法准确，但如果因果关系建立合理，则成本归属仍有可能达到较高的准确性。

动因追溯使用两种动因类型来追溯成本：资源动因和作业动因。资源动因计量各作业对资源的需要，用以将资源分配到各个作业上。作业动因计量各成本对象对作业的需求，并用来分配作业成本。

（三）分摊法

分摊法是分配间接成本的方法。间接成本不能追溯至成本对象，也就是说，在成本与成本对象之间没有因果关系，或追溯不具有经济可行性。把间接成本分配至各成本对象的过程，称为分摊。由于不存在因果关系，分摊间接成本就建立在简便原则或假定联系的基础上。在将某种间接成本分配计入各成本计算对象时，所选择的分配标准应满足“受益”原则，并认为按此分配标准计入企业成本中的费用是真实合理的。选择分配标准时一般要考虑以下因素：

1. 具有科学性

分配标准项目要具有各种对象共有的特征，有典型的代表性；它与成本对象物化劳动或活劳动的消耗有直接的联系，或表现为正比例关系。

2. 具有先进性

选为分配标准的项目,要有助于企业加强管理。譬如,选定某种指标作为分配标准,通过定额与实际的比较,可以促使企业不断改善成本。

3. 具有现实可能性

选为分配标准的项目,要有取得现有资料的实际可能。也就是说,各受益对象所耗用分配标准的资料应该是比较容易取得的,并且可以客观地计量。

4. 有相对的稳定性

任何一种分配标准都不可能与间接成本保持严格的正比例或反比例关系,所以任何分配标准都具有主观性,选择不同的分配标准将产生不同的分配结果。为了便于各期间间接成本的比较分析,分配标准不宜经常改变,应该保持相对的稳定。

一般情况下,分配间接成本的标准主要有三类:(1) 成果类,如产品的重量、体积、产量、产值等;(2) 消耗类,如生产工时、生产工资、机器工时、原材料消耗量或原材料费用等;(3) 定额类,如定额消耗量、定额费用等。分配间接成本的计算公式,可以归纳如下:

$$\text{间接成本分配率} = \text{待分配的间接成本总额} \div \text{分配标准总额}$$

$$\text{某成本对象应负担的间接成本} = \text{该成本对象的分配标准额} \times \text{间接成本分配率}$$

综上所述,成本追溯是把直接成本分配给相关的成本对象;成本分摊是把间接成本分配给相关的成本对象;而成本分配包括成本追溯与成本分摊。上述三种成本分配方法中,直接追溯法依赖于可实际观察的因果关系,因而其结果最准确;动因追溯法依赖于成本动因将成本分配至各个成本对象,其准确性次之;分摊法尽管有简单性和操作的低成本等优点,但它是三种方法中最不准确的,应尽可能避免使用。实际上,在很多情况下,提高成本准确性所带来的收益在价值上超过了与动因追溯相关的额外计量成本。

第三节　成本会计系统的设计

成本计算具有两重性,它既是财务会计的一个重要组成部分,也是管理会计的一个重要组成部分。因此,成本会计系统的设计,应同时满足为财务会计和管理会计提供信息的需要。具体来说,成本会计系统应该设置两个主要的子系统:成本会计信息系统和经营控制信息系统。

一、成本会计信息系统

成本会计信息系统作为一个成本管理子系统,主要是用来计算产品、服务等成本对象的成本。成本会计信息系统计算的是财务成本,主要用于编制企业的财务报表。财务报表的编制要求将影响成本信息系统的设计。

成本在损益表中列为营业成本,在资产负债表中列为存货。

存货计价和收益确定是决定财务会计的两个重要因素,而这两项都与成本计算有着密切的联系。因为正确计算成本,是正确划分本期已销成本和期末存货成本的基础,其中,本期已销产品成本应列入损益表,使之同本期实现的营业收入相配比,据以确定本期的净收益;而期末未销售产品成本则列入资产负债表,作为存货结转下期。所以,成本计算是否正确，直接关系到本期已销售产品成本和期末未销售产品成本的划分是否正确，也就是意味着存货计价和收益确定是否正确，最终表现为据以编制的财务报表能否如实反映企业的财务状况和经营成果。

在编制损益表和资产负债表时，首先要区分资本化成本与非资本化成本。资本化成本是指发生时首先被记作资产，并且预期它能为企业带来未来收益，如购买机器设备和材料等的成本。这些成本在资产提供有效服务的使用期间逐期转为费用。非资本化成本是指不经过存货阶段即作为费用被扣减的成本，发生时即计入费用，如支付给营销经理的薪金和管理办公用房的租金等。

1. 服务性企业

服务性企业为顾客提供劳务或无形产品，如法律咨询或审计，这种企业在会计期末没有有形的存货。这类企业的人工成本是最主要的成本，大约占总成本的 70%。服务业的经营成本包括价值链所有环节的各种成本。服务性企业的资本化成本与非资本化成本之间的关系如图 2－2 所示。

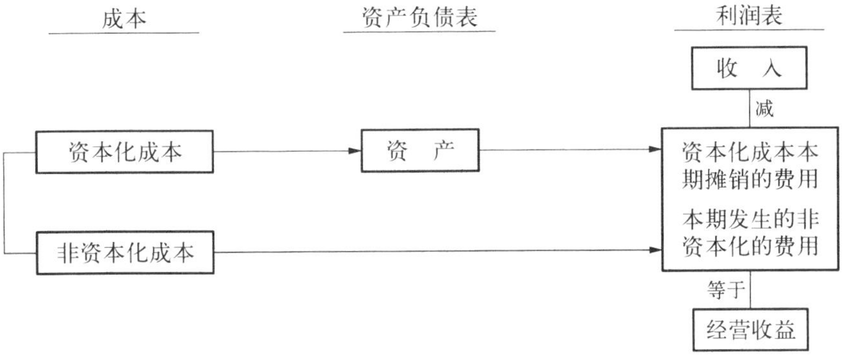

图 2－2　服务性企业的成本关系

2. 商业性企业和制造性企业

商业性企业和制造性企业在资产负债表中对于存货的列报有所不同。

商业性企业从供货商处购进商品，再原样销售给顾客。会计期末还未卖出的商品即为存货。商业企业包括零售企业及批发企业。制造性企业从供货商处购进的材料经过加工制造而成为产品。与商业企业不同，制造性企业向供应商购入原材料，经过加工才销售给消费者，因此它有三种类型的存货：

(1) 材料存货，是指等待进入制造过程的库存材料。

(2) 在产品存货，是指尚未加工完毕的产品，也叫在制品。

(3) 库存商品存货，是指完成全部生产过程并验收合格，等待销售的产成品。

商业性企业和制造性企业在持有存货方面区别于服务业。商业性企业和制造性企业的资本化成本还可以进一步分为可计入存货的资本化成本和不可计入存货的资本化成本两种。可计入存货的资本化成本(也称可计入存货的成本)，是指购进存货的成本，或者其他新增加的成本。不可计入存货的资本化成本，是指那些与存货无关的资本化成本，如固定资产成本。可计入存货的资本化成本将成为产品销售成本的一部分。

经营成本是指除了产品销售成本以外，与产生经营收入有关的成本，包括不可计入存货的资本化成本、在本期的摊销费用和非资本化成本。

商业性企业和制造性企业资本化与非资本化成本之间的关系分别如图 2－3 和图 2－4 所示。

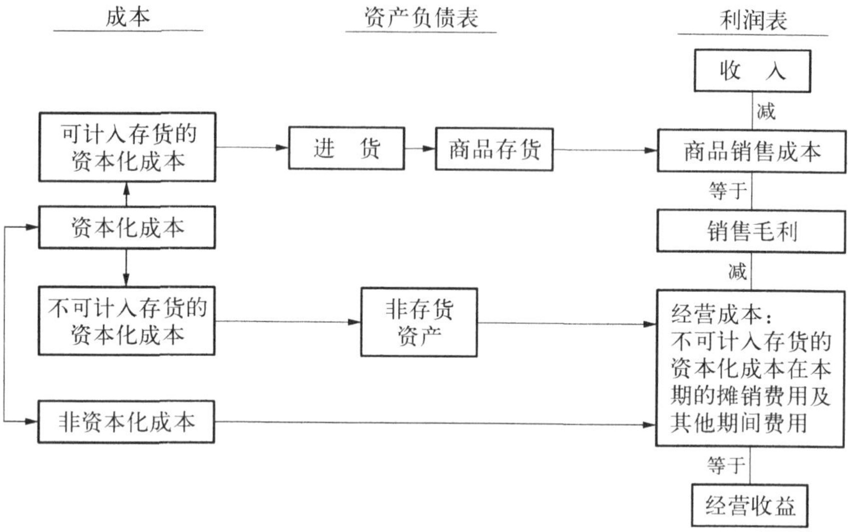

图 2－3　商业性企业的成本关系

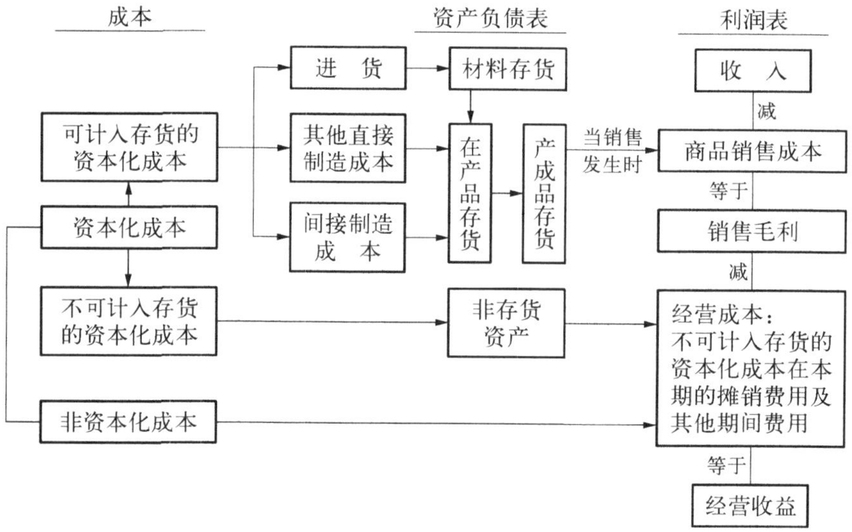

图 2－4　制造性企业的成本关系

二、经营控制信息系统

经营控制信息系统作为另一个成本管理子系统，主要是为了精确、及时地提供与管理人员和其他人员业绩相关的反馈信息而设计的成本管理子系统，这些业绩与他们对活动的计划和控制相关。经营控制信息系统提供的是管理成本，主要关注的是应实施哪些作业并评价实施的效果如何，着重判断改进机会并帮助发现改进的方法。一个理想的经营控制信息系统能够提供充足的管理信息，以帮助管理人员连续不断地改进经营管理中的问题。

在设计经营控制信息系统时，我们往往需要考虑这样几个问题：管理人员如何利用成本会计所提供的信息？利用成本信息可以制定哪类政策？等等。因此，从管理会计的角度看，成本计算是为企业正确地进行最优决策，有效经营和严格进行成本控制服务的。

众所周知，成本是综合反映企业经营活动过程的质量和效果的一个重要指标，企业管理部门为了实现有效经营，正确进行经营决策，往往要从许多方案中选取最优方案。"优"的标准主要是经济效果，而各种形式的"成本"又是经济效果的重要表现形式。

在设计经营控制信息系统时，应考虑以下几个基本要点：

(1) 成本信息应是一个决策重心。经营控制信息系统必须满足决策制定者的需要，牢记决策制定者是成本信息的使用者。因此，成本计算不能停留在为计算而计算，要着重于把成本计算与成本管理很好地结合起来。

(2) 不同的成本信息用于不同的目的。对某一目的有效的成本信息未必对其他目的也有效。例如，财务报告编制需要利用过去的成本信息，然而，管理决策制定者需要的是有关未来的成本信息。成本信息还经常用于预测部门的盈利能力和顾客的盈利能力。

(3) 用于管理的成本信息必须符合成本效益原则。成本信息总是可以加以改进的。然而，改进带来的效益必须超过改进发生的成本。例如，如果顾客的盈利能力分析仅用于介绍情况，而不能向管理者提供制定更好的决策所需的附加信息，收集该信息的成本可能会超过收益。然而，如果管理者利用该信息决定哪些地方是营销努力的重点(而以前他没有这样的信息)，收益就可能会超过成本。成本信息系统的运行成本很高，所以在建立一种新制度前应先考虑一个基本问题：收益会超过成本吗？

必须注意的是，成本会计系统所产生的成本信息必须对整个企业是有用的，因而一个高质量的成本会计系统应有全企业的整体观念。为使企业产品在市场上具有强大竞争力，成本管理就不能局限于产品的生产(制造)过程，而应该将视野向前延伸到产品的市场需求分析、相关技术的发展态势分析，以及产品的设计，向后延伸到顾客的使用、维修及处置。按照成本全程管理的要求，就会涉及产品的信息来源成本、技术成本、后勤成本、生产成本、库存成本、销售成本，以及对顾客的维修成本、处置成本等成本范畴。对所有这些成本内容都应以严格、细致的科学手段进行管理，以增强产品在市场中的竞争力，使企业在激烈的市场竞争中立于不败之地。

同步思考题 2.2

家乐公司本年发生的部分费用见表 2-2。

表 2-2　　家乐公司的部分费用资料　　单位：元

项　　目	金　　额
公司管理成本	608 000
机器设备的折旧费	206 000
直接人工	964 000
产成品存货(1 月 1 日)	320 000
产成品存货(12 月 31 日)	294 000

续 表

项　　目	金　　额
取暖、照明及动力费用	174 000
营销成本	544 000
设备维修和保养	148 000
其他制造费用	24 000
原材料购入	626 000
原材料存货(1月1日)	204 000
原材料存货(12月31日)	162 000
销售收入	4 072 000
车间管理人员工资	254 000
物料及间接材料	28 000
在产品存货(1月1日)	270 000
在产品存货(12月31日)	284 000

要求：计算本年的销售成本。

第四节　成本会计制度

成本会计制度是组织和从事成本会计工作必须遵循的规范和具体依据。因此，正确制定和执行成本会计制度是做好成本会计工作的重要条件。企业成本会计制度要以会计准则、财务通则和财务会计制度的有关规定为依据。制定和执行成本会计制度，可以使企业的成本会计工作有效地贯彻执行国家有关的方针、政策，保证成本会计资料的真实、规范、及时和有用。

一、成本会计的核算原则

成本核算原则是会计人员在成本核算过程中所应遵循的基本原则，是对企业成本会计工作具有指导和规范作用的成本会计准则。由于在成本核算中存在的种种不确定的因素给准确计算企业成本带来了困难，因此，依据成本会计原则进行成本会计工作，对于协调各种成本计算目的、促进成本计算制度化、提高成本信息的可靠性具有重要的意义。成本会计核算一般应遵循以下几条原则：

(一) 历史成本原则

历史成本原则，也称实际成本原则。尽管会计计量的属性有历史成本、重置成本、可变现净值、现值和公允价值等，但是，根据《企业会计准则——基本准则》的要求——“企业在对会计要素进行计量时，一般应当采用历史成本”。财务会计是以历史成本作为主要计量属性的;而成本会计主要是为了准确地反映企业的财务状况和经营成果,所以必须以实际发生的经济资源耗费为依据,这包含三个方面的含义:一是对经营活动中所耗用的原材料、燃料、动力和人工等费用,都要按实际成本计价;二是对固定资产折旧必须按其原始成本和规定的使用年限计算;三是对成本对象要按实际成本计价。必须指出,实际成本计价并不排斥原材料、产成品等存货按计划成本或定额成本进行日常核算的方法,但必须合理计算成本差异,月终编制会计报表时,将计划成本或定额成本调整为实际成本。可见,即使管理当局出于成本计划管理的需要,对有关费用和成本制订计划或定额,但最终都必须调整为实际成本来反映。

(二) 分期核算原则

企业作为一个持续经营的会计主体,其生产经营活动是连续不断进行的。为了取得一定期间所生产产品的成本资料,满足会计信息使用者进行经营管理及相关经营决策的需要,并发挥成本会计的控制作用,企业必须将其生产经营活动划分为若干个相等的成本会计期间,分期进行成本核算,以便确定各个会计期间的有关存货成本与销货成本。分期进行成本核算,不仅有助于及时提供企业的财务状况和经营成果,而且有助于对各个会计期间的成本费用耗费情况进行比较分析,从而加强成本控制。

必须指出,成本核算的分期与产品的成本计算期是两个不同的概念。不论是生产性企业还是服务性企业,成本核算工作都包括费用的归集、汇总与分配,都必须按月进行。而完工产品的成本计算,则与生产类型有关,可以定期进行,与成本核算期一致;也可能是不定期的,与成本核算期不一致。

(三) 合法性原则

企业的经济活动是多方面的,除了日常经营活动外,还有其他方面的经济活动,因而费用的用途也是多方面的,并非都应计入成本。计入成本的费用,都必须符合国家法律、法规和制度等规定,不符合规定的费用就不能计入成本。例如,根据目前的制度规定,企业购置和建造固定资产、购买无形资产以及对外投资,这些经济活动都不是企业日常的经营活动,其支出都属于资本性支出,不应计入成本;又如,企业被没收的财物、各项罚款以及由于自然灾害等原因而发生的非常损失,都不是由于企业日常经营活动而发生的,也不应计入成本;再如,管理费用、财务费用和销售费用等应该作为期间费用,与当期的收入配比,不能计入成本。乱计和少计生产费用,都会使成本计算结果不实,从而不利于企业成本管理。因此,每一家企业都应遵守国家关于成本费用开支范围的规定,正确计算成本。

(四) 可比性原则

可比性原则要求企业所采用的成本计算方法(如存货的计价方法、固定资产的折旧方法、制造费用的分配方法、完工产品与在产品成本的划分方法等)尽量保持前后各期一致,不得随意变更,以保证各个会计期间所提供的成本信息具有可比性。企业在进行成本核算时,一般应根据企业生产的特点和管理要求,选择不同的成本计算方法计算成本。成本核算方法一经确定,没有特殊的情况,不应经常变动。如因特殊情况确需改变原有成本计算方法的,企业应在会计报告中,就改变的原因以及对企业财务状况和经营成果的影响情况等进行披露。

(五) 权责发生制原则

在成本核算过程中,许多费用的发生期间与应归属的期间往往不一致。为了按月分析和考核成本与费用,正确计算各月损益,企业在进行成本核算时,应遵循权责发生制原则,正确处理费用的分配问题。权责发生制要求在成本核算时,对于已经发生的支出,如果其受益期不仅包括本期,而且还包括以后各期,就应作为预付费用按其受益期分摊,不能全部列作本期费用;对于应由本期负担但尚未支出的费用,则应作为应付费用先行预提计入本期费用。成本核算贯彻权责发生制原则,能使成本信息较为准确地反映成本责任,从而为正确计算损益提供可靠的依据。

(六) 成本—效益原则

在进行成本核算时,所采用的成本计算步骤、费用分配方法、成本计算方法等,都应根据每一企业的具体情况进行选择。从决策的角度或企业管理的方面来说,总是希望成本计算得越细越好,其提供的成本信息越多越好,其实不然。由于有些成本信息的获得需花费相当多的成本,因此,在选择成本计算方法时,应遵循成本—效益原则。通过比较提供资料所用的成本与由此而获得的效益,来决定究竟要提供哪些成本信息,并对一些次要的成本费用信息采用简化的成本核算方法,从而达到以较低的成本获得较高的效益的目的。例如,有些虽属产品直接耗用的原材料,由于数额不大,不必直接计入产品成本,可先计入制造费用,然后通过分配计入产品成本。又如,按权责发生制原则,凡是属于本期实际受益但尚未付出的费用,也应计入本期成本费用,但如果发生的数额较小,对成本影响不大,则可以在实际支付时计入支付月份的成本费用,如固定资产的经常性修理费等。

二、成本会计的基础工作

(一) 正确确定财产物资的计价和价值结转的方法

企业拥有的财产物资,其价值要随着经营活动过程中的使用消耗,转移到成本费用中去。这种转移额的大小取决于企业采用的会计政策。由于会计政策在具体使用中有不同的选择,如存货计价是采用先进先出法还是加权平均法,固定资产折旧是采用使用年限法还是加速折旧法,不同的财产物资的计价和价值结转的方法会给企业带来不同的核算结果,因此,财产物资的计价和价值结转方法也是影响成本计算准确性的一个重要因素。为了保证成本指标的合理性、准确性和可比性,企业在成本计算中应在诸多可选择的财产物资的计价和价值转移方法中,选择适合企业的处理方法。这些方法一经企业选用,就应保持稳定,不能随意人为地调节成本费用和利润。

(二) 建立健全成本核算制度

为了加强成本管理,正确计算成本费用,必须制定好各项成本核算制度。

1. 建立健全有关原始记录的收集整理制度

原始记录是成本核算工作的首要条件。进行成本核算和分析,都要以数据可靠、内容齐全的原始记录为依据。

2. 制定必要的消耗定额

定额是企业进行生产经营活动中,对人力、物力、财力的配备、利用和消耗以及获得的成果等方面所应遵循的标准或应达到的水平。制定合理的消耗定额,是成本会计中编制成本计划,进行成本核算、成本控制和成本分析的重要基础。

3. 建立健全材料物资的计量、收发、领退和盘点制度

企业中物资的收发、领退,都要认真计量,填制必要的凭证,以及办理必要的手续。做好

这项工作,不仅是正确计算成本的必要条件,而且是加强物资管理、资金管理的有效措施。

4. 制定内部结算价格和内部结算制度

为了分清企业内部各单位的经济责任,简化和加速成本费用的核算工作,必须制定厂内结算价格。

(三) 建立健全成本考核制度

成本责任制的建立和健全是进行有效成本管理的保证。完善成本责任制,必须做好如下几项工作:

1. 建立健全责任成本制度

为了推行责任成本制度,合理考核和分析每一责任单位的成本和业绩,应创造条件计算出每责任单位的责任成本。

2. 建立健全内部成本管理体系

内部成本管理体系是一个非常复杂的系统。该系统的完善程度,以及运行是否合理,涉及企业生产经营的各个领域、环节及所有部门,并直接关系到成本责任制的推行。因此,应建立一个合理的内部成本管理体系,并使之逐步完善。

3. 建立健全成本考核制度

在成本会计制度中,不但要计算成本,对成本指标进行分析,而且还需要考核。建立一套程序,使成本考核的收集、整理、对比、计算系统化、规范化,使成本考核成为制度。

4. 建立健全成本责任奖惩制度

在计算出经营成本及责任成本之后,应对各责任单位发生的可控成本进行分析和考核,实行规范、严格的奖惩制度,以鼓励先进、督促落后,调动各部门及人员不断降低成本的积极性,促使企业竞争能力不断增强。

本章小结

为了适应生产经营管理的需要,寻求企业的成本优势,首先必须了解和掌握成本的分类。按各类企业的经营目标不同,可以将企业成本划分为生产性成本和服务性成本两大类;按与特定对象的关系,可分为直接成本与间接成本;按其与业务量之间的依存关系,可划分为变动成本、固定成本与混合成本三类;按成本在经济工作中的作用,可以划分为财务成本和管理成本两大类。

成本对象是指需要对其进行成本计量和分配的项目,如产品、服务、客户、部门、项目或作业等。确认及选择成本对象是成本会计工作的基础。成本会计的对象可以概括为各行业企业生产经营业务的成本和有关的经营管理费用,简称成本、费用。

由于管理目标不同,产品成本的定义也不一样,因此,产品成本的具体含义取决于其所服务的管理目标。产品有有形产品和无形产品两种。通常,成本对象由成本计算实体、成本计算期和成本计算空间三个要素构成。

成本分配方法主要有直接追溯法、动因追溯法和分摊法三种。

成本会计既是财务会计的一个重要组成部分,也是管理会计的一个重要组成部分。为满足为财务会计和管理会计提供信息的需要,成本会计系统应该设置两个主要的子系统:成本会计信息系统和经营控制信息系统。

成本会计制度是组织和从事成本会计工作所必须遵循的规范和具体依据。成本会计一般应遵循历史成本、分期核算、合法性、可比性、权责发生制和成本—效益等原则。成本会计的基础工作包括正确确定财产物资的计价和价值结转的方法,建立健全成本核算制度和成本考核制度等。

本章关键词

制造成本	manufacturing cost
非制造成本	non-manufacturing cost
直接成本	direct cost
间接成本	indirect cost
变动成本	variable cost
固定成本	fixed cost
混合成本	mixed cost
财务成本	financial cost
管理成本	managerial cost
生产成本	production cost
期间成本	period cost
目标成本	object cost
标准成本	standard cost
机会成本	opportunity cost
质量成本	quality cost
责任成本	responsibility cost
成本对象	cost object
成本分配	cost allocation
直接追溯法	direct tracing method
动因追溯法	driver tracing method
分摊法	apportionment method
成本会计系统	cost accounting system

思考题

1. 为什么要进行成本的分类?成本可按哪些方法分类?
2. 财务成本的具体表现形式有哪些?
3. 管理成本的具体表现形式有哪些?
4. 财务成本与管理成本有什么区别?
5. 什么是成本对象?各有什么特点?其构成要素有哪些?
6. 成本分配方法有哪些?各有什么特点?
7. 分配间接成本时应考虑哪些问题?分配间接成本的标准有哪些?

8. 如何设计成本会计系统？
9. 成本会计应遵循哪些原则？
10. 成本会计的基础工作有哪些？

同步思考题参考答案

2.1

成　本　开　支	D或I	V或F
A. 专家小组中每位专家的报酬	D	V
B.《消费者报道》的年订阅费	I	F
C. 为邀请专家参加新产品质量评定会而发生的电话费（与每位专家的通话并没有作记录）	I	V
D. 指导专家小组进行新食品质量评定会的分析师聘请费用	I	F
E. 提供给每位专家的餐饮费	D	V
F. 公司办公室的租赁费	D	F
G. 记录每位专家评定内容的录音带的成本（这些录音带将被送往制造被评定产品的公司）	D	V
H. 公司拥有汽车耗用汽油的成本（每位员工每月提交购油发票）	I	V

2.2　销售成本计算表（单位：元）

项　　目	金　　额		
期初在产品成本（1月1日）			270 000
本年制造成本：			
直接材料			
期初原材料成本（1月1日）	204 000		
加：本期购入	626 000		
可供耗用的原材料存货	830 000		
减：期末原材料成本（12月31日）	162 000	668 000	
直接人工		964 000	
制造费用			
机器设备的折旧费	206 000		
取暖、照明及动力费用	174 000		
设备维修和保养	148 000		

续 表

项　　目	金　　额		
其他制造费用	24 000		
车间管理人员工资	254 000		
物料及间接材料	28 000	834 000	2 466 000
减：期末在产品成本(12 月 31 日)			284 000
本年完工产品成本			2 452 000
期初产成品成本(1 月 1 日)			320 000
可供销售的产成品存货			2 772 000
减：期末产成品成本(12 月 31 日)			294 000
本期产品销售成本			2 478 000

案例讨论

Country Outfitters 公司(简称 C. O.)设计牛仔裤，并销售给全球的零售商和批发商。公司总部在加利福尼亚的洛杉矶。C. O. 将这种产品转包给加勒比地区一个岛国上的真维斯公司(简称真维斯)制造。该国政府规定：如果本国人工成本占总成本的 25%以上，则本地公司享有 20%的税收折扣。本国人工成本就是雇用加勒比地区居民所用的费用。C. O. 新上任的会计主管 Alice 查看了最近付款给真维斯的记录。

2012 年，真维斯向 C. O. 购买价值 300 万美元的斜纹布。C. O. 以 1 200 万美元的价格购买真维斯制造的牛仔裤。基于以往的经验，真维斯认为 1 200 万美元很便宜，但有人告诉它这对 C. O. 是一笔很大的数目。2012 年，C. O. 还向真维斯的瑞士子公司支付了 480 万美元。真维斯的主管告诉 Alice 这笔费用是真维斯给 C. O. 设计产品结构的报酬。C. O. 把这 480 万美元作为产品设计费。而 C. O. 产品设计的主管则告诉 Alice，这是一个表外项目，按惯例，他对此没有责任，也不打算做任何辩解。按他的说法，真维斯只是照搬 C. O. 的设计，或者只做了很小的改动。

2012 年，真维斯的本国人工成本为 360 万美元，而总成本为 1 000 万美元。360 万美元中有 130 万美元的职工福利津贴(如健康保险等)，其中 60 万美元是真维斯主管者的人身保险费用。这项保险由 C. O. 来运作，提供比加勒比地区更优惠的保险率。

要求：

1. 在 C. O. 的财务报告中，对于收入和成本数据，Alice 需注意什么？
2. 上述行为中，有哪些是违背道德规范的？Alice 应采取何种措施解决？

第二篇 成本核算

从成本会计发展的历史看，成本会计核算的目标是逐渐丰富和完善的。最初，成本核算是为了正确确定企业存货的价值及其利润，为编制对外的财务报表提供信息。20 世纪 20 年代后，受科学管理思想的影响，成本核算开始关注各级管理人员的责任及其经营业绩，期望能对经营活动产生积极的作用。20 世纪 80 年代以来，经营方式与管理策略的变化使得成本会计信息在确定企业战略方向方面发挥了重要作用，尤其是成本信息成为高效管理所需信息中至关重要的一类。

在本篇内容中，我们不仅要关注在传统的成本计算系统下各项成本费用是如何归集和分配至各种成本对象的，而且要了解成本会计是如何为企业提供相关信息、为企业经营管理服务的。

第三章

成本费用的归集和分配(一)

引　言

与其他行业相比,制造业的成本会计体系最完整,方法最典型。为了避免重复,突出重点,本教材将阐述以制造业为主的成本会计。

在了解了基本的成本术语及理论基础后,我们需要进一步了解制造业是如何核算和管理成本的。制造业为了实现经营目标,必须提供满足社会需要,具有市场竞争力的产品或劳务。为了正确确定这些劳务和产品的价格,必须以产品和劳务为对象,对制造过程中所耗费的各种资源做出全面、分类、综合的确认、计量和归集分配,以计算其相关成本。为了正确计算产品或劳务的成本,首先必须对企业发生的各项生产费用进行归集和分配。这些生产费用具体可分为材料费用、人工费用和制造费用等费用要素。本章主要介绍如何对这些要素费用进行归集和分配。

学习目标

1. 掌握生产费用和产品成本的联系与区别。
2. 理解生产经营管理费用的各种分类方法。
3. 掌握制造业成本核算的要求与流程。
4. 熟练掌握材料费用的归集和分配方法。
5. 熟练掌握人工费用分配和汇总的过程。
6. 熟悉其他要素费用的归集和分配过程。

第一节　制造业成本核算的基本要求

制造业的成本核算是对生产经营过程中发生的生产费用按经济用途分类,并按一定对象和标准进行归集和分配,以计算确定各对象的总成本和单位成本。将成本核算所提供的实际成本资料与计划成本等目标成本做比较,可以了解成本计划的完成情况。这些成本资料是制定产品价格的依据,也是进行成本分析和成本考核的依据。

一、生产费用和产品成本

制造业产品的生产过程，同时也是生产的耗费过程。在生产经营活动中，会发生各种耗费，如原材料、燃料、辅助材料、动力、机器设备的耗费，还要支付工人和管理人员的劳动报酬以及各项经营管理费用等。制造业在一定时期内（如 1 个月、1 年）发生的、能够用货币表现的生产经营管理过程中的耗费，称作生产经营管理费用。生产经营管理费用包括生产费用（应计入产品成本）和经营管理费用（包括管理费用、财务费用和销售费用等不计入产品成本的费用）。生产费用是指在一定时期内发生的、能够用货币表现的计入产品成本的生产耗费。产品成本是指为生产一定种类、一定数量的产品所支出的各种生产费用的总和。

生产费用和产品成本是一对既有区别又有联系的概念。一方面，产品成本是对象化的生产费用，产品成本是相对于一定的产品而言所发生的费用，它是按照品种等成本计算对象对当期发生的生产费用进行归集所形成的。因此，生产费用的发生过程同时也是产品成本的形成过程。另一方面，生产费用是指某一期间为进行产品生产而发生的费用，并与一定的期间相联系；产品成本是指为生产一种或几种产品而消耗的生产费用，它与一定种类和数量的产品相联系。

二、生产经营管理费用的分类

生产经营管理费用的分类是正确计算产品成本的重要条件。制造企业在生产经营过程中发生的耗费是多种多样的，为了正确地进行成本核算，满足企业成本管理的要求，应对种类繁多的生产经营管理费用按照一定的标准进行分类。

（一）生产经营管理费用按经济内容的分类

生产经营管理费用按经济内容（性质）划分，可分为劳动对象、劳动手段和活劳动方面的耗费，统称制造企业生产经营管理费用的三大要素，具体可分为以下各项费用要素：

（1）外购材料、燃料。它是指企业为进行生产经营管理活动而耗用的一切从外部购入的原料、主要材料、辅助材料、半成品、包装物、修理用备件、低值易耗品以及各种燃料，包括液体燃料、气体燃料和固体燃料。

（2）外购动力。它是指企业为进行生产经营管理活动而耗用的一切从外单位购入的动力，如供电局提供的电力、热力等。

（3）职工薪酬。它是指企业应计入生产费用和经营管理费用的各种形式的职工报酬以及其他相关支出。

（4）折旧费与摊销费。它是指企业在生产经营管理过程中按照规定方法计提的固定资产折旧费用，以及无形资产、递延资产的摊销费，但不包括出租固定资产的折旧费。

（5）利息支出。它是指企业按规定计入生产经营管理费用的借款利息支出减去利息收入后的净额。

（6）税金。它是指企业应缴纳并计入管理费用的各种税金，如房产税、印花税、土地使用税及车船使用税等。

（7）其他支出。它是指企业在生产经营管理过程中发生的、不属于以上各要素的费用支出，如差旅费、办公费、邮电费、租赁费、保险费及诉讼费等。

生产经营管理费用按经济内容(性质)划分,可以反映企业在一定时期内耗费了哪些经济资源,数额各是多少,有利于分析和考核各个时期生产费用和经营管理费用的结构和支出水平,为企业编制经营预算提供资料,也为企业和国家计算工业净产值及国民收入提供依据。但这种分类只能反映各费用要素的支出形态,说明企业在生产经营管理活动中支付了哪些费用,不能说明各种费用的经济用途,也不能说明费用的发生与企业成本之间的关系,因而不利于成本的分析和考核。因此,对于制造企业的生产经营管理费用还必须按其经济用途进行分类。

(二) 生产经营管理费用按其经济用途的分类

生产经营管理费用按其经济用途,可分为制造成本和非制造成本(期间费用)。

1. 制造成本

制造成本,又称生产成本,是指企业为生产一定种类、一定数量的产品所支出的各种生产费用之和。根据生产费用的具体用途,可进一步划分为若干项目,用以反映产品成本的构成。这些项目,通常称为产品成本项目。一般可设置“直接材料”“直接人工”和“制造费用”等成本项目。

(1) 直接材料。它是指企业生产经营过程中直接耗用的,并构成产品实体的原料及主要材料、辅助材料等。

(2) 直接人工。它是指企业直接从事产品生产人员的工资薪酬。

(3) 制造费用。它是指企业内部各生产单位为组织和管理生产所发生的各项费用,如车间固定资产折旧费、保险费、机物料消耗、车间管理人员工资薪酬、水电费、办公费等。

2. 非制造成本

非制造成本,是指产品在营销和管理过程中发生的各项费用,是与企业的销售、经营和管理活动相关的成本,主要包括销售费用、管理费用和财务费用等。

(1) 销售费用。它是指企业在销售商品和材料、提供劳务的过程中发生的各种费用,包括保险费、包装费、展览费、广告费、商品维修费、预计产品质量保证损失、运输费、装卸费以及为销售本企业商品而专设的销售机构(含销售网点、售后服务网点等)的职工薪酬、业务费、折旧费等经营费用。

(2) 管理费用。它是指企业为组织和管理企业生产经营活动所发生的管理费用,包括企业筹建期间发生的开办费、董事会和行政管理部门在企业的经营管理中发生的或者应该由企业统一负担的公司经费(包括行政管理部门职工工资薪酬、物料消耗、低值易耗品摊销、办公费和差旅费等)、工会经费、董事会费、聘请中介机构费、咨询费、诉讼费、业务招待费、房产税、车船使用税、土地使用税、印花税、技术转让费、矿产资源补偿费、研究费用和排污费等。

(3) 财务费用。它是指企业为筹集生产经营所需资金而发生的筹资费用,包括利息支出(减利息收入)、汇兑损益以及相关的手续费、企业发生的现金折扣或收到的现金折扣等。

需要指出的是,按照《企业会计准则——借款费用》的规定,企业发生的借款费用,可直接归属于符合资本化条件的资产的构建或者生产时,应当予以资本化,计入相关资产成本;其他借款费用,应当在发生时根据其发生额确认为费用,计入当期损益。

由于非制造成本与产品的生产无直接关系,而与生产经营期间直接有关,因此,这些费用又称期间费用。期间费用不计入产品成本,只需按一定的期间进行汇总,然后直接计入当期损益。

生产经营管理费用按经济用途的分类,是制造成本计算法的基础,也是正确计算产品成本的关键。它能清楚地反映产品成本的构成,有利于成本的分析和考核,也有利于企业进行成本预测和决策。

(三) 生产经营管理费用的其他分类方法

1. 生产费用按其与工艺过程的关系分类

生产费用按其与工艺过程的关系,可以分为直接生产费用和间接生产费用。直接生产费用是指其发生与产品的生产工艺过程直接相关的费用,如产品生产过程中直接耗用的原材料、生产工人的工资和机器设备的折旧费用等。间接生产费用是指其发生与产品的生产工艺过程没有直接关系的费用,如机物料消耗、辅助生产工人工资薪酬和车间厂房的折旧费用。

2. 生产费用按其计入产品成本方法的分类

生产费用按其计入产品成本的方法,可分为直接计入费用和间接计入费用。直接计入费用是指费用发生时,就能明确归属于某一成本计算对象,并能直接计入该成本计算对象的费用,如某种产品生产中单独领用的材料,生产工人的计件工资等。

间接计入费用简称间接费用,是指费用发生时无法归属于某一成本计算对象,必须先按地点或用途进行归集,然后通过分配间接计入各成本计算对象的费用(一般称为分配计入费用),如制造费用应先按车间归集,然后采用一定的标准分配给本车间生产的各种产品负担。

生产费用按其计入产品成本方法的分类,符合费用分配的受益原则,即谁受益谁负担费用,负担费用的多少与受益程度的大小成正比。具体来讲,就是凡属能够分清哪种产品所耗用的直接费用,都应直接计入受益产品的成本,不得归入间接费用。只有那些不能分清哪种产品所耗用的间接费用,才能采用合理的标准通过分配,计入各受益产品的成本,使受益多的多负担,受益少的少负担。因此,这种分类对正确计算产品成本具有十分重要的意义。

直接生产费用大多是直接计入费用,如原材料费用大多能够直接计入某种产品成本;间接生产费用大多是间接计入费用,如机物料大多只能按照一定标准分配计入有关产品成本。但也不都如此。例如,在只生产一种产品或只提供一种劳务的企业或车间中,直接生产费用和间接生产费用都可以直接计入该种产品成本,都是直接计入费用;在用同一种原材料、经过同一个生产过程、同时生产出来几种产品的联产品生产企业中,直接生产费用和间接生产费用都不能直接计入某种产品成本,都是间接计入费用。

三、制造业成本核算的一般程序

制造成本核算的一般程序,就是将生产经营管理过程中发生的各项要素费用按经济用途归类反映的过程。为了将生产费用计入各成本计算对象,计算出各成本计算对象的制造成本,有必要建立一个完整的账户体系。

(一) 成本核算账户的设置

为了核算产品成本,要设置“生产成本”一级账户。为了分别核算基本生产成本和辅助生产成本,还应在该一级账户下,分别设置“基本生产成本”和“辅助生产成本”两个二级账户进行明细核算。企业根据需要,也可以将“生产成本”账户分设为“基本生产成本”和“辅助生产成本”两个一级账户。

1. “生产成本——基本生产成本”账户

基本生产是指为完成企业主要生产目的而进行的商品产品生产。“基本生产成本”账户核算生产各种产品(产成品、自制半成品等)、自制材料、自制工具、自制设备等所发生的各项生产费用。企业生产中发生的直接材料、直接工资等直接计入费用,直接记入该账户的借方及其有关明细账户。间接计入费用应先通过“制造费用”账户归集,月终按一定标准分配,记入该账户的借方及其有关明细账户。已完工并验收入库的产成品、自制半成品,应从“基本生产成本”账户的贷方转入“库存商品”“自制半成品”账户的借方。“基本生产成本”账户的月末余额,就是基本生产在产品的成本,也就是基本生产在产品占用的资金。该账户应按产品品种等成本计算对象分设基本生产成本明细账,也称产品成本计算单或产品成本明细账。账中应按成本项目分设专栏或专行,登记各成本计算对象的月初在产品成本、本月发生的生产费用、本月完工产品成本和月末在产品成本。其一般格式如表 3-1 所示。

表 3-1　　　　**产品成本计算单**

(基本生产明细账)

车间:　　　　　　　　　　　　　　　　产品:

月	日	摘　要	产量	成　本　项　目			成本合计
				直接材料	直接人工	制造费用	
		月初在产品成本					
		本月生产费用					
		生产费用合计					
		本月完工产品成本					
		完工产品单位成本					
		月末在产品成本					

2. “生产成本——辅助生产成本”账户

辅助生产是指为基本生产和企业其他部门提供服务而进行的产品生产和劳务供应。“辅助生产成本”账户核算为基本生产车间及其他部门提供产品、劳务所发生的各项费用。属于辅助生产耗用的直接材料、直接工资应直接记入“辅助生产成本”账户及其有关明细账户。间接计入费用可以先通过“制造费用”账户归集,然后分配转入“辅助生产成本”账户的借方,或者直接记入“辅助生产成本”账户的借方。月终,完工验收入库产品的成本或分配转出的劳务费用,记入“辅助生产成本”账户的贷方。该账户月末一般没有余额,如果有余额,就是辅助生产在产品的成本,也就是辅助生产在产品占用的资金。该账户应按辅助生产车间和生产的产品、劳务分设辅助生产成本明细账。

3. “制造费用”账户

“制造费用”账户核算企业生产车间(部门)为生产产品和提供劳务而发生的各项间接计入费用。费用发生时,记入“制造费用”账户的借方及其有关明细账。月终根据企业成本核算办法的规定,按一定标准分配计入有关成本计算对象,从“制造费用”账户的贷方转入“基本生产成本”账户的借方及其有关明细账户。“制造费用”账户应按不同车间、部门设置明细账。除采用年度计划分配率外,该账户月末一般无余额。

(二) 成本流程

成本流程就是对生产过程中发生的各项要素费用,按经济用途归类计入产品成本的过程,也就是成本核算的一般程序。

产品成本核算的一般程序如下:

(1) 根据成本开支范围的规定,对各项生产经营管理费用支出进行严格审核。对于符合成本费用开支范围的各项费用,确定应计入产品成本的生产费用和不应计入产品成本的期间费用。

(2) 编制要素费用分配表。对生产中产品所耗用的材料,可以根据领料凭证编制材料费用分配表;发生的人工费用,可根据产量通知单等产量工时记录凭证编制工资费用分配表等。凡是能直接计入成本计算对象的生产费用,根据各要素费用分配表可直接记入“生产成本——基本生产成本”“生产成本——辅助生产成本”账户及有关明细账户。不能直接计入成本计算对象的生产费用,先进行归集,记入“制造费用”账户及其有关明细账户。

(3) 编制预付费用和应付费用分配表。本月发生的预付费用归集后,应将由本月承担的金额按用途进行分配,编制预付费用分配表。对尚未支付但应由本月承担的金额,应按照用途进行分配,也应编制应付费用分配表。根据所编制的这两张分配表的分配结果,分别记入“生产成本——辅助生产成本”“制造费用”等账户及其明细账户。

(4) 辅助生产费用的归集和分配。归集在“生产成本——辅助生产成本”账户及其明细账户的费用,除将完工入库的自制工具等产品的成本转为存货成本外,应按受益对象和所耗用的劳务数量,编制辅助生产费用分配表,据以登记“生产成本——基本生产成本”“制造费用”等账户及有关明细账户。

(5) 制造费用的归集和分配。各基本生产车间的制造费用归集后,应分别不同车间,于月终编制制造费用分配表,分配计入本车间生产的各种产品成本中,记入“生产成本——基本生产成本”账户及其明细账户。

(6) 完工产品成本的确定和结转。经过以上费用分配,各成本计算对象应负担的生产费用已全部记入有关的产品成本明细账。如果当月产品全部完工,所归集的生产费用即为完工产品成本。如果全部未完工,则为期末在产品成本。如果只有部分完工,则需要采用一定的方法在完工产品与期末在产品之间分配,以确定本期完工产品成本,并将完工验收入库的产成品成本从“生产成本——基本生产成本”账户及其明细账户结转至“库存商品”账户及有关明细账户。

(7) 已销售产品成本结转。已销售产品的成本要从“库存商品”账户及其明细账户转到“主营业务成本”账户及其明细账户。

成本流转的一般程序如图 3-1 所示。

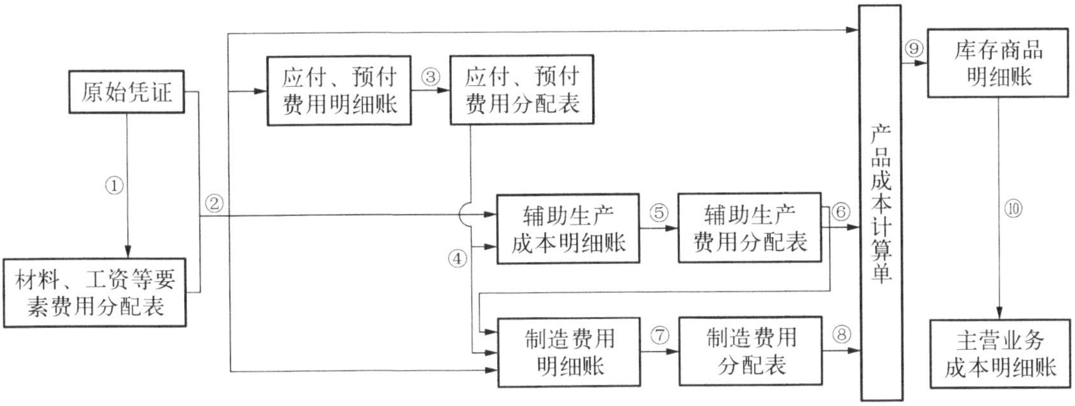

说明：① 根据原始凭证编制材料、工资等要素费用分配表；② 根据原始凭证及各要素费用分配表登记有关明细账；③ 编制应付费用和预付费用分配表；④ 根据应付费用和预付费用分配表登记有关明细账；⑤ 编制辅助生产费用分配表；⑥ 根据辅助生产费用分配表登记有关明细账；⑦ 编制制造费用分配表；⑧ 根据制造费用分配表登记有关产品成本计算单；⑨ 将完工产品成本转入库存商品明细账；⑩ 将已销售产品成本结转主营业务成本明细账。

图 3-1　成本流转的一般程序

第二节　材料费用的归集和分配

企业成本计算的过程实际上是成本归集和分配的过程，生产经营过程中发生的各种费用通过多次归集和分配，最终计算出产品总成本和单位成本。

企业制造产品的过程也是材料的耗用过程。本节所要回答的问题是：在生产过程中所耗用材料的价值是如何转移到产品的生产成本中的？

一、材料费用核算的内容

根据用途的不同，在产品生产过程中所消耗的材料可分为直接材料和间接材料。直接材料是指生产产品直接耗费的各种材料。它包括以下三类：一是构成产品实体的各种原料、主要材料，比如，纺织企业制造纺织品时所耗用的棉花，金属熔炼企业在金属品的铸造过程中耗用的矿石、生铁等。二是在产品制造工艺过程中消耗的各种燃料和动力，如食品加工企业在食品烘烤过程中所耗用的煤气、电力等。除此以外，与产品主要实体相结合或有助于产品形成而耗用的各种辅助材料也属于直接材料核算的内容，如冶炼企业、化工企业在金属熔炼和原料化学反应过程中耗用的各种添加剂、催化剂。其明细项目有原材料、主要材料、辅助材料、外购零部件和自制半成品等。

间接材料是指企业为组织生产、管理生产和保证生产正常进行而耗用的一般消耗性材料，也称机物料，包括为保证劳动资料正常运转而耗用的润滑油、防锈剂、修理备件和清洁用品，以及为创造正常劳动条件而耗用的照明用电力和电光源等。

直接材料和间接材料的划分是相对的。同一种材料消耗，对于有的企业而言应该作为直接材料核算，而另一家企业则可能将其归入间接材料费用。是否作为直接材料核算取决于该种材料的耗费与具体产品生产之间的紧密程度。如果该种材料的耗费无法与特定产品的生产联系起来,则该种材料耗费就应该计入间接材料。

二、材料费用计入成本的方式

产品制造过程中耗用的各种材料都应计入产品制造成本。之所以需要明确划分直接材料和间接材料,是因为两种材料费用计入产品成本的程序和方式不同。直接材料可以直接计入某一对象,并在成本计算单中的“直接材料”或“原材料”成本项目列示,称为直接材料成本。间接材料不可以直接计入某一成本计算对象,而是按材料耗费地点先归集在综合性的制造费用中,期末再通过一定方法分配计入该成本计算对象,并在其成本计算单中的“制造费用”项目中列示,称为间接材料成本。

有时候,某些构成产品主要实体的原料、主要材料等,在领用时无法直接分清应该由哪一个成本计算对象来负担,而是为几个成本计算对象共同耗用。为了准确反映产品的实际成本,我们有必要将这些直接材料费用在各种成本计算对象之间进行分配,并记入各成本计算对象的“直接材料”成本项目。它们之间的关系可用图 3－2 表示。

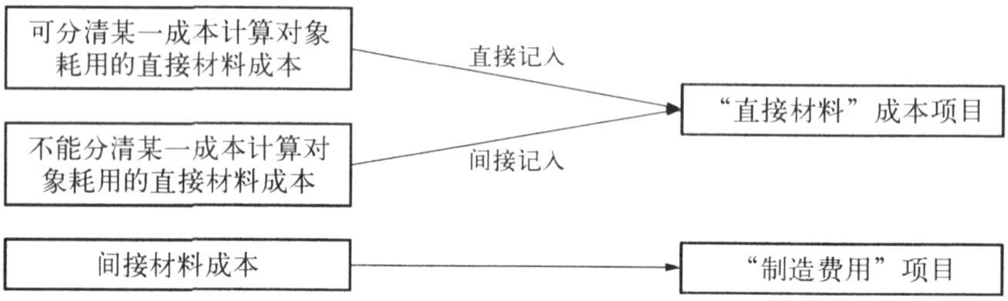

图 3－2 材料费用计入成本的方式

三、材料发出的核算

为了进行材料的明细核算,应该按照材料的品种、规格设立材料收、发、存明细账,根据收、发料凭证和退料凭证登记收、发材料的数量和金额。材料收、发、存的日常核算,可以按照材料的实际成本进行,也可以先按照材料的计划成本计价,月末再将材料的计划成本根据材料成本差异率调整为实际成本。

(一) 按实际成本计价材料发出的核算

在材料按实际成本计价时,材料明细账中的收、发、存的金额都应反映材料的实际成本,其中收入材料的金额应根据按实际成本计价的收料凭证登记。当生产产品等领用材料时,可以采用加权平均法、个别辨认法、先进先出法等方法计算应该转入生产成本等账户的材料费用。月末,再根据发料凭证定期汇总编制发料凭证汇总表,并据以编制发料的会计分录。

由于会计核算手续比较复杂,按实际成本计价的方法通常只适用于材料品种较少、每月收料次数不多的企业。

(二) 按计划成本计价材料发出的核算

材料在按计划成本计价的情况下,材料明细账中的收、发、存金额按材料的计划成本反映。采用计划成本核算的企业,还必须设置“材料成本差异”账户以反映材料的实际成本与计划成本的差异。月末再根据计算求得的材料成本差异率,将发出材料的计划成本调整为实际成本。将发料的计划成本调整为实际成本,需计算材料的成本差异率。其计算公式如下:

$$材料成本差异率 = \frac{月初结存材料成本差异 \pm 本月收入材料成本差异}{月初结存材料计划成本 + 本月收入材料计划成本} \times 100\%$$

根据材料成本差异率和发出材料的计划成本，即可计算发出材料的成本差异和实际成本。其计算公式如下：

$$发出材料成本差异 = 发出材料计划成本 \times 材料成本差异率$$
$$发出材料实际成本 = 发出材料计划成本 \pm 发出材料成本差异$$

上列公式中的材料成本差异，如为超支差异，按正数计算，需要将发出材料的计划成本调高；如为节约差异，按负数计算，则需要调减发出材料的计划成本。

采用计划成本计价，可以大大简化平时的核算工作量，特别是材料收、发频繁的企业，同时也便于对材料的控制和计划完成情况的考核。但是，为了保证发出材料实际成本计算的准确性，企业必须合理制订材料的计划成本。当实际成本变动较大时，应该及时调整计划成本。

四、材料费用分配的核算

(一) 材料费用的总分配

企业在生产过程中耗费的材料，应按其用途进行分配。材料费用的分配是从整个企业的角度出发，不论是自制还是外购材料，其费用的分配都是根据审核后的领退料凭证，按照材料的具体用途进行，其中直接用于产品生产的直接材料，应直接记入“生产成本——基本生产成本”账户，同时记入基本生产成本明细账中的“原材料”或“直接材料”成本项目；间接用于产品生产的材料，应先记入“制造费用”账户，期末，同其他制造费用一同分配记入“制造费用”成本项目；用于组织和管理生产的材料费用，记入“管理费用”账户，同时，记入“管理费用明细账”中的“材料”费用项目；用于产品销售的材料费用，应记入“销售费用”账户，同时，记入“销售费用明细账”中的“材料”费用项目；还有其他如用于建造固定资产的材料费用，计入在建工程支出。

例 3－1

岭南公司材料采用计划成本计价，2017 年 5 月发料凭证汇总表如表 3－2 所示。

表 3－2　　**发料凭证汇总表**

岭南公司　　2017 年 5 月　　单位：元

应借科目		应贷科目					
		原材料——A		原材料——B		合　计	
		计划成本	成本差异（差异率：2%）	计划成本	成本差异（差异率：－1%）	计划成本	成本差异
生产成本——基本生产成本	1～10 日	45 630	912.6	4 700	－47	50 330	865.6
	11～20 日	11 760	235.2	6 500	－65	18 260	170.2
	21～31 日	23 800	476	4 500	－45	28 300	431
	小　计	81 190	1 623.8	15 700	－157	96 890	1 466.8

续 表

应借科目		应贷科目					
		原材料——A		原材料——B		合 计	
		计划成本	成本差异(差异率：2%)	计划成本	成本差异(差异率：−1%)	计划成本	成本差异
制造费用	1～10 日	8 200	164	950	−9.5	9 150	154.5
	11～20 日	6 150	123	840	−8.4	6 990	114.6
	21～31 日	5 200	104	680	−6.8	5 880	97.2
	小 计	19 550	391	2 470	−24.7	22 020	366.3
管理费用	1～10 日	520	10.4			520	10.4
	11～20 日	460	9.2			460	9.2
	21～31 日	280	5.6			280	5.6
	小 计	1 260	25.2			1 260	25.2
合 计		102 000	2 040	18 170	−181.7	120 170	1 858.3

根据上述发料凭证汇总表，可以编制会计分录如下：

借：生产成本——基本生产成本　96 890
　　制造费用　22 020
　　管理费用　1 260
　贷：原材料　120 170
借：生产成本——基本生产成本　1 466.8
　　制造费用　366.3
　　管理费用　25.2
　贷：材料成本差异　1 858.3

(二) 直接材料费用的分配

直接材料费用的分配是指直接材料费用在不同产品之间的分配。一般而言，企业的领料单上都会直接注明使用该材料的具体产品。但是，当企业所生产的几种产品需要使用同一种材料，在几种产品共同领料而且无法区分各种产品的耗用量时，就需要将直接材料费用在各个产品之间进行分配。分配标准的选择是否合理，将直接影响成本计算的准确性。在选择分配标准时，应关注分配标准与生产费用之间是否具有直接或间接的因果关系。分配材料费用常见的分配标准有：重量、体积、产品产量、定额耗用量、定额费用等。如果各种产品所共同耗用材料与产品的重量、体积相关，也就是重量越重、体积越大的产品耗费的材料费用越多，那么应按产品的重量、体积分配，如各种铁铸件、木制器、糖果类、食品类的产品都可采用该分配标准分配共同的材料费用。有些企业生产产品使用的辅助材料，如果与产品产量有关，可按产品产量分配。对于耗用在主要材料上的辅助材料，如电镀材料、油漆等，也可以按主要材料耗用比例或主要材料费用比例分配。如果各种产品所共同耗用的材料都定有消耗定额，则可以定额耗用量或定额费用为标准进行分配。下面就以定额耗用量和定额费用为例，说明共同耗用材料费用的分配。

所谓定额耗用量是指一定产量下按照消耗定额计算可以消耗的材料数量。消耗定额是指单位产品可以消耗的数量限额，通常是指现行比较先进的定额。定额费用是指定额耗用量与材料计划单价的乘积。其计算公式如下：

定额耗用量 = 产品产量 × 单位产品消耗定额

定额费用 = 定额耗用量 × 材料的计划单价

$$\text{材料消耗量分配率} = \frac{\text{材料耗用量总额}}{\sum \text{各种产品定额耗用量或定额费用}}$$

某种产品应分配的材料数量 = 该种产品的材料定额消耗量 × 材料消耗量分配率

某种产品应分配的材料费用 = 该种产品应分配的材料数量 × 材料实际单价或计划单价

例 3－2

岭南公司 5 月份生产甲、乙两种产品，共同耗用某种材料 3 100 千克，每千克计划成本为 6 元。甲产品的实际产量为 500 件，单位消耗定额为 2.5 千克，乙产品的实际产量为 200 件，单位消耗定额为 1.5 千克。假如采用定额消耗量比例，分配甲、乙两种产品应负担的材料成本如表 3－3 所示。

表 3－3　　共同耗用材料费用的分配表

2017 年 5 月

分配对象	产品产量	消耗定额	定额消耗量	分配率	实际耗用量分配	材料费用	
						计划单价	金　额
(1)	(2)	(3)	(4)=(2)×(3)	(5)	(6)=(4)×(5)	(7)	(8)=(7)×(6)
甲产品	500	2.5	1 250	2	2 500	6	15 000
乙产品	200	1.5	300	2	600	6	3 600
合　计			1 550		3 100		18 600

在实际工作中，原材料的广义分配和狭义分配是通过原材料费用分配表进行的。原材料费用分配表是成本核算人员用以登记有关成本、费用明细账，进行材料费用的明细核算的依据。原材料费用分配表的格式如表 3－4 所示。

表 3－4　　材料费用分配表

2017 年 5 月　　　　单位：元

应借科目		成本费用项目	直接计入	分配计入					材料费用合计
总账及二级科目	明细科目			产量	单位消耗定额(千克)	定额耗用量(千克)	分配率	应分配材料费	
生产成本——基本生产成本	甲产品	直接材料	33 810	500	2.5	1 250		15 000	48 810
	乙产品	直接材料	14 580	200	1.5	300		3 600	18 180
	小　计	—	48 390		—	1 550	12	18 600	66 990

续 表

<table>
<tr><th colspan="2">应借科目</th><th rowspan="2">成本费用项目</th><th rowspan="2">直接计入</th><th colspan="5">分配计入</th><th rowspan="2">材料费用合计</th></tr>
<tr><th>总账及二级科目</th><th>明细科目</th><th>产量</th><th>单位消耗定额(千克)</th><th>定额耗用量(千克)</th><th>分配率</th><th>应分配材料费</th></tr>
<tr><td>制造费用</td><td>基本车间</td><td>机物料消耗</td><td>4 600</td><td></td><td></td><td></td><td></td><td></td><td>4 600</td></tr>
<tr><td>管理费用</td><td></td><td>其　他</td><td>2 500</td><td></td><td></td><td></td><td></td><td></td><td>2 500</td></tr>
<tr><td colspan="2">合　　计</td><td></td><td>55 490</td><td></td><td></td><td></td><td></td><td>18 600</td><td>74 090</td></tr>
</table>

根据表 3－4,编制材料费用分配分录如下：

借：生产成本——基本生产成本——甲　　48 810
　　生产成本——基本生产成本——乙　　18 180
　　制造费用　　4 600
　　管理费用　　2 500
　贷：原材料　　74 090

同步思考题 3.1

琳琳公司生产 A、B、C、D 四种产品,原料及主要材料的耗用情况见表 3－5,产量和单位产品定额耗用量资料如表 3－6 所示。

表 3－5　　原料及主要材料耗用表

<table>
<tr><th>原　料</th><th>计量单位</th><th>单位成本</th><th>A 产品</th><th>B 产品</th><th>C 产品</th><th>D 产品</th></tr>
<tr><td>甲材料</td><td>千克</td><td>80</td><td colspan="2">17 237 千克</td><td colspan="2">8 694 千克</td></tr>
<tr><td>乙材料</td><td>千克</td><td>25</td><td>8 000 千克</td><td colspan="2">24 495 千克</td><td>9 800 千克</td></tr>
</table>

表 3－6　　产量和单位产品定额耗用量表

<table>
<tr><th rowspan="2">产　品</th><th colspan="2">单位产品定额耗用量(千克)</th><th rowspan="2">产　量</th></tr>
<tr><th>甲　材　料</th><th>乙　材　料</th></tr>
<tr><td>A 产品</td><td>5</td><td>9</td><td>950</td></tr>
<tr><td>B 产品</td><td>7</td><td>8</td><td>1 560</td></tr>
<tr><td>C 产品</td><td>4</td><td>6</td><td>1 470</td></tr>
<tr><td>D 产品</td><td>2</td><td>5</td><td>1 890</td></tr>
</table>

要求：按定额耗用量比例计算各个产品应当分摊的材料费用。

第三节　人工费用的归集和分配

在产品的生产过程中,人的劳动是起决定性作用的要素之一。因此,只有正确归集和分配为生产产品而发生的人工费用,才能保证生产成本计算的准确性。

一、人工费用的构成

人工费用主要是指企业为获得职工提供的服务或终止劳动合同关系而给予各种形式的报酬以及其他相关支出,也就是职工薪酬。职工薪酬主要包括短期薪酬、离职后福利、辞退福利和其他长期职工福利。

(一) 短期薪酬

短期薪酬是指企业预期在职工提供相关服务的年度报告期结束后十二个月内将全部予以支付的职工薪酬。它主要包括:

1. 工资、奖金、津贴、补贴

这是指构成工资总额的计时工资、计件工资、支付给职工的超额劳动报酬和增收节支的劳动报酬、为了补偿职工特殊或额外的劳动消耗和因特殊原因支付给职工的津贴,以及为了保证职工工资水平不受物价影响支付给职工的物价补贴等。

2. 职工福利费

职工福利费是指企业为职工提供的除职工工资、奖金、津贴和补贴、职工教育经费、社会保险费及住房公积金等以外的福利待遇支出,包括发放给职工或为职工支付的以下各项现金补贴和非货币性集体福利:一是为职工卫生保健、生活等发放或支付的各项现金补贴或非货币性福利,包括职工因公外地就医费用、职工疗养费用、防暑降温费等;二是企业尚未分离的内设集体福利部门所发生的设备、设施和人员费用;三是发放给在职职工的生活困难补助以及按规定发生的其他职工福利支出,如职工异地安家费等。

3. 社会保险费和住房公积金

它主要是指企业按照国家规定的基准和比例计算,向社会保险经办机构缴纳的医疗保险费、工伤保险费和生育保险费等社会保险费,以及向住房公积金管理机构缴存的住房公积金。

4. 工会经费、职工教育经费

它是指企业为了改善职工文化生活、为职工学习先进技术和提高文化水平、业务素质,用于开展工会活动和职工教育及职业技能培训等相关支出。

5. 短期带薪缺勤

这是指企业支付工资或提供补偿的职工缺勤,包括年休假、病假、短期伤残、婚假、产假等。

6. 短期利润分享计划

它是指因职工提供服务而与职工达成的基于利润或其他经营成果提供薪酬的协议。长期利润分享计划属于其他长期职工福利。

7. 非货币性福利

它是指企业以自己的产品或外购商品发放给职工作为福利,企业提供给职工无偿使用自己拥有的资产或租赁资产供职工无偿使用。

8. 其他短期薪酬

它是指除上述薪酬以外的其他为获得职工提供的服务而给予的短期薪酬。

(二) 离职后福利

离职后福利是指企业为获得职工提供的服务而在职工退休或与企业解除劳动关系后,提供的各种形式的报酬和福利,属于短期薪酬和辞退福利的除外。

(三) 辞退福利

辞退福利是指企业在职工劳动合同到期之前解除与职工的劳动合同关系,或者为鼓励职工自愿接受裁减而给予职工的补偿。

(四) 其他长期职工福利

其他长期职工福利是指除短期薪酬、离职后福利、辞退福利之外所有的职工薪酬,包括长期带薪缺勤、长期残疾福利、长期利润分享计划等。

二、人工费用的汇总和分配

(一) 短期薪酬

企业应当根据职工为其提供服务的情况和工资标准计算应计入职工薪酬的工资总额,按照受益对象计入当期损益或相关的资产成本。企业为职工缴纳的医疗保险、工伤保险、生育保险等社会保险费和住房公积金,以及按规定提取的公会经费和职工教育经费,应当在职工为其提供服务的会计期间,根据规定的计提基础和计提比例计算确定相应的职工薪酬金额,按照受益对象计入当期损益和相关资产成本。企业发生的职工福利费,应当在实际发生时根据实际发生额计入当期损益或相关资产成本。

(二) 带薪缺勤

带薪缺勤应当分为累积带薪缺勤和非累积带薪缺勤。

累积带薪缺勤,是指带薪权利可以结转下期的带薪缺勤,本期尚未用完的带薪缺勤权利可以在未来期间使用。企业应当在职工提供了服务而增加了其未来享有的带薪缺勤权利时,确认和计量累积带薪缺勤相关的职工薪酬,并以累积未行使权利而增加的预期支付金额计量。

例如,某公司有 800 名职工,从 2017 年 1 月 1 日起,该公司实行累积带薪缺勤制度。该制度规定,每个职工每年可享受 5 个工作日的带薪年休假,未使用的年休假可以向后结转。2017 年 12 月 31 日,每个职工当年平均享受带薪年休假为 3 天。公司预计 2018 年有 750 名职工将享受不超过 5 天的年休假,剩余 50 名职工每人平均将享受 7 天的年休假,该公司平均每名职工每个工作日工资为 300 元,则该公司在 2017 年 12 月 31 日应当预计由于职工累积未使用年休假导致预期将支付的工资,即 100 天(50×2)的年休假工资 30 000 元(100×300)。

非累积带薪缺勤,是指带薪权利不能结转下期的带薪缺勤,本期尚未用完的带薪缺勤权利将予以取消,并且职工离职时也无法获得现金支付。这时,企业应当在职工缺勤时确认职工享有的带薪权利,即视同职工出勤确认的相关资产成本或当期费用。企业应当在缺勤期间计提应付工资时一并处理。

(三) 职工薪酬的分配

职工薪酬的分配要划清计入产品成本和期间费用与不计入产品成本和期间费用的职工薪酬的界限。应由生产产品、提供劳务负担的职工薪酬,计入产品成本或劳务成本,即只有与企业生产产品或提供劳务有关的人员的薪酬,才可以计入产品制造成本;应由在建工程、无形资产负担的职工薪酬，计入建造固定资产或无形资产成本；除此之外的其他职工薪酬，计入当期损益。

应由产品或劳务负担的职工薪酬，根据其计入产品成本的程序和方式，又可分为直接人工费用和间接人工费用。直接人工费用是指直接从事产品生产而发生的人工费用，可以直接计入产品成本，在成本计算单中的"直接人工"项目单独列示，形成产品成本的一个重要组成部分，即为直接人工成本。间接人工费用是指为组织和管理生产活动而发生的人工费用，该费用应先按其发生地点归集于制造费用，再通过分配计入产品生产成本，单独列入成本计算单中的"制造费用"成本项目，形成产品成本中的间接人工成本。

在应计入产品成本的直接人工费用中，由于采用的工资形式和产品品种数量的不同，其计入产品成本的方式也不相同：在采用计件工资的形式下，生产工人的计件工资一般是直接计入费用，可以按照不同的成本计算对象直接计入产品成本中；在采用计时工资时，则需要酌情处理，如果生产车间只生产一种产品，则该车间汇总的生产工人的工资就可以直接计入成本计算对象，如果该车间生产多种产品，则需要将直接人工费用在各成本计算对象之间分配，一般可以采用实际工时或定额工时进行分配。按实际工时比例分配，能使产品的工资支出与劳动生产率的水平联系起来。在没有实际工时记录的情况下，可采用定额工时比例分配。其计算公式如下：

直接人工费用分配率 = 本期发生的直接人工费用 ÷ 各种产品耗用的实际工时(或定额工时之和)

某产品应负担的直接人工费用 = 直接人工费用分配率 × 该产品耗用的实际工时(或定额工时)

为了分配人工费用，月末应按部门根据工资结算单和有关的生产工时记录编制"人工费用分配表"，如表 3 - 7 所示。

表 3 - 7　　人工费用分配汇总表

2017 年 5 月　　单位：元

应借科目		直接计入	分配计入			工资合计	其他职工薪酬	职工薪酬总计
总账及二级科目	明细科目		分配标准(工时)	分配率	应分配工资费用			
生产成本——基本生产成本	甲产品	34 000	1 700	—	34 000	68 000	10 200	78 200
	乙产品	28 000	1 180	—	23 600	51 600	7 740	59 340
	小　计	62 000	2 880	20	57 600	119 600	17 940	137 540
制造费用	基本车间	25 880				25 880	3 882	29 762
生产成本——辅助生产成本	供水车间	27 660				27 660	4 149	31 809
	供电车间	24 860				24 860	3 729	28 589
	小　计	52 520				52 520	7 878	60 398
管理费用	行政管理	34 000				34 000	5 100	39 100
销售费用	销售机构	28 000				28 000	4 200	32 200
在建工程		11 500				11 500	1 725	13 225
合　计		213 900			57 600	271 500	40 725	312 225

根据“人工费用分配汇总表”可编制如下工资费用分配分录：

借：生产成本——基本生产成本　137 540
　　生产成本——辅助生产成本　60 398
　　制造费用　29 762
　　管理费用　39 100
　　销售费用　32 200
　　在建工程　13 225
　贷：应付职工薪酬　312 225

第四节　其他要素费用的归集和分配

一、外购动力费用分配的核算

动力是企业生产不可缺少的要素之一。企业耗用的动力有的是企业辅助生产车间自行生产的，有的是从外单位购入的。由辅助生产车间生产的动力，应作为辅助生产费用进行归集；直接从外单位购入的动力，应按动力的用途和使用部门进行分配。

企业耗用的动力，按其用途主要可分为：工艺用动力、传动用动力、组织和管理生产用动力。工艺用动力属于直接费用，在按产品分装仪表的情况下，应根据仪表所示耗用动力的数量和单价，直接记入“燃料及动力”成本项目；在没有按产品分装仪表的情况下，则可按生产工时、机器工时、定额耗用量和其他比例分配。传动用动力费是机器设备使用费的组成部分，按其性质应作为直接费用处理，但传动用动力费一般占产品制造成本的比重比较小而且较难按成本计算对象区分，因此一般作为间接费用记入“制造费用”账户。对于照明、取暖用电，则按其使用部门分别记入“制造费用”“管理费用”等照明、取暖费用项目栏。外购动力费用的分配可编制“外购动力费用分配表”，如表 3－8 所示。

表 3－8　　**外购动力费用分配表**

2017 年 5 月　　单位：元

应借科目		成本费用项目	动力费用分配			电费分配	
总账及二级科目	明细科目		生产工时	分配率	分配金额	用电度数	分配金额（分配率 0.4）
生产成本——基本生产成本	甲产品	燃料及动力	38 500	0.30	11 550		
	乙产品	燃料及动力	25 460	0.30	7 368		
	小　计	—	63 960	—	19 188		
制造费用	基本车间	水电费				15 000	6 000

续　表

应借科目		成本费用项目	动力费用分配			电费分配	
总账及二级科目	明细科目		生产工时	分配率	分配金额	用电度数	分配金额(分配率0.4)
生产成本——辅助生产成本	供水车间	水电费				11 000	4 400
	供电车间	水电费				14 000	5 600
	小　计					25 000	10 000
管理费用		水电费				8 000	3 200
合　　计		—	—	—	19 188	48 000	19 200

根据动力费用分配表,可编制如下分录:

借:生产成本——基本生产成本——甲　　11 550
　　生产成本——基本生产成本——乙　　7 368
　　生产成本——辅助生产成本　　10 000
　　制造费用　　6 000
　　管理费用　　3 200
　贷:银行存款(或应付账款)　　38 388

二、折旧费用的核算

固定资产的价值随着其使用而逐渐转移到产品的制造成本中,这个过程即"折旧"。从其性质看,固定资产的折旧费用是一种基本费用。但是,由于一般企业折旧费用在产品成本中所占的比重不大,且大多数企业固定资产的使用与多种产品有关,如房屋以及各种通用的设备,因此为了简化成本核算,折旧费用一般作为间接费用核算。

为了正确计算和分配折旧费用,企业应该注意以下几个问题:

第一,合理估计固定资产的使用年限和净残值。

企业应当根据《企业会计准则第 4 号——固定资产》的规定,结合企业的实际情况,制定固定资产目录、分类方法、每类或每项固定资产的使用寿命、预计净残值、折旧方法等,并编制成册,根据企业的管理权限,经股东大会或董事会,或经理(厂长)会议或类似机构批准,按照法律、行政法规的规定报送有关各方备案,并备置于企业所在地,以供投资者等有关各方查阅。企业已经确定并对外报送,或备置于企业所在地的有关固定资产目录、分类方法、使用寿命、预计净残值、折旧方法等,一经确定不得随意变更,如需变更,仍然应当按照上述程序,经批准后报送有关各方备案,并在会计报表附注中予以说明。

第二,选择适当的折旧方法。

企业固定资产的折旧方法可以采用年限平均法、工作量法、年数总和法、双倍余额递减法等。前两种属于直线折旧法,即每月或每单位工作量的折旧是相同的;后两种是加速折旧法,即折旧随着年限的增加而递减。加速折旧法通常适用于随着科技的发展,更新比较快的固定资产,如电脑、高新电子设备等。为了合理计算折旧费用,必须根据企业的特点以及各种固定资产的性质,慎重选择折旧方法。

第三，正确确定折旧范围。

企业应当对所有的固定资产计提折旧，但是，已提足折旧仍继续使用的固定资产和单独计价入账的土地除外。同时，还应注意：(1) 企业一般按月提取折旧，当月增加的固定资产，当月不提折旧，从下月起计提折旧；当月减少的固定资产，当月照提折旧，从下月起不提折旧。(2) 固定资产提足折旧后，不管能否继续使用，均不再提取折旧；提前报废的固定资产，也不再补提折旧。(3) 已达到预定可使用状态但尚未办理竣工决算的固定资产，应当按照估计价值确定其成本，并计提折旧；待办理竣工决算后再按实际成本调整原来的暂估价值，但不需要调整原已计提的折旧额。

固定资产的折旧费用通常按发生地点归集，计入产品成本的折旧费一般不单独设成本项目，而是作为制造费用的项目，和其他费用一起分配计入产品成本。具体而言，企业基本生产车间所使用的固定资产，其计提的折旧应记入“制造费用”账户；管理部门使用的固定资产，其计提的折旧应记入“管理费用”账户；销售部门使用的固定资产，其计提的折旧应记入“销售费用”账户；自行建造固定资产过程中使用的固定资产，其计提的折旧应记入“在建工程”账户；经营租出的固定资产，其计提的折旧应记入“其他业务成本”账户；未使用的固定资产，其计提的折旧应记入“管理费用”账户。

对固定资产折旧费进行分配，可设置“固定资产折旧费分配表”，如表 3－9 所示。

表 3－9　　固定资产折旧费分配表

2017 年 5 月　　单位：元

应借科目	车间部门	4 月折旧额	4 月增加折旧额	4 月减少折旧额	本月折旧额
制造费用	基本生产车间	2 850	250	200	2 900
生产成本——辅助生产成本	供水车间	1 530	220	180	1 570
	供电车间	1 420	200	—	1 620
	小　计	2 950	420	180	3 190
管理费用	行政管理部门	1 650	230	100	1 780
销售费用	销售机构	1 560	210	150	1 620
合　　计		9 010	1 110	630	9 490

根据固定资产折旧费用分配表，可编制如下会计分录：

借：制造费用　　2 900
　　生产成本——辅助生产成本　　3 190
　　管理费用　　1 780
　　销售费用　　1 620
　贷：累计折旧　　9 490

同步思考题 3.2

生产费用的归集和分配是否准确会影响我们生活的各个方面。单宁非常喜欢喝一种牌子的矿泉水，该矿泉水的单价为 13.5 元。但是一瓶水为何售价如此之高？单宁很困惑。由于一次偶然的原因,单宁结识了该矿泉水生产企业的成本主管。他告诉单宁,该产品之所以售价高,是因为产品成本较高,并且将该产品的单位成本构成细目给单宁看:

直接材料成本	1元
生产工人工资	0.5元
制造费用项目(包括公司管理人员工资)	1.4元
公司固定资产折旧费分摊	2.8元
广告费分摊	4.5元
物流费分摊	0.1元
合　计	10.3元

要求:请指出该公司在成本归集方面存在的问题。

本章小结

制造业的成本核算是对生产经营过程中发生的生产费用按经济用途分类,并按一定对象和标准进行归集和分配,以计算确定各该对象的总成本和单位成本。成本核算包括生产费用汇总核算和产品成本计算两部分内容。

材料费用的核算主要包括材料发出和材料分配。材料发出有实际成本计价和计划成本计价两种。材料费用的分配有狭义和广义之分,狭义的分配是直接材料费用在各个产品之间的分配,常见的分配标准有重量、体积、产品产量、定额消耗量和定额费用等;广义的分配是指材料在所有领用部门之间的分配。

企业为获得职工提供的服务而给予各种形式的报酬以及其他相关支出总称职工薪酬,主要包括工资、奖金、津贴、补贴、职工福利费等。应由产品或劳务负担的职工薪酬,根据其计入产品成本的程序和方式,又可分为直接人工费用和间接人工费用。直接人工费用是指直接从事产品生产而发生的人工费用,可以直接计入产品成本。间接人工费用是指为组织和管理生产活动而发生的人工费用,该费用应先按其发生地点归集于制造费用,再通过分配计入产品生产成本。

其他要素费用项目主要包括外购动力及其设备折旧费,以及利息支出、税金和其他支出等。外购动力和折旧费应该根据受益原则进行归集,应归属于产品成本负担部分的记入“制造费用”账户,由企业管理部门或销售部门耗用的,则分别记入“管理费用”“销售费用”等账户。

本章关键词

生产费用	production expenses
产品成本	product cost
费用要素	expenses element
成本项目	cost item
成本流程	cost flow
成本归集	cost accumulation
共同成本	common cost
直接成本	direct cost
间接成本	indirect cost
成本分配	cost allocation
直接材料	direct material
直接人工	direct labor

思考题

1. 简述产品成本与生产费用之间的区别和联系。
2. 制造业成本核算的一般程序是怎样的?
3. 直接材料成本与间接材料成本有何区别?
4. 直接材料成本如何分配?
5. 工资总额包括哪些内容?
6. 直接人工费用如何分配?

同步思考题参考答案

3.1

A、B产品共同耗用的甲材料的分配率=17 237÷15 670=1.1

C、D产品共同耗用的甲材料的分配率=8 694÷9 660=0.9

B、C产品共同耗用的乙材料的分配率=24 495÷21 300=1.15

A产品应分摊的材料费用=4 750×1.1×80+8 000×25=618 000(元)

B产品应分摊的材料费用=10 920×1.1×80+12 480×1.15×25=1 319 760(元)

C产品应分摊的材料费用=5 880×0.9×80+8 820×1.15×25=676 935(元)

D产品应分摊的材料费用=3 780×0.9×80+9 800×25=517 160(元)

3.2

该公司在成本费用的归集方面存在的主要问题是将不应该计入成本的一些费用要素计入了成本,从而导致产品成本虚高,具体主要有以下问题:

(1) 制造费用中的工资费用应该只包括生产车间管理人员的工资,不包括其他管理人员的工资。

(2) 固定资产折旧费中,只有生产车间固定资产的折旧费才可以计入制造费用。

(3) 广告费直接计入公司当期的销售费用,不可以分摊计入产品成本。

(4) 物流费应该计入销售费用,不可以计入产品成本。

案例讨论

约翰于2011年初成立了一家约翰工程公司,专门生产他自己设计的一种阀门。年末,公司的会计因病无法完成年末的财务报表,但该会计已经正确地计算了年末存货的数据,其结果如下:

项　　目	金　　额
原材料	230 000 元
在产品	157 500 元
产成品(3 000 个)	442 500 元

由于这是第一年生产,因此年初没有存货。

为了能够及时了解公司的经营结果,约翰自己计算了当年的经营成果。其结果如下:

项　　目	金　　额	
销售净额		3 053 000 元
已销售产品的成本:		
购买原材料	905 000 元	
生产工人工资	550 000 元	
制造费用	850 000 元	
销售费用	353 000 元	
管理费用	660 000 元	3 318 000 元
净亏损		265 000 元

约翰对公司的经营成果非常不满意。他说:今年我们不但亏损了26万多元,而且单位成本也太高。我们销售了10 000个阀门,总成本为3 318 000元,平均单位成本为331.80元。而有些竞争对手的单位成本只有175元。不用会计我也知道今年的经营结果糟透了。

要求:你是否同意约翰关于公司没有盈利以及单位成本远高于竞争对手的说法?如果你不同意约翰的说法,请解释其在计算过程中所犯的错误,并予以更正。假设该公司的所得税率为25%。

第四章

成本费用的归集和分配(二)

引　言

通过对各种要素费用的分配,已经将当期所发生的生产经营管理费用按照用途分别记入"基本生产成本""辅助生产成本""制造费用""管理费用""财务费用"和"销售费用"等账户。为了进一步划分各项费用界限,从而准确计算产品成本,需要将归集在"辅助生产成本"和"制造费用"账户中的辅助生产费用和制造费用进行分配。分配后,产品在本期生产过程中发生的各项耗费均按各成本项目进行了汇总,计入各个成本计算单中。如果当期产品全部完工,成本计算单上所归集的生产费用,就是该种完工产品的成本;如果期末既有完工产品,又有在产品,就需要将期初在产品的生产费用和本期发生的生产费用之和,在本期完工产品与期末在产品之间分配。

学习目标

1. 熟练掌握辅助生产费用分配的各种方法。
2. 熟练掌握制造费用的归集和分配方法。
3. 理解广义在产品和狭义在产品的含义。
4. 了解在产品的数量核算工作的基本内容。
5. 理解各种完工产品与月末在产品成本划分方法的特点和适用性。
6. 熟练运用生产费用在完工产品和月末在产品之间的划分方法。
7. 理解先进先出法和加权平均法的不同特点。
8. 熟练掌握投料程度和完工程度的确定方法。

第一节　辅助生产费用的归集和分配

在一些规模较大的制造企业中,除了生产产品的基本生产车间外,还设有另一类被称作辅助生产车间的服务部门。这一类服务部门实际上是为保证产品生产的正常进行而向基本生产提供服务的生产车间,如为基本生产车间供电、供水,提供运输劳务、修理作业等服务,以及为基本生产从事工具、模具、夹具、修理用备件等的制造。服务部门的劳务和产品有时也可对外销售,但必须以首先满足企业内部需要为前提条件。因此,对外销售不是设立服务部门的主要目的,它主要是为本企业内部服务的。

一、辅助生产费用的归集

辅助生产费用的归集和分配,是通过设置"生产成本——辅助生产成本"账户进行的。该账户的借方反映辅助生产车间所发生的一切生产耗费,既包括各辅助生产车间发生的直接费用,也包括辅助生产车间为组织和管理生产活动而发生的各种间接费用,以及在辅助生产车间相互提供劳务、作业的情况下,各受益的辅助生产车间按受益量比例而转入应承担的费用;该账户的贷方反映服务费用的分配,登记各辅助生产车间向受益部门提供服务成本的转出数,以及完工入库的工具、模具等产品生产成本的转出数,期末如有借方余额则为辅助生产车间的在产品成本。"辅助生产成本"账户一般应按车间以及劳务、作业和产品的种类设立明细账,在明细账内按规定的项目设立专栏,进行明细核算。辅助生产车间发生的制造费用,有两种处理方法:一种是先通过"制造费用"账户的借方进行归集,再从其贷方分配转入"辅助生产成本"账户的借方;另一种是不通过"制造费用"账户核算。由于辅助生产车间规模较小,制造费用很少,且不对外提供服务或产品,为了简化核算工作,制造费用也可以直接记入"辅助生产成本"账户,而不通过"制造费用"账户核算。本教材对辅助生产车间的制造费用是按后一种方法处理的。

辅助生产成本明细账的格式见表4-1、表4-2。

表4-1　　**辅助生产成本明细账**

车间:供电车间　　2017年5月　　单位:元

日期	凭证号	摘　　要	燃料	工资薪酬	机物料消耗	折旧费	保险费	办公费	水电费	其他	合计
(略)	(略)	领用燃料	43 000								43 000
		应付职工薪酬等		25 000							25 000
		领用辅助材料等			8 000						8 000
		计提折旧				25 000					25 000
		分摊保险费					10 000				10 000
		支付办公费						11 000			11 000
		支付水电费							9 000		9 000
		支付其他费用								19 000	19 000
		合　　计	43 000	25 000	8 000	25 000	10 000	11 000	9 000	19 000	150 000

表4-2　　**辅助生产成本明细账**

车间:供水车间　　2017年5月　　单位:元

日期	凭证号	摘　　要	原材料	燃料及动力	工资薪酬	折旧费	低值易耗品摊销	保险费	办公费	水电费	其他	合计
(略)	(略)	领用材料	30 000									30 000
		燃料及动力费		65 000								65 000

续 表

日期	凭证号	摘 要	原材料	燃料及动力	工资薪酬	折旧费	低值易耗品摊销	保险费	办公费	水电费	其他	合计
		应付职工薪酬等			34 000							34 000
		计提折旧				35 000						35 000
		领用工具等					6 000					6 000
		分摊保险费						12 000				12 000
		支付办公费							13 000			13 000
		支付水电费								17 000		17 000
		支付其他费用									28 000	28 000
		合 计	30 000	65 000	34 000	35 000	6 000	12 000	13 000	17 000	28 000	240 000

辅助生产车间费用归集的总分类核算会计分录如下：

借：生产成本——辅助生产成本　　×××
　贷：原材料　　×××
　　材料成本差异　　×××
　　应付职工薪酬　　×××
　　累计折旧　　×××
　　预付账款　　×××
　　应付账款　　×××
　　银行存款等　　×××

二、辅助生产费用的分配

辅助生产费用的分配方法主要有直接分配法、顺序分配法和交互分配法等。

(一) 直接分配法

直接分配法也是辅助生产费用分配的基本方法，是一种不考虑各个辅助生产车间之间互相提供服务(劳务或作业)的情况，而是将辅助生产车间所发生的费用直接分配给辅助生产车间以外的各受益部门(产品)负担的方法。

在该方法下，凡是能确认各受益部门(产品)应承担数额的辅助生产费用，都可以直接计入该部门(产品)的成本费用；凡属各部门(产品)共同发生的辅助生产费用，都可以按各部门(产品)的受益量分配。其分配公式如下：

$$\text{某种服务(劳务或作业)的单位成本}=\frac{\text{该辅助生产车间本期发生的服务费用总额}}{\text{该辅助生产车间本期对外提供服务(劳务或作业)的总量}}$$

$$\begin{matrix}\text{某受益部门(产品)}\\\text{应负担的服务费用}\end{matrix}=\begin{matrix}\text{该受益部门(产品)接受服务}\\\text{(劳务或作业)的受益量}\end{matrix}\times\begin{matrix}\text{该种服务(劳务或作业)}\\\text{的单位成本}\end{matrix}$$

例 4-1

浦新实业公司设有供电、供水两个辅助生产车间，2017 年 5 月公司发生的服务费用和向各受益部门提供服务的资料如表4-3所示。

表4-3　　辅助生产车间资料表

受益部门 \ 供应部门	供电车间供电量(度)	供水车间供水量(立方米)
供电车间	—	5 000
供水车间	2 500	—
第一基本生产车间	15 000	28 000
第二基本生产车间	36 000	40 000
行政管理部门	9 000	7 000
合　计	62 500	80 000
本月发生的服务费用(元)	150 000	240 000

采用直接分配法编制服务费用分配表如表4-4所示。

表4-4　　辅助生产费用分配表(直接分配法)

2017年5月　　单位：元

受益部门 \ 分配部门		供电车间	供水车间	合　计
待分配费用		150 000	240 000	390 000
劳务、作业总量		60 000	75 000	—
计量单位		千瓦小时	立方米	—
劳务、作业单位成本		2.50	3.20	—
第一基本生产车间	耗用量	15 000	28 000	—
	金　额	37 500	89 600	127 100
第二基本生产车间	耗用量	36 000	40 000	—
	金　额	90 000	128 000	218 000
行政管理部门	耗用量	9 000	7 000	—
	金　额	22 500	22 400	44 900

在表4-4中，由于辅助生产车间内部(供水车间和供电车间)相互之间提供的服务不分配费用，因此其单位成本只需以待分配费用总额除以对外提供的服务总量求得，不包括辅助生产车间相互之间提供的服务量。

由于辅助生产车间大多是为基本生产车间服务的，因此这一部分服务费用应先分配转入“制造费用”账户，然后随同其他制造费用一起分配计入产品制造成本。

根据表4-4辅助生产费用分配表分配的结果，可编制如下会计分录：

借：制造费用——第一车间　　127 100
　　　　　　——第二车间　　218 000
　　管理费用　　44 900
　贷：生产成本——辅助生产成本——供电车间　　150 000
　　　　　　　　　　　　　　　——供水车间　　240 000

采用直接分配法,由于不考虑各辅助生产车间之间相互提供服务的情况,只需进行一次分配即可将辅助生产费用全部分配计入辅助生产车间之外的各受益部门(产品)的费用或成本,因此这种分配方法简便易行。但由于辅助生产车间之间相互耗用的劳务不负担费用,分配结果的准确性会受一定程度的影响,因此,直接分配法一般只适用于各辅助生产车间之间互相提供劳务作业不多,或辅助生产车间只对基本生产车间等外部各部门(产品)提供服务的情况。

(二) 顺序分配法

顺序分配法也称阶梯分配法,是按辅助生产车间施惠量和受益量多少的顺序分配辅助生产费用的一种分配方法。其分配思路是:首先为各辅助生产车间按照施惠量或受益量的大小排序,施惠最大、受益最小的排在第一位,施惠最少、受益最大的排在最后一位,再将排在前面的辅助生产车间的费用分给排在后面的辅助生产车间,排在后面的辅助生产车间的费用不再分给排在前面的辅助生产车间。

例 4-2

仍以例 4-1 中的资料为例,采用顺序分配法分配辅助生产车间费用。假设供水车间施惠大,受益小,排列在前;供电车间施惠小,受益大,排列在后。采用顺序分配法编制服务费用分配表,如表 4-5 所示。

表 4-5　　辅助生产费用分配表(顺序分配法)

2017 年 5 月　　单位:元

受益部门＼分配部门		供水车间	供电车间	合　计
待分配费用		240 000	165 000	405 000
劳务、作业总量		80 000	60 000	—
计量单位		立方米	千瓦小时	—
劳务、作业单位成本		3.00	2.75	—
供水车间	耗用量	—	—	—
	金　额	—	—	—
供电车间	耗用量	5 000	—	—
	金　额	15 000	—	15 000
第一基本生产车间	耗用量	28 000	15 000	—
	金　额	84 000	41 250	125 250
第二基本生产车间	耗用量	40 000	36 000	—
	金　额	120 000	99 000	219 000
行政管理部门	耗用量	7 000	9 000	—
	金　额	21 000	24 750	45 750

表 4-5 中费用分配率计算如下:

水费分配率＝240 000÷80 000＝3.00(元/立方米)

电费分配率＝(150 000＋15 000)÷(62 500－2 500)＝2.75(元/度)

根据服务费用分配表,可编制会计分录如下:

借:制造费用——第一基本生产车间	125 250
——第二基本生产车间	219 000
生产成本——辅助生产成本——供电车间	15 000
管理费用	45 750
贷:生产成本——辅助生产成本——供水车间	240 000
——供电车间	165 000

采用顺序分配法能有重点地反映辅助生产车间之间交互服务的关系,分配结果相比直接分配法更为合理。但是,由于这种方法使得排列在前的辅助生产车间费用的归集不完整,导致辅助生产车间之间交互服务的关系反映不全面,交互分配则不够充分,从而使分配结果的准确性也受到一定的影响。顺序分配法只适用于各辅助生产车间施惠和受益程度有明显顺序的企业。在各辅助生产车间的分配顺序确定以后,一般不宜经常变动。

(三) 交互分配法

服务费用的交互分配法,是指企业中各个辅助生产车间之间相互提供服务,其提供的数量比较大,所以服务费用的分配不仅要考虑对辅助生产车间外部各受益部门进行分配,而且应考虑对辅助生产车间内部各受益部门进行分配的方法。交互分配法具体有一次交互分配法、计划成本分配法和代数分配法三种。

1. 一次交互分配法

采用一次交互分配法,辅助生产车间之间应先根据相互提供服务的数量和交互分配前的费用分配率进行一次交互分配,然后各辅助生产车间将交互分配后的实际费用对辅助生产车间之外的各受益部门进行直接分配。其分配程序可分两步进行:

第一步为交互分配阶段。首先根据各辅助生产车间提供服务的总量以及所发生的服务费用总额,计算交互分配前的单位服务成本(费用分配率),然后根据各辅助生产车间的受益量和单位服务成本进行一次交互分配。其计算公式如下:

$$\text{交互分配前单位服务成本(交互分配率)}=\frac{\text{某辅助生产车间交互分配前的服务费用总额}}{\text{该辅助生产车间提供的服务总量}}$$

$$\text{某辅助生产车间应负担的服务费用}=\text{该辅助生产车间耗用的服务量}\times\text{交互分配前单位服务成本(费用)分配率}$$

第二步为对外分配阶段。先将交互分配前的服务费用加上交互分配时从其他辅助生产车间分配转入的费用,再减去交互分配时本辅助生产车间分配转出的费用以计算交互分配后的实际费用,然后按照辅助生产车间外部各部门受益量的比例对外部各受益部门进行直接分配,辅助生产车间内部不再分配。其计算公式如下:

$$\text{交互分配后的单位服务成本(对外分配率)}=\frac{\text{该辅助生产车间交互分配后的服务费用总额}}{\text{该辅助生产车间对外部各受益部门提供服务的总量}}$$

外部某受益部门应负担的服务费用 = 该受益部门耗用的服务量 × 某辅助生产车间交互分配后的单位服务成本

例 4-3

仍以例 4-1 中的资料为例,采用一次交互分配法分配辅助生产车间费用。采用一次交互分配法编制服务费用分配表,如表 4-6 所示。

表 4-6　　辅助生产费用分配表(一次交互分配法)

2017 年 5 月　　单位:元

受益部门＼分配部门		交互分配			直接分配		
		供电车间	供水车间	小计	供电车间	供水车间	小计
待分配费用		150 000	240 000	390 000	159 000	231 000	390 000
劳务、作业总量		62 500	80 000	—	60 000	75 000	—
计量单位		千瓦小时	立方米	—	千瓦小时	立方米	—
劳务、作业单位成本		2.40	3.00	—	2.65	3.08	—
供电车间	耗用量	—	5 000	—	—	—	—
	金额	—	15 000	15 000	—	—	—
供水车间	耗用量	2 500	—	—	—	—	—
	金额	6 000	—	6 000	—	—	—
第一基本生产车间	耗用量	—	—	—	15 000	28 000	—
	金额	—	—	—	39 750	86 240	125 990
第二基本生产车间	耗用量	—	—	—	36 000	40 000	
	金额	—	—	—	95 400	123 200	218 600
行政管理部门	耗用量	—	—	—	9 000	7 000	—
	金额	—	—	—	23 850	21 560	45 410
分配金额合计		6 000	15 000	21 000	159 000	231 000	390 000

表 4-6 中的有关数据计算如下:

交互分配前供电单位服务成本=150 000÷62 500=2.40(元/度)

供水车间应负担的服务费用=2 500×2.40=6 000(元)

交互分配前供水单位服务成本=240 000÷80 000=3.00(元)

供电车间应负担的服务费用=5 000×3.00=15 000(元)

$$供电车间交互分配后的单位服务成本=\frac{150\ 000+15\ 000-6\ 000}{62\ 500-2\ 500}=2.65(元/度)$$

第一车间应负担的服务费用=15 000×2.65=39 750(元)

第二车间应负担的服务费用＝36 000×2.65＝95 400(元)

行政部门应负担的服务费用＝9 000×2.65＝23 850(元)

$$供水车间交互分配后的单位服务成本=\frac{240\,000+6\,000-15\,000}{80\,000-5\,000}=3.08(元/立方米)$$

第一车间应负担的服务费用＝28 000×3.08＝86 240(元)

第二车间应负担的服务费用＝40 000×3.08＝123 200(元)

行政部门应负担的服务费用＝7 000×3.08＝21 560(元)

根据表 3－13 的分配结果，可编制会计分录如下：

借：制造费用——第一基本生产车间　　125 990
　　　　　　——第二基本生产车间　　218 600
　　管理费用　　45 410
　　生产成本——辅助生产成本——供电车间　　15 000
　　　　　　　　　　　　　　——供水车间　　6 000
　贷：辅助生产成本——供电车间　　165 000
　　　　　　　　　——供水车间　　246 000

从以上计算过程可以看出，一次交互分配法实际上是交互分配与直接分配相结合的方法。由于辅助生产车间内部相互提供服务进行了交互分配，因此提高了分配结果的准确性，同时这种方法易于理解和操作。但由于各种辅助生产费用都要计算两个费用分配率，进行两次分配，因此增加了一定的工作量。

2. 计划成本分配法

计划成本分配法又称内部结算价格分配法，它是先按提供劳务、作业的计划单位成本和各受益部门实际接受劳务、作业的受益量进行分配，然后将计划分配额与实际费用的差额进行调整分配的一种辅助生产费用的分配方法。计划成本分配法可分两步进行分配：

第一步为计划成本分配阶段，它是根据企业已确定的计划单位成本和各受益部门(包括辅助生产车间)的受益量分配。受益各部门所承担的计划成本可按以下公式计算：

某受益部门应负担的计划成本 = 该受益部门实际受益量 × 该种服务的计划单位成本

第二步为调整分配阶段，或称追加(或追减)分配，它需要将各辅助生产车间实际发生的费用与各该辅助生产车间按计划成本分配转出费用之间的成本差异，对辅助生产车间以外的各受益部门进行调整分配。

例 4－4

仍以例 4－1 中的资料为例，采用计划成本分配法分配辅助生产车间费用。假设该公司供电部门的计划单位成本为 2.60 元/度，供水部门的计划单位成本为 3.20 元/立方米。采用计划成本分配法编制服务费用分配表，如表 4－7 所示。

表 4-7　　辅助生产费用分配表(计划成本分配法)

2017 年 5 月　　单位：元

受益部门＼分配部门		计划成本分配			调整分配			分配金额
		供电车间	供水车间	小计	供电车间	供水车间	小计	
待分配费用		150 000	240 000	390 000	3 500	—9 500	—6 000	
劳务、作业总量		62 500	80 000	—	60 000	75 000	—	—
计量单位		千瓦小时	立方米	—	千瓦小时	立方米		—
计划单位成本		2.60	3.20	—	0.058 33	0.126 67	—	—
供电车间	耗用量	—	5 000	—	—	—	—	—
	金额	—	16 000	16 000	—	—	—	16 000
供水车间	耗用量	2 500	—	—	—	—	—	—
	金额	6 500	—	6 500	—	—	—	6 500
第一基本生产车间	耗用量	15 000	28 000	—	15 000	28 000	—	—
	金额	39 000	89 600	128 600	875	—3 546.70	—2 671.70	125 928.30
第二基本生产车间	耗用量	36 000	40 000	—	36 000	40 000	—	—
	金额	93 600	128 000	221 600	2 100	—5 066.70	—2 966.70	218 633.30
行政管理部门	耗用量	9 000	7 000	—	9 000	7 000	—	—
	金额	23 400	22 400	45 800	525	—886.60	—361.60	45 438.40
合计		162 500	256 000	418 500	3 500	—9 500	—6 000	412 500

在所列的辅助生产费用分配表中，辅助生产车间实际成本和成本差异的计算如下：

供电实际成本＝150 000＋16 000＝166 000(元)

供电成本差异＝166 000－162 500＝3 500(元)

供水实际成本＝240 000＋6 500＝246 500(元)

供水成本差异＝246 500－256 000＝－9 500(元)

根据服务费用分配表(计划成本分配法)的分配结果，应编制如下会计分录：

借：制造费用——第一基本生产车间　　125 928.30
　　　　　　——第二基本生产车间　　218 633.30
　　管理费用　　45 438.40
　　生产成本——辅助生产成本——供电车间　　16 000
　　　　　　　　　　　　　　——供水车间　　6 500
　贷：生产成本——辅助生产成本——供电车间　　166 000
　　　　　　　　　　　　　　　——供水车间　　246 500

在计划成本分配法下，如果成本差异较小，为了简化起见，也可将其全部计入管理费用，不再进行调整分配。

采用计划成本分配法分配辅助生产费用，核算工作比较及时、简便。同时，通过计划成本和实际成本的比较分析，可及时了解各辅助生产车间费用超支和节约的原因，从而有利于控制和考核各辅助生产车间费用发生情况。该方法比较适用于计划成本基础较好的企业，计划成本的制定不能脱离实际太远，否则将失去其核算的意义。

同步思考题 4.1

为什么管理者会采用计划成本而不是实际成本来分配服务部门的费用？

3. 代数分配法

代数分配法是通过建立多元一次方程组的方法，求出各辅助生产车间提供劳务、作业的单位成本，并据以分配各辅助生产费用的一种方法。这种分配方法的关键是建立多元一次方程组。该方程组是由若干个多元一次方程式组成，有几个辅助生产车间就有几个方程式。该方程式的左边表示该辅助生产车间生产费用的归集额。它包括两个部分：一是各辅助生产车间内所发生的费用，二是交互分配后分进来的费用。该等式的右边表示各辅助生产费用的分配额。

例 4－5

仍以例 4－1 中的资料为例，采用代数分配法分配辅助生产费用。分配计算如下：

假设供电车间每度电的成本为 x，供水车间每立方米水的成本为 y。

建立联立方程式如下：

$$\begin{cases}150\,000+5\,000y=62\,500x\\240\,000+2\,500x=80\,000y\end{cases}$$

解上述方程式，得：

$x=2.646\,616\,54$

$y=3.082\,706\,76$

根据以上求得的电和水的单位成本以及各部门的受益量，即可编制服务费用分配表，如表 4－8 所示。

表 4－8　　**辅助生产费用分配表(代数分配法)**

2017 年 5 月　　单位：元

受益部门＼分配部门		供电车间	供水车间	分配金额
劳务、作业供应总量		62 500	80 000	—
计量单位		千瓦小时	立方米	—
劳务、作业单位成本		2.646 616 54	3.082 706 76	—
供电车间	耗用量	—	5 000	—
	金额	—	15 413.50	15 413.50

续 表

受益部门 \ 分配部门		供电车间	供水车间	分配金额
供水车间	耗用量	2 500	—	—
	金 额	6 616.50	—	6 616.50
第一基本生产车间	耗用量	15 000	2 800	—
	金 额	39 699.20	86 315.80	126 015
第二基本生产车间	耗用量	36 000	40 000	—
	金 额	95 278.20	123 308.30	218 586.50
行政管理部门	耗用量	9 000	7 000	—
	金 额	23 819.50	21 579	45 398.50
合 计		165 413.40	246 616.60	412 030

根据表 4-8 的分配结果,可编制会计分录如下:

借:生产成本——辅助生产成本——供电车间　　15 413.50
　　　　　　　　　　　　　　——供水车间　　6 616.50
　制造费用——第一基本生产车间　　126 015
　　　　　——第二基本生产车间　　218 586.50
　管理费用　　45 398.50
　贷:生产成本——辅助生产成本——供电车间　　165 413.40
　　　　　　　　　　　　　　　——供水车间　　246 616.60

代数分配法是最精确的一种辅助生产费用分配方法。但在辅助生产车间较多、数据复杂的情况下,解方程组的工作量较大。如果企业能借助计算机来完成方程组的求解,该方法将不失为一种较好的方法。

第二节　制造费用的归集和分配

制造费用是指企业各个生产单位(事业部、分厂、车间)为生产产品或提供劳务而发生的各项间接费用和没有专设成本项目的直接生产费用(如机器设备的折旧费、动力费、保险费以及工具模具的摊销费等)。当生产车间生产不止一种产品时,制造费用发生时一般无法直接判断它所归属的成本计算对象,因而不能直接计入所生产的产品成本,它必须按费用发生的地点先行归集,月终时再采用一定的方法在各种计算对象间分配,才能计入各种成本计算对象的成本。

一、制造费用的归集

制造费用是通过设立费用项目归集的。制造费用的明细项目,可按费用的经济性质分类,也可按费用的经济用途设置,但为了便于各企业之间以及企业不同时期之间进行制造费用的分析和考核,应根据制造费用发生的内容规定统一的明细项目。制造费用的明细项目主要包括:职工薪酬、机物料消耗、折旧费、动力费、经营性租赁费、保险费、照明费、取暖费、水电费、办公费、劳动保护费、差旅费、设计制图费、试验检验费、在产品盘亏、毁损和报废(减盘盈)以及季节性和修理期间的停工损失等。

为了总括地反映企业在一定时期内发生的制造费用及其分配情况,应设置"制造费用"总分类账户,其借方归集企业在一定时期内发生的全部制造费用,贷方反映制造费用的分配,月末一般无余额。制造费用还应按不同的车间、部门设立明细账,账内按照费用的明细项目设立专栏或专户,分别反映各车间、部门各项制造费用的支出情况,以便各车间、部门经理能对其车间、部门的制造费用负责,也便于高层管理部门评价车间、部门经理控制成本的业绩。制造费用明细账的格式如表 4-9 所示。

表 4-9　　制造费用明细账

车间:第一生产车间　　2017 年 5 月　　单位:元

日期	凭证号	摘　　要	工资薪酬	机物料消耗	折旧费	保险费	办公费	水电费	经营性租赁费	合　计
(略)	(略)	应付职工薪酬等	15 000							15 000
		领用辅助材料等		2 800						2 800
		计提折旧			5 000					5 000
		分摊保险费				2 000				2 000
		支付办公费					21 000			21 000
		支付水电费						1 200		1 200
		应付租赁费用							1 900	1 900
		合　　计	15 000	2 800	5 000	2 000	21 000	1 200	1 900	48 900

制造费用归集的总分类核算的会计分录如下:

借:制造费用——第一生产车间　　48 900
　贷:应付职工薪酬　　15 000
　　原材料　　2 800
　　累计折旧　　5 000
　　预付账款　　2 000
　　应付账款　　1 900
　　银行存款等　　22 200

应该注意的是,无论是基本生产车间还是辅助生产车间所承担的制造费用,在月末最终都必须分配计入产品制造成本。

二、制造费用的分配

合理分配制造费用的关键在于正确选择分配标准。在选择分配标准时,应考虑的原则是,分配标准的资料必须比较容易取得,并且与制造费用之间存在客观的因果比例关系。

对于制造费用的分配计算,应按照生产单位分别编制制造费用分配明细表,根据该表的分配结果,登记各产品成本计算单,以反映各产品成本应承担的制造费用,同时还应根据制造费用明细表,汇总编制企业制造费用分配汇总表,据以进行制造费用分配的总分类核算。

制造费用的分配方法有实际分配率法和预定分配率法。

(一) 实际分配率法

采用实际分配率法,应根据各车间和分厂归集的制造费用和耗用分配标准总量,分别计算出各车间和分厂的制造费用分配率,然后根据制造费用分配率和各产品耗用的分配标准量计算出各产品应负担的制造费用。其分配的计算公式如下:

制造费用分配率 = 该生产单位本期归集的制造费用总额 ÷ 该生产单位本期分配标准总量

某种(批、类)产品应负担的制造费用 = 该生产单位的制造费用分配率 × 该种(批、类)产品耗用的分配标准

按实际分配率法分配制造费用,通常以生产工人工时、生产工人工资和机器工时为分配标准。

例 4-6

三洋公司 2017 年 3 月第一车间发生的制造费用为 390 000 元,该车间本月生产甲、乙两种产品,甲产品的生产工时为 8 000 小时,乙产品的生产工时为 5 000 小时,以生产工人工时为标准分配制造费用。第一生产车间的制造费用分配详见表 4-10。

表 4-10　　制造费用分配表

车间:第一生产车间　　2017 年 3 月　　单位:元

对方账户	生产工人工时	分配率	分配金额
基本生产成本			
甲产品	8 000	30	240 000
乙产品	5 000	30	150 000
合　计	13 000		390 000

根据上述制造费用分配表,可编制如下会计分录:

借:生产成本——基本生产成本——甲产品　　240 000
　　　　　　　　　　　　　——乙产品　　150 000
　贷:制造费用　　390 000

采用实际分配率法,制造费用是根据实际发生额分配的。因此,月末在进行制造费用分配后,制造费用账户无余额。

(二) 预定分配率法

预定分配率法,又称年度计划分配法,是按照各生产单位年度的制造费用预算和计划产量的定额工时事先确定的预定分配率分配制造费用的方法。其计算公式如下:

$$\text{某生产单位的制造费用预定分配率}=\frac{\text{该生产单位年度制造费用预算总额}}{\text{该生产单位计划产量的定额工时总数}}$$

某种(批、类)产品应负担的制造费用＝该生产单位的制造费用预定分配率×该种(批、类)产品当月实际产量的定额工时数

采用预定分配率法,不论各月实际发生的制造费用多少,每月计入各产品制造成本的制造费用都是按预定分配率分配的。对各月按预定分配率分配的制造费用与实际发生的制造费用之间的差额,月末不进行调整分配。这样,年内各月末“制造费用”账户就会有余额,余额可能在借方也可能在贷方,借方余额表示少分配的数额,贷方余额表示多分配的数额。对于制造费用账户的余额,平时(1～11月)保留在账上不做处理。年终,制造费用全年实际发生数与分配数的差额,除其中属于为下一年开工生产做准备的可留待下一年分配外,其余部分实际发生额与分配额的差额,按已分配的比例一次分配计入12月份的各产品制造成本中,调增或调减当年产品的成本。实际发生额大于分配额的差额,借记“生产成本——基本生产成本”账户,贷记“制造费用”账户;实际发生额小于分配额的差额做相反的会计分录。年终,除季节性的生产性企业外,制造费用账户应无余额。

例4-7

三洋公司第一基本生产车间全年制造费用预算额为1 154 600元,全年各种产品的计划产量为:甲产品2 200件,乙产品1 500件;单件产品的工时定额为:甲产品8小时,乙产品5小时。假定第一基本生产车间4月份的实际产量为:甲产品180件,乙产品120件。4月份制造费用分配计算如下:

预定分配率＝1 154 600÷(2 200×8＋1 500×5)＝46

4月份甲产品应负担制造费用＝46×(180×8)＝66 240(元)

4月份乙产品应负担制造费用＝46×(120×5)＝27 600(元)

该车间4月份应分配转出的制造费用＝66 240＋27 600＝93 840(元)

4月份“制造费用”账户借方实际发生额为92 000元,贷方根据预定分配率转出制造费用93 840元,贷方余额1 840元,即多分配数,平时不予调整。

续上例,假定到本年末,采用预定分配率法已分配制造费用1 160 000元,其中甲产品已分配760 000元,乙产品已分配400 000元。全年实际发生制造费用1 146 080元,则多分配13 920元。假定该企业为非季节性生产企业,则年末应进行调整冲回,具体计算如下:

调整分配率＝－13 920÷1 160 000＝－0.012

甲产品多分配的制造费用＝(－0.012)×760 000＝－9 120(元)

乙产品多分配的制造费用＝(－0.012)×400 000＝－4 800(元)

调整分配会计分录如下:

借:生产成本——基本生产成本——甲产品　　9 120

　　　　　　　　　　　　　　——乙产品　　4 800

　贷:制造费用——第一基本生产车间　　13 920

采用预定分配率法,制造费用可以不用等到会计期末就能分配到各批次(种、类)产品成本中,在一定程度上简化了分配手续,便于及时计算产品成本。这种方法尤其适用于季节性生产的企业。因为在这种制造企业中,生产旺季和淡季的产量悬殊,而各月制造费用却相差不多,如果按实际费用分配,会导致各月产品制造成本水平波动太大,使淡季成本水平偏高,而旺季成本水平则偏低,从而不利于成本分析工作的进行。

但是,由于预定分配率是在费用实际发生前确定的,因此要求企业必须有较高的计划工作和定额管理的水平,否则,年度制造费用的计划数脱离实际太远,就会影响成本计算的正确性。

同步思考题 4.2

根据下述资料计算制造费用的预定分配率和计入当期产品成本的费用。

年度机器小时预算	25 000
本期实际机器小时	2 100
年度制造费用预算(元)	350 000
本期实际制造费用(元)	30 000

应该注意的是,上述制造费用的分配方法都是假定数量是唯一的成本动因,因而过分地简化了成本的产生过程。在过去高度人工密集型的企业,对成本动因所做的这种假定不会严重地歪曲产品的成本,因为在生产中涉及的主要成本是材料和人工,两者均可直接追溯至生产的单位数,而制造费用作为生产成本中的"杂项集合体"并不重要(仅有极少的机器需要折旧和极低的服务成本)。然而,随着新制造环境的出现,情况则大大不同。由于自动化意味着更高的折旧费用、动力和其他同机器有关的费用,大多数制造成本均落入制造费用范畴,在这种情况下再假定人工"驱动"制造费用将导致不准确的产品成本计算。

第三节　在产品及其数量的核算

一、完工产品与在产品

完工产品有广义与狭义之分。狭义的完工产品是指已经完成全部生产过程,随时可供销售的产品,即产成品;广义的完工产品不仅包括产成品,而且包括完成某个生产阶段已由生产车间交付半成品仓库,但尚未完成全部生产过程,有待进一步加工的自制半成品。

与之相对应,企业的在产品也有狭义和广义之分。狭义的在产品是指在生产车间内加工制造的在制品,以及正在返修的返工品和虽已完成本车间生产,但尚未验收入库的产品。广义的在产品是从整个企业范围来说,不仅包括狭义的在产品,还包括已经完成部分加工阶段,由中间仓库验收,但还需继续加工的半成品,以及等待返修的废品。对于不准备在本企业继续加工,等待对外销售的自制半成品,应作为商品产品,不应列入在产品之内。除非特别注明,本章所述及的在产品均为狭义的在产品。

二、在产品数量的核算

生产费用在完工产品与在产品之间的分配方法，从在产品成本确定的先后顺序上看，主要有两种类型：一是先确定月末在产品成本，然后确定完工产品成本；二是完工产品成本与在产品成本同时确定，也就是将本月生产费用与月初在产品费用之和，按一定比例在完工产品与月末在产品之间分配，不分先后地计算出完工产品成本和月末在产品成本。无论采用哪类方法，都必须先取得有关在产品实物数量的核算资料。

对在产品实物数量的核算，主要包括在产品收发结存的日常核算和在产品的清查两项工作。做好这两项工作，不仅可以从账面上随时掌握在产品的动态，还可以查清在产品的实际数量。这对于正确计算产品成本，加强生产资金管理和保护企业财产的安全，都具有十分重要的意义。

为了加强在产品的控制，做好在产品实物数量的日常管理工作，企业应抓好以下几项主要工作：

(一) 建立和健全各项原始凭证和原始记录制度

对于产品生产过程中发生的在产品投入、产出、转移、入库、送验和报废等都应该填制原始凭证，如实反映在产品的动态和结存情况。产品投产时，应该根据开出的生产任务书填制限额领料单，并在规定的限额内向仓库领料；在产品在各工序之间转移时，应填制产量凭证，并据此办理在产品的转移手续；在产品在转移过程中如发生短缺、毁损或报废，应填制短缺单或报废单。

(二) 建立健全在产品台账制度

为进行在产品收发结存的日常核算，应分别车间按产品品种和在产品的名称(如零件、部件的名称)设立“在产品收发结存账”，以便用来反映各种在产品的收入、发出和结存的数量。在实际工作中，这种账簿也叫在产品台账。根据生产工艺特点与管理需要，在按生产车间设置在产品台账的情况下，可在各台账中按每一道工序分设栏目，反映各工序的收发结存数量。简化的在产品台账格式如表 4－11 所示。

表 4－11 **在产品台账**

零件名称： 车间名称：

日期	摘要	收入		发出		结存	
		凭证号	数量	合格品	废品	完工	未完工
1/10		79	100	75	1		24
2/10		125	120	80		40	—
		⋮	⋮	⋮	⋮	⋮	⋮
	合计		500	330	6	135	29

(三) 抓好在产品的交接工作

对于在产品的每次转移，都要办理必要的交接手续，做到笔笔填制凭证，道道点数把关，环环交接清楚，以加强在产品的流转控制。

(四) 加强半成品仓库的管理

加强半成品管理是保证各个生产车间、各道工序正常生产的关键。要做好半成品仓库的管理工作,一方面应该严格执行半成品的收入、发出和保管制度,保证在半成品入库、出库时正确清点数量,填制半成品收发凭证,并且根据凭证及时完整地登记半成品明细账,定期进行账实核对。另一方面应加强对半成品存货的管理,合理制定最高存货水平和最低存货水平。此外,还应建立半成品成套性检查制度,保证各种零件和部件在产品进行装配时能够配套供应,以提高生产效率,减少不必要的浪费和损失。

(五) 加强在产品的盘点工作

为了正确确定在产品的实物数量,在进行在产品收发结存数量核算的同时,还必须对在产品定期或不定期地进行清查盘点,及时发现在产品的盈亏情况,以确保在产品账面数量与实物数量相符合。清查后,应根据盘点结果,编制在产品盈亏报告、查明盈亏原因并及时进行处理。

在产品发生盘盈时,应根据盈亏报告借记"生产成本"账户,贷记"待处理财产损溢"账户;经报批准核销时,借记"待处理财产损溢"账户,贷记"制造费用"账户。

在产品发生盘亏和毁损时,应借记"待处理财产损溢"账户,贷记"生产成本"账户。报经批准核销时,应根据不同原因和责任,分别予以处理,从"待处理财产损溢"账户的贷方转入各有关账户的借方。其中,由于意外灾害造成的非常损失,转入"营业外支出"账户的借方;应由过失人或保险公司赔偿的损失,转入"其他应收款"账户的借方;属于保管不善造成的损耗,转入"制造费用"账户的借方。

第四节　生产费用在完工产品与在产品之间分配的方法

生产费用在完工产品与在产品之间的分配,是产品成本计算工作中一个重要而复杂的问题。企业应根据月末结存在产品数量的多少,月末在产品数量变化的大小,月末在产品价值的大小,在产品成本中各项费用比重的大小,以及企业定额管理基础工作的扎实与否等方面的因素,采用适当的分配方法。常用的分配方法有以下几种:

一、在产品不计价法

这是一种不计算月末在产品成本的方法。虽然企业月末有结存的在产品,但是这些在产品数量很少,价值很低,且各月在产品数量比较稳定。在这种情况下,为简化成本计算工作,可以不计算月末在产品成本,即某种产品每月发生的生产费用全部由该种完工产品成本负担。例如,自来水生产企业、发电企业、采掘企业等都可采用这种方法。采用这种方法是因为月初与月末在产品成本很小,月初在产品成本与月末在产品成本之差就更小,是否计算各月在产品成本对完工产品成本影响不大。

二、生产费用在完工产品和在产品之间分配的方法

(一) 在产品按年初数固定计价

这是一种月末在产品固定按年初在产品成本计价的方法。这种方法适用于各月末在产

品数量较少,或者虽然在产品数量较多,但各月末在产品数量稳定、变化不大的情况。由于各月月初在产品成本与月末在产品成本之间的差额很小,为简化成本计算工作,各月末在产品按年初在产品成本计价对各月完工产品成本的影响也就不大。这样,各月月末在产品成本不变,月初与月末在产品成本相等,那么本月发生的各项生产费用全部由完工产品负担,也就是本月完工产品的总成本。

采用在产品按年初数固定计算法,每年到年终时,应根据实际盘点的在产品数量,计算12月末在产品的实际成本,并将算出的年末在产品成本作为下一年度各月固定的在产品成本。冶炼企业和化工企业的产品,由于高炉和化学反应装置的容积固定,可以采用这种方法计算在产品成本。在物价变化较大的情况下,采用此法应慎重,以防止成本计算不实。

(二) 在产品按定额成本计价

在产品按定额成本计价是一种月末在产品以定额成本计价的方法。采用这种方法时,可根据实际结存的在产品数量、投料和加工程度,以及单位产品定额成本计算出月末在产品的定额成本,将其从月初在产品定额成本与本月生产费用之和中扣除,余额即为本月完工产品成本。也就是说,每月生产费用脱离定额的差异,全部计入当月完工产品成本。

在产品按定额成本计价法,适用于定额管理工作较好,各项消耗定额比较准确、稳定,而且各月末在产品结存数量比较稳定的产品。对于这些企业而言,在产品脱离定额的差异比较小,并且,由于各月月末在产品结存数量波动不大,因此,月初在产品脱离定额的差异与月末在产品脱离定额的差异也不会相差太远,对完工产品成本计算的正确性影响较小。如果企业定额管理基础工作做得不好,各项消耗定额不够准确,则实际耗费与定额之间差异就比较大,再将实际生产费用脱离定额的差异全部计入当月完工产品成本,势必影响产品成本计算的准确性。

例 4-8

新城公司生产甲产品,月初在产品和本月生产费用合计为65 600元,其中直接材料成本为48 000元,直接人工成本为5 600元,制造费用为12 000元。该月完工甲产品1 000件,月末在产品盘存200件,甲产品所耗直接材料是在生产开始时一次投入的,月末在产品完成定额工时500小时。甲产品定额资料如下:单位产品直接材料费用定额为30元,每小时直接人工定额为2元,每小时制造费用定额为3.20元,则甲产品本月完工产品与在产品成本分配计算如表4-12所示。

表 4-12　　产品成本计算单

2017年5月

产品名称:甲产品　　　　单位:元

项　目	直接材料	直接人工	制造费用	合　计
生产费用合计	48 000	5 600	12 000	65 600
月末在产品成本(定额成本)	200×30=6 000	500×2=1 000	500×3.20=1 600	8 600
完工产品成本	42 000	4 600	10 400	57 000
完工产品单位成本	42	4.60	10.40	57

(三) 定额比例法

前面所述的三种方法主要适用于各月月末在产品结存数量较小或者结存数量变化不大的情况。当企业各月月末在产品数量结存波动较大时,可以采用定额比例法。定额比例法是以完工产品与在产品的定额耗用量(或定额成本)为分配标准,求得单位定额耗用量(或定额成本)的实际分配率,然后根据分配率计算完工产品和月末在产品成本的一种方法。它适用于定额管理基础较好,各项消耗定额比较健全、稳定,各月末在产品数量变动较大的产品。在具体按成本项目分配时,对于直接材料成本项目,如果产品只耗用一种材料,可按直接材料的定额耗用量或定额成本比例分配,但如果产品耗用的直接材料不止一种时,由于各种直接材料的单位成本不可能完全相符,就必须按定额成本的比例分配。对于直接人工与制造费用成本项目,按定额耗用量和定额成本比例进行分配的结果是相同的,由于定额耗用量资料容易取得,因此,一般均按定额耗用量比例分配。各成本项目费用分配率和分配额的计算公式如下:

$$\text{费用分配率}=\frac{\text{月初在产品费用}+\text{本月生产费用}}{\text{完工产品定额耗用量(成本)}+\text{月末在产品定额耗用量(成本)}}$$

$$\text{完工产品某项目实际成本}=\text{该项目费用分配率}\times\text{完工产品该项目定额耗用量(成本)}$$

$$\text{月末在产品某项目实际成本}=\text{该项目费用分配率}\times\text{月末在产品该项目定额耗用量(成本)}$$

例 4-9

新城公司 2017 年 4 月份生产完工乙产品 600 件,月末结存在产品 100 件,加工程度达 80%。乙产品有关定额资料如下:材料在生产开始时一次投入,单位产品直接材料定额成本为 200 元,单位产品工时消耗定额为 15 小时。

4 月初在产品实际成本和本月发生的生产费用如表 4-13 所示。

表 4-13　　乙产品月初在产品实际成本和本月生产费用　　单位:元

项　目	直接材料	直接人工	制造费用	合　计
月初在产品成本	36 160	4 100	6 480	46 740
本月生产费用	117 840	18 340	28 200	164 380

根据以上资料,分配完工产品与在产品成本可直接在产品成本计算单中进行,如表 4-14 所示。

表 4-14　　产品成本计算单

2017 年 4 月

产品名称:乙产品　　单位:元

摘　要	直接材料	直接人工	制造费用	合　计
月初在产品成本	36 160	4 100	6 480	46 740
本月生产费用	117 840	18 340	28 200	164 380
合　计	154 000	22 440	34 680	211 120

续　表

摘　　要	直接材料	直接人工	制造费用	合　　计
完工产品定额	120 000	9 000	9 000	
月末在产品定额	20 000	1 200	1 200	
小　计	140 000	10 200	10 200	
分配率	1.1	2.2	3.4	
完工产品成本	132 000	19 800	30 600	182 400
完工产品单位成本	220	33	51	304
月末在产品成本	22 000	2 640	4 080	28 720

$$\text{直接材料分配率}=\frac{154\,000}{600\times200+100\times200}=\frac{154\,000}{120\,000+20\,000}=1.1$$

$$\text{直接人工分配率}=\frac{22\,440}{600\times15+100\times80\%\times15}=\frac{22\,440}{9\,000+1\,200}=2.2$$

$$\text{制造费用分配率}=\frac{34\,680}{600\times15+100\times80\%\times15}=\frac{34\,680}{9\,000+1\,200}=3.4$$

同步思考题 4.3

青林公司生产E产品，原材料在生产开始时一次投入。该公司2017年5月成本资料汇总如表4-15所示。

表4-15　　青林公司2017年5月成本资料　　单位：元

项　目	直接材料	直接人工	制造费用
月初在产品	77 000	37 125	19 800
本月生产费用	546 000	364 635	196 776
合　　计	623 000	401 760	216 576

5月份完工产品8 000件，月末在产品2 000件，完工程度80%。E产品的定额成本资料如下：原材料定额耗用量为35千克，每千克单价为2元；工时定额为3小时，每小时直接人工定额为15元，制造费用定额为8元。

要求：分别采用定额成本法和定额比例法分配完工产品和在产品成本。

(四) 约当产量比例法

约当产量比例法是指生产费用按照完工产品数量与月末在产品约当产量的比例分配计算完工产品成本与月末在产品成本的一种方法。所谓约当产量，是指将月末在产品数量按其投料程度和加工程度折算为相当于完工产品的数量(也就是完工程度为100%的约当产量)，本月完工产品产量与月末在产品约当产量之和，称为约当总产量，简称约当产量。约当产量比例法适用范围较广泛。当月末在产品数量较大而且变化也大,不宜采用其他分配方法时,采用此种方法尤为合适。

在约当产量比例法下,具体还可采用加权平均法和先进先出法划分完工产品成本与月末在产品成本。

1. 加权平均法

在加权平均法下,先计算月初在产品成本和本月发生的生产费用之和,然后以月末在产品的约当产量和本月完工产品的产量为权数,求得约当产量的加权平均单位成本,再据以计算出本月完工产品成本和月末在产品成本。按约当产量比例法分配完工产品与在产品成本的计算公式为:

$$\text{月末在产品约当产量}=\text{月末在产品结存数量}\times\text{在产品加工程度(或投料程度)}$$

$$\text{约当产量单位成本}=\frac{\text{月初在产品成本}+\text{本月生产费用}}{\text{完工产品产量}+\text{月末在产品约当产量}}$$

$$\text{完工产品成本}=\text{完工产品产量}\times\text{约当产量单位成本}$$

$$\text{月末在产品成本}=\text{月末在产品约当产量}\times\text{约当产量单位成本}$$

例 4-10

新宇工厂生产丙产品,3 月份结存在产品 40 件,加工程度 60%;本月投产 360 件;本月完工产量为 300 件,月末在产品 100 件,加工程度为 50%。丙产品所耗直接材料在生产开始时投入 70%,当加工程度达到 80%时,再投入其余 30%。丙产品月初在产品成本为:直接材料 768.40 元,直接人工 73 元,制造费用 165.10 元;本月生产费用为:直接材料 8 481.60 元,直接人工 1 467 元,制造费用 2 004.90 元。

根据上述资料,采用约当产量比例法,计算完工产品成本和月末在产品成本如下:

(1) 直接材料成本的分配:

月末在产品约当产量=100×70%=70(件)

$$\text{约当产量单位成本}=\frac{768.40+8\,481.60}{300+70}=25(\text{元})$$

完工产品应负担的直接材料成本=300×25=7 500(元)

月末在产品应负担的直接材料成本=70×25=1 750(元)

(2) 直接人工成本的分配:

月末在产品约当产量=100×50%=50(件)

$$\text{约当产量单位成本}=\frac{73+1\,467}{300+50}=4.40(\text{元})$$

完工产品应负担的直接人工成本=300×4.40=1 320(元)

月末在产品应负担的直接人工成本=50×4.40=220(元)

(3) 制造费用的分配:

月末在产品约当产量=100×50%=50(件)

$$\text{约当产量单位成本}=\frac{165.10+2\,004.90}{300+50}=6.20(\text{元})$$

完工产品应负担的制造费用=300×6.20=1 860(元)

月末在产品应负担的制造费用＝50×6.20＝310(元)

(4) 计算完工产品成本和月末在产品成本：

300 件完工丙产品成本＝7 500＋1 320＋1 860＝10 680(元)

3 月末在产品成本＝1 750＋220＋310＝2 280(元)

加权平均法的核算手续比较简单，但是在加权平均法下，由于约当产量单位成本是加权平均成本，其实质是一种“混合”成本，不能如实地反映本期的实际成本水平，所以，当上月与本月成本水平差异较大时，上月产品成本水平就会对本月月末在产品成本产生一定的影响。因此，还可根据企业实际情况，对月末在产品采用先进先出法计价。

2. 先进先出法

先进先出法是假设生产的产品按投入生产的时间先后顺序完工。在此假设之下，月初在产品应先于本月投产产品完工。在产品生产周期小于 1 个月的情况下，月初在产品将在本月全部完工，因此，月初在产品成本应全部计入本月完工产品成本，而本月发生的生产费用只在本月产品与月末在产品之间分配，月末在产品成本不再受上月成本水平的影响，也就能够比较客观地反映本月的成本水平。

在先进先出法下，约当产量只包括本月实际加工或投料的生产量，而不包括月初在产品在上月加工或投料的生产量。也就是说，约当产量只与本月发生的生产费用有关，而与月初在产品成本无关。其计算公式如下：

(1) 本月完工产品的约当产量 ＝ 月初在产品在本月加工(或投料)的约当产量＋本月投产本月完工产品数量

其中：

月初在产品在本月加工(或投料)的约当产量 ＝ 月初在产品数量×[1－上月加工(或投料)程度]

本月投产本月完工产品数量 ＝ 本月投产数量－月末在产品数量

或 ＝ 本月完工产品数量－月初在产品数量

(2) 月末在产品约当产量 ＝ 月末在产品数量×月末在产品加工(或投料)程度

(3) 约当产量单位成本 ＝ 本月发生的生产费用/(本月完工产品约当产量＋月末在产品约当产量)

(4) 本月完工产品成本 ＝ 月初在产品成本＋本月生产费用－月末在产品成本

或 ＝ 月初在产品成本＋约当产量单位成本×本月完工产品约当产量

(5) 月末在产品成本 ＝ 约当产量单位成本×月末在产品约当产量

3. 在产品投料程度和完工程度的测定

从以上例子可见，采用约当产量比例法计算分配完工产品与在产品成本时，在产品的投料程度和完工程度的测定对于费用分配的正确性影响很大。在实际工作中，材料投入和产品加工情况千差万别，需要根据具体情况分别计算投料程度和完工程度。下面介绍投料程度和完工程度的确定方法。

(1) 投料程度的确定。

① 原材料在生产开始时一次投入，则每件在产品与每件完工产品的原材料消耗相同，其在产品投料程度亦为 100%，直接材料成本项目不需要计算月末在产品约当产量，可按照

完工产品数量与在产品数量的比例分配。

② 原材料在生产过程中随生产加工进度陆续投入,在产品的投料程度与完工程度的计算方法相同,参见以下述及的加工程度的计算方法。

③ 原材料分工序投入,并在每道工序开始时一次投入。其计算公式如下:

$$\text{某道工序上的在产品投料程度}=\frac{\text{到本工序止的累计材料消耗定额}}{\text{完工产品材料消耗定额}}$$

例 4-11

戊产品由两道工序制成,其原材料分工序在每道工序开始时一次投入。戊产品的原材料消耗定额和在产品数量资料,以及投料程度和约当产量的计算如表 4-16 所示。

表 4-16　　分工序投料约当产量计算表

工 序	原材料消耗定额(千克)	月末在产品数量(件)	在产品投料程度	在产品约当产量(件)
1	350	1 600	350÷500×100%=70%	1 600×70%=1 120
2	150	800	(350+150)÷500×100%=100%	800×100%=800
合 计	500	2 400		1 920

如果戊产品本月完工 5 120 件,月初在产品直接材料成本和本月发生的直接材料费用合计为 36 608 元。假设月末在产品按加权平均法计价,则直接材料成本分配计算如下:

直接材料约当产量单位成本=36 608÷(5 120+1 920)=5.20(元)

完工产品应负担的直接材料成本=5.20×5 120=26 624(元)

月末在产品应负担的直接材料成本=5.20×1 920=9 984(元)

(2) 完工程度的确定。

① 如果企业生产进度比较均衡,月末在产品在各工序加工数量都相差不多的情况下,后面各工序在产品多加工的程度可以抵补前面各工序少加工的程度,为简化核算,月末在产品的完工程度均可按 50%计算。

② 如果月末在产品各工序加工数量不均衡,则必须根据各工序在产品的累计工时定额占完工产品工时定额数的比率,分别计算各工序在产品的完工程度。其计算公式如下:

$$\text{某道工序在产品完工程度}=\frac{\text{前面各道工序累计工时定额}+\text{本道工序工时定额}\times 50\%}{\text{产品工时定额}}\times 100\%$$

上述公式中的"本道工序工时定额"均按 50%计算,是因为该工序中各件在产品的加工程度虽然不同,但为简化起见,对本工序的加工程度一般不逐一测定,都按平均加工 50%计算。对于从上一道工序转入下一道工序的在产品,因其上一道工序已加工完成,因此前面各道工序的工时定额都以 100%计入。

例 4－12

明阳工厂生产的丁产品，其单件工时定额为 20 小时，经两道工序制成，其各工序工时定额分别为 8 小时和 12 小时。2 月份丁产品完工 4 000 件，各工序在产品数量为：第 1 道工序 1 000 件，第 2 道工序 800 件。月初在产品和本月发生的制造费用合计为 16 660 元。其制造费用分配计算如下：

$$第一道工序完工程度=\frac{8\times50\%}{20}=20\%$$

$$第二道工序完工程度=\frac{8+12\times50\%}{20}=70\%$$

第一道工序在产品约当产量＝1 000×20%＝200(件)

第二道工序在产品约当产量＝800×70%＝560(件)

月末在产品约当产量总数＝200＋560＝760(件)

$$制造费用约当产量单位成本=\frac{16\ 660}{4\ 000+760}=35(元)$$

完工丁产品负担的制造费用＝3.5×4 000＝14 000(元)

月末在产品负担的制造费用＝3.5×760＝2 660(元)

同步思考题 4.4

福林公司完工产品成本与在产品成本划分采用约当产量比例法，2017 年 5 月、6 月有关成本资料如表 4－17 和表 4－18 所示。

表 4－17　　5 月份单位产品实际制造成本　　单位：元

项　目	甲产品	乙产品
直接材料	250	100
直接人工	25	10
制造费用	15	6
合　　计	290	116

表 4－18　　6 月份投入和产出资料

摘　要	甲　产　品		乙　产　品	
	数量(件)	在产品加工程度	数量(件)	在产品加工程度
月初结存在产品	100	30%	300	40%
本月生产投入	820		1 000	
本月完工产成品	800		1 100	
月末结存在产品	120	50%	200	60%

甲产品所耗直接材料是在生产开始时一次投入的;乙产品所耗直接材料是在生产开始时投入50%,当加工达到50%时再投入直接材料的40%,另外所耗10%的直接材料是在加工程度达到70%时投入的。甲、乙产品所耗直接人工和制造费用是随产品加工程度逐步发生的,如表4-19所示。

表4-19　　6月份在产品实际成本　　单位:元

项　目	甲产品	乙产品
直接材料	28 800	17 640
直接人工	1 440	1 320
制造费用	900	744
合　计	31 140	19 704

要求:

1. 请按加权平均法计算6月份甲、乙产品所耗用的生产耗费。
2. 请按加权平均法计算6月完工甲、乙产品的总成本及单位成本。

三、完工产品成本的结转

制造企业发生的生产费用,采用前述方法在各成本计算对象之间以及完工产品与月末在产品之间分配后,就可以计算出各种完工产品的实际成本,为完工产品结转的账务处理提供可靠的依据。

制造业的完工产品,包括产成品、自制材料、自制工具和模具等。根据产品成本计算单所提供的完工产品的实际成本,从"生产成本——基本生产成本"账户的贷方转入各有关账户的借方,其中完工入库产成品的成本应转入"库存商品"账户的借方;完工入库自制半成品、自制材料、自制工具、模具的成本,应分别转入"自制半成品""原材料"和"低值易耗品"账户的借方。"生产成本——基本生产成本"账户的期末余额,就是基本生产尚未加工完成的各项在产品的成本。

本章小结

产品成本中的间接费用主要包括辅助生产费用和制造费用。辅助生产费用的归集和分配,是通过"生产成本——辅助生产成本"总账科目进行的。辅助生产费用的分配,应通过辅助生产费用分配表进行。分配辅助生产费用的方法主要有直接分配法、顺序分配法、一次交互分配法、计划成本分配法和代数分配法等。

制造费用是指企业各个生产单位(事业部、分厂、车间)为生产产品或提供劳务而发生的各项间接费用和没有专设成本项目的直接生产费用。制造费用是通过设立费用项目进行归集的。无论是基本生产车间还是辅助生产车间所承担的制造费用,在月末最终都必须分配计入产品制造成本中。制造费用的分配方法有实际分配率法和预定分配率法。

生产费用在完工产品与在产品之间的分配,是产品成本计算工作中又一个重要而复杂的问题。企业应根据月末结存在产品数量的多少,月末在产品数量变化的大小,月末在产品价值的大小,在产品成本中各项费用比重的大小,以及企业定额管理基础工作的扎实与否等方面的因素,采用适当的分配方法,常用的分配方法有以下几种:(1) 在产品不计价法;(2) 在产品按固定成本计价法;(3) 在产品按定额成本计价法;(4) 定额比例法;(5) 约当产量比例法。

约当产量比例法是指生产费用按照完工产品数量与月末在产品约当产量的比例分配计算完工产品成本与月末在产品成本的一种方法。所谓约当产量,是指将月末在产品数量按其投料程度和加工程度折算为相当于完工产品的数量(也就是完工程度为100%的约当产量)。本月完工产品产量与月末在产品约当产量之和,称为约当总产量,简称约当产量。约当产量比例法适用范围较广泛,当月末在产品数量较大,而且变化也大,不宜采用其他分配方法时,采用此种方法尤为合适。

本章关键词

辅助生产车间费用	service department expenses
制造费用	production overhead
完工产品成本	finished cost
在产品成本	work-in-process cost
约当产量	equivalent units
投料程度	degree of material input
完工程度	degree of completion
先进先出法	first-in-first-out method
加权平均法	weighted average method

思考题

1. 什么是辅助生产费用?
2. 辅助生产费用的分配方法有哪些?
3. 制造费用有何特点?
4. 如何进行制造费用的分配?
5. 什么是在产品? 如何区分狭义在产品和广义在产品?
6. 为什么要加强在产品实物的日常管理?
7. 如何进行在产品盘盈、盘亏的账务处理?
8. 完工产品与在产品成本划分有哪几种方法? 各种方法的适用条件是什么?
9. 在产品不计价法和在产品按固定成本计价法有何不同和相同之处?
10. 在产品按定额成本计价与按定额比例法分配完工产品和在产品成本有什么区别?
11. 什么是约当产量? 如何计算约当产量?
12. 如何确定在产品的投料程度和加工程度?

同步思考题参考答案

4.1

(1) 采用计划成本分配服务部门费用能让使用部门预知服务的单价,从而更好地确定所需服务的数量。

(2) 采用计划成本分配服务部门费用有助于激励服务部门的管理者改善经营效率。

4.2

制造费用预定分配率=350 000÷25 000=14(元/机器小时)

计入当期产品成本的费用=2 100×14=29 400(元)

4.3

(1) 采用定额成本法:

在产品成本=140 000+72 000+38 400=250 400(元)

完工产品成本=1 241 336-250 400=990 936(元)

(2) 采用定额比例法:

直接材料分配率=623 000÷700 000=0.89

直接人工分配率=401 760÷432 000=0.93

制造费用分配率=216 576÷230 400=0.94

在产品成本=227 656(元)

完工产品成本=1 013 680(元)

4.4

甲产品所耗生产费用=228 140(元)

乙产品所耗生产费用=129 504(元)

甲产品完工产品成本=223 200(元)

甲产品单位成本=279(元)

乙产品完工产品成本=126 720(元)

乙产品单位成本=115.20(元)

案例讨论

大众公司根据客户订单生产产品,采用分批成本法计算产品成本。与大众公司竞争的大部分企业是以全部成本加成20%的利润报价的。最近,大众公司期望扩大市场份额,将其加成利润率从25%下降到20%。大众公司有两个基本生产车间和两个辅助生产车间,每个部门的预算成本和正常作业水平如下表所示。

运输车间的成本以员工人数为基础分配,机修车间的成本以维修工时为基础分配,第一车间的成本以机器工时为基础分配,第二车间的成本以人工小时为基础分配。

大众公司接到一张生产甲产品100件的订单,并准备为该订单报价。预计甲产品仅需要在第一车间加工3个机器小时,其主要成本为67元。

大众公司的成本资料

项　　目	服　务　部　门		基本生产车间	
	运 输 车 间	机 修 车 间	第 一 车 间	第 二 车 间
间接费用	100 000	200 000	100 000	50 000
员工人数	8	7	30	30
维修工时	2 000	200	6 400	1 600
机器工时	—	—	10 000	1 000
人工小时	—	—	1 000	10 000

要求：

1. 如果采用直接分配法分配辅助生产费用，甲产品订单的报价是多少？
2. 如果采用顺序分配法分配辅助生产费用，甲产品订单的报价是多少？
3. 如果采用一次交互分配法分配辅助生产费用，甲产品订单的报价是多少？

| 第五章 |

产品成本计算方法

引　言

制造业产品成本计算的过程，就是对生产经营过程中所发生的各项生产费用，按照一定的成本对象进行归集和分配，计算出产品的总成本和单位成本的过程。为了正确计算产品成本，企业必须根据其生产特点，并考虑成本管理的要求，选择适当的成本计算方法。因此，在研究产品成本计算方法之前，首先要了解制造业的生产特点及其对成本计算方法的影响。

学习目标

1. 理解生产特点对产品成本计算方法的影响。
2. 理解管理要求对产品成本计算方法的影响。
3. 理解各种成本计算基本方法的主要区别。
4. 理解各种成本计算辅助方法的运用意义。
5. 理解产品成本计算的基本方法和辅助方法的区别与联系。
6. 理解各种产品成本计算方法在企业的实际应用情况。
7. 掌握品种法的特点及成本计算程序。

第一节　生产特点和管理要求对产品成本计算方法的影响

产品成本是在生产过程中形成的，成本管理需要的成本资料在很大程度上又受生产特点的影响，而计算产品成本是为成本管理提供资料，应当满足成本管理对成本资料的要求。因此，在计算产品成本时，每个企业应该根据本企业或车间生产的特点和管理要求来确定适宜的成本计算方法。

一、生产特点及其对产品成本计算方法的影响

（一）生产特点

生产特点，就是生产的类型。制造业生产特点包括产品生产工艺过程特点和生产组织

特点两个方面。

1. 生产工艺过程特点

产品生产工艺过程是指企业生产制造产品的工艺技术的具体方法，是生产者利用劳动手段直接改变劳动对象的形状、尺寸、性能、成分以及结构等，将其加工成为预期产品的过程。按照工艺过程的特点，企业生产可以划分为单步骤生产和多步骤生产两种。

单步骤生产也称简单生产，是指生产过程在工艺上不能间断，或者不便于分散在几个不同地点和划分为几个生产步骤的生产。这类生产的特点有：生产工作地点一般比较集中；产品生产周期较短；通常没有自制半成品或其他中间产品；由一个企业整体进行，而不能由几个车间协作进行，如发电、采掘、燃气生产及铸件等。

多步骤生产也称复杂生产，是指生产过程在工艺上可以间断，可以分散在不同时间、地点进行的产品生产。这类生产的特点有：生产工作地点可以分散，也可以相对集中；产品生产周期一般较长；通常存在半成品或其他中间产品；生产的产品品种一般较多；可以由一个车间独立完成，也可以由多个车间分工协作完成。

多步骤生产按其加工方式，又可以分为连续加工式生产和装配式生产两种。连续加工式生产是指从原材料投入到产品完工，要依次经过各生产步骤的连续加工的生产，前一加工步骤完工的半成品为后一加工步骤的对象，如纺织、冶金、造纸等生产。装配式生产，是指各个生产步骤可以在不同地点同时进行，先将原材料平行加工成零部件，然后将零部件装配成产成品，如机械、仪表等生产。

2. 生产组织特点

产品生产组织是企业为保证生产过程中各因素相互协调的工作制度。生产组织的特点取决于产品产量的多少、产品生产的重要性以及产品的稳定程度。按照生产组织特点，企业生产可以分为大量生产、成批生产和单件生产。

大量生产是指连续不断重复地生产同一品种和规格产品的生产。这种生产一般品种较少，生产较稳定，如发电、采煤、冶金等。大量生产的产品需求一般单一稳定，需求数量大。

成批生产是指预先确定批别和有限数量进行的生产。这类生产的特点是品种或规格较多，而且是成批轮番地组织生产。这种生产组织是现代企业生产的主要形式。

单件生产是根据订单，按每一件产品来组织生产。这种生产组织形式并不多见，主要适用于一些大型而复杂的产品，如重型机械、造船、专用设备等。

3. 工艺过程与生产组织的结合

前面介绍了企业生产按照工艺过程和按照生产组织的特点分类，这两种分类方式之间也存在一定的联系。不同的生产工艺技术和生产组织的结合，就形成不同类型的生产企业。

单步骤生产和多步骤连续加工式生产一般是大量大批生产，可分别称为大量大批单步骤生产和大量大批连续式多步骤生产。多步骤装配式加工生产，可以是大量生产，也可以是成批生产，还可以是单件生产，前一种可称为大量大批装配式加工多步骤生产，后两种可统称为单件小批装配式加工多步骤生产。

(二) 生产特点对产品成本计算方法的影响

生产特点对成本计算方法的影响主要表现在成本计算对象的确定、成本计算期的确定以及生产费用在完工产品与在产品之间的分配方法三个方面。

1. 成本计算对象的确定

从生产工艺过程特点看,单步骤生产由于工艺过程不能间断,必须以产品为成本计算对象;多步骤连续加工式生产,需要以生产步骤为成本计算对象;多步骤装配式加工生产,由于产品的零件、部件可以在不同地点同时加工,然后装配成最终产品,而零件、部件等半成品没有独立的核算意义,因此,不需要按步骤计算半成品成本,而以产品品种为成本计算对象。

从生产组织特点看,大量大批生产的,按产品品种作为成本计算对象;小批单件的,则以产品批别作为成本计算对象。

例如,在大量大批简单生产的企业,一般产量较大,生产过程不能间断,所以应以产品品种作为成本计算对象;在大量大批复杂生产的企业,由于其生产过程可以间断,因而不仅可以计算出每种产品的成本,而且可以计算出各步骤半成品的成本。所以,它的成本计算对象就是每种产品和该产品的各生产步骤的成本;在单件小批生产企业,一般是按客户的订单或批别来组织生产的,在进行成本计算时,要求计算每一订单产品或每批产品的成本,所以,它的成本计算对象就是产品的批别。

2. 成本计算期的确定

成本计算期是指计算产品成本的起讫期间。实务中,计算产品的期间并不完全与产品的生产周期或会计结算期一致。在大量大批生产的企业中,由于随时都有完工产品,因此,完工产品成本不能随时计算,而是定期在月末计算。此时,产品的成本计算期与会计结算期一致,而与产品的生产周期不一致。在小批单件生产中,当每一订单产品或每批产品未完工时,生产费用全部属于在产品的成本,只有当产品全部完工时,才能计算完工产品的成本,故其成本计算期是不固定的,与产品的生产周期一致,但与会计结算期不一致。

3. 生产费用在完工产品与在产品之间的分配

单步骤生产一般没有在产品,所以不存在生产费用在完工产品与在产品之间分配的问题。多步骤生产是否需要在完工产品与在产品之间分配生产费用,很大程度上取决于生产组织的特点。大量大批生产由于生产不间断进行,而且经常有在产品,因而需要采用适当的方法,将生产费用在完工产品与在产品之间分配费用。在小批单件生产中,由于成本计算期与生产周期一致,因此一般不存在完工产品与在产品之间分配费用的问题。

二、管理要求对成本计算方法的影响

成本计算方法主要受企业生产特点的制约,但并不完全受制于生产特点。企业成本管理的要求不同,对成本计算方法(主要是成本计算对象)的确定也会产生影响。例如,在大量大批复杂生产的企业,由于产品需要经过若干个生产步骤,所以,一般情况下以每种产品及其所经过的加工步骤作为成本计算对象,即采用分步法来计算产品成本。但是,如果企业规模较小,成本管理上不要求计算出各加工步骤的成本,只要求计算出每种产品的成本,这时,可采用品种法计算该种产品成本。

总之,产品成本计算方法的选择不仅取决于产品的生产特点,同时也需要考虑企业成本管理的要求,两者缺一不可。

第二节　产品成本计算的基本方法和辅助方法

尽管成本管理中应遵循“不同的成本服务于不同的目的”这一基本原则，但这一原则并不意味着成本计算方法可以随意增加，因为使用过多不必要的成本计算方法会造成混乱，而且会损害成本管理信息系统的可信性。

一、产品成本计算的基本方法

为了适应各种类型的生产特点和管理要求，在产品成本计算工作中有三种不同的成本计算对象，以及以成本计算对象为标志的三种产品成本计算的基本方法。

(一) 品种法

产品成本计算的品种法，是以产品品种为成本计算对象，归集生产费用，计算产品成本的一种方法。品种法适用于大量大批的单步骤生产，如发电、采掘等生产以及大量大批多步骤、管理上不要求按步骤计算成本的企业。此外，辅助生产的供水、供气、供电等单步骤的大量生产，也采用品种法计算成本。

(二) 分批法

分批法是以产品的批别或订单作为成本计算对象归集生产费用，计算产品成本的一种方法。分批法一般适用于单件、小批生产的企业或车间。例如，船舶制造、重型机器制造以及精密仪器、专用设备、服装加工的企业，企业新产品的试制和辅助车间的工具模具制造也可以采用该方法。采用分批法核算的产品或服务往往有很大的差异。例如，会计师事务所的审计业务会随着客户的变化而完全不同，因而通常将每一个审计项目作为一个批别；又如，飞机制造商所生产的飞机会因每一特定客户的不同要求而有所不同。

(三) 分步法

分步法是以每种产品生产步骤的半成品和产成品作为成本计算对象，归集生产费用，计算产品成本的一种方法。分步法适用于大量大批且管理上要求分步骤计算成本的多步骤生产企业，如纺织、冶金、造纸、化工等类型的企业。

品种法、分批法和分步法与企业生产特点有直接联系，是计算产品实际成本必不可少的方法。因此，在产品成本计算工作中有三种不同的产品成本计算对象，即以产品成本计算对象为标志的三种不同的产品成本计算的基本方法。

应该注意的是，很多企业所采用的成本计算制度既非分批法，也非分步法，而是分批法与分步法的结合。

二、产品成本计算的辅助方法

在实际工作中，除上述三种基本方法外，有的企业基于不同的需要，还广泛采用一些其他的成本计算方法。例如，在产品(或服务)品种、规格繁多的制造企业中，为简化成本计算工作，还采用一种简便的成本计算方法——分类法；为提高成本计算结果的准确性，采用一种将间接生产费用按成本动因进行分配的成本计算方法——作业成本法；为加强定额管理，采用将符合定额的费用和脱离定额的差异分别核算的成本计算方法——定额成本法；为加强企业内部成本控制和分析，采用一种只计算产品(或服务)的标准成本，而将成本差异直接计入当期损益的标准成本法；为满足企业经营决策的需要，采用一种只将变动制造成本计入产品(服务)成本，而将固定制造费用作为期间费用处理的变动成本法。分类法、作业基础成本法、定额成本法、标准成本法和变动成本计算法，从计算产品(或服务)实际成本的角度来说，都不是必不可少的，因而通称辅助方法。

由于辅助方法与生产特点没有直接的关系，因此，只要具备条件，在任何类型生产企业都能运用。成本计算的辅助方法一般应与基本方法结合起来使用，而不单独使用。

在实际工作中，企业应根据生产规模和管理水平，结合具体的生产特点和管理要求，灵活应用上述各种成本计算方法。由于每个企业、一个企业的各个车间、一个车间的各种产品，它们的生产特点和管理要求并不一定相同，即使是一种产品，由于各个生产步骤、各个半成品和各个成本项目的生产特点和管理要求也不一样，因此，在一个企业、一个车间、一个产品的生产中，就有可能同时应用几种不同的成本计算方法，还有可能把几种成本计算方法结合起来应用。

总之，制造业的实际情况错综复杂，因而所采用的成本计算方法也是多种多样。在计算产品的成本时，应结合本企业不同的生产特点和管理要求，并且考虑本企业的规模和管理水平等条件，遵循主要产品从细、次要产品从简的原则，选择比较适用的产品成本计算方法计算成本。

同步思考题 5.1

戛纳办公室设计公司在全国范围内设计并安装定制的办公器具，每一批订单都可能要求使用不同的材料和不同的人工。戛纳办公室设计公司应该采用哪种成本计算方法计算成本？为什么？

第三节　产品成本计算的品种法

无论具有什么特点的企业，无论生产什么类型的产品，也无论管理要求如何，最终都必须按照产品品种计算产品成本。也就是说，按照产品品种计算产品成本，是产品成本计算的最一般、最起码的要求，品种法是最基本的成本计算方法。

一、品种法的特点

(1) 按产品品种设置产品成本计算单，并按成本项目设立专栏或专行，归集发生的各项生产费用。

(2) 如果只生产一种产品，发生的生产费用应全部直接计入费用，可以直接计入产品成本计算单；如果生产多种产品，发生的直接计入费用应直接计入各产品成本计算单，间接计入费用则要采用适当的分配方法，在各产品成本对象之间分配，然后计入各产品成本计算单。

(3) 月末计算产品成本时，如果没有在产品，或者在产品数量很少，则不需要计算月末在产品成本。这样,产品成本计算单上所归集的生产费用全部是各该产品的产成品成本,如果除以产品产量,就是各该产品的单位成本。如果有在产品,而且数量较多,产品成本计算单上所归集的生产费用,就要采用适当的分配方法在产成品与月末在产品之间分配,从而计算出完工产品成本与月末在产品成本。

(4) 在生产组织是大量大批生产、工艺过程是单步骤生产的企业或车间,如果产品单一,没有在产品,或者在产品很少,可以不计算在产品成本,其所采用的品种法也称单一法、简单法或简化的品种法。

二、品种法的成本计算程序

品种法的具体计算程序如下:

(1) 设置有关成本费用明细账和成本计算单。按产品品种设置产品成本明细账或产品成本计算单计算产品成本。

(2) 要素费用的分配。对于生产过程中发生的各项要素费用,属于直接计入费用的,应直接记入"基本生产成本"明细账,属于间接计入费用的,应先按发生地点和用途归集在"制造费用"和"辅助生产成本"等明细账,月末采用适当方法分配。

(3) 辅助生产费用的分配。将归集在"辅助生产成本"明细账中的辅助生产费用,通过编制"辅助生产费用分配表",采用适当的方法分配记入"基本生产成本"和"制造费用"等明细账。

(4) 制造费用的分配。将归集在"制造费用"明细账上的间接计入费用,通过编制"制造费用分配表",采用适当的分配方法分配记入"基本生产成本"明细账。

(5) 计算各种产品的完工产品成本和在产品成本。月末,根据"基本生产成本"明细账上所归集的生产费用,采用适当的方法,划分各种产品的完工产品成本和月末在产品成本。如果月末没有在产品,则本月生产费用总额全部是完工产品成本。

(6) 结转完工产品成本。

例 5-1

普华公司大量大批生产甲、乙两种产品,采用品种法计算产品成本。2017 年 8 月公司有关成本计算资料如下:

(1) 月初在产品成本。甲、乙两种产品的月初在产品成本如表 5-1 所示。

表 5-1　　甲、乙产品月初在产品成本资料

2017 年 8 月　　单位:元

摘　要	直接材料	直接人工	制造费用	合　计
甲产品月初在产品成本	164 000	32 470	3 800	200 270
乙产品月初在产品成本	123 740	16 400	3 330	143 470

(2) 产品数量及工时记录。甲产品本月完工 500 件,月末在产品 100 件,实际发生生产工时 100 000 小时;乙产品本月完工 200 件,月末在产品 40 件,实际发生生产工时

50 000小时。甲、乙两种产品的原材料都在生产开始时一次投入,加工费用发生比较均衡,月末在产品完工程度均为50%。

(3) 本月发生生产费用如下:

① 材料费用汇总如表5-2所示。公司领用的周转材料采用一次转销法。

表5-2 **发出材料汇总**

2017年8月 单位:元

领料部门和用途	材料类别			合计
	原材料	包装物	低值易耗品	
基本生产车间耗用				
甲产品耗用	800 000	10 000		810 000
乙产品耗用	600 000	4 000		604 000
甲、乙产品共同耗用	28 000			28 000
车间一般耗用	2 000		100	2 100
辅助生产车间耗用				
供电车间耗用	1 000			1 000
运输车间耗用	1 200			1 200
厂部管理部门耗用	1 200		400	1 600
合计	1 433 400	14 000	500	1 447 900

② 人工费用汇总如表5-3所示。

表5-3 **应付职工薪酬汇总**

2017年8月 单位:元

人员类别	计时工资	计件工资	合计
基本生产车间			
产品生产工人	420 000	58 800	478 800
车间管理人员	22 800		22 800
辅助生产车间			
供电车间	8 000	355	8 355
运输车间	7 000	920	7 920
厂部管理人员	45 600		45 600
合计	503 400	60 075	563 475

③ 本月发生的折旧费用及其他费用如下:

a. 本月应计提固定资产折旧费22 000元,其中,基本生产车间折旧10 000元,供电车间折旧 2 000 元，运输车间折旧 4 000 元，厂部管理部门折旧 6 000 元。

b. 以现金支付的费用为 2 555 元，其中：基本生产车间负担的办公费 305 元，市内交通费 65 元；供电车间负担的运杂费 145 元；运输车间负担的外部加工费 480 元；厂部管理部门负担的办公费 1 360 元，材料市内运输费 200 元。

c. 以银行存款支付的费用为 14 700 元，其中：基本生产车间负担的办公费 1 000 元，水费 2 000 元，差旅费 1 400 元，设计制图费 2 600 元；供电车间负担的水费 500 元，保险费 1 800 元；运输车间负担的办公费 400 元；厂部管理部门负担的办公费 3 000 元，水费 1 200 元，招待费 200 元，市话费 600 元。

假设普华公司本月没有发生应付和预付费用。根据上述资料，采用品种法计算产品成本。

1. 要素费用的分配

(1) 分配材料费用。生产甲、乙两种产品共同耗用的材料，按甲、乙两种产品直接耗用原材料的比例分配。编制甲、乙产品共同耗用材料分配表和材料费用分配表如表 5－4 和表 5－5 所示。

表 5－4　　**甲、乙产品共同耗用材料分配表**

2017 年 8 月　　单位：元

产品名称	直接耗用原材料	分配率	分配共耗材料
甲产品	800 000		16 000
乙产品	600 000		12 000
合　计	1 400 000	0.02	28 000

表 5－5　　**材料费用分配表**

2017 年 8 月　　单位：元

会计科目	明细科目	原材料	包装物	低值易耗品	合　计
基本生产成本	甲产品	816 000	10 000		826 000
	乙产品	612 000	4 000		616 000
	小　计	1 428 000	14 000		1 442 000
辅助生产成本	供电车间	1 000			1 000
	运输车间	1 200			1 200
	小　计	2 200			2 200
制造费用	基本生产车间	2 000		100	2 100
管理费用	修理费	1 200		400	1 600
合　计		1 433 400	14 000	500	1 447 900

根据材料费用汇总表,编制发出材料的会计分录如下:

借:基本生产成本——甲产品　826 000
　　　　　　　——乙产品　616 000
　辅助生产成本——供电车间　1 000
　　　　　　　——运输车间　1 200
　制造费用——基本生产车间　2 100
　管理费用——修理费　1 600
　贷:原材料　1 433 400
　　周转材料——包装物　14 000
　　　　　　——低值易耗品　500

(2) 分配人工费用。甲、乙两种产品应负担的计时工资按甲、乙两种产品的实际生产工时比例分配,计件工资的分配计算过程略。编制工资费用分配汇总表如表 5-6 所示。

表 5-6　　工资费用分配汇总表

2017 年 8 月　　单位:元

分配对象		计时工资			计件工资	
会计科目	明细科目	分配标准	分配率	分配额	分配率	分配额
基本生产成本	甲产品	100 000		280 000		39 200
	乙产品	50 000		140 000		19 600
	小　计	150 000	2.8	420 000	$\frac{58\ 800}{150\ 000}$	58 800
辅助生产成本	供电车间			8 000		355
	运输车间			7 000		920
	小　计			15 000		1 275
制造费用	基本生产车间			22 800		
管理费用				45 600		
合　计				503 400		60 075

根据工资费用分配汇总表,编制工资费用分配的会计分录如下:

借:基本生产成本——甲产品　319 200
　　　　　　　——乙产品　159 600
　辅助生产成本——供电车间　8 355
　　　　　　　——运输车间　7 920
　制造费用——基本生产车间　22 800
　管理费用　45 600
　贷:应付职工薪酬　563 475

(3) 分配折旧费用。编制折旧费用分配表如表 5-7 所示。

表 5－7 **折旧费用分配表**

2017 年 8 月 单位：元

会计科目	明细科目	费用项目	分配金额
制造费用	基本生产车间	折旧费	10 000
辅助生产成本	供电车间	折旧费	2 000
	运输车间	折旧费	4 000
管理费用		折旧费	6 000
合计			22 000

根据折旧费用分配表，编制折旧费用分配的会计分录如下：

借：制造费用——基本生产车间 10 000
　　辅助生产成本——供电车间 2 000
　　　　　　　　——运输车间 4 000
　　管理费用 6 000
　贷：累计折旧 22 000

(4) 分配其他费用。编制本月以现金和银行存款支付的其他费用分配表如表 5－8 所示。

表 5－8 **其他费用分配表**

2017 年 8 月 单位：元

会计科目	明细科目	现金支付	银行存款支付	合计
制造费用	基本生产车间	370	7 000	7 370
辅助生产成本	供电车间	145	2 300	2 445
	运输车间	480	400	880
管理费用		1 560	5 000	6 560
合计		2 555	14 700	17 255

根据其他费用分配表，编制会计分录如下：

借：制造费用——基本生产车间 7 370
　　辅助生产成本——供电车间 2 445
　　　　　　　　——运输车间 880
　　管理费用 6 560
　贷：库存现金 2 555
　　　银行存款 14 700

2. 辅助生产费用的分配

(1) 根据各项要素费用分配表，归集辅助生产费用，登记辅助生产成本明细账如表 5－9 和表 5－10 所示。

表 5 - 9　　辅助生产成本明细账

车间名称：供电车间　　2017 年 8 月　　单位：元

日期	凭证号	摘　　要	材　料	工资薪酬	折旧费	其他费用	合　计
(略)	(略)	材料费用分配表	1 000				1 000
		工资费用分配表		8 355			8 355
		折旧费用分配表			2 000		2 000
		其他费用分配表				2 445	2 445
		合　　计	1 000	8 355	2 000	2 445	13 800

表 5 - 10　　辅助生产成本明细账

车间名称：运输车间　　2017 年 8 月　　单位：元

日期	凭证号	摘　　要	材　料	工资薪酬	折旧费	其他费用	合　计
(略)	(略)	材料费用分配表	1 200				1 200
		工资费用分配表		7 920			7 920
		折旧费用分配表			4 000		4 000
		其他费用分配表				880	880
		合　　计	1 200	7 920	2 500	880	14 000

(2) 根据辅助生产成本明细账归集的待分配辅助生产费用和辅助生产车间本月劳务供应量,采用直接分配法将辅助生产费用分配给各受益对象。本月供电车间和运输车间提供的劳务量如表 5 - 11 所示。

表 5 - 11　　供电车间和机修车间劳务量

受益部门	供电车间(千瓦小时)	运输车间(吨/公里)
基本生产车间	3 600	870
厂部管理部门	1 000	130
合　　计	4 600	1 000

编制辅助生产费用分配表如表 5 - 12 所示。

表 5 - 12　　辅助生产费用分配表

2017 年 8 月

分配部门受益部门	供 电 车 间	运 输 车 间	合　　计
待分配费用(元)	13 800	14 000	27 800
劳务、作业总量	4 600	1 000	—
计量单位	千瓦小时	吨/公里	—

续　表

分配部门受益部门		供电车间	运输车间	合　计
劳务、作业单位成本		3.00	14	—
基本生产车间	耗用量	3 600	870	—
	金额(元)	10 800	12 180	22 980
行政管理部门	耗用量	1 000	130	—
	金额(元)	3 000	1 820	4 820

根据辅助生产费用分配表,编制会计分录如下:

借:制造费用——基本生产车间　22 980

　　管理费用　4 820

　贷:辅助生产成本——供电车间　13 800

　　　　　　　　——运输车间　14 000

3. 制造费用的分配

根据各项要素费用分配表和辅助生产费用分配表,归集制造费用,登记制造费用明细账如表 5-13 所示。

表 5-13　　**制造费用明细账**

车间:基本生产车间　　2017 年 8 月

日期	凭证号	摘　要	机物料消耗	职工薪酬	折旧费	其他费用	供电费用	运输费用	合计
(略)	(略)	材料费用分配表	2 100						2 100
		工资费用分配表		22 800					22 800
		折旧费用分配表			10 000				10 000
		其他费用分配表				7 370			7 370
		辅助生产费用分配表					10 800	12 180	22 980
		合　计	2 100	22 800	10 000	7 370	10 800	12 180	65 250

普华公司按照甲、乙产品生产工人工时比例分配制造费用。编制制造费用分配表如表 5-14 所示。

表 5-14　　**制造费用分配表**

车间名称:基本生产车间　　2017 年 8 月　　单位:元

产　品	生产工时	分配率	分配金额
甲产品	100 000		43 500
乙产品	50 000		21 750
合　计	150 000	0.435	65 250

根据制造费用分配表,编制会计分录如下:

借:基本生产成本——甲产品　　43 500

　　　　　　　——乙产品　　21 750

　贷:制造费用——基本生产车间　　65 250

4. 计算甲、乙产品成本

根据各项要素费用分配表、辅助生产费用分配表及制造费用分配表,登记甲、乙产品的基本生产成本明细账,并采用约当产量比例法划分完工产品成本和月末在产品成本。甲、乙产品成本明细账如表5-15和表5-16所示。

表5-15　　基本生产成本明细账

产品名称:甲产品　　2017年8月　　单位:元

2017年		凭证字号	摘　要	直接材料	直接人工	制造费用	合　计
月	日						
7	31	(略)	月末在产品成本	164 000	32 470	3 800	200 270
8	31		材料费用分配表	826 000			826 000
	31		工资费用分配表		319 200		319 200
	31		制造费用分配表			43 500	43 500
	31		生产费用合计	990 000	351 670	47 300	1 388 970
	31		约当产量	600	550	550	
	31		分配率	1 650	639.40	86	
	31		结转完工入库产品成本	825 000	319 700	43 000	1 187 700
	31		月末在产品成本	165 000	31 970	4 300	201 270

表5-16　　基本生产成本明细账

产品名称:乙产品　　2017年8月　　单位:元

2017年		凭证字号	摘　要	直接材料	直接人工	制造费用	合　计
月	日						
7	31	(略)	月末在产品成本	123 740	16 400	3 330	143 470
8	31		材料费用分配表	616 000			616 000
	31		工资费用分配表		159 600		159 600
	31		制造费用分配表			21 750	21 750
	31		生产费用合计	739 740	176 000	25 080	940 820
	31		约当产量	240	220	220	
	31		分配率	3 082.25	800	114	
	31		结转完工入库产品成本	616 450	160 000	22 800	799 250
	31		月末在产品成本	123 290	16 000	2 280	141 570

根据上述计算结果结转完工入库产品的生产成本，编制会计分录如下：

借：库存商品——甲产品　　1 187 700

　　　　　　——乙产品　　799 250

　贷：基本生产成本——甲产品　　1 187 700

　　　　　　　　　——乙产品　　799 250

同步思考题 5.2

试解释三种基本成本计算方法的主要区别。

本章小结

每个企业应该根据本企业或车间生产的特点和管理要求来选择成本计算方法。制造业生产特点包括产品生产工艺过程特点和生产组织特点两个方面。按照生产工艺过程特点，企业生产可以划分为单步骤生产和多步骤生产两种。按照生产组织特点，企业生产可以分为大量生产、成批生产和单件生产。

生产特点对成本计算方法的影响主要表现在成本计算对象的确定、成本计算期的确定以及生产费用在完工产品与在产品之间的分配方法三个方面。

企业成本计算方法的最终确定主要取决于产品生产类型，但同时也需要考虑企业成本管理的要求对成本计算方法的影响，两者缺一不可。

产品成本计算方法有基本方法和辅助方法之分。为了适应各种类型的生产特点和管理要求，在产品成本计算工作中有三种不同的成本计算对象，以及以成本计算对象为标志的三种产品成本计算的基本方法。品种法、分批法和分步法是三种产品成本计算的基本方法。

除上述三种基本方法外，有的企业基于不同的需要，还广泛采用了一些辅助方法。分类法、定额法、变动成本法、标准成本法及作业成本法是企业中常用的产品成本计算的辅助方法。由于这些方法并不是计算产品实际成本必不可少的，因此，这些方法被称为成本计算的辅助方法。成本计算的辅助方法一般应与基本方法结合起来使用，而不单独使用。

在实际工作中，企业应根据生产规模和管理水平，结合具体的生产类型特点和管理要求，灵活应用上述各种成本计算方法。

无论具有什么特点的企业，无论生产什么类型的产品，也无论管理要求如何，最终都必须按照产品品种计算产品成本。也就是说，按照产品品种计算产品成本，是产品成本计算的最一般、最起码的要求，品种法是最基本的成本计算方法。

品种法是以产品品种为产品成本计算对象，归集和分配生产费用，计算产品成本的一种方法。品种法也称简单法，主要适用于大量、大批的单步骤生产企业，如发电、采掘等企业。

品种法以产品品种作为成本计算对象，并据以设置产品成本明细账归集生产费用和计算产品成本。品种法的成本计算期一般按月进行,月末一般没有在产品,因此,不需要将生产费用在完工产品和在产品之间分配;如果是管理上不要求分步骤计算产品成本的大量大批的复杂生产采用品种法计算产品成本,由于复杂生产是需要经过多个生产步骤的生产,月末一般生产线上都会有在产品,因此需要将生产费用在完工产品和在产品之间分配。

本章关键词

工艺过程	manufacturing technique
生产组织	production organization
管理要求	management requirements
成本计算对象	costing objects
成本计算期	costing period
成本计算基本方法	basic method of costing
成本计算辅助方法	complementary approaches of costing
品种法	variety costing

思考题

1. 生产特点是如何影响产品成本计算方法的?
2. 管理要求是如何影响产品成本计算方法的?
3. 产品成本计算的基本方法有哪些? 各种基本方法有何特点?
4. 产品成本计算的辅助方法有哪些? 各种辅助方法有何特点?
5. 如何区分产品成本计算的基本方法和辅助方法?
6. 为什么产品成本计算的辅助方法必须与基本方法结合起来使用?
7. 产品成本计算的品种法有何特点?
8. 如何采用品种法计算产品成本?

同步思考题参考答案

5.1

分批法。采用分批法核算的产品或服务往往有很大的差异。

5.2

三种基本成本计算方法的主要区别表现在成本计算对象及适用范围的不同上。

案例讨论

戛纳办公室设计公司的主管罗尼注意到由于许多顾客的计算机是相似的,而为此安装的桌子实际上是相同的。因此,他决定另开一家独立的家具公司,专门制作并销售电脑桌。

这些电脑桌都是标准尺寸，桌面下有一个键盘抽屉，边上有三个文件抽屉。在营业的头3个月内，戛纳家具公司实际发生的业务量及成本如下：

公司营业头3个月的业务量和成本　　单位：元

项　目	6月	7月	8月
生产桌子的数量(张)	100	200	400
耗用的直接材料	75 000	150 000	300 000
发生的直接人工	60 000	120 000	240 000
发生的制造费用	450 000	200 000	248 000

要求：

1. 戛纳家具公司应该采用什么成本计算方法计算产品成本？为什么？

2. 如果戛纳家具公司采用实际分配率法分配制造费用，那么6月、7月和8月生产的每张桌子成本是多少？

3. 如果戛纳家具公司采用预定制造费用分配率法分配制造费用。预计该年度的制造费用为6 000 000元，预计产量为3 000张桌子，那么6月、7月和8月生产的每张桌子成本是多少？

第六章

分批成本法

引　言

电影制片厂的片子是按批别制作的,其中不乏不成功的,那么如何处理某些失败影片的成本呢?如果将失败片子的成本分配给成功片子,就会减少与成功片子有关的演员、导演等应获得的收益。可见,更多地掌握分批成本的知识,并正确计算各批产品的成本,对企业管理者而言是至关重要的。管理者利用他们掌握的分批成本知识来准确预计未来各批产品的成本,有助于他们制定准确的竞价策略,也有助于企业控制成本,以获取更大的利润。

学习目标

1. 了解分批成本法的含义和适用范围。
2. 掌握分批成本法的核算原理及成本计算程序。
3. 熟练应用间接费用的分配方法。
4. 掌握一般分批法的特点及具体应用方法。
5. 掌握简化分批法的特点及具体应用方法。
6. 掌握分批零件法的特点及具体应用方法。
7. 了解一般分批法与简化分批法、分批零件法的异同点。

第一节　分批成本法的基本原理

一、分批成本法的意义

分批成本法,简称分批法或订单法,是按照产品的批别来归集生产费用,计算产品成本的一种方法。它主要适用于单件、小批生产的机械、船舶、服装等制造企业,也适用于咨询公司、会计师事务所等服务性企业。

在单件、小批生产的企业里,生产一般是根据购买单位的订单来组织的。由于各张订单所订购的产品往往种类不同或者规格不一,所用的材料和加工程序也各不相同,因此,各张订单的成本必须分别计算。尤其对订货合同价格需根据成本决定,并向订货者报告该批订货的成本时,就更应按订单计算成本。有些小批量生产企业,根据企业确定的计划组织生产,各批产品种类、规格不同,也必须分批计算成本。

采用分批法的企业,有些是根据购买单位的要求,生产特殊规格、规定数量的产品,它们可能是单件的大型产品,也可能是几件同样规格的产品,如船舶、重型机器设备、特种仪器等;有些是根据市场的需求不断改变产品的种类和数量,不可能大批量生产,如门锁、插销、高档时装等;有些是从事修理业务,由于修理业务多种多样,各种不同的修理业务的成本不尽相同,需要根据承接的各项修理业务分别计算成本。另外,分批法还适用于咨询公司、建筑公司、会计师事务所以及开发、试制新产品项目的成本计算。如会计师事务所审计项目的定价,可根据以往可比项目的实际成本计算。因此,分批成本法可为管理部门提供所需要的信息,以评价项目(批别)的获利能力,并利用其历史成本的数据资料确定委托项目的价格。

总之,采用分批法核算成本的企业的共同特点是,产品通常不重复生产,即使重复,也是不定期的。企业的生产安排和成本核算,一般是以订货单位的订货为依据的。如果订货单位订购的是一件大型产品,且价值较大,生产周期很长,可按产品的组成部分开立生产通知单,分别组织生产和核算成本。如果订货单位的一张订单包括几种不同规格的产品,为了便于分析和考核各种产品成本计划的执行情况,并适应生产管理的需要,则应按产品规格开立生产通知单,分别组织生产和核算成本。如果同一时期内,几个外来订单订购的是相同产品,也可将相同产品合并,开立一张生产通知单,合并为一批组织生产和核算成本。有的企业,并不是直接按外来订单,而是按照本企业确定的计划按批组织生产和核算成本。

按照产品批别组织生产时,应由企业生产计划部门开出生产通知单(也称内部订单),通知车间组织生产。生产通知单按生产任务编号,即产品批号,或称订单号、工作令号。财务部门以生产通知单的产品批别作为成本计算对象,设置生产成本明细账(或称产品成本计算单),归集生产费用,计算产品成本。

二、分批成本法的特点

分批法的特点主要表现在成本计算对象、成本计算期和生产费用的分配三个方面。

(一) 成本计算对象

分批法以不同批别或订单的产品作为成本计算对象,按生产批号或订单号设置生产成本明细账,归集生产费用,计算完工产品总成本和单位成本。对各批产品发生的直接计入费用,直接计入各批产品生产成本明细账的有关成本项目;对于各批产品共同发生的间接计入费用,先按发生地点归集,然后按一定的标准在各批产品之间分配。

(二) 成本计算期

在按批别组织生产的情况下,各批产品的生产周期是各不相同的。有的为一个月,更多的则为几个月或者更长,而各批产品的成本要在其完工后才能计算。因此,在分批法下,成本计算期是不定期的,与会计核算的报告期不一致。它是从各批产品的生产开工开始,到完工检验合格入库结束,与产品的生产周期是一致的。

(三) 生产费用的分配

在分批法下,要按月归集和分配各批产品的成本费用。由于成本计算期与产品的生产周期一致,在某批产品完工前,该批产品生产成本明细账上所归集的成本费用就是在产品成本;当该批产品完工后,在该批产品生产成本明细账上所归集的成本费用就是产成品成本。

所以,一般不存在将成本费用在完工产品与在产品之间划分的问题。但如果批内产品跨月陆续完工,则应采用适当的方法,对当月完工产品的成本进行估算,以便结转当月完工产品成本。

第二节　分批成本法的一般计算程序

一、分批法的成本计算程序

采用分批法计算产品成本时,一般可按照以下几个步骤进行:

第一,在产品投产时,会计部门根据生产计划部门签发的生产通知单,为每批产品开设一张生产成本明细账(或称产品成本计算单),并注明生产通知单号(或称订单号、批号、工作令号)。

第二,当领用材料及发生其他各项直接计入费用时,在有关的原始凭证上都应填明生产通知单号,以便将这些直接计入费用记入各批产品生产成本明细账内。发生的间接计入费用则应按其用途和发生地点予以归集,然后按一定的标准,分配记入有关各批产品的生产成本明细账内。在选择分配标准时应考虑的原则是:分配标准与费用的发生存在一定的因果比例关系,且分配标准的数据又比较容易取得。常用的分配标准有生产工人工时、机器工时等。

间接计入费用的分配方法主要有当月分配法和累计分配法。

(1) 当月分配法。当月分配法又称实际分配率法,是将企业当月发生的实际间接计入费用,全部分配给当月生产的各批产品,并记入有关批次产品的生产成本明细账的一种分配方法。现以制造费用为例,假定制造费用按工时分配,则可按下列公式计算:

$$\text{制造费用分配率} = \text{本月制造费用实际发生额} \div \text{本月发生的工时合计数}$$

$$\text{某批产品应负担的制造费用} = \text{该批产品本月发生的工时数} \times \text{制造费用分配率}$$

当月分配法一般适用于生产周期较短的单件、小批生产的企业。

(2) 累计分配法。累计分配法又称累计分配率法,是将发生的各项间接计入费用先分别累计起来,到产品完工时,再按累计分配率和完工产品的累计分配标准数(如累计工时数)分配给完工产品,并记入完工批次产品的生产成本明细账的一种分配方法。对尚未完工的各批产品应负担的间接计入费用,可设置待分配间接费用账予以归集,不对其进行分配。待产品完工后,与新发生的费用累计后再予以分配。现还以制造费用为例,假定制造费用按工时分配,其计算公式如下:

$$\text{制造费用累计分配率} = \text{各批产品累计制造费用总额} \div \text{各批产品累计工时总数}$$

$$\text{完工批次产品应负担的制造费用} = \text{该批次产品累计工时数} \times \text{制造费用累计分配率}$$

如果间接计入费用采用累计分配法分配,那么这种分批法又称简化分批法。有关简化分批法的进一步说明,请见本章第四节。

第三,单件、小批生产类型的企业一般不单独计算废品和返工品的损失。若要计算的话,废品成本需从有关生产成本明细账的各成本项目中扣除,转入废品损失明细账;返工品的返修费用,可根据费用分配表记入废品损失明细账。在废品损失明细账归集的废品损失还需按生产通知单号转入各批产品生产成本明细账的废品损失成本项目内。但在结转废品损失时需注意应由产品负担的是扣除废品残料价值、责任者赔偿款等后的废品净损失。

第四，当某批产品完工、经检验合格后，应由质量检验部门填写一式多联的产品合格单，其中一联送会计部门。会计部门根据收到的产品合格单，即可进行成本计算，将生产成本明细账上所归集的成本费用加总，求得完工产品实际总成本，将完工产品总成本除以完工数量，就是产成品单位成本。月末未完工批别的生产成本明细账内所归集的成本费用，即为月末在产品成本。从理论上讲，采用分批法一般不存在生产费用在完工产品与月末在产品之间分配的问题。

二、批内产品跨月完工的成本结转

有些按批别组织生产、核算成本的企业，有时会发生批内产品一部分在这个月完工，另一部分在下个月完工的情况，也就是所谓批内产品跨月完工的情况。这部分先完工的产品一般由生产车间转入成品仓库，其成本也要从生产成本账结转至产成品账。如果这部分产品先发售给订货人，还需将其成本从产成品账转入主营业务成本账。由于该批产品尚未完全完工，无法计算该批产品的总成本和单位成本，因此，需要对这部分先完工产品的成本进行估计。部分完工产品成本的估算有以下几种方法：

(1) 以计划成本或定额成本作为实际成本，从生产成本明细账转出。

(2) 以近期生产同类产品的实际成本进行估计。在估算时，应考虑产品结构、生产条件等变化因素，并结合本批产品实际生产情况做适当调整。

(3) 按约当产量计算。对尚未完工产品，直接材料成本项目要对还需投料的成本做出估计，直接人工和制造费用等成本项目则按照完工程度折算约当产量进行分配。

例 6－1

某企业 F106 订单生产甲仪器 30 台，其中 18 台已完工，12 台尚未完工，完工程度为 70%。已发生的直接材料、直接人工和制造费用分别为 40 000 元、23 760 元、18 480 元，估计还有 8 000 元材料尚未投入。具体成本计算步骤如下：

每台甲仪器的直接材料成本＝(40 000＋8 000)÷30＝1 600(元)

每台甲仪器的直接人工成本＝23 760÷(18＋12×70%)＝900(元)

每台甲仪器的制造费用＝18 480÷(18＋12×70%)＝700(元)

完工 18 台甲仪器成本＝(1 600＋900＋700)×18＝57 600(元)

12 台在产品成本＝(40 000＋23 760＋18 480)－57 600＝24 640(元)

据此，可编制以下部分产品完工入库的会计分录(元)：

借：产成品　　57 600

　贷：生产成本　　57 600

不论采用上述哪种方法计算部分完工产品的成本，都带有估计性质，因此，当该批产品全部完工时，还应重新计算全部产品的实际成本和单位成本。但对已经转账的完工产品成本，可不做账面调整。也就是说，当该批产品全部完工时，只需将生产成本明细账上的余额转出即可。为了减少部分完工产品成本估算的困难，在合理组织生产的前提下，可适当缩小产品的批量,以使同一批产品尽量在同一个月内完工。

第三节　一般分批成本法的应用

如前所述,间接计入费用的分配有当月分配法和累计分配法两种。人们通常将采用累计分配法的分批法称为简化的分批法。为了加以区分,将采用当月分配法的分批法称为一般分批法。以下主要说明一般分批法在制造业与服务业中的具体应用。

一、一般分批成本法在制造业中的应用

例 6－2

康业工厂属于单件、小批生产类型的企业,采用分批法计算产品成本。该厂设有一个基本生产车间。生产成本明细账设直接材料、直接人工、制造费用等成本项目,直接人工和制造费用按生产工时的比例分配。2017 年 5 月尚有三批产品在同时生产,批号分别为 1015、1016、1017。其中,1015 为甲产品 10 台,3 月投产,5 月完工;1016 为乙产品 20 台,3 月投产,4 月完工 12 台,5 月完工 8 台,4 月完工时按计划成本结转;1017 为甲产品 15 台,5 月投产,预计 6 月完工。表 6－1、表 6－2 分别为批号 1015、1016 的产品的生产成本明细账,因 2017 年 5 月份的数据尚未登记,账上反映的是 4 月底止的记录;表 6－3、表 6－4 分别为 2017 年 5 月编制的材料费用分配表和工资费用分配表;表 6－5、表 6－6 为 2017 年 5 月的制造费用明细账和制造费用分配表(以下单位未特别指出,以元计算费用)。

表 6－1　　　　**生产成本明细账**

产品批号：1015　　　　开工日期：2017 年 3 月

产品名称：甲产品　　　　产量：10 台　　　　预计完工日期：2017 年 5 月 31 日

月　份	摘　　要	直接材料	直接人工	制造费用	合　　计
3 月	本月生产费用	46 000	6 700	5 370	58 070
4 月	本月生产费用	70 000	9 000	7 100	86 100
4 月	生产费用合计	116 000	15 700	12 470	144 170

表 6－2　　　　**生产成本明细账**

开工日期：2011 年 3 月

产品批号：1016　　　　完工日期：2017 年 4 月完工 12 台

产品名称：乙产品　　　　产量：20 台　　　　2017 年 5 月完工 8 台

月　份	摘　　要	直接材料	直接人工	制造费用	合　　计
3 月	本月生产费用	120 000	27 000	21 640	168 640
4 月	本月生产费用	60 000	12 000	9 460	81 460

续　表

月　份	摘　　要	直接材料	直接人工	制造费用	合　　计
4月	生产费用合计	180 000	39 000	31 100	250 100
4月	转出完工产品12台成本	—138 000	—38 400	—27 600	—204 000
4月	在产品成本	42 000	600	3 500	46 100

表6-3　　**材料费用分配表**

2017年5月

应借账户	原料及主要材料	辅助材料	合　　计
生产成本			
1015	82 000	8 000	90 000
1016	48 000	6 000	54 000
1017	94 000	6 000	100 000
小　计	224 000	20 000	244 000
制造费用			
物料消耗		6 200	6 200
小　计		6 200	6 200
合　计	224 000	26 200	250 200

表6-4　　**工资费用分配表**

2017年5月

应借账户	生产工时	分配率	金　　额
生产成本			
1015	9 000	3.5	31 500
1016	8 000	3.5	28 000
1017	6 000	3.5	21 000
小　计	23 000	3.5	80 500
制造费用			8 500
合　计			89 000

表6-5　　**制造费用明细账**

车间名称：基本生产车间　　2017年5月

日期	摘　　要	物料消耗	工资	折旧费	水电费	办公费	修理费	其他费用	合计
5/31	材料费用分配表	6 200							6 200
5/31	工资费用分配表		8 500						8 500

续 表

日期	摘　　要	物料消耗	工资	折旧费	水电费	办公费	修理费	其他费用	合计
5/31	有关费用分配表			12 000	8 000	5 000	5 600	14 500	45 100
	合　计	6 200	8 500	12 000	8 000	5 000	5 600	14 500	59 800

结算制造费用明细账,按生产工人工时比例,编制分配表,如表 6－6 所示。

表 6－6　　　　　　　　　　　　制造费用分配表

2017 年 5 月

应借账户	生产工时	分配率	分配金额
生产成本			
1015	9 000	2.6	23 400
1016	8 000	2.6	20 800
1017	6 000	2.6	15 600
合　计	23 000	2.6	59 800

根据 5 月份的材料费用分配表、工资费用分配表、制造费用分配表等资料,登记各批产品生产成本明细账。1015 批号的甲产品于 5 月一次全部完工,需将其全部成本转出并计算单位成本。1016 批号是 20 台乙产品,在 4 月完工了 12 台,已按计划成本结转了 12 台的成本。现在 5 月剩下的 8 台完工了,所以要将这 8 台的成本转出,只需将账面上余额转出即可。由于这一批号的产品已全部完工,还需计算完工产品总成本和单位成本。1017 批号的产品尚未完工,只需将当月发生的成本记入生产成本明细账即可。5 月数据登记后,各批产品生产成本明细账如表 6－7、表 6－8、表 6－9 所示。

表 6－7　　　　　　　　　　　　生产成本明细账

产品批号:1015　　　　　　　　　　　　　　　　　　开工日期:2017 年 3 月

产品名称:甲产品　　　　　　　　产量:10 台　　　　完工日期:2017 年 5 月 31 日

月　份	摘　　要	直接材料	直接人工	制造费用	合　　计
3	本月生产费用	46 000	6 700	5 370	58 070
4	本月生产费用	70 000	9 000	7 100	86 100
4	生产费用合计	116 000	15 700	12 470	144 170
5	本月生产费用	90 000	31 500	23 400	147 000
5	生产费用合计	206 000	47 200	37 970	291 170
5	完工产品成本转出	—206 000	—47 200	—37 970	—291 170
5	完工产品单位成本	20 600	4 720	3 797	29 117

表 6－8　　生产成本明细账

开工日期：2017 年 3 月

产品批号：1016　　完工日期：2017 年 4 月完工 12 台

产品名称：乙产品　　产量：20 台　　2017 年 5 月完工 8 台

月份	摘　要	直接材料	直接人工	制造费用	合　计
3	本月生产费用	120 000	27 000	21 640	168 640
4	本月生产费用	60 000	12 000	9 460	81 460
4	生产费用合计	180 000	39 000	31 100	250 100
4	转出完工产品 12 台成本	－138 000	－38 400	－27 600	－204 000
4	在产品成本	42 000	600	3 500	46 100
5	本月生产费用	54 000	28 000	20 800	97 300
5	生产费用合计	96 000	28 600	18 800	143 400
5	转出完工产品 8 台成本	－96 000	－28 600	－18 800	－143 400
5	完工产品总成本	234 000	67 000	46 400	347 400
5	完工产品单位成本	11 700	3 350	2 320	17 370

表 6－9　　生产成本明细账

产品批号：1017　　开工日期：2017 年 5 月

产品名称：甲产品　　产量：15 台　　预计完工日期：2017 年 6 月

月　份	摘　要	直接材料	直接人工	制造费用	合　计
5	本月生产费用	100 000	21 000	15 600	141 400

根据生产成本明细账上计算的完工产品成本，做完工产品入库的会计分录如下：

借：产成品——甲产品　　291 170

　　　　——乙产品　　143 400

　贷：生产成本——1015　　291 170

　　　　　　——1016　　143 400

二、一般分批成本法在服务业中的应用

服务性企业为客户提供的是服务或无形产品。在服务业中，各个批别在耗用的资源、花费的时间以及所用技术的复杂性方面往往有较大的差异，如法律咨询服务、审计服务、冰箱维修服务等。这些差异应引起我们的关注。

服务性企业一般比制造企业耗用的直接材料少，有的甚至不消耗直接材料。在这两类性质的企业中，分批成本计算程序基本上是相同的。由于我们已具备较为复杂的制造企业的分批成本计算的基础，因此，对分批法在服务性企业的具体应用，仅以下例

做简单说明。

例 6-3

2017 年 2 月江中会计师事务所的专业审计人员对雷明公司、凡尔公司等单位的 2016 年度报表进行审计。江中会计师事务所采用分批法计算各审计项目的成本,具体成本计算步骤如下:

(1) 确定成本计算对象。江中会计师事务所是以各公司年度报表审计业务为工作批次(可称作一项委托或项目),在本例中,工作批次是雷明公司、凡尔公司等单位的年度报表审计业务。

(2) 确定成本项目。江中会计师事务所设置两个成本项目:直接成本和间接成本。专业人工成本作为直接成本,水电费、折旧费、保险费等计入间接成本。直接成本和间接成本都按专业人员的实际工作小时进行分配。

(3) 分别归集直接成本和间接成本。假定江中会计师事务所当月归集的直接成本和间接成本分别为 385 000 元和 280 000 元。

(4) 按工作批次统计专业审计人员的实际工作小时,并对直接成本和间接成本进行分配。

假定江中会计师事务所当月发生的审计小时为 3 500 小时,其中对雷明公司的审计业务耗用了 200 小时,则:

直接成本分配率=385 000÷3 500=110(元/小时)

间接成本分配率=280 000÷3 500=80(元/小时)

对雷明公司审计批次的直接成本=110×200=22 000(元)

对雷明公司审计批次的间接成本=80×200=16 000(元)

(5) 计算对雷明公司审计业务的总成本:

对雷明公司审计业务的总成本=22 000+16 000=380 000(元)

从以上江中会计师事务所对雷明公司审计业务的成本计算程序,我们可以发现服务性企业的分批成本计算与制造企业基本相同,只要将成本分配结果登记到各审计批次的成本计算单中,就可以反映出各审计批次的总成本。对其他公司审计业务的成本计算与雷明公司相同,此处省略。

同步思考题 6.1

东华企业成本计算采用分批法。8 月份尚有三批产品在生产,订单号分别为#801A、#802B、#803C,分别生产 A、B、C 产品,产量分别为 20 台、15 台、10 台。#801A 6 月投产,7 月、8 月各完工生产 10 台;#802B 7 月投产,8 月完工;#803C 8 月投产,尚未完工。表 6-10、表 6-11 分别为 7 月底 801A 和 802B 的生产成本明细账,表 6-12 为 8 月有关成本、工时的资料。

表 6－10　　生产成本明细账　　产品批号：0801A

月份	摘要	直接材料	直接人工	制造费用	合计
6	本月发生	27 400	18 500	25 000	70 900
7	本月发生	12 000	14 200	20 160	46 360
7	完工转出 10 台成本	－22 000	－20 100	－29 000	－71 100
7	月末在产品成本	17 400	12 600	16 160	46 160

表 6－11　　生产成本明细账　　产品批号：0802B

月份	摘要	直接材料	直接人工	制造费用	合计
7	本月发生	30 990	21 005	29 800	81 795

表 6－12　　8 月有关成本、工时资料

产品批号	直接材料	直接人工	制造费用	生产工时
＃801A	5 600			1 800
＃802B	9 600			2 300
＃803C	20 500			900
合计		25 000	35 000	

要求：

1. 编制 8 月份费用分配表，按生产工时比例分配直接人工和制造费用。
2. 登记生产成本明细账，计算完工产品的总成本和单位成本。

第四节　简化分批法及其应用

在某些单件、小批生产的企业中，各月投产的产品批数很多，而每月完工的批数则较少，为简化计算工作，可用累计分配法来分配间接计入费用，即不按月分配、登记间接计入费用，而是将其累计起来，到产品完工时，再按累计分配标准的比例，在各完工批次产品之间分配，这种方法称作简化分批法。

一、简化分批法的特点

在简化分批法下，各项间接计入费用一般按工时比例分配。为了反映企业间接计入费用的分配情况和计算累计分配率，可在生产成本账户中设立待分配间接费用账。待分配间接费用账要按间接计入费用的成本项目和分配标准设置专栏，以登记各月发生的间接计入费用总额和分配标准的总数。如果有完工产品，则应计算完工产品应负担的间接计入费用，并从待分配间接费用账转入完工产品的生产成本明细账。待分配间接费用账上的月末余额

反映尚未分配的间接计入费用累计数,该数额与各批产品生产成本明细账上余额的合计数即为企业的在产品成本,应与生产成本总分类账的余额核对相符。

采用这种方法,仍应按照产品批别设立生产成本明细账,在产品未完工前,明细账内只登记各月发生的直接计入费用和生产工时(或其他分配标准,下同),不用按月登记间接计入费用,只有当某批产品全部完工时,才将在待分配间接费用账内归集的间接计入费用按累计分配率和完工产品累计的生产工时计算应负担的间接计入费用,并从待分配间接费用账转入该批产品的生产成本明细账。

有些企业不设置待分配间接费用账,而是在生产成本总账和生产成本明细账之间设置生产成本二级账,这样,生产成本明细账就是三级账。在生产成本二级账上,要按月登记间接计入费用总额和生产工时总数,以便计算累计分配率和分配完工产品应负担的间接计入费用。为了与生产成本总账和生产成本明细账核对,在生产成本二级账上不仅要登记间接计入费用总额,而且要登记直接材料的总额。

二、简化分批法的具体应用

例 6-4

开利工厂属于单件、小批生产,产品成本核算采用分批法核算。由于该企业产品批数多,生产周期长,月末经常有许多批数的产品未完工,为了简化核算工作,工费采用累计分配法分配。直接人工和制造费用按生产工时的比例分配。该厂 2017 年无期初在产品,1 月份的生产和成本资料分别如表 6-13、表 6-14 所示。

表 6-13　　生产情况表

产品批号	产品名称及数量	投产月份	完工月份
1001	A 产品 10 件	1 月	
1002	B 产品 8 件	1 月	2 月
1003	C 产品 12 件	1 月	
1004	D 产品 5 件	1 月	

表 6-14　　费用成本及工时汇总表

2017 年 1 月

产品批号	直接材料	工　时	直接人工	制造费用
1001	37 100	3 200		
1002	22 300	2 800		
1003	14 600	1 900		
1004	19 100	2 700		
合　计	93 100	10 600	29 680	38 160

根据以上资料，该企业2017年1月有四个批号的产品投产，要设置四张生产成本明细账。由于1月份这四个批号的产品都没有完工，所以只需要在明细账中登记直接材料和工时，不需要对直接人工和制造费用进行分配和登记。但需设置待分配间接费用账，并将直接人工、制造费用和工时的总数登记在待分配间接费用账中。1月数据登记后的生产成本明细账和待分配间接费用账分别见表6-15、表6-16、表6-17、表6-18和表6-19。

表6-15　　生产成本明细账

产品批号：1001　　开工日期：2017年1月

产品名称：A产品　　产量：10件　　完工日期：

月　份	摘　要	直接材料	工　时	直接人工	制造费用	合　计
1	本月发生	37 100	3 200			37 100

表6-16　　生产成本明细账

产品批号：1002　　开工日期：2017年1月

产品名称：B产品　　产量：8件　　完工日期：2017年2月

月　份	摘　要	直接材料	工　时	直接人工	制造费用	合　计
1	本月发生	22 300	2 800			22 300

表6-17　　生产成本明细账

产品批号：1003　　开工日期：2017年1月

产品名称：C产品　　产量：12件　　完工日期：

月　份	摘　要	直接材料	工　时	直接人工	制造费用	合　计
1	本月发生	14 600	1 900			14 600

表6-18　　生产成本明细账

产品批号：1004　　开工日期：2017年1月

产品名称：D产品　　产量：5件　　完工日期：

月　份	摘　要	直接材料	工　时	直接人工	制造费用	合　计
1	本月发生	19 100	2 700			19 100

表6-19　　待分配间接费用账

月　份	摘　要	工　时	直接人工	制造费用	合　计
1	本月发生	10 600	29 680	38 160	67 840

各批号产品生产成本明细账余额加上待分配间接费用账上的余额，即为生产成本明细账的余额合计数，此数与生产成本总分类账的余额核对相符。

表 6－20　　费用成本及工时汇总表

2017 年 2 月

产品批号	直接材料	工　　时	直接人工	制造费用
1001	31 000	2 500		
1002	25 100	3 500		
1003	13 000	2 100		
1004	18 000	2 200		
合　计	87 100	10 300	28 840	37 080

如果该企业 2 月没有新的产品投产，2 月发生的成本、工时如表 6－20 所示，则 2 月数据登记后的各明细账和待分配间接费用账见表 6－21、表 6－22、表 6－23、表 6－24 和表 6－25。

表 6－21　　生产成本明细账

产品批号：1001　　开工日期：2017 年 1 月

产品名称：A 产品　　产量：10 件　　完工日期：

月　份	摘　　要	直接材料	工　时	直接人工	制造费用	合　计
1	本月发生	37 100	3 200			37 100
2	本月发生	31 000	2 500			31 000
2	累计数	68 100	5 700			68 100

表 6－22　　生产成本明细账

产品批号：1002　　开工日期：2017 年 1 月

产品名称：B 产品　　产量：8 件　　完工日期：2017 年 2 月

月份	摘　　要	直接材料	工　时	直接人工	制造费用	合　计
1	本月发生	22 300	2 800			22 300
2	本月发生	25 100	3 500			25 100
2	累计数及累计分配率	47 400	6 300	2.8	3.6	47 400
2	分配间接费用		6 300	17 640	22 680	40 320
2	本月完工产品转出	－47 400	－6 300	－17 640	－22 680	－87 720
2	完工产品单位成本	5 925	787.5	2 205	2 835	10 965

表 6－23　　生产成本明细账

产品批号：1003　　开工日期：2017 年 1 月

产品名称：C 产品　　产量：12 件　　完工日期：

月　份	摘　　要	直接材料	工　时	直接人工	制造费用	合　计
1	本月发生	14 600	1 900			14 600

续　表

月　份	摘　　要	直接材料	工　时	直接人工	制造费用	合　计
2	本月发生	13 000	2 100			13 000
2	累计数	27 600	4 000			27 600

表 6－24　　　　**生产成本明细账**

产品批号：1004　　　　开工日期：2017 年 1 月

产品名称：D 产品　　　　产量：5 件　　　　完工日期：

月　份	摘　　要	直接材料	工　时	直接人工	制造费用	合　计
1	本月发生	19 100	2 700			19 100
2	本月发生	18 000	2 200			18 000
2	累计数	37 100	4 900			37 100

表 6－25　　　　**待分配间接费用账**

月　份	摘　　要	工　时	直接人工	制造费用	合　计
1	本月发生	10 600	29 680	38 160	67 840
2	本月发生	10 300	28 840	37 080	65 920
2	累计成本和工时	20 900	58 520	75 240	133 760
2	累计分配率		2.8①	3.6②	
2	分配间接费用	－6 300	－17 640	－22 680	－40 320
2	累计成本和工时	14 600	40 880	52 560	93 440

注：① 直接人工累计分配率＝58 250÷20 900＝2.8

② 制造费用累计分配率＝75 240÷20 900＝3.6

由于 2 月 1001、1003 和 1004 批号的产品仍未完工，故在 1001、1003 和 1004 批号产品的生产成本明细账上仍只需登记直接材料和工时，并结出累计数。但 1002 批号的产品已完工，所以在 1002 批号的生产成本明细账上除了要登记直接材料和工时外，还要按 1002 批号生产成本明细账上的累计工时和待分配间接费用分配表上计算的累计分配率，将 1002 批号产品应负担的直接人工和制造费用由待分配间接费用账转入 1002 批号产品的生产成本明细账，此时，1002 批号产品的生产成本明细账上能反映这批产品的全部成本，就可将此账上归集的全部成本转出，并计算完工产品单位成本。

同样，由于 2 月有完工产品，因此在待分配间接费用账上除了要登记 2 月发生的直接人工、制造费用和工时的总数外，还需计算累计分配率，按此累计分配率和完工产品的累计工时计算完工产品应负担的间接计入费用并从待分配间接费用账上转出，然后，结出新的累计数。

三、简化分批法的优缺点及适用范围

采用简化的分批法,可以减少间接计入费用分配和登记的工作量,月末未完工产品的批数越多,减少的工作量就越多。但由于各批未完工产品生产成本明细账内不反映间接计入费用,因此就不能完整地反映各批产品的在产品成本。同时,由于累计分配率实际上是一种加权平均分配率,如各月间接计入费用水平相差悬殊,则分配的间接计入费用与实际情况不相符合,必然会影响各月产品成本的准确性。这种方法适用于各月完工批数较少,未完工批数较多,间接计入费用水平及其分配标准水平大致均衡的企业。

同步思考题 6.2

中原企业 5 月共生产#501A、#502B、#503C、#504D 四批产品,#501A 产品上月投产,生产工时为 1 000 小时,本月发生生产工时 5 000 小时。另外三批产品均为本月投产,工时分别为 9 200 小时、6 800 小时和 6 500 小时。月初制造费用余额为 3 050 元,本月发生 68 200 元。#501A 产品本月完工,其余三批产品均未完工。

要求:根据上述资料,采用累计分配率法分配制造费用。

本章小结

分批成本法简称分批法或订单法,是按照产品的生产批别来归集生产费用,计算产品成本的一种方法。它主要适用于单件、小批生产的机械、船舶、服装等制造企业,也适用于咨询公司、会计师事务所等服务性企业。

分批法以不同批别或订单的产品作为成本计算对象,按生产批号或订单号设置生产成本明细账,归集生产费用,计算完工产品总成本和单位成本。对各批产品发生的直接计入费用,直接记入各批产品生产成本明细账的有关成本项目;对于各批产品共同发生的间接计入费用,先按发生地点归集,然后按一定的标准在各批产品之间进行分配。

在按批别组织生产的情况下,各批产品的生产周期是各不相同的。有的为一个月,更多的则为几个月或者更长。而各批产品的成本要在其完工后才能计算。因此,在分批法下,成本计算期是不定期的,与会计核算的报告期不一致。它是从各批产品的生产开工开始,到完工检验合格入库结束,与产品的生产周期是一致的。

在分批法下,要按月归集和分配各批产品的成本费用。由于成本计算期与产品的生产周期一致,在某批产品完工前该批产品生产成本明细账上所归集的成本费用就是在产品成本,而当该批产品完工后该批产品生产成本明细账上所归集的成本费用就是产成品成本,因此,一般不存在将成本费用在完工产品与在产品之间划分的问题。但如果批内产品跨月陆续完工,则应采用适当的方法,对当月完工产品的成本进行估算,以便结转当月完工产品成本。

在某些单件、小批生产的企业中,各月投产的产品批数很多,每月完工的批数则较少,为简化计算工作,可用累计分配法来分配间接计入费用,即不按月分配、登记间接计入费用,而是将其累计起来,到产品完工时,再按累计分配标准的比例,在各完工批次产品之间进行分配。这种方法称作简化分批法。

分批零件法是以零件、部件、产品的生产批别为成本计算对象，归集生产费用，计算产品成本的一种方法。它是分批法的延伸，属于分批法类型的成本计算方法，适用于零件、部件数量不多，有一些通用件、标准件的大批生产的装配式复杂生产企业。

本章关键词

分批成本法	job-order costing
分批成本计算单	job cost sheet
分批出货	delivery by installments
间接费用	overhead expenses
实际分配率	actual application rate
累计分配率	accumulated application rate
简化分批法	simplified job-order costing

思考题

1. 什么是分批成本法，它适用于什么类型的企业？
2. 分批法有何特点？请说明分批法的成本计算程序。
3. 分批成本法下的产品批别是如何确定的？
4. 在分批法下如发生分批出货情况，怎样计算产品成本？
5. 合理分配间接费用的关键是什么？
6. 如何采用实际分配率法分配间接费用？
7. 累计分配率法有何特点？
8. 简化分批法在成本分配时有何特点？
9. 试比较一般分批法与简化分批法的异同。

同步思考题参考答案

6.1

费用分配表

产品批号	产品名称	生产工时(时)	直接人工(元)	制造费用(元)
			5	7
#801A	A产品	1 800	9 000	12 600
#802B	B产品	2 300	11 500	16 100
#803C	C产品	900	4 500	6 300
合　计		5 000	25 000	35 000

生产成本明细账

产品批号：801A　　开工日期：6月

产品名称：A产品　　产量：20台　　完工日期：7月10台 8月10台

月份	摘要	直接材料	直接人工	制造费用	合计
6	本月发生	27 400	18 500	25 000	70 900
7	本月发生	12 000	14 200	20 160	46 360
7	完工转出10台成本	−22 000	−20 100	−29 000	−71 100
7	月末在产品成本	17 400	12 600	16 160	46 160
8	本月发生	5 600	9 000	12 600	27 200
8	完工转出10台成本	−23 000	−21 600	−28 760	−73 360
8	完工产品总成本	45 000	41 700	57 760	144 460
8	完工产品单位成本	2 250	2 085	2 888	7 223

生产成本明细账

产品批号：802B　　开工日期：7月

产品名称：B产品　　产量：15台　　完工日期：8月

月份	摘要	直接材料	直接人工	制造费用	合计
7	本月发生	30 990	21 005	29 800	81 795
8	本月发生	9 600	11 500	16 100	37 200
8	完工转出15台成本	−40 590	−32 505	−45 900	−118 995
8	完工产品单位成本	2 706	2 167	3 060	7 933

生产成本明细账

产品批号：803C　　开工日期：8月

产品名称：C产品　　产量：10台　　完工日期：

月份	摘要	直接材料	直接人工	制造费用	合计
8	本月发生	20 500	4 500	6 300	31 300

6.2

累计分配率＝2.5

＃501A产品负担制造费用＝(1 000＋5 000)×2.5＝15 000(元)

案例讨论

维京啤酒公司是一家小型酿酒公司，只生产一种啤酒。生产规模为每月18 000加仑，装瓶量为192 000瓶。受发酵槽容量的限制，每批生产量为3 600加仑。每批生产需要6个步骤，历时6天。

公司采用分步成本法，当月所有制造费用在 192 000 瓶的产量上分摊，不考虑月末在发酵槽里的 3 600 加仑未完工啤酒。公司的成本分析师最近提出以下建议：

对目前的成本会计方法，建议做以下两点改进：首先，由于啤酒生产每批的数量可以确定，所以应当使用分批成本法，这样能够分别决定每批产品的成本。其次，在任何时刻总有 3 600 加仑的在产品，而公司的会计方法将所有的费用都分摊在当期产成品上，假如将部分费用分摊在在产品上，就可以采用约当产量计算在产品应分摊的费用。

要求：假设您是维京啤酒公司的主管会计，请对这些建议给出回复。

第七章

分步成本法

引　言

生产椰奶的制造企业，其生产分三个步骤进行：第一个生产步骤是将椰子肉汁与糖浆混合制成可装罐的液体，在这一步骤中，需要计算椰子肉汁和糖浆等材料的成本；第二个生产步骤是空罐被送往工厂，经过清洗和检测，装入第一生产步骤制成的液体，这一步骤仅需计算加工成本；第三个生产步骤是在罐上加盖，然后将已装罐的椰奶包装成箱，形成企业的产成品被运往仓库，成为待销的产成品存货。在分步骤加工产品的制造企业，需计算每一步骤的生产成本，而不需按产品批次计算成本，这种方法被称为分步成本法。分步成本法是与分批成本法有着明显区别的成本计算方法，前者广泛应用于大量、大批、多步骤生产的制造企业。

学习目标

1. 理解分步成本法的特点和适用范围。
2. 理解分步成本法的计算程序。
3. 掌握半成品成本按加权平均法和先进先出法计算的不同点。
4. 理解成本还原的意义和成本还原的基本方法。
5. 理解广义在产品与狭义在产品的含义。

第一节　分步成本法的基本原理

一、分步成本法的意义

分步成本法，简称分步法，是以产品生产过程中各个加工步骤为成本计算对象来归集生产费用、计算产品成本的一种成本计算方法。这种方法一般适用于大量大批的连续式生产，如冶金、纺织、造纸等行业的企业生产。在这些企业，生产的工艺过程由一系列连续加工步骤构成，从原材料投入生产，每经过一个加工步骤都形成一种半成品，而这些半成品则是下一步骤的加工对象，直到最后步骤生产出产成品。这些企业的特点是：

(1) 加工步骤是有一定顺序的，除最后步骤的加工形成产成品外，其他步骤的加工都形成半成品，这些半成品有的可直接对外销售。

(2) 这种连续加工式的生产通常是大批或大量生产的，即产品在生产线上是川流不息地往下移动的。

(3) 各种产品生产的程序、生产方法都是相同的，一般没有特殊规格的产品和特定的生产方法。

一些大量大批装配式流水线生产的企业如生产电视机、电冰箱的企业等，近似上述生产类型，也可以采用成本计算分步法。

二、分步成本法的特点、计价方法和分类

(一) 分步法的特点

(1) 以各个加工步骤的各种或各类产品作为成本计算对象，按每个加工步骤的各种或各类产品设置成本明细账进行成本核算。

(2) 生产过程中所发生的生产费用，是按加工步骤归集的。各步骤所发生的直接费用直接计入各步骤的各产品成本，各步骤的间接费用先按各步骤归集，然后按一定的标准在该步骤的各产品间分配。

(3) 由于是在大量、大批、连续式生产的情况下，各步骤每月都有一部分产品完工结转下一步骤或供销售，这就要求每月月底进行成本计算。所以，成本计算是定期的，成本计算期与生产周期不一致，而与报告期一致。

(4) 在大量、大批、连续式生产的情况下，产品生产是按规定的品种或类别周期性地或不断地进行，在计算产品成本时，每一步骤一般总有若干在产品存在。因此，必须按照一定的标准将产品成本在完工产品与在产品之间划分，也即存在在产品的计价问题。

(二) 在产品的计价方法

1. 约当产量法

它是指将月末结存的在产品数量按其完工程度折算为相当于完工产品的数量。如果月末在产品的投料程度与加工程度不一致，则应分别成本项目计算在产品的约当产量。

2. 按原材料成本和半成品成本计价

在原材料占全部成本比重比较大的企业里，第一步骤在产品可按原材料成本计价，以后各步骤的在产品则按上一步骤的半成品成本计价。也就是说，各步骤的加工费用仅由各步骤已完工半成品或产成品的成本来负担，在产品成本不负担。

3. 按完工半成品或产成品计价

这种方法适用于已接近完工的在产品。例如，未经技术检验部门验收的各种钢锭可视同产成品钢锭一样计算成本。

以上第二、第三种方法中，在产品可以按年初成本或定额成本计价，也可以按当期实际成本计价。若以当期实际成本计价，实际上就是约当产量法的特例。即第二种方法是假定在产品的投料程度为百分之百，加工程度为零；第三种方法是假定在产品的投料程度和加工程度均为百分之百。

(三) 分步法的分类

按是否计算并结转半成品成本,分步法可分为逐步结转分步法和平行结转分步法。逐步结转分步法是计算并结转各步骤半成品成本的计算方法。平行结转分步法是不计算不结转各步骤半成品成本的计算方法。

按结转半成品成本时下一步骤生产成本明细账是否反映上一步骤半成品各成本项目的成本,逐步结转分步法又可分为综合结转分步法和分项结转分步法。采用综合结转分步法,上一步骤半成品成本结转至下一步骤时,在下一步骤生产成本明细账上是以“自制半成品”成本项目综合反映上一步骤的半成品成本,不具体反映上一步骤半成品各成本项目的成本。采用分项结转分步法,上一步骤半成品成本结转至下一步骤时,在下一步骤生产成本明细账上需要分别按成本项目登记上一步骤的半成品成本。

三、逐步结转分步法的成本计算程序

逐步结转分步法是按照产品连续加工的先后顺序,分步骤计算半成品成本,并将各步骤的半成品成本,逐步结转到下一步骤生产成本明细账,直至最后步骤计算出产成品成本,故又称顺序结转分步法。其计算程序是:先计算第一步骤的半成品成本,随着半成品实物由第一步骤转到第二步骤,半成品成本也由第一步骤转移到第二步骤,然后加上第二步骤的加工费用,计算出第二步骤的半成品成本。如此按步骤顺序结转,直到最后步骤计算出产成品成本为止。这种方法的成本计算程序可用图 7-1 表示。

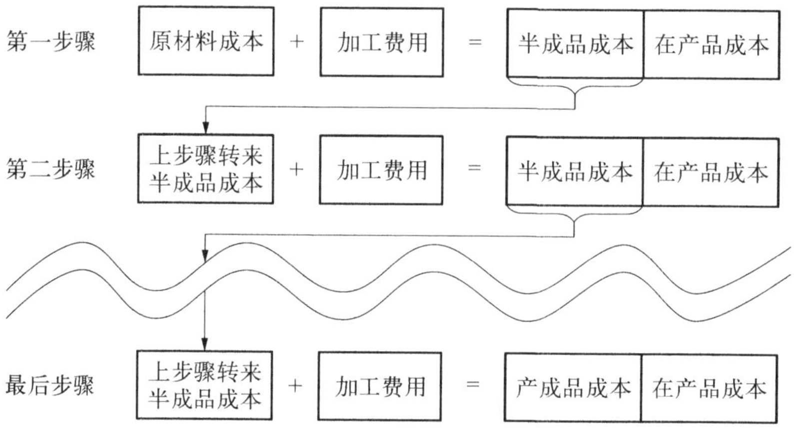

图 7-1　逐步结转分步法的成本计算程序

四、平行结转分步法的成本计算程序

在平行结转分步法下,各步骤只计算在本步骤所发生的生产成本,一般不计算各步骤完工半成品的成本。也就是说,虽然各步骤所生产的半成品按生产加工的顺序转移到下一步骤继续加工生产,但其成本却依然留在该步骤生产成本明细账上,并不随其实物结转至下一步骤的生产成本明细账。各步骤要按最后完工的产成品数量,计算出应计入产成品的份额,并将其平行地计入产成品成本内。由于这种方法在成本明细账上不反映半成品成本的转移,因此,这种方法属于不计列半成品法。这种方法的成本计算程序可用图 7-2 表示。

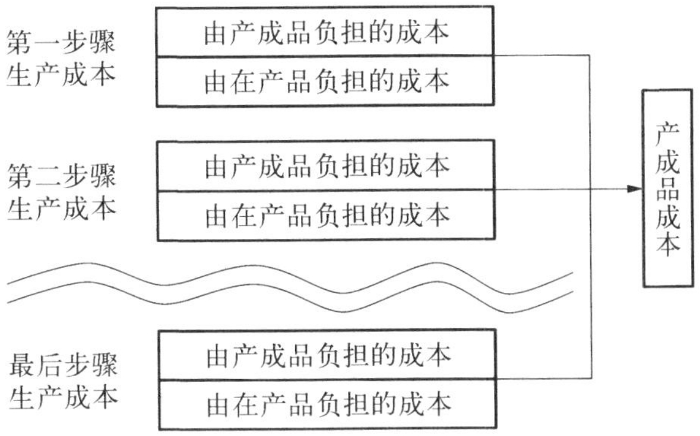

图 7－2　平行结转分步法的成本计算程序

第二节　分步成本计算方法

有些企业各生产步骤所生产出的半成品可以直接对外销售。在这种情况下，就必须计算各步骤半成品的成本，成本计算就可以采用逐步结转分步成本法。

采用逐步结转分步成本法进行成本核算的企业，一般是大量、大批连续式加工的生产企业，每个会计月度，各生产步骤都有完工半成品转入下一步骤，最后步骤则有完工产成品产出。每月月底，各生产步骤一般都有一定数量的在产品存在。为了正确计算各生产步骤的完工半成品成本和最后生产步骤的完工产成品成本，就必须准确、及时地进行产量的记录、计算。为满足成本计算的要求，各生产步骤每月都必须提供下列资料：(1) 期初在产品数量及其完工程度；(2) 本月投产的数量或从上一生产步骤转入的数量；(3) 本生产步骤已完工并转出的数量；(4) 期末在产品数量及其完工程度。这四个数量资料的关系一般是：

$$\text{期初在产品数量}+\text{本月投入数量（或上步骤转入数量）}=\text{已完工转下一步骤数量（或最后步骤完工产成品数量）}+\text{期末在产品数量}$$

一、分步法成本计算的具体程序

(一) 设置成本明细账

各个生产步骤按产品的品种或类别设置成本明细账。各成本明细账按成本项目设置专栏。除第一步骤外，其余步骤的成本明细账应增设“自制半成品”成本项目，以便登记本步骤耗用的由上步骤生产的自制半成品成本。

(二) 登记成本明细账，归集成本费用

成本明细账要按月设置，分别成本项目登记。每月月初，先根据上月资料计入月初在产品成本，然后根据各费用分配表登记本月费用。对于能直接归集于各步骤各产品的费用，应直接记入各产品的成本明细账。不能直接归集于各步骤各产品的费用，则按一定的标准，分配计入各产品的产品成本中。最后，根据月初在产品成本和本月发生费用，加总计算出生产成本总额。

(三) 在产品成本的计算

各生产成本明细账所归集的生产成本总额要在各该步骤完工的半成品(最后步骤是产成品)和在产品之间分配。在产品计价通常采用约当产量法,也可以采用其他方法。若产品的原材料成本占总成本的比重很大,在产品的计价过程可简化如下:第一步骤只计算原材料成本,其他步骤则只计算自制半成品成本。若在产品的完工程度很高,接近于完工产品,在产品成本的计算可视同完工半成品成本或产成品成本的计算。

(四) 半成品成本的计算

各生产成本明细账所归集的生产成本总额,扣除在产品成本后,即为半成品成本(最后步骤为产成品成本)。半成品成本除以半成品数量,即为半成品单位成本。随着半成品交下一步骤继续加工或交自制半成品仓库,半成品成本也结转到下一步骤成本明细账或半成品明细账中。半成品成本的计算和结转具体又可分为两种方法:加权平均法和先进先出法。

(五) 产成品成本的计算

最后步骤生产成本明细账所归集的生产成本总额扣除期末在产品成本后,即为产成品成本。产成品成本除以产成品数量,即为产成品单位成本。

二、半成品成本按加权平均法计算和结转

加权平均法是将月初在产品成本和本期发生的生产成本加在一起,除以月初在产品和本月投入产品的约当总产量,求得一个加权平均的半成品单位成本,然后将这个加权平均的单位成本乘以半成品数量,得出半成品总成本,转入下一步骤成本明细账中。由于有以下关系:

月初在产品数量+本月投入产品数量 = 本月完工产品数量+月末在产品数量

因此,在计算约当总产量时,实务上一般是以本月完工产品数量加月末在产品约当产量来求得。

例 7-1

假定某企业的产品生产分两个步骤进行,第一步骤在第一车间生产,第二步骤在第二车间生产。其 2017 年 8 月的产量资料和成本资料如表 7-1、表 7-2 和表 7-3 所示。

表 7-1　　产量资料　　单位:件

项　　目	第一车间	第二车间
期初在产品	450	1 000
本月投入产品	2 350	2 750
转下车间半成品或完工产成品	2 750	3 000
期末在产品	50	750

期末在产品完工程度均为 50%。第一步骤的原材料在生产开始时一次投入,第二步骤的原材料随生产加工进度均匀发生。

表 7－2　　第一车间成本　　单位：元

项　　目	金　　额
期初在产品的成本：	
直接材料	5 600
直接工资	1 200
制造费用	1 000
小　计	7 800
本月发生：	
直接材料	29 400
直接工资	22 665
制造费用	19 535
小　计	71 600

表 7－3　　第二车间成本　　单位：元

项　　目	金　　额
期初在产品的成本：	
上车间半成品	26 625
直接材料	3 250
直接工资	4 000
制造费用	5 000
小　计	38 875
本月发生：	
直接材料	10 250
直接工资	17 600
制造费用	22 000
小　计	49 850

根据以上产量资料和成本资料，可编制约当产量计算表和生产成本明细账，如表 7－4、表 7－5、表 7－6、表 7－7 所示。

表 7－4　　约当产量计算表

（加权平均法）

第一车间　　2017 年 8 月　　单位：件

项　　目	金　　额
直接材料：	
转下车间半成品	2 750
期末在产品（50×100%）	50
小　计	2 800

续 表

项　目	金　额
直接人工和制造费用：	
转下车间半成品	2 750
期末在产品(50×50%)	25
小　计	2 775

表 7-5　　生产成本明细账

第一车间　　2017 年 8 月　　单位：元

摘　要	直接材料	直接工资	制造费用	合　计
月初在产品成本	5 600	1 200	1 000	7 800
本月生产成本	29 400	22 665	19 535	71 600
合　计	35 000	23 865	20 535	79 400
约当总产量	2 800	2 775	2 775	—
约当产量单位成本	12.5	8.6	7.4	
完工半成品成本	34 375	23 650	20 350	78 375
完工半成品单位成本	12.5	8.6	7.4	28.5
月末在产品成本	625	215	185	1 025

表 7-6　　约当产量计算表

(加权平均法)

第二车间　　2017 年 8 月　　单位：件

项　目	金　额
自制半成品：	
完工产成品	3 000
期末在产品	750
小　计	3 750
直接材料、直接人工和制造费用：	
完工产成品	3 000
期末在产品(750×50%)	375
小　计	3 375

表 7-7　　生产成本明细账

第二车间　　2017 年 8 月　　单位：元

摘　要	自制半成品	直接材料	直接工资	制造费用	合　计
月初在产品成本	26 625	3 250	4 000	5 000	38 875
本月生产成本	78 375	10 250	17 600	22 000	128 225

续　表

摘　　要	自制半成品	直接材料	直接工资	制造费用	合　　计
合　计	105 000	13 500	21 600	27 000	167 100
约当总产量	3 750	3 375	3 375	3 375	—
约当产量单位成本	28	4	6.4	8	—
完工产成品成本	84 000	12 000	19 200	24 000	139 200
完工产成品单位成本	28	4	6.4	8	46.4
月末在产品成本	21 000	1 500	2 400	3 000	27 900

在此例中，第二车间的直接材料是随加工进度均匀发生的，所以其约当产量的计算与直接人工和制造费用相同。需要注意的是，自制半成品约当产量的计算是不需要考虑期末在产品的投料程度或加工程度的，或者说，其完工程度一定是百分之百。这是因为自制半成品这一成本项目反映的是由上步骤转入本步骤的半成品的成本，是上步骤发生的成本，因此，我们要计算的约当产量是上步骤的约当产量，本步骤的期末在产品一定是已完成上步骤生产过程的，所以其完工程度一定是百分之百。

三、半成品成本按先进先出法计算和结转

先进先出法是假定企业在进行生产时先对期初在产品进行加工，再对本月投入产品进行加工。因此，月初在产品应该先于本月投入产品完工，它的成本也就应该先于本月投入产品转出。这就要求在进行成本计算和完工半成品成本结转时，将上月结转本月完工的产品成本与本月投产本月完工的产品成本区别开来，以分别反映前后两个月的成本水平。

为了计算本月的成本水平，就需计算本月约当量。本月约当量不包括期初在产品在上月的生产量，也就是说，它只与本月发生的生产耗费有关，而与月初在产品成本无关。本月约当产量的计算方法有以下两种：

(1) 本月约当量＝全部约当产量－月初在产品约当量

＝本月完工半成品产量＋月末在产品约当量－月初在产品约当量

(2) 本月约当量＝月初在产品在本月加工的约当量＋本月投产本月完工的半成品数量＋月末在产品的约当产量

＝月初在产品数量×(1－上月完工百分比)＋本月完工半成品数量＋月末在产品数量×本月完工百分比

将本月发生的产品成本除以本月约当量，即为本月约当量单位成本。在产品生产周期小于一个月的情况下，月初在产品将在本月全部加工完毕，故月初在产品成本应全部由本月完工半成品负担。月末在产品全部由当月投入，月末在产品成本反映的是当月成本水平，与月初成本水平无关。所以，将本月约当量单位成本乘以月末在产品约当量即为月末在产品成本，将月初和本月发生的生产费用合计数减去月末在产品成本即为本月完工半成品成本。当然，本月完工半成品成本也可按以下方法求得：

本月完工半成品成本＝ 月初结转本期完工的半成品成本＋本月投产本月完工的半成品成本

= 月初在产品成本 + 本月约当产量单位成本 × 月初在产品在本月加工的约当量 + 本月约当产量单位成本 × 本月投产本月完工的半成品数量

由此可见,在先进先出法下,月末在产品反映的是当月的成本水平,而本月完工半成品成本则既受上月成本水平的影响,又受本月成本水平的影响。

例 7-2

仍以前述第一车间、第二车间为例,按先进先出法计算半成品成本。先计算本月约当产量。如表 7-8 所示,第一车间直接材料成本项目的约当产量合计数为 2 800 件,减去期初在产品的约当产量 450 件,本月约当产量为 2 350 件。直接人工和制造费用的约当产量合计数为 2 775 件,减去期初在产品的约当产量 225 件,本月约当产量为 2 550 件。

表 7-8　　**约当产量计算表**

(先进先出法)

第一车间　　2017 年 8 月　　单位:件

项　　目	金　　额
直接材料:	
转下车间半成品	2 750
期末在产品(50×100%)	50
约当产量合计	2 800
减:期初在产品(450×100%)	450
本月约当产量	2 350
直接人工和制造费用:	
转下车间半成品	2 750
期末在产品(50×50%)	25
约当量合计	2 775
减:期初在产品(450×50%)	225
本月约当产量	2 550

根据以上约当产量计算表和有关成本资料,可编制生产成本明细账,如表 7-9 所示。

表 7-9　　**生产成本明细账**

(先进先出法)

第一车间　　2017 年 8 月　　单位:元

摘　　要	直接材料	直接工资	制造费用	合　　计
月初在产品成本	5 600	1 200	1 000	7 800
本月生产成本	29 400	22 665	19 535	71 600
合　计	35 000	23 865	20 535	79 400

续　表

摘　　要	直接材料	直接工资	制造费用	合　　计
本月约当产量	2 350	2 550	2 550	
本月约当产量单位成本	12.510 6	8.888 2	7.660 8	
月末在产品成本	625.53	222.21	191.52	1 039.26
完工半成品成本	34 374.47	23 642.79	20 343.48	78 360.74
其中：月初在产品成本	5 600	1 200	1 000	7 800
月初在产品本月加工成本	—	1 999.85	1 723.68	3 723.53
本月投产本月完工半成品成本	28 774.47	20 442.94	17 619.80	66 837.21
完工半成品单位成本	12.499 8	8.597 4	7.397 6	28.494 8

以上生产成本明细账中，完工半成品成本分解为三个部分：月初在产品成本、月初在产品在本月的加工成本，以及本月投产本月完工的半成品成本。其中，月初在产品成本即为上月末在产品成本，反映上月的成本水平；月初在产品在本月的加工成本反映的是本月的成本水平，由本月约当产量单位成本乘以月初在产品在本月加工的约当量求得；本月投产本月完工的半成品成本反映的也是本月的成本水平，由本月约当产量单位成本乘以本月投产本月完工的半成品数量来求得。

第二车间的约当产量和生产成本的计算与第一车间基本相同，只是在计算自制半成品的约当量时，不需考虑期初、期末在产品的完工程度，或者说期初、期末在产品的完工程度均为百分之百。实际上，先进先出法下自制半成品的约当量就是本步骤的投入量，无须专门计算。第二车间的约当产量和生产成本的具体计算见表 7－10 和表 7－11。

表 7－10　　约当产量计算表

（先进先出法）

第二车间　　2017 年 8 月　　单位：件

项　　目	金　　额
自制半成品	
完工产成品	3 000
期末在产品	750
约当量合计	3 750
减：期初在产品	1 000
本月约当量	2 750
直接材料、直接人工和制造费用	
完工产成品	3 000
期末在产品（750×50%）	375
约当量合计	3 375
减：期初在产品（1 000×50%）	500
本月约当量	2 875

表 7-11　　生产成本明细账

(先进先出法)

第二车间　　2017 年 8 月　　单位:元

摘　　要	自制半成品	直接材料	直接工资	制造费用	合　　计
月初在产品成本	26 625	3 250	4 000	5 000	38 875
本月生产成本	78 360.74	10 250	17 600	22 000	128 210.74
合　计	104 985.74	13 500	21 600	27 000	167 085.74
本月约当产量	2 750	2 875	2 875	2 875	
本月约当产量单位成本	28.494 8	3.565 2	6.121 7	7.652 2	
月末在产品成本	21 371.11	1 336.96	2 295.65	2 869.57	27 873.28
完工产成品成本	83 614.63	12 163.04	19 304.35	24 130.43	139 212.46
其中:月初在产品成本	26 625	3 250	4 000	5 000	38 875
月初在产品本月加工成本	—	1 782.61	3 060.87	3 826.09	8 669.57
本月投产本月完工产成品成本	56 989.63	7 130.43	12 243.48	15 304.35	91 667.89
完工产成品单位成本	27.871 5	4.054 3	6.434 8	8.043 5	46.404 2

计入下步骤本月自制半成品项目的成本,是上步骤完工半成品的单位成本和下步骤投入产量的乘积。在此例中,由于下步骤投入的数量等于上步骤产出的数量,因此,不管是加权平均法还是先进先出法,计入下步骤本月自制半成品项目的成本就是上步骤完工半成品成本。但是,如果下步骤投入的数量与上步骤产出的数量不等,则需根据实际情况进行计算。如果在两个步骤之间有自制半成品仓库,上步骤的自制半成品完工后要入库,下步骤生产时要从自制半成品库领用,那么应设置自制半成品明细账对自制半成品的收入、发出、结存进行核算,按照先进先出法、加权平均法或其他方法对下步骤耗用的自制半成品计价。

四、综合结转法的成本还原

以上介绍的逐步结转分步法中各步骤半成品成本在转入下一步骤时都以一个总数记入下一步骤生产成本明细账的"自制半成品"成本项目中,这种方法称作综合结转。在综合结转分步法下,最后步骤的产成品成本中,以前步骤转入的成本都在"自制半成品"成本项目中综合反映,其他成本项目只包含最后生产步骤发生的成本。这样计算出的产成品成本不能按原始成本项目反映产品成本的构成情况,也就不利于产品的成本分析和成本考核,因此有必要进行成本还原,即对产成品成本中"自制半成品"成本项目的成本按原始成本项目进行分解还原,以求得按原始成本项目反映的产成品成本的构成情况。还原的方法通常采用逆序法,即从最后一个生产步骤开始,把各步骤所耗上步骤自制半成品的综合成本,按上一生产步骤各成本项目成本的构成比重逐步分解还原，直至分解到第一生产步骤，不再存在自制半成品成本为止，然后将还原前的产成品成本和各步骤的还原数按成本项目相加，即可求得按原始成本项目反映的产品成本。

例 7－3

某企业丙产成品经过三个生产车间加工而成。第一车间生产出甲半成品，第二车间对甲半成品做进一步加工从而生产出乙半成品，第三车间对乙半成品做进一步加工从而生产出丙产成品。成本核算采用逐步结转分步法。本月完工丙产成品成本为：自制半成品 60 000 元、直接人工 2 500 元、制造费用 3 000 元。本月甲、乙半成品完工产品成本及其构成比重如表 7－12 所示。

表 7－12　　甲、乙半成品的完工产品成本及其构成比重

项　目	自制半成品	直接材料	直接工资	制造费用	合　计
甲完工半成品成本(元)		30 000	4 000	6 000	40 000
甲半成品成本构成比重		75%	10%	15%	100%
乙完工半成品成本(元)	40 800		2 880	4 320	48 000
乙半成品成本构成比重	85%		6%	9%	100%

根据以上资料编制成本还原计算表，见表 7－13。

表 7－13　　成本还原计算表

产品名称：丙产品　　　　单位：元

项　目		自制半成品	直接材料	直接工资	制造费用	合　计
还原前丙产品成本		60 000		2 500	3 000	65 500
成本还原	乙半成品成本构成比重	85%		6%	9%	100%
	乙半成品成本还原	−60 000				
		51 000		3 600	5 400	0
	甲半成品成本构成比重		75%	10%	15%	100%
	甲半成品成本还原	−51 000	38 250	5 100	7 650	0
还原后丙产品总成本			38 250	11 200	16 050	65 500

在以上成本还原计算表中，先将第三步骤丙产成品中的自制半成品成本 60 000 元，按第二步骤乙半成品单位成本构成比重还原为第二步骤各成本项目；再将第二步骤乙半成品成本 51 000 元进一步按第一步骤甲半成品单位成本构成比重还原为第一步骤各成本项目；最后，按成本项目相加，即得还原后的丙产品成本。

以上方法可称作成本项目比重法。在实际工作中通常采用还原分配率法来进行还原。所谓还原分配率法，是先计算出还原分配率，然后将还原分配率分别乘以上步骤完工产品各成本项目的成本来求得成本还原额，最后将还原前的产品成本和成本还原额按成

本项目相加,即可得还原后的产品成本。具体计算公式如下:

$$\text{还原分配率}=\frac{\text{本步骤完工产品的自制半成品成本}}{\text{上步骤完工产品成本}}$$

$$\text{成本还原额}=\text{上步骤完工产品各成本项目的成本}\times\text{还原分配率}$$

将例 7-3 的资料按还原分配率法进行成本还原所编制的成本还原计算表如表 7-14 所示。

表 7-14　　成本还原计算表

产品名称:丙产品　　单位:元

项　目		还原分配率	自制半成品	直接材料	直接工资	制造费用	合　计
还原前丙产品成本			60 000		2 500	3 000	65 500
成本还原	乙半成品完工产品成本		40 800		2 880	4 320	48 000
	乙半成品成本还原	1.25=60 000÷48 000	-60 000				
			51 000		3 600	5 400	0
	甲半成品完工产品成本			30 000	4 000	6 000	40 000
	甲半成品成本还原	1.275=51 000÷40 000	-51 000	38 250	5 100	7 650	0
还原后丙产品总成本				38 250	11 200	16 050	65 500

上述两种方法都是按自制半成品的实际成本比例还原的,其最后还原结果是相同的。有些企业为简化还原工作,采用计划成本比例法来还原。具体的做法是,根据各步骤(除最后步骤外)按计划成本计算的成本项目构成比例,逆序还原,算出最后步骤自制半成品的成本项目构成比例,然后就按这个比例把最后步骤自制半成品这一综合成本项目一次还原为原始成本项目。如例 7-3 中,假定上述甲、乙半成品成本构成比重为计划成本的成本项目构成比例,则丙产成品中自制半成品项目计划成本比例的计算见表 7-15。

表 7-15　　计划成本比例计算表

项　目	行次	自制半成品	直接材料	直接工资	制造费用	合　计
乙半成品计划成本项目构成比例	(1)	85%		6%	9%	100%
甲半成品计划成本项目构成比例	(2)		75%	10%	15%	100%
对乙半成品自制半成品项目按甲半成品比例还原	(3)	-85%	63.75%	8.50%	12.75%	0
还原后乙半成品计划成本项目构成比例	(4)	0	63.75%	14.50%	21.75%	100%

在表 7-15 中,第(3)行的 63.75%、8.5%和 12.75%是由第(1)行乙半成品的自制半成品项目比例 85%分别乘以第(2)行甲半成品的计划成本项目的构成比例 75%、10%和 15%后取得的;第(4)行还原后乙半成品的计划成本项目构成比例由第(1)行中有关数据

加上第(3)行的相应数据后取得。这样,在对丙产成品中自制半成品项目进行还原时,只需将丙产成品中自制半成品 60 000 元分别乘以第(4)行的相应数据即可。

有些半成品在国民经济中具有独立的意义,如棉纱、坯布、生铁、钢锭等,这些半成品在编制成本报表时也可以不进行成本还原。

五、分项结转分步法

分步成本法中,除综合结转分步法外,还有分项结转分步法。分项结转分步法的特点是将上一步骤半成品成本转入下一步骤时,需分别按上一步骤半成品的成本项目记入下一步骤的相应成本项目。采用分项结转分步法时,各步骤生产成本明细账中不设置"自制半成品"成本项目,故不必对最终完工产成品的成本进行还原计算。

分项结转分步法的成本计算程序与综合结转分步法基本相同,此处不再赘述。按分项结转分步法核算产品成本,第一步骤与综合结转法完全相同;第二步骤及以后步骤,若以实际成本法计算,在计算约当产量时,要注意区分上步骤转入成本所对应的约当产量与本步骤发生成本所对应的约当产量。因此,在编制成本明细账时,无论是期初在产品成本还是本月发生的生产费用都要按上步骤转入部分和本步骤发生部分分别进行登记。完工半成品成本与在产品成本的划分,也要按上步骤转入成本与本步骤发生成本分别进行。

例 7-4

设某企业有第一、第二两个基本生产车间。第一车间生产甲半成品,第二车间对从第一车间转入的甲半成品进一步加工,生产出乙产成品。2017 年 7 月的产量和成本资料见表 7-16、表 7-17。

表 7-16　　**产量记录**　　单位:件

项　目	第 一 车 间	第 二 车 间
月初在产品	200	300
本月投入产品	1 000	1 100
转下车间半成品或完工产成品	1 100	900
月末在产品	100	500

原材料在生产开始时一次性投入,月末在产品完工程度均为 50%。

表 7-17　　**成本资料**　　单位:元

项　目	直 接 材 料	直 接 人 工	制 造 费 用
月初在产品成本			
第一车间	21 500	7 500	8 200

续 表

项　　目	直接材料	直接人工	制造费用
第二车间(上步骤转入)	95 000	48 920	53 240
第二步骤(本步骤发生)		10 000	13 900
本月费用			
第一车间	134 500	68 400	74 600
第二车间		82 000	108 000

假定成本核算采用分项结转分步法,半成品成本按加权平均法计算。第一车间的产品成本计算与综合结转分步法完全相同。根据以上资料,可编制第一车间的产品成本表,如表 7-18 所示。

表 7-18　　生产成本明细账

第一车间　　2017 年 7 月　　单位:元

项　　目	直接材料	直接工资	制造费用	合　　计
月初在产品成本	21 500	7 500	8 200	37 200
本月生产成本	134 500	68 400	74 600	277 500
合　计	156 000	75 900	82 800	314 700
约当产量	1 200	1 150	1 150	
约当产量单位成本	130	66	72	
月末在产品成本	13 000	3 300	3 600	19 900
完工半成品成本	143 000	72 600	79 200	294 800
完工半成品单位成本	130	66	72	268

在登记第二车间成本明细账时,第一车间 1 100 件完工半成品的成本 294 800 元要分别成本项目记入第二车间的生产成本明细账中。在进行第二车间的生产成本计算时,不能将第一车间转入的生产费用和第二车间发生的生产费用加在一起,除以一个总的约当产量(材料为 1 400 件,工费为 1 150 件)以求出约当产量单位成本来划分在产品成本和完工产品成本。这是因为第二车间 500 件在产品的完工程度为 50%,这是指在第二车间的加工程度,也就是说,这 500 件在产品在第二车间的加工成本只发生了一半,对第二车间发生的成本而言,500 件在产品只相当于 250 件产成品。但由于这 500 件在产品是从第一车间转入的,是第一车间的完工半成品,所以,对第一车间的成本而言,完工程度为 100%,500 件在产品的约当产量仍然是 500 件。因此,在计算约当产量并划分在产品成本和完工产品成本时,必须分别上步骤转入成本与本步骤发生成本,否则就会产生在产品成本少计、完工半成品(或产成品)成本多计的现象,导致产品成本计算的不准确。

第二车间生产成本的计算如表 7-19 所示。

表 7－19　　**生产成本明细账**

第二车间　　2017 年 7 月　　单位：元

项　　目		直接材料	直接工资	制造费用	合　　计
上步骤转入	期初在产品成本	95 000	48 920	53 240	197 160
	本月生产费用	143 000	72 600	79 200	294 800
	合　计	238 000	121 520	132 440	491 960
	约当产量	1 400	1 400	1 400	
	约当产量单位成本	170	86.8	94.6	
	月末在产品成本	85 000	43 400	47 300	175 700
	完工产成品成本	153 000	78 120	85 140	316 260
本步骤发生	期初在产品成本		10 000	13 900	23 900
	本月生产费用		82 000	108 000	190 000
	合　计		92 000	121 900	213 900
	约当产量		1 150	1 150	
	约当产量单位成本		80	106	
	月末在产品成本		20 000	26 500	46 500
	完工产成品成本		72 000	95 400	167 400
完工产成品成本		153 000	150 120	180 540	483 660
完工产成品单位成本		170	166.8	200.6	537.4

在例 7－4 中，完工半成品的结转是按加权平均法计算结转的。根据需要也可按先进先出法计算结转。加权平均法与先进先出法都属按实际成本法计价，也可以按计划成本计价结转，然后按成本项目分项调整成本差异。但由于后一种方法的计算工作量较大，因此，一般采用按实际成本分项结转的方法。

同步思考题 7.1

某企业 2017 年 8 月有关资料如下：

(1) 甲产品基本生产成本汇总如表 7－20 所示。

表 7－20　　单位：元

项　　目	直接材料	直接工资	制造费用	废品损失
月初在产品成本	5 000	416	176	—
本月生产耗费	29 800	6 084	3 744	273

(2) 甲产品 8 月份投入产出情况如表 7－21 所示。

表 7-21

项　　目	数量(件)	在产品加工程度
月初结存在产品	40	40%
本月投入生产	250	
本月完工产成品	210	
月末结存在产品	80	50%

(3) 甲产品所耗直接材料在生产开始时一次投入。

(4) 该企业采用约当产量比例法划分完工产品与在产品成本。

要求：

(1) 采用加权平均法计算月末在产品成本和本月完工产品总成本及单位成本。

(2) 采用先进先出法计算月末在产品成本和本月完工产品总成本及单位成本。

(3) 分别按成本项目比较要求(1)与要求(2)的计算结果，并说明加权平均法和先进先出法对产品成本的影响。

第三节　分步法与废品的核算方法

以上讨论了分步法核算的基本程序和方法。这里将进一步对分步法下的正常废品和非正常废品的核算方法进行探讨。

例 7-5

立达公司生产的 A 产品，需经过两个生产车间加工，采用逐步结转分步法计算成本。直接材料在生产开始时一次投入，加工成本随加工进度逐渐发生。生产过程中出现的废品只有在产成品检验时才能发现。一般情况下，废品率是合格产品的 10%。立达公司采用加权平均法划分完工产品成本与在产品成本。2017 年 5 月份有关的数据汇总如表 7-22 和表 7-23 所示。

表 7-22　　产量记录　　单位：件

项　　目	第一车间	第二车间
月初在产品	1 500(完工 60%)	1 000(完工 50%)
本月投入	8 500 件	7 000
本月完工	7 000	5 500
月末在产品	2 000(完工 50%)	1 500(完工 40%)

表 7 - 23　　　　成本资料　　　　单位：元

项　　目	第 一 车 间	第 二 车 间
月初在产品成本：		
直接材料	12 000	
自制半成品		20 725
直接人工	5 000	16 250
制造费用	4 000	10 075
本月生产费用：		
直接材料	76 500	
直接人工	49 000	37 000
制造费用	40 100	17 615

根据上述资料，按如下程序计算成本。

第一步，计算确定废品数量，包括正常废品和非正常废品的数量。

总废品数量 ＝（月初在产品数量＋本月投入数量）－（完工合格品数量＋月末在产品数量）

第一车间：

总废品数量＝(1 500＋8 500)－(7 000＋2 000)＝10 000－9 000＝1 000(件)

由于正常废品率为 10%，则：

正常废品数量＝7 000×10%＝700(件)

非正常废品数量＝1 000－700＝300(件)

第二车间：

总废品数量＝(1 000＋7 000)－(5 500＋1 500)＝8 000－7 000＝1 000(件)

正常废品数量＝5 500×10%＝550(件)

非正常废品数量＝1 000－550＝450(件)

第二步，计算约当产量。

第一车间：

直接材料的约当产量＝7 000＋2 000＋700＋300＝10 000(件)

工费的约当产量＝7 000＋2 000×50%＋700＋300＝9 000(件)

第二车间：

自制半成品的约当产量＝5 500＋1 500＋550＋450＝8 000(件)

工费的约当产量＝5 500＋1 500×40%＋550＋450＝7 100(件)

第三步，分别为第一车间和第二车间编制产品成本计算单(见表 7 - 24 和表 7 - 25)，完成产品成本的计算工作。

表 7-24　　　　　　　　　　产品成本计算单

第一车间　　　　　　　　　　2017 年 5 月　　　　　　　　　　A 半产品

项　目	直接材料	直接人工	制造费用	正常废品损失	合　计
月初在产品成本	12 000	5 000	4 000		21 000
本月生产费用	76 500	49 000	40 100		165 600
合　计	88 500	54 000	44 100		186 600
约当总产量	10 000	9 000	9 000		
约当产量单位成本	8.85	6	4.90		19.75
结转正常废品成本	—6 195	—4 200	—3 430		—13 825
转入正常废品净损失				13 825	13 825
完工产品成本	61 950	42 000	34 300	13 825	152 075
非正常废品成本	2 655	1 800	1 470		5 925
月末在产品成本	17 700	6 000	4 900		28 600

表 7-25　　　　　　　　　　产品成本计算单

第二车间　　　　　　　　　　2017 年 5 月　　　　　　　　　　A 产成品

项　目	自制半成品	直接人工	制造费用	正常废品损失	合　计
月初在产品	20 725	16 250	10 075		47 050
本月生产费用	152 075	37 000	17 615		206 690
合　计	172 800	53 250	27 690		253 740
约当总产量	8 000	7 100	7 100		
约当产量单位成本	21.60	7.50	3.90		33
结转正常废品成本	—11 880	—4 135	—2 145		—18 150
转入正常废品净损失				18 150	18 150
完工产品成本	118 800	41 250	21 450	18 150	199 650
非正常废品成本	9 720	3 375	1 755		14 850
月末在产品成本	32 400	4 500	2 340		39 240

在上例中,我们是假定在产品全部加工完毕后再进行检验,因而废品是在产品加工完毕后才发现的。实际上,许多制造公司为了加强产品质量控制,往往会在生产过程中进行产品质量的检验。下面将进一步讨论由于检验时间的不同对废品成本的计算有何影响。

例 7-6

大众公司生产汽车零部件,其铸造车间的正常废品率为检验时合格产品数量的10%。

假定铸造车间的直接材料是生产开始时一次投入的，加工成本随加工进度逐渐发生。再假定该车间对其生产的产品分别在完工率为20%、50%和100%时进行检验。2017年6月该车间的月初在产品11 000件，完工率为25%，当月投入生产74 000件，月末在产品16 000件，完工率为75%。如果在每个阶段中发现的废品均为8 000件，请分析在三种情况下正常废品和非正常废品的数量是如何变化的。

(1) 在以完工率20%为检验点时，由于月初在产品的完工率为25%，已经通过检验，因而只有当月投产的产品完工率为20%检验时，才可能发现废品。此时，正常废品和非正常废品的数量可计算如下：

正常废品数量＝(投入生产数量－废品数量)×正常废品率
＝(74 000－8 000)×10%＝6 600(件)

非正常废品数量＝废品数量－正常废品数量
＝8 000－6 600＝1 400(件)

(2) 在以完工率50%为检验点时，由于月初在产品的完工率为25%，还未经过检验，因而当月初在产品和本月投产产品的完工率达到50%的检验点时，都有可能发现废品。此时，正常废品和非正常废品的数量可计算如下：

正常废品数量＝(月初在产品数量＋本月投产数量－废品数量)×10%
＝(11 000＋74 000－8 000)×10%＝7 700(件)

非正常废品数量＝废品数量－正常废品数量
＝8 000－7 700＝300(件)

(3) 在以完工率100%为检验点的情况下，由于只有当月末完工产品完工率达到100%并经过检验时才有可能发现废品，因此，正常废品和非正常废品的数量可计算如下：

正常废品数量＝(月初在产品数量＋本月投产数量－废品－月末在产品数量)×10%
＝(11 000＋74 000－8 000－16 000)×10%＝6 100(件)

非正常废品数量＝废品数量－正常废品数量
＝8 000－6 100＝1 900(件)

从上述计算结果可以看出，质量检验时间的确定对正常废品和非正常废品数量的计算有很大的影响，从而影响产品成本计算的结果。此外，在生产过程中尽早地发现废品可为企业节约额外的开支。因此，合理选择产品质量的检验时间是分步成本计算法下进行废品管理的关键。

本章小结

分步成本法是以产品生产过程中各个加工步骤为成本计算对象来归集生产费用、计算产品成本的一种成本计算方法。

按是否计算并结转半成品成本，分步成本法又可分为逐步结转分步法和平行结转分步法。逐步结转分步法是计算并结转各步骤半成品成本的成本计算方法。平行结转分步法是不计算、不结转各步骤半成品成本的成本计算方法。

按结转半成品成本时下一步骤生产成本明细账是否反映上一步骤半成品各成本项目的成本,逐步结转分步法又可分为综合结转分步法和分项结转分步法。采用综合结转分步法,上一步骤半成品成本结转至下一步骤时,在下一步骤生产成本明细账上是以"自制半成品"成本项目综合反映上一步骤的半成品成本,不具体反映上一步骤半成品各成本项目的成本。这样计算出来的产品成本就不能提供按原始成本项目反映的成本资料。为便于成本分析和考核,就需要对产成品成本中的"自制半成品"成本项目进行成本还原。还原的方法通常采用逆序法,即从最后一个步骤起,把各步骤所耗上一步骤自制半成品的综合成本逐步还原为原始的成本项目,然后将还原前的产品成本和各步骤的还原数按成本项目相加,即可求得按原始成本项目反映的产成品成本。采用分项结转分步法,上一步骤半成品成本结转至下一步骤时,在下一步骤生产成本明细账上需要分别成本项目登记上一步骤的半成品成本。各步骤生产成本明细账中不设置"自制半成品"成本项目,故不必对最终完工产成品的成本进行还原计算。

在分步法下,各步骤生产成本明细账上所归集的生产费用,若按约当产量比例法在完工产品和在产品之间分配,自制半成品成本的计算,既可采用加权平均法,也可采用先进先出法。

分步成本法与分批成本法是两种不同的计算方法,主要区别在于成本计算对象、成本计算期、在产品计价、适用性等方面的不同。

本章关键词

分步成本法	process costing
加权平均法	weighted average costing
先进先出法	first-in-first-out costing
综合结转法	composite cost carried down
分项结转法	line-item cost carried down

思考题

1. 简述分步成本法的特点和适用范围。
2. 说明分步成本法计算的具体程序。
3. 说明在逐步结转方式下,各步骤在产品的含义有何不同。
4. 说明综合结转法和分项结转法的优缺点。
5. 什么叫成本还原? 如何进行成本还原?
6. 试比较在产品成本按加权平均法和先进先出法计算的异同点。

同步思考题参考答案

7.1

(1) 完工产品成本=34 225.80(元)

月末在产品成本＝11 267.20(元)

(2) 完工产品成本＝34 277.00(元)

月末在产品成本＝11 216.00(元)

7.2

(1) 第一步骤：原材料约当产量＝590

工费约当产量＝542

第二步骤：工费约当产量＝444

第三步骤：工费约当产量＝320

(2) 第一步骤：原材料约当产量＝380

工费约当产量＝332

第二步骤：工费约当产量＝424

第三步骤：工费约当产量＝320

案例讨论

玛格丽特·梅杰是某休闲服饰公司的会计主管。公司在全球范围内拥有20个生产点供专卖店销售,所有的生产点均采用分步成本法核算系统。每逢月末,各生产点的经理必须提交一份生产报告和一份成本报告。在生产报告中包括经理人员对期末在产品的直接材料和加工成本的完工比率的估计。各生产点按1到20排名,标准是:(1) 直接材料的约当单位成本;(2) 加工成本的约当单位成本。每个月梅杰都编制一份名为"效益记分表"的报告。排名最高的三个生产点的经理会得到一份奖金并作为公司业绩的佼佼者。

梅杰对这一打分制十分满意。然而,她也听到一些令人不愉快的消息。有几封匿名信举报,有两个生产点的经理人员为了获得较好的业绩,篡改了完工率的情况。

要求:

1. 为什么生产点的经理人员要篡改其完工比率?如何篡改?

2. 梅杰的第一反应是与各生产点的会计主管联系讨论这一问题。这样做是否有效?

3. 假定各生产点的会计主管首先对经理人员负责,并且每个会计主管都收到了有关要求2的电话通知。请指出每个会计主管对玛格丽特·梅杰的道德责任,以及他们针对有关"效益记分表"中约当产量相关数据对该公司的道德责任。

4. 梅杰如何才能真正掌握生产点经理是否篡改数据的情况?

第八章

分类成本法和联合成本的分配

引　言

石油和天然气通常是由一口井生产出来的。若两家公司为了开采石油和天然气而合资经营,则在整个生产过程中发生的勘探、打井以及把石油与天然气分离等作业的共同成本都应由这两家公司分别承担。如何合理分配这些共同成本,并分别计算出每种产品的成本,是本章要探讨的主要内容。

本章将涉及更为复杂的同一生产过程生产出两种以上产品的成本分配问题。这种同一生产过程发生的成本称为联合成本。本章主要阐述了将联合成本分配到产品的各种方法以及副产品、等级产品的成本分配方法,同时也介绍了在产品品种、规格繁多的制造企业采用分类成本法计算各种产品成本的方法及具体应用。

学习目标

1. 理解分类成本法的含义及其特点。
2. 掌握类内产品成本的划分方法。
3. 理解可分成本和联合成本的含义。
4. 正确应用联合成本的分配方法。
5. 正确区分联产品、副产品和等级产品。
6. 掌握联产品的成本计算方法。
7. 掌握副产品的成本计算方法。

第一节　分类成本法

一、分类成本法的含义

分类成本法,也称分类法,是以产品的类别作为成本计算对象,归集生产费用,先计算各类产品的总成本,再将其在同类产品中进行分配,计算出各种产品成本的一种方法。

有一些工业企业,生产的产品品种、规格繁多,如果按产品的每一品种、规格归集生产费用，计算产品成本，核算的工作量是很大的。为了简化成本核算工作，可以将品种相似的，或同一品种不同规格的产品归为一类，按产品的类别归集生产费用，计算出各类产品的成本，再按一定的方法在同类产品中进行分配，以分别计算出各品种、规格的产品成本，这种成本计算方法就是分类法。在这种情况下，分类法实际上就是把类别作为品种，按品种法计算出类别成本后，再按照一定的方法，在每类产品的各种产品之间分配费用，计算出类内各种产品的成本。同样，也可以把类别作为步骤或批别，按分步法、分批法计算出类别成本后，再按一定的方法，在每类产品的各种产品之间分配费用，计算出类内各种产品的成本。因此，分类法不是一种独立的成本计算方法，企业可根据产品生产的特点和管理上的需要，将分类法与品种法、分批法、分步法等结合起来应用。例如，多步骤大量生产的钢铁厂可先采用分步法计算各类钢铁产品的成本，然后采用一定的方法分别计算类内各种产品的成本；而单步骤大量大批生产的无线电元件厂可先采用品种法计算出各类元件的成本，然后分别计算类内不同规格的各种元件的成本。

分类法一般适用于使用同样的原材料，生产、加工的工艺过程基本相同，所生产产品的品种、规格、型号繁多，可以按一定标准予以分类的生产企业。

分类法可以应用在以下各种类型的生产中：

(1) 冶金行业的各种牌号和规格的生铁、钢锭和钢材的生产；

(2) 针织行业的不同规格、种类的针织品生产；

(3) 无线电行业的不同类别和规格的无线电元器件生产；

(4) 食品行业的各种饼干和糖果生产；

(5) 用同种原材料进行加工同时生产出几种主要产品的生产，如用原油提炼出汽油、柴油、煤油、沥青等。

二、分类成本法的成本计算程序

运用分类法计算产品成本的结果是否准确，主要取决于两个因素：

一是必须恰当地划分产品类别。一般应根据所用原材料、产品的结构和工艺过程的不同，将产品划分为若干类，按照产品的类别设置成本计算单。如果单纯追求核算简化，将一些性质、结构和加工工艺过程相差悬殊的产品勉强合并，任意分类，就会影响成本计算的准确性。因此，在进行产品分类时，类距既不能定得过小，使成本计算工作复杂，也不能定得过大，造成成本计算的“大锅饭”。

二是在类别内部选择合理的标准分配费用。由于类内各种产品都按一定的比例分配计算，因此计算结果有一定的假定性，为使分配结果尽可能符合实际，必须选择与成本水平高低有密切联系的分配标准，如果分配标准选择不合理，就会影响各种产品成本计算的准确性。

采用分类法计算成本的程序一般如下：

(1) 以产品类别为成本计算对象，设置成本计算单，归集生产费用，计算出每类产品的总成本。

(2) 采用合理的分配方法将各类产品的总成本在类内各种产品、产成品和在产品之间分配。

图 8－1 显示了分类法成本计算的具体程序。图中假定某厂生产甲、乙、丙三类产品，分

别设置三张成本计算单。甲类产品包括 A、B 两种产品,乙类产品包括 C、D、E 三种产品,丙类产品包括 F、G、H 三种产品。

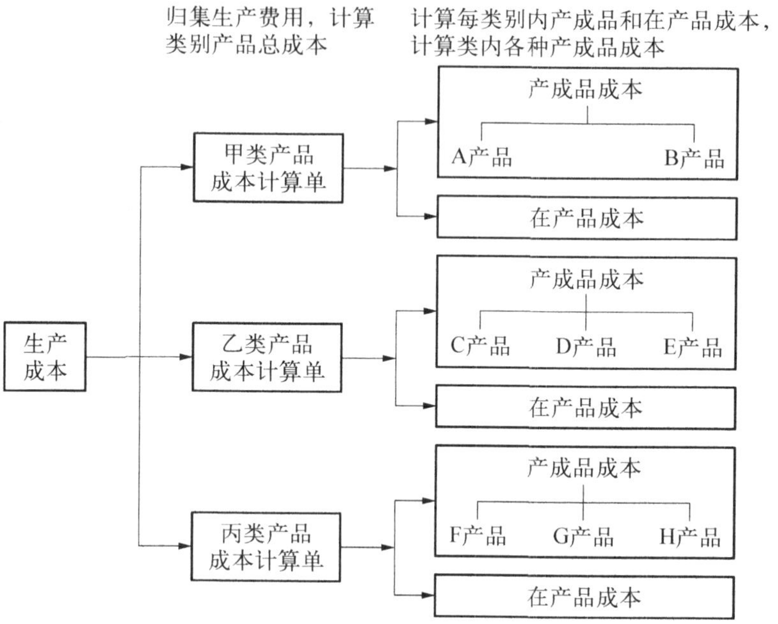

图 8-1　分类法的成本计算程序示意图

三、类内产品成本的划分方法

分类法下各类产品的在产品成本与完工产品成本的划分方法,可选择如前所述的定额比例法或在产品按定额成本计价等方法,也可按标准产品的产量比例划分。划分类内各完工产品成本的方法一般有定额比例法和系数法。

(一) 定额比例法

在分类法下,某类产品的完工产品成本按类内各种产品的定额比例分配的方法,称为定额比例法。为方便计算,在此方法下,各类产品的在产品成本与完工产品成本的划分,一般也采用定额比例法。

定额比例法的成本计算程序如下:

(1) 分别成本项目计算出各类产品的本月定额成本或定额耗用量总数。需要注意的是,在计算在产品的定额成本或定额耗用量时需考虑在产品的投料程度和加工程度。在实际工作中,为简化核算,通常只计算原材料定额成本(或定额耗用量)和工时定额耗用量,直接材料成本项目根据原材料定额成本(或定额耗用量)比例分配,直接人工和制造费用成本项目则根据工时定额耗用量比例分配。

(2) 分别成本项目求得各类产品本月实际总成本,并计算出各项费用分配率,其计算公式如下:

$$\text{某类产品原材料成本分配率}=\frac{\text{该类产品原材料实际总成本}}{\text{该类产品的原材料定额成本(定额耗用量)总数}}$$

$$\text{某类产品工资、费用分配率}=\frac{\text{该类产品工资或费用实际总成本}}{\text{该类产品的定额工时总数}}$$

(3) 将各类产品中各种产品分别成本项目计算的定额成本或定额耗用量乘以相关的分配率，即可求得各种产品的实际成本，其计算公式如下：

$$\begin{array}{c}\text{某类产品中}\\\text{某种产品原材料成本}\end{array}=\begin{array}{c}\text{该种产品的材料定额成本}\\\text{(或定额耗用量)}\end{array}\times\begin{array}{c}\text{该类产品原材料}\\\text{成本分配率}\end{array}$$

$$\text{某类产品中某种产品工资、费用成本}=\text{该种产品定额工时}\times\text{该类产品工资、费用分配率}$$

对于完工产品，必须按产品的品种、规格计算其总成本和单位成本；而对于月末在产品，通常只需计算各类产品的在产品成本，不需计算各品种、规格的在产品成本。

例 8－1

假定新光轴承厂生产 9626 轴承和 9638 轴承两大类产品，每类产品又有各种不同规格的轴承。根据生产特点，采用分类法归集生产费用，结合定额比例法计算成本。为便于说明，成本项目分为直接材料、直接人工、制造费用。同类产品生产费用的归集同品种法，这里不再赘述。假定该厂 2017 年 5 月份 9626 类别产品的成本资料如表 8－1 所示。

表 8－1　　**产品成本计算单**

类别：9626　　2017 年 5 月　　单位：元

2011 年		凭证号数	摘　要	成　本　项　目			合　计
月	日			直接材料	直接人工	制造费用	
5	1 31		月初在产品成本 本月发生费用	238 000 482 000	32 500 65 900	47 180 101 620	317 680 649 520
	31		合　计	720 000	98 400	148 800	967 200

该厂 5 月份 9626 类别产品的产量、定额资料如表 8－2 所示。

表 8－2　　**产品产量及其定额计算表**

2017 年 5 月

产品类别	产品名称	数　量	材料定额成本(元)		定 额 工 时	
			单　位	合　计	单　位	合　计
9626	产成品					
轴承	HA800	2 000	80	160 000	20	40 000
	HA500	4 000	50	200 000	15	60 000
	HA90	1 000	120	120 000	30	30 000
	HA30	2 500	60	150 000	10	25 000
	小　计			630 000		155 000
	期末在产品	(略)		170 000		85 000
	合　计			800 000		240 000

根据表 8－1、表 8－2 中的数据，计算各种产品成本，如表 8－3 所示。

表 8-3　　产品成本计算表

类别：9626　　2017 年 5 月　　单位：元

××××年		摘　要	成品数量(只)	直接材料		定额工时(1)	直接人工	制造费用	合　计
月	日			定额成本(1)	实际成本				
5	1	月初在产品成本 本月发生费用			238 000 482 000		32 500 65 900	47 180 101 620	317 680 649 520
		合　计		800 000	720 000	240 000	98 400	148 800	967 200
		分配率(2)			0.90		0.41	0.62	
		月末在产品成本		170 000	153 000	85 000	34 850	52 700	240 550
		产成品成本(3)		630 000	567 000	155 000	63 550	96 100	726 650
		其中：							
		HA800 总成本		160 000	144 000	40 000	16 400	24 800	185 200
		单位成本(4)			72.00		8.20	12.40	92.60
		HA500 总成本		200 000	180 000	60 000	24 600	37 200	241 800
		单位成本			45.00		6.15	9.30	60.45
		HA90 总成本		120 000	108 000	30 000	12 300	18 600	138 900
		单位成本			108		12.30	18.60	138.90
		HA30 总成本		150 000	135 000	25 000	10 250	15 500	160 750
		单位成本			54.00		4.10	6.20	64.30

(1) 原材料定额成本、定额工时资料，根据表 8-2 计入。

(2) 分配率：

$$原材料分配率=\frac{720\ 000}{800\ 000}=0.90$$

$$工资分配率=\frac{98\ 400}{240\ 000}=0.41$$

$$制造费用分配率=\frac{148\ 800}{240\ 000}=0.62$$

(3) 产成品成本：

直接材料：630 000×0.90=567 000(元)

直接人工：155 000×0.41=63 550(元)

制造费用：155 000×0.62=96 100(元)

(4) HA800 产品：

直接材料总成本：160 000×0.90=144 000(元)

直接材料单位成本：144 000÷2 000=72(元)

直接人工总成本：40 000×0.41=16 400(元)

直接人工单位成本：16 400÷2 000＝8.20(元)

其余类推。

(二) 系数法

在分类法下，也可按系数将类别产品总成本在产成品和在产品之间，以及在产成品中各种产品间分配，这种按系数分配的方法称作系数法。系数是指同一类别内各种产品成本费用之间的比例关系。

系数法的成本计算程序如下：

(1) 确定系数(单位系数)。在同类产品中选择一种产销量大，生产正常，售价稳定的产品，作为标准产品，并将其系数定为“1”，其他各种产品的分配标准与标准产品的分配标准相比，其比率即为其他各种产品的系数。分配标准可采用产品的定额成本、计划成本、售价等经济价值指标，也可以采用产品的重量、体积、长度等技术性指标，或者采用产品生产的各种定额消耗指标。对不同的成本项目可按不同的分配标准计算不同的系数。系数一经确定，应保持相对稳定。

(2) 将各种产品的实际产量按系数折算为标准产品产量(即总系数)。完工产品的标准产量由各完工产品产量分别乘以各自的系数后求得，在产品则应先按投料程度或加工程度折算成完工产品产量，再按系数折算为标准产品产量。计算公式为：

$$\text{类内某产品完工产品标准产量} = \text{该完工产品实际产量} \times \text{该产品系数}$$

$$\text{类内某产品在产品标准产量} = \text{该产品在产品数量} \times \text{完工程度} \times \text{该产品系数}$$

$$\text{类内标准产品总产量} = \sum \text{类内各完工产品标准产量} + \sum \text{类内各在产品标准产量}$$

(3) 分别成本项目求得各类产品本月实际总成本，并计算出各项费用分配率。其计算公式如下：

$$\text{某类产品某成本项目分配率} = \frac{\text{该成本项目实际总成本}}{\text{该类产品标准产品总产量}}$$

(4) 根据各种产品的标准产量和各成本项目的分配率，分配、计算在产品成本和各种产品的产成品成本。计算公式为：

$$\text{某成本项目在产品应负担的费用} = \text{类内在产品的标准总产量} \times \text{该成本项目的分配率}$$

$$\text{某成本项目某产成品应负担的费用} = \text{该产成品的标准产量} \times \text{该成本项目的分配率}$$

例 8－2

四平电子管厂生产 20 W、30 W、40 W 日光灯管。因这三种产品的结构所用原材料和工艺过程相近，合为 A 类灯管，采用分类法计算产品成本。成本计算单按产品类别设置，成本项目分为直接材料、直接人工和制造费用。类内各完工产品和在产品之间的费用都折合成标准产品产量计算。

A 类产品生产费用的归集同品种法，此处从略。2017 年 3 月该厂 A 类产品的成本资料见表 8－4。

表 8-4 **产品成本计算单**

类别：A类 2017年3月 单位：元

日期	摘要	直接材料	直接人工	制造费用	合计
	月初在产品成本	2 103.60	1 008.20	957.50	4 069.30
	本月发生费用	6 100.20	3 130.00	2 309.50	11 539.70
	合计	8 203.80	4 138.20	3 267.00	15 609.00

假定各种规格的日光灯管，以20 W日光灯管为标准产品，计算见表8-5。

表 8-5 **分配系数计算单**

类别：A类 2017年3月

产品名称	定额成本(元)	系数
20 W	2.20	1
30 W	2.64	1.2
40 W	3.30	1.5

利用表8-5的分配系数，将A类日光灯管3月各产品产量和在产品分别折合计算标准产量，见表8-6。

表 8-6 **标准产品产量换算表**

类别：A类灯管 2017年3月 单位：元

产品名称	系数	产成品		在产品			标准产品合计
		实际产量	标准产量	实际产量	完工程度	标准产量	
	(1)	(2)	(3)=(1)×(2)	(4)	(5)	(6)=(1)×(4)×(5)	(7)=(3)×(6)
20 W	1	1 200	1 200	1 000	0.30	300	1 500
30 W	1.2	1 500	1 800	2 000	0.50	1 200	3 000
40 W	1.5	1 000	1 500	1 400	0.60	1 260	2 760
合计			4 500			2 760	7 260

根据表8-5、表8-6可以计算各种产品成本，如表8-7所示。

表 8-7 **产品成本计算表**

类别：A类灯管 2017年3月 单位：元

摘要	成品数量	标准产量			成本项目			
		产成品	在产品	合计	直接材料	直接人工	制造费用	合计
月初在产品成本					2 103.60	1 008.20	957.50	4 069.30
本月生产费用					6 100.20	3 130.00	2 309.50	11 539.70

续　表

摘　要	成品数量	标准产量			成本项目			
		产成品	在产品	合　计	直接材料	直接人工	制造费用	合　计
合　计					8 203.80	4 138.20	3 267	15 609
分配率					1.13	0.57	0.45	2.15
月末在产品成本			2 760	2 760	3 118.80	1 573.20	1 242.00	5 934
产成品成本		4 500		4 500	5 085	2 565	2 025	9 675
合　计		4 500	2 760	7 260				
20 W 灯管	1 200	1 200			1 356	684	540	2 580
单位成本					1.13	0.57	0.45	2.15
30 W 灯管	1 500	1 800			2 034	1 026	810	3 870
单位成本					1.356	0.684	0.54	2.58
40 W 灯管	1 000	1 500			1 695	855	675	3 225
单位成本					1.695	0.855	0.675	3.225

备注：(1) 直接材料分配率＝8 203.80÷7 260＝1.13；
(2) 直接材料：月末在产品成本＝1.13×2 760＝3 118.80(元)、产成品成本＝1.13×4 500＝5 085(元)；
(3) 30 W 灯管：直接材料成本＝1.13×1 800＝2 034(元)，单位成本＝2 043÷1 500＝1.356(元/只)；
(4) 其余成本项目计算相似。

应该注意的是，采用分类法计算产品成本，产品类别的划分是至关重要的。有些企业片面追求简化成本计算工作，任意扩大类距，甚至将所有产品合并为一个产品成本计算对象来归集生产费用。这样使得企业生产的各种产品成本平均化，其结果是无法考核各种产品成本的节约和浪费，不利于寻找降低成本的途径，从而失去了成本计算的意义。

第二节　联产品的成本计算

一、联产品及联合成本的含义

联产品是指企业使用同一种原材料，经过同一生产过程，同时生产出两种或两种以上具有同等地位的主要产品。例如，炼油厂把原油经过催化后，可以生产出汽油、轻柴油、重柴油和气体四种联产品；制糖厂用甘蔗做原料可以同时生产出白砂糖和赤砂糖等；乳制品加工厂可以同时生产出牛奶、奶油等。这些联产品都是企业的主要产品，具有较高的经济价值，其销售价格较高，对企业的贡献也较大。联产品的生产是企业生产活动的主要目的。

在投入原料，经过同一生产过程后，联产品在某一个“点”被分别确认，这个点被称为分离点。分离后的联产品，有的直接对外销售，有的进一步加工后再出售。我们把分离前发生的成本称为联合成本，而把分离后发生的进一步加工成本称为可归属成本，又称可分成本。

图 8 - 2 以乳制品企业为例说明了联产品的成本构成。

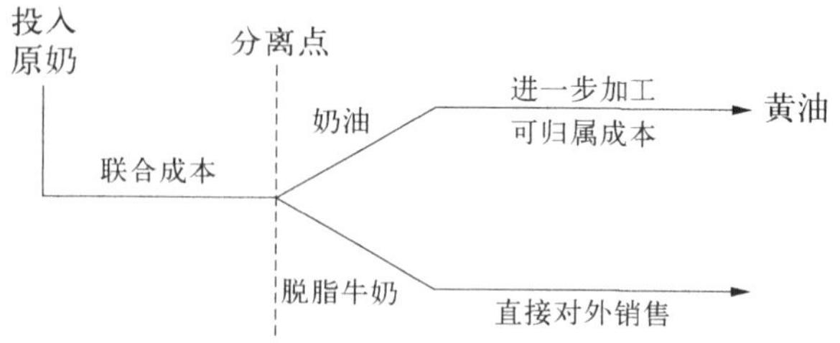

图 8 - 2　原奶加工图

由于联产品是用同一种原材料在同一生产过程中加工出来的,生产联产品所发生的费用无法按照产品的品种归集,直接计算其成本,因此,可将同一生产过程加工的联产品视为同类产品,先采用分类法归集、计算分离前的联合成本,然后采用一定的分配标准在联产品的各种产品之间分配联合成本。如果分离后的联产品需要继续加工,则各联产品的成本计算就不只是对分离点前发生的联合成本进行分配,还要计算分离点后发生的可归属成本。

二、联合成本的分配方法

联合成本的分配方法,常用的有实物量分配法、系数分配法、销售价值分配法和可实现净值分配法等,企业可根据实际情况选用。

(一) 实物量分配法

实物量分配法是指将联合成本按各种联产品的实物数量的比例进行分配的方法。常用的实物数量有产品的重量或容积等。现举例说明如下:

假定某企业 2017 年 3 月投入 90 000 元联合成本生产出 1 500 千克甲产品和 2 500 千克乙产品。根据这些数据资料,联合成本的分配过程如表 8 - 8 所示。

表 8 - 8　　联合成本分配表(实物量分配法)

2017 年 3 月

品　名	产量(千克)	分 配 率	应负担成本(元)	单位成本(元)
甲	1 500	22.5	33 750	22.50
乙	2 500	22.5	56 250	22.50
合　计	4 000		90 000	

实物量分配法的优点是简便易行,但是,由于按此法计算各联产品的单位成本是相同的,这点显然是不合理的。因为它忽略了各种联产品的特性或含量,未考虑各种联产品销售价格的差异,有可能产生售价低的产品出现亏损的现象。这种方法适用于联合成本的发生与各联产品的实物量密切相关,且各联产品的销售价格较为接近的企业。

(二) 系数分配法

系数分配法是指先将各种联产品的实际产量按规定的系数折算为标准产量,然后将联合成本按各联产品的标准产量比例进行分配的方法。

假定上例中的甲产品为标准产品,系数确定为 1,乙产品的系数为 1.2,则甲、乙产品应分摊的联合成本如表 8－9 所示。

表 8－9　　**联合成本分配表(系数分配法)**

2017 年 3 月

产　品	产量(千克)	系数	标准产量(千克)	分配率	应负担成本(元)	单位成本(元)
甲	1 500	1	1 500	20	30 000	20
乙	2 500	1.2	3 000	20	60 000	24
合　计	4 000		4 500		90 000	

在确定各联产品系数时可考虑收得率这样的技术因素,也可以考虑销售价格这样的经济因素,或者综合考虑各种相关因素。显然,准确合理地确定各联产品的系数,对准确合理地计算联产品成本有着至关重要的意义。

(三) 销售价值分配法

销售价值分配法是按各联产品的销售价值的比例分配联合成本的方法。这种方法把联合成本的分配与联产品的最终销售价值联系起来,其理论依据是售价高的联产品应该成比例地负担较高的联合成本,所以各种联产品应该取得相同的毛利率。

现仍以上例资料为例,用销售价值分配法分配联合成本的结果如表 8－10 所示。

表 8－10　　**联合成本分配表(销售价值分配法)**

2017 年 3 月

产品	产量(千克)	单价(元)	销售价值(元)	分配率	应负担成本(元)	单位成本(元)	毛利	毛利率
甲	1 500	20	30 000	0.8	24 000	16	6 000	20%
乙	2 500	33	82 500	0.8	66 000	26.4	16 500	20%
合计	4 000		112 500		90 000		22 500	

销售价值分配法克服了实物量分配法的一些缺陷,但仍有其自身的不足之处。因为不是所有的成本都与售价有关,价格高的产品不一定有较高的成本,所有的联产品并非具有相同的获利能力。这种方法一般适用于联产品分离后不再加工,其销售价格较为稳定且与成本相关性强的联合成本的分配。

(四) 可实现净值分配法

可实现净值分配法是按各联产品的可实现净值比例分配联合成本的方法。可实现净值是指各联产品的最终销售价值减去其可分成本后的金额。

仍以上例资料为例,用可实现净值分配法分配联合成本,其计算结果如表 8－11 所示。

可实现净值分配法实际上就是将联合成本按各种联产品的销售价值减去可分成本的价值比例分配,所以其优缺点与销售价值法相同。这种方法一般适用于联产品分离后需要进一步加工,其销售价格较为稳定且与成本相关性强的联合成本的分配。

联合成本的分配方法很多,企业应根据联产品生产的实际情况来选择适当的方法,使联产品成本的计算既简便易行,又尽可能准确合理。

表 8－11　　联合成本分配表(可实现净值分配法)

2017 年 3 月

产品	产量(千克)	单价(元)	销售价值(元)	可分成本(元)	可实现净值(元)	分配率	应负担成本(元)	单位成本(元)	毛利	毛利率
甲	1 500	20	30 000	—	30 000	0.9	27 000	18	3 000	10%
乙	2 500	33	82 500	12 500	70 000	0.9	63 000	30.20	7 000	8.485%
合计	4 000		112 500		100 000		90 000		10 000	

同步思考题 8.1

乐鸿公司购买可可豆并加工成可可油和可可粉，每袋 100 千克的可可豆可产出 10 千克可可油和 23 千克可可粉，并分别以每千克售价 7.3 元和 9 元出售。把每百千克可可豆加工至分离点的联合成本为 504 元，若可可油还需继续加工后再出售，加工成本为每千克 1.2 元，出售价为 8.2 元。

要求：

(1) 按销售价值分配法计算可可油和可可粉的成本；

(2) 按可实现净值分配法计算两种产品的成本。

第三节　副产品的成本计算

一、副产品的含义

副产品是指在主要产品生产过程中，附带生产出来的非主要产品，如提炼原油过程中产生的渣油和石油焦，生产肥皂过程中产生的甘油等。

副产品与主要产品是用同样的原材料，在同一生产过程中生产出来的，但副产品不是企业生产活动的主要目标。副产品的价值与主要产品相比较低，在企业全部产品中所占比重较小。因此，为简化计算工作，通常只要将副产品按一定标准作价，从分离点前的联合成本中扣除。所以，副产品成本计算的关键是副产品的计价。

二、副产品的成本计算

副产品在分离后，有的作为产成品直接对外销售，有的需进一步加工后再出售，副产品的成本计算应视不同情况而定。

(一) 直接对外销售副产品的成本计算

1. 副产品不负担联合成本

如果副产品的价值较低，副产品可以不负担分离前的联合成本，联合成本全部由主产品负担，副产品的销售收入直接作为其他业务利润处理。

采用这种方法，计算简便，但由于副产品不负担分离前的联合成本，一定程度上会影响主产品成本的准确性。

2. 副产品作价扣除

如果副产品的价值较高，可以先采用与分类法相似的方法计算成本，即将副产品与主要产品合为一类，开设成本计算单归集费用，然后按销售价格扣除税金和销售费用后的余额，作为副产品应负担的成本从联合成本中扣除。副产品的成本既可以从直接材料成本项目中一笔扣除，也可以按比例从联合成本各成本项目中减除。

(二) 需进一步加工的副产品的成本计算

如果副产品与主产品分离以后并不直接出售，需进一步加工后再出售，则应根据其生产加工的特点和管理上的要求，采用适当的方法单独计算副产品的成本。通常有以下三种方法：

1. 副产品只负担可分成本

采用这种方法时，副产品不负担分离前的联合成本，联合成本全部由主产品负担，副产品只负担分离后进一步加工的成本。显而易见，这种方法简便、易行，但是它少计了副产品的成本，多计了主产品的成本。

2. 副产品成本按计划单位成本计算

如果副产品进一步加工所需时间不长，费用不大，为简化成本计算工作，可以只设主产品成本计算单，不设副产品成本计算单。副产品按计划单位成本计价，并将其从主产品成本计算单中转出，余额即为主产品的成本。

例 8－3

假定某企业在主产品即甲产品生产的过程中，同时生产出可以加工成为副产品即乙产品的原料 2 300 千克。这种原料经过进一步加工处理，制成乙产品。甲产品的生产和乙产品的加工处理都在同一个车间内进行。在全部成本中，原材料费用所占比重较大，两种产品的月末在产品都按原材料的定额费用计价。2017 年 9 月该企业的产量为：甲产品 5 000 千克，乙产品 2 000 千克。副产品(乙产品)的计划单位成本为：直接材料 5.7 元，直接人工 0.50 元，制造费用 1.10 元，合计 7.30 元。主、副产品应负担的成本如表 8－12 所示。

表 8－12　　**产品成本计算单**

产品名称：甲　　2017 年 9 月　　单位：元

项　　目	直接材料	直接人工	制造费用	合　　计
月初在产品成本(定额成本)	89 500			89 500
本月生产费用	769 800	17 490	35 775	823 065
合　计	859 300	17 490	35 775	912 565
减：乙(副)产品成本(2 000 千克)	11 400	1 000	2 200	14 600

续 表

项　　目	直接材料	直接人工	制造费用	合　　计
产成品成本(5 000 千克)	782 100	16 490	33 575	832 165
月末在产品成本(定额成本)	65 800			65 800

3. 副产品成本按实际成本计算

采用这种方法,需分别为主、副产品开设产品成本计算单,副产品成本计算单用来归集从主产品成本计算单中转来的费用和进一步加工所发生的费用,并计算产品的实际成本。

仍以上例资料为例,假定用于制造乙产品的原料,按固定订单价每千克 5 元计价,从主产品成本计算单中转出,记入乙产品成本计算单中。乙产品的月初、月末在产品成本分别为 500 元和 650 元,则主、副产品成本计算结果如表 8－13、表 8－14、表 8－15 所示。

表 8－13　　工费分配表

2017 年 9 月　　单位：元

项　　目	生产工时	直接人工	制造费用
分配率		2.2	4.5
甲产品(主产品)	7 500	16 500	33 750
乙产品(副产品)	450	990	2 025
本月发生额	7 950	17 490	35 775

表 8－14　　产品成本计算单

产品名称：甲(主产品)　　2017 年 9 月　　单位：元

项　　目	直接材料	直接人工	制造费用	合　　计
月初在产品成本(定额成本)	89 000			89 000
本月生产费用	769 800	16 500	33 750	820 050
减：副产品原料(2 300 千克)	11 500			11 500
合　计	847 300	16 500	33 750	897 550
产成品成本(5 000 千克)	782 150	16 500	33 750	832 400
月末在产品成本(定额成本)	65 150			65 150

表 8－15　　产品成本计算单

产品名称：乙(副产品)　　2017 年 9 月　　单位：元

项　　目	直接材料	直接人工	制造费用	合　　计
月初在产品成本(定额成本)	500			500
本月生产费用		990	2 025	3 015

续　表

项　　目	直接材料	直接人工	制造费用	合　　计
本月转入	11 500			11 500
合　计	12 000	990	2 025	15 015
产成品成本(2 000 千克)	11 350	990	2 025	14 365
月末在产品成本(定额成本)	650			650

同步思考题 8.2

凯利工厂在生产甲产品的同时，附带生产出B副产品，B副产品分离后需进一步加工后才能出售。在本月发生的联合成本中，直接材料占60%，直接人工占25%，制造费用占15%。B副产品在进一步加工后发生直接人工费用 1 500 元，制造费用 1 000 元。本月生产甲产品 2 000 千克，B副产品 600 千克。B副产品单位售价为 20 元，单位销售税金和销售费用合计为 3.50 元。

要求：按成本项目计算B副产品应负担的联合成本和总成本。

本章小结

分类成本法是以产品的类别作为成本计算对象，归集生产费用，先计算各类产品的总成本，再将其在同类产品中分配，计算出各种产品成本的一种方法。分类法一般适用于使用同样的原材料，生产、加工的工艺过程基本相同，所生产产品的品种、规格、型号繁多，可以按一定标准予以分类的生产企业。分类法不是一种独立的成本计算方法，企业可根据产品生产的特点和管理上的需要，将其与品种法、分批法、分步法等结合起来应用。

联产品是指企业使用同一种原材料，经过同一生产过程，同时生产出两种或两种以上具有同等地位的主要产品。产品在分离点前发生的成本称为联合成本，分离后发生的进一步加工成本称为可归属成本，也称可分成本。联合成本的分配方法，常用的有实物量分配法、系数分配法、销售价值分配法和可实现净值分配法等。

副产品是指在主要产品生产过程中，附带生产出来的非主要产品。副产品在分离后若不再进一步加工，直接对外销售，可采用较简便的方法计算其成本。如果副产品的价值较低，则可以不负担分离前的联合成本；如果副产品的价值较高，可按其销售价格扣除税金和销售费用后的余额，作为副产品应负担的成本从联合成本中扣除。对需要进一步加工的副产品的成本计算，有三种处理方法：(1) 副产品只负担可分成本；(2) 副产品成本按计划单位成本计算；(3) 副产品成本按实际成本计算。

本章关键词

分类成本法	classified costing
系数	factor
标准产量	standard production volume
联产品	joint products
联合成本	joint cost
可分成本	separable cost
分离点	split-off point
主产品	main product
副产品	by-product

思考题

1. 什么是成本计算分类法？它适用于何种生产类型的企业？
2. 什么是定额比例法,用它计算产品成本有什么前提？如果把它作为一种独立的成本计算方法,有什么缺点？
3. 什么是系数法？如何确定各种产品的系数？
4. 什么是联产品？如何进行联合成本的分配？
5. 什么是联合成本？什么是可分成本？
6. 什么是副产品？它与联产品有何联系和区别？
7. 副产品的成本计算有什么特点？如何计算其成本？

同步思考题参考答案

8.1

(1) 分配率$=\frac{504}{10\times7.3+23\times9}=1.8$

可可油成本=10×7.3×1.8=131.40(元)

可可粉成本=23×9×1.8=372.60(元)

(2) 可可油可实现净值=10×8.2−10×1.2=70(元)

可可粉可实现净值=23×9−0=207(元)

分配率$=\frac{504}{207+70}=1.82$

可可油成本=207×1.82=127.40(元)

可可粉成本=70×1.82=376.60(元)

8.2

B副产品负担联合成本=600×(20−3.50)−1 500−1 000=7 400(元)

项　　目	分摊的联合成本	可分成本	B副产品总成本
直接材料	4 440		4 440
直接人工	1 850	1 500	3 350
制造费用	1 110	1 000	2 110
合　　计	7 400	2 500	9 900

案例讨论

古德森制药公司将其在一个联合生产过程中产出的三种药品，即 Altox，Lorex 和 Hycol 视为联产品。

在 2017 年结束的会计年度内有关产品数据如下：

项　　目	Altox	Lorex	Hycol
产量	170 000	500 000	330 000
分离点每单位销价	3.50	—	2.00
可归属成本	—	1 400 000	—
最终单位销价	—	5.00	—

Altox，Lorex 和 Hycol 在分离点前的联合成本为 1 800 000 美元，包括 17 500 美元处理废品 Dorzine 的成本。

古德森公司总裁阿林·富兰克林试图改变这三种产品加工销售的方法。对每种产品加工方法可行的改变措施如下：

(1) Altox 在分离点处出售给一家维生素制造商。但它也可以进一步提炼成治疗高血压的药品，但这样会带来 Altox 20 000 单位的损失。Altox 进一步加工的可归属成本预计为每年 250 000 美元，最终产品单位销价为 5.50 美元。

(2) Lorex 在分离点后被进一步加工并作为感冒药进行销售。另一家制药公司要求在分离点处以每单位 2.25 美元购进。

(3) Hycol 是联合加工过程中生成的一种油脂，在分离点处售给一家生产化妆品的公司。公司的研究部门建议将该产品进一步加工成一种减轻肌肉疼痛的药膏并销售。附加加工过程每年增加的成本为 75 000 美元，并且使产量增加 25%，最终产品单位销价 1.8 美元。

古德森公司现采用的联合加工过程也产出 50 000 单位有害化学物质——Dorzine，公司为适当处理 Dorzine，每单位需支付 0.35 美元。迪特里希·米尔斯公司把 Dorzine 当作一种溶剂。古德森公司每年将花费 43 000 美元提炼 Dorzine。迪特里希公司愿以每单位 0.75 美元的价格购买。

要求：

1. 采用可实现净值法，将 1 800 000 美元联合成本分配给 Altox，Korex 和 Hycol。

2. 为使利润最大化，古德森公司将来应在分离点出售哪种联产品？进一步加工哪种联产品？用计算结果支持你的结论。

3. 假定古德森公司决定提炼废品 Dorzine 并销售给迪特里希·米尔斯公司，且公司将把 Dorzine 当作联合生产过程中产生的副产品。

(1) 评价古德森公司对废品 Dorzine 做出的决策是否正确，请用必要的计算支持你的结论。

(2) 将 Dorzine 当作副产品是否会影响要求 2 中的决策，试加以证明。

第三篇 成本控制与成本考核

企业生产经营的重要目的之一是获取最大的利润。为了实现企业的经营目标，就必须对企业的各项经营活动加以控制。由于企业的经营活动或多或少要涉及成本，因此，成本控制是现代企业管理的核心环节。

自20世纪90年代始，许多公司发现了成本控制在激烈的竞争中生存的重要性。通过实行有组织、全面的成本控制，可以增强企业竞争力，促使企业战略目标实现。标准成本是用来控制成本的一个重要工具，责任成本是对成本进行考核的一种有效手段。在本篇中，我们将介绍标准成本和责任成本的相关理论及其运用。

第九章
标准成本制度

引　言

有“科学管理之父”之称的美国管理学家泰勒在1903年出版了《工厂管理》一书，并在书中详尽地论述了标准操作程序、时间和定额，“标准”由此而被提出。之后泰勒在其《科学管理原理》一书中提出控制生产工人效率的方法有两种，一是计件工资制度，二是标准化工作，并指出控制必须通过预定的标准来进行，从而提出了预定标准的思想。另一名科学管理理论研究者埃默森在泰勒的研究基础上提出了明确标准化的操作方法和制定标准的方法以及如何制作进度表、创造标准化的条件，并在其出版的《效率是经营和工资的基础》一书中对标准成本做了更为详尽的叙述。埃默森把标准成本看作反映企业每日航程的“航海罗盘”，认为与标准成本相比，实际成本取得的数据滞后且准确性不够，而标准成本则能随时体现标准与实际成本之间的差异，并能提醒管理者应当予以关注的生产环节。埃默森虽然未对标准成本提出一套完整的会计账务处理，但提供了标准成本法思想的雏形。美国会计师G. 查特·哈里森在1918年设计出了世界上首套完整的标准成本法会计核算系统，并详细介绍了分析成本差异的公式和如何配套完成分类账户。1930年，哈里森又完善了标准成本计算的过程和对标准成本进行会计记录的过程，并出版了《标准成本》一书，这是世界上第一部关于标准成本的专著。从此，“标准成本法”作为一种成本核算及管理的专门方法，正式从理论中走入应用阶段，并在美国首先应用和实践下，逐步完善并广泛推广至世界上许多国家。哈里森也被称为“标准成本会计之父”。标准成本制度(standard costing)通过事先制定标准成本能有效地加强成本控制，并能通过实际发生的成本与预设的标准成本之间的比较来揭示、分析成本差异，在成本核算控制系统和成本核算管理方法表现出有效性，由此也开始确立其统治地位。

美国著名快递公司UPS是在生产的所有阶段最早采用标准成本的公司，严格执行其所制定的标准。每天，每位负责UPS递送的卡车司机都很清楚自己当天必须递送包裹和文件的确切数量。远程司机被要求在规定的时间内行驶规定的路程。UPS顾客可以在互联网上追踪包裹，以明确包裹的送达时间。通过严格采用工作标准，UPS按约定递送包裹和文件，成为美国经营最好的公司之一。

学习目标

1. 了解标准成本制度的内涵。

2. 了解材料标准成本的制定。
3. 了解人工标准成本的制定。
4. 了解变动制造费用标准成本的制定。
5. 了解固定制造费用标准成本的制定。
6. 掌握九大成本差异的计算。
7. 掌握标准成本制度下的会计核算及差异处理。

第一节 标准成本制度的特点

标准成本制度是以预先运用技术测定等科学方法制定的标准成本为基础,将实际发生的成本与标准成本进行比较,核算和分析成本差异的一种成本计算方法,也是加强成本控制、评价经营业绩的一种成本控制制度。

标准成本制度的关键是标准成本的制定,标准成本是成本控制的目标和衡量实际成本的依据,所以标准成本的制定要遵循科学性、客观性、正常性和稳定性等特点。所谓科学性和客观性,就是标准成本要根据客观实际,用科学的方法制定。正常性,就是标准成本要按正常条件制定,不考虑不能预测的异常变动。稳定性,就是标准成本一经制定,不应随意变动。

标准成本制度的核心是按标准成本记录和反映产品成本的形成过程和结果,并借以实现对成本的控制。标准成本制度具有以下特点:

(1) 标准成本的概念实质是单位标准成本,实际生产的产品数量乘以标准成本,就是该产品的标准总成本。

(2) 在标准成本制度下,只计算各种产品的标准成本,不计算各种产品的实际成本,"生产成本""库存商品""自制半成品"等账户的借贷方均按标准成本入账。

(3) 实际成本与标准成本之间的差异,分别设置各种差异账户归集,以便对成本进行日常控制和考核。期末,应将各成本差异的余额予以结清。

(4) 可以与变动成本法相结合,以达到成本管理和控制的目的。标准成本制度将制造费用分成变动制造费用和固定制造费用两部分,分别揭示其差异,便于根据可控和不可控明确差异的责任,寻找降低成本的途径。

第二节 标准成本的种类及其制定

一、标准成本的种类

标准成本的种类很多,主要包括理想标准成本、正常标准成本和现实标准成本。

(一) 理想标准成本

理想标准成本是在现有技术、设备和经营管理达到最优状态下的目标成本水平。所谓最优状态,是指在资源无浪费、设备无故障、产品无废品、工时全有效、生产能力达到充分利用的前提下,以最少的耗用量、最低的费用水平生产出的最大产出量。在该生产水平下制定的标准成本是最理想的也是最难实现的。虽然这种目标成本可以激励员工努力工作，但由于条件苛刻，在实际工作中，通过努力也难以做到，以此为目标，可能会适得其反。

（二）正常标准成本

正常标准成本是以正常的技术、设备和经营管理水平为基础制定的目标成本。所谓正常，是指在考虑了设备可能发生的故障、意外或计划停工等一切不利因素后的技术、设备和经营管理水平，是企业过去较长时间内所达到的平均水平，是经过努力可以达到的。但该标准成本只是根据过去经验估计的，不能反映目前的实际水平，以此为目标成本可能会低估或高估目前的生产水平，达不到有效成本控制的目的。

（三）现实标准成本

现实标准成本是在正常标准成本基础上考虑到目前的实际情况而制定的目标成本。它是以一种合理的耗用量、合理的费用耗费水平和生产能力利用程度制定的切合实际情况的一种标准成本。这种标准成本是通过努力能够达到、切实可行的标准成本。标准成本制度下的标准成本通常是指这种标准成本。

二、标准成本的制定

标准成本一般是由会计部门会同采购部门、技术部门和其他有关的经营管理部门，在对企业生产经营的具体条件进行分析、研究和技术测定的基础上，采用科学的方法共同制定的。产品标准成本的制定通常按成本项目进行，通常有直接材料标准成本、直接人工标准成本和制造费用标准成本。

（一）直接材料标准成本的制定

直接材料标准成本的制定包括直接材料用量标准的制定和直接材料价格标准的制定。

直接材料用量标准是指在现有的生产技术条件下，生产单位产品所需要的材料数量，即材料的消耗定额。直接材料用料标准通常应根据企业产品的设计、生产工艺状况，并结合企业的经营管理水平，考虑降低材料消耗的可能等条件制定。企业应为产品耗费不同的直接材料分别制定标准耗用量。

材料的价格标准是指采购部门根据供应单位的市价，结合最佳采购批量和最佳运输方式等其他影响价格的因素预先确定各种材料的单价，包括买价和运杂费等。

根据材料用量标准和价格标准就可以确定直接材料的标准成本。其公式如下：

$$\text{直接材料标准成本} = \text{单位直接材料数量标准} \times \text{单位直接材料价格标准}$$

例 9－1

某企业甲产品耗用 A、B、C 三种直接材料，其直接标准成本计算如表 9－1 所示。

表 9－1　某企业甲产品直接材料标准成本计算表

标　准	A 材料	B 材料	C 材料
数量标准(1)	18 千克	9 千克	24 千克
价格标准(2)	45 元	25 元	30 元

续 表

标　　准	A 材料	B 材料	C 材料
标准成本(1)×(2)	810 元	225 元	720 元
单位产品标准成本	1 755 元		

(二) 直接人工标准成本的制定

直接人工标准成本的制定包括直接人工的工时标准的制定和工资率标准的制定。

直接工时标准是指在现有的生产技术条件下,生产单位产品所需要的时间。这里的工时既可以是生产工时,也可以是机器工时。但在制定工时标准时,应考虑生产间歇和正常停工所用的时间。如果有的企业生产工艺比较复杂,可先制定零件的工时标准,再制定部件及产品的工时标准。

在不同的工资制度下,工资率标准的表现形式不同:在计件工资下,工资率标准就是在现有的生产技术水平下,生产单位产品所应支付的计件单价;在计时工资下,工资率标准就是单位工时工资率标准。在计时工资制度下,工资率标准的计算公式如下:

工资率标准 = 标准工资总额 ÷ 标准总工时

根据标准工时和小时标准工资率就可以确定产品的直接人工标准成本。其计算公式如下:

直接人工标准成本 = 单位工时标准 × 工资率标准

上例企业甲产品的直接人工标准成本计算如表 9 - 2 所示。

表 9 - 2　　某企业甲产品直接人工标准成本计算表

项　　目	标　　准
月标准总工时(1)	22 800 小时
月标准工资总额(2)	684 000 元
工资率标准(3)=(2)÷(1)	30 元/小时
单位产品工时标准(4)	60 小时
直接人工标准成本(5)=(4)×(3)	1 800 元

(三) 制造费用标准成本的制定

制造费用标准成本可分别按变动制造费用和固定制造费用制定。

1. 变动制造费用标准成本

变动制造费用标准成本的制定与直接人工标准成本的制定类似,除了工时标准的制定外,还包括标准变动制造费用分配率的制定。其计算公式为:

变动制造费用标准分配率 = 变动制造费用预算总额 ÷ 标准总工时

变动制造费用预算总额可采用弹性预算的方式按不同的生产活动水平分别确定。

据此,可确定变动制造费用标准成本的计算公式如下:

变动制造费用标准成本 ＝ 单位工时标准 × 变动制造费用标准分配率

2. 固定制造费用标准成本

固定制造费用标准成本的制定与变动制造费用标准成本的制定基本相同，只不过固定制造费用的预算总额只能预计某一生产水平下的费用总额，一旦计划确定就不能随生产量的变动而任意变动。其计算公式如下：

固定制造费用标准分配率 ＝ 固定制造费用预算总额 ÷ 标准总工时

固定制造费用标准成本 ＝ 单位工时标准 × 固定制造费用标准分配率

上例企业甲产品制造费用标准成本如表 9－3 所示。

表 9－3　　某企业甲产品制造费用标准成本计算表

项　　目	标　　准
月标准总工时(1)	22 800 小时
变动制造费用预算总额(2)	798 000 元
变动制造费用标准分配率(3)＝(2)÷(1)	35 元/小时
工时标准(4)	60 小时
变动制造费用标准成本(5)＝(4)×(3)	2 100 元
固定制造费用预算总额(6)	410 400 元
固定制造费用标准分配率(7)＝(6)÷(1)	18 元/小时
固定制造费用标准成本(8)＝(4)×(7)	1 080 元
制造费用标准成本(9)＝(5)＋(8)	3 180 元

(四) 单位产品标准成本的计算

按成本项目制定好各标准成本后就可以计算单位产品的标准成本。单位产品标准成本的计算通常以填制“标准成本卡”的形式进行。标准成本卡的格式如表 9－4 所示。

表 9－4　　甲产品标准成本卡

2017 年 5 月

成本项目		用量标准	价格标准	单位标准成本
直接材料	A	18 千克	45 元	810 元
	B	9 千克	25 元	225 元
	C	24 千克	30 元	720 元
	小计	—	—	1 755 元
直接人工		60 小时	30 元	1 800 元
变动制造费用		60 小时	35 元	2 100 元
固定制造费用		60 小时	18 元	1 080 元
单位标准成本		—	—	4 980 元

第三节　标准成本差异的计算和分析

一、标准成本差异的内容

标准成本差异是指产品的实际成本与标准成本之间的差额。企业对标准成本差异分析的目的就是发现问题,找出差异形成的原因和责任,进而采取相应的措施,消除不利差异,发展有利差异,实现对成本的有效控制,促进成本的降低,提高企业经济效益。

标准成本差异发生的原因有很多,归纳起来,不外乎是数量差异和价格差异,按成本项目可进一步分为八大差异:直接材料数量差异、直接材料价格差异、直接人工效率差异、直接人工工资率差异、变动制造费用效率差异、变动制造费用耗费差异、固定制造费用产量差异和固定制造费用预算差异。由于固定制造费用产量差异又可以分为固定制造费用能力差异和固定制造费用效率差异,因此又称九大差异。标准成本差异的分类如图 9-1 所示。

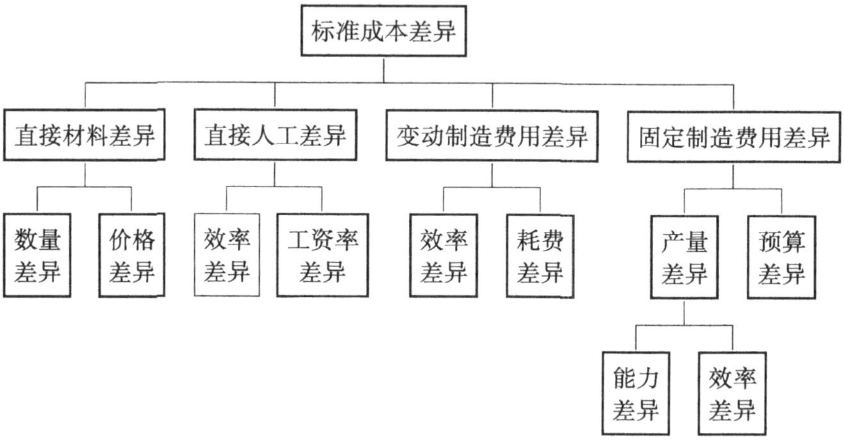

图 9-1　标准成本差异

二、直接材料标准成本差异的计算和分析

直接材料成本差异包括材料数量差异和材料价格差异两部分。材料数量差异是指在生产过程中材料实际耗用量和标准耗用量之间的差额与材料标准价格的乘积。材料数量差异反映了企业生产单位生产产品时材料消耗的浪费、节约,以及由于产品结构改变、材料加工方法改变、材料质量改变、材料代用等所造成的超支或节约数,该差异的责任应该由生产单位承担;材料价格差异是指材料采购的实际价格和标准价格之间的差异与材料实际用量的乘积,该差异的责任应该由采购部门承担。材料数量差异和价格差异的计算公式如下:

材料数量差异 = (标准用量 − 实际用量) × 标准价格

材料价格差异 = (标准价格 − 实际价格) × 实际用量

计算结果如果是正数则表示节约,即顺差,为有利差异,通常用 F 表示;如果为负数则表示超支,即逆差,为不利差异,通常用 U 表示。

此外，上述公式属于因素分析的连环替代分析，数量差异为第一因素，价格差异为第二因素。当然，也可以倒过来分析，不过在因素分析中，本着事物从量变到质变的规律，通常是先分析数量再分析价格。

还应说明的是，这里的材料差异分析是在产量不变的情况下进行的。也就是说，材料的实际用量和标准用量都是在同一产量下的耗用量，只不过单位消耗量不同而已。

例 9－2

世纪公司生产甲产品，2017 年 8 月实际产量为 480 件，材料消耗定额为 9 千克，每千克标准价格为 90 元，实际耗用材料 4 800 千克，实际单价为 92 元。其直接材料标准成本差异计算如下：

直接材料标准总成本＝480×9×90＝388 800(元)

直接材料的实际总成本＝4 800×92＝441 600(元)

直接材料成本总差异＝388 800－441 600＝－52 800(元)(U)

其中：

材料数量差异＝(480×9－4 800)×90＝－43 200(元)(U)

材料价格差异＝(90－92)×4 800＝－9 600(元)(U)

上述计算结果表明世纪公司甲产品的材料成本差异为超支 52 800 元，为不利差异，而且该差异是由公司材料数量差异超支 43 200 元与材料价格差异超支 9 600 元两者造成的，应分别由生产单位和采购部门进一步寻找原因，落实责任，并提出改进意见。

同步思考题 9.1

某企业生产 X 产品，所用 Y 材料的标准成本如下：

10×10＝100(元/件)

2017 年，该企业共生产 X 产品 1 000 件，共耗用 Y 材料 11 700 千克，总成本为 98 600 元。

试为该产品计算直接材料成本总差异、材料数量差异和材料价格差异。

三、直接人工标准成本差异的计算和分析

直接人工成本差异包括直接人工效率差异和工资率差异两部分。直接人工效率差异是因实际耗用工时脱离标准而导致的成本差异，是实际工时和标准工时之间的差额与标准工资率的乘积，它等同于直接材料的数量差异。工资率差异是每小时实际工资率和标准工资率之间的差额与实际工时之间的乘积，它等同于直接材料的价格差异。一般来说，直接人工的效率差异应由生产单位负责，因为其差异通常可能是由于机器运转不正常、材料或零件传递方法不当、工人技术不熟练等与生产活动相关的原因造成；直接人工工资率差异一般应由主管人事的部门负责，它通常与人事变动、工资制度和工资级别的调整有关，但如果是非生产工时造成的差异，如停工待料时间的工资、开会时间的工资等，仍由生产单位负责。直接

人工的效率差异和工资率差异的计算公式如下：

直接人工的效率差异＝(标准工时－实际工时)×标准工资率

直接人工的工资率差异＝(标准工资率－实际工资率)×实际工时

同理，若计算结果为正，则表示节约差异，是顺差，为有利差异；若计算结果为负，则表示超支，是逆差，为不利差异。

例9－3

世纪公司甲产品的直接人工标准工时为每件55小时，每小时标准工资率为22元，实际耗用的工时为28 800小时，单位产品耗用工时为60小时。实际工资率为20元，则标准成本差异计算如下：

直接人工的标准总成本＝480×55×22＝580 800(元)

直接人工的实际总成本＝28 800×20＝576 000(元)

标准成本总差异＝580 800－576 000＝4 800(元)(F)

其中：

直接人工效率差异＝(480×55－28 800)×22＝－52 800(元)(U)

直接人工工资率差异＝(22－20)×28 800＝57 600(元)(F)

上述计算结果表明，该世纪公司甲产品直接人工的总差异为节约4 800元，为有利差异，但该公司的人工效率差异为超支52 800元，为不利差异，应从企业生产部门进一步分析原因。此外，该公司的直接人工工资率差异节约57 600元，为有利差异，但也需进一步分析原因，希望该节约差异不会影响公司的产品质量。

同步思考题9.2

某企业生产X产品，单位人工成本标准如下：

2×5＝10(元/件)

2017年共生产1 000件X产品，直接人工小时为2 300小时，成本为8 900元。

试计算直接人工成本的总差异、直接人工效率差异和直接人工工资率差异。

四、变动制造费用标准成本差异的计算和分析

变动制造费用标准成本差异包括变动制造费用效率差异和变动制造费用耗用差异两部分。变动制造费用效率差异是因实际耗用工时脱离标准工时而导致的成本差异，它相当于直接材料的数量差异，它是实际工时和标准工时之间的差额与标准费用分配率的乘积；变动制造费用耗费差异是因变动制造费用实际耗费脱离标准而导致的成本差异，它相当于直接材料的价格差异，它是实际费用分配率和标准费用分配率与实际工时的乘积。变动制造费用效率差异与变动制造费用数量差异的计算公式如下：

变动制造费用效率差异＝(标准工时－实际工时)×标准费用分配率

变动制造费用耗费差异＝(标准费用分配率－实际费用分配率)×实际工时

计算结果为正则表示节约差异，是顺差，为有利差异；计算结果为负则表示超支，是逆差，为不利差异。

例 9－4

世纪公司 2017 年 8 月生产甲产品实际发生的变动制造费用为 820 800 元，标准制造费用分配率为每小时 30 元，该费用的发生与人工工时有关。变动制造费用成本差异的计算如下：

变动制造费用标准总成本＝480×55×30＝792 000(元)

变动制造费用实际总成本＝820 800(元)

变动制造费用标准成本总差异＝792 000－820 800＝－28 800(元)(U)

其中：

变动制造费用耗费差异＝(30－820 800÷28 800)×28 800＝43 200(元)(F)

变动制造费用效率差异＝(480×55－28 800)×30＝－72 000(元)(U)

上述计算结果表明，世纪公司甲产品的变动制造费用总差异为超支 28 800 元，为不利差异，但该公司的变动制造费用耗费差异为节约 43 200 元，为有利差异。此外，该公司的直接人工效率差异超支 72 000 元，为不利差异，应进一步分析原因。

同步思考题 9.3

某企业 X 产品单位变动制造费用标准如下：

2×1.5＝3(元/件)

2017 年该企业生产 400 件 X 产品，共耗费人工小时 820 小时，其中 60 小时为闲置时间，共发生变动制造费用 1 230 元。

试计算变动制造费用总差异、变动制造费用效率差异和变动制造费用耗费差异。

五、固定制造费用标准成本差异的计算和分析

由于固定制造费用相对固定，一般不随产量的变动而变动，因此，产量的变动只会影响单位固定制造费用。也就是说，实际产量与设计生产能力规定的产量或计划产量的差异会对产品应负担的固定制造费用发生影响。所以，固定制造费用标准成本差异的分析方法与其他费用成本差异的分析方法有所不同。

固定制造费用差异一般包括固定制造费用产量差异和固定制造费用预算差异两部分。固定制造费用产量差异，也称除数差异，是指在固定费用预算不变的情况下，由于实际产量和计划产量不同而造成的差异，其差异的原因与现有生产能力的利用程度有关。固定制造费用的预算差异是指实际固定制造费用与预算固定制造费用的差异。其计算公式如下：

固定制造费用产量差异＝实际产量×单位产品标准费用分配率－固定制造费用预算总额

固定制造费用预算差异＝固定制造费用预算总额－固定制造费用实际总额

计算结果正数为节约,负数为超支。也可以将上述产量差异进一步分解为能力差异和效率差异,其计算公式如下:

固定制造费用能力差异 =(实际产量实际工时 − 计划产量标准工时)× 单位小时标准费用分配率
固定制造费用效率差异 =(实际产量标准工时 − 实际产量实际工时)× 单位小时标准费用分配率

这样,对固定制造费用标准成本差异的分析就有两差异分析法(即固定制造费用产量差异和固定制造费用预算差异)和三差异分析法(即固定制造费用预算差异、固定制造费用能力差异、固定制造费用效率差异)。

例 9-5

世纪公司 2017 年 8 月的甲产品计划产量为 500 件,实际固定制造费用为 560 000 元,标准费用分配率为每人工小时 18 元。其固定制造费用标准成本差异计算如下:

固定制造费用成本总差异=480×55×18−560 000=−84 800(元)(U)

其中两差异:

固定制造费用产量差异=(480−500)×55×18=−19 800(元)(U)

固定制造费用预算差异=500×55×18−560 000=−65 000(元)(U)

产量差异又可以分为如下两个差异:

固定制造费用能力差异=(480×60−500×55)×18=23 400(元)(F)

固定制造费用效率差异=(480×55−480×60)×18=−43 200(元)(U)

固定制造费用的构成比较复杂,因此,还应结合具体项目的超支和节约进行分析。

同步思考题 9.4

某企业计划在 2017 年 8 月生产 X 产品 1 000 件,预期生产一件 X 产品需要 5 小时,固定制造费用预算总额为 20 000 元,生产 X 产品标准单位固定成本为:

5×4=20(元/件)

2017 年 8 月实际发生的固定成本为 20 450 元。生产产品 1 100 件,共花费工时 5 400 小时。

试计算 X 产品的固定制造费用总差异、固定制造费用预算差异、固定制造费用产量差异、固定制造费用能力差异和固定制造费用效率差异。

第四节 标准成本制度下的账务处理

一、标准成本制度下的成本核算程序

标准成本制度下的成本核算可结合一定的成本核算方法按如下基本程序进行:

(1) 为各成本计算对象按成本项目制定标准成本。

(2) 按成本对象设产品成本明细账。根据上月成本明细账,填入月初在产品成本。

(3) 编制各成本费用分配表,分别反映其标准成本和实际成本,并列出其差异。

(4) 将标准成本记入成本明细账,结转完工产品的标准成本。

(5) 计算、分析各种成本差异,每月末根据各成本差异科目的余额编制成本差异汇总表,将各种成本差异余额转入“主营业务成本”或“本年利润”明细账,计入当月损益。

二、标准成本制度下的账户设置

在标准成本制度下,需要加设如下标准成本差异科目:“直接材料数量差异”“直接材料价格差异”“直接人工效率差异”“直接人工工资率差异”“变动制造费用效率差异”“变动制造费用耗费差异”“固定制造费用产量差异”“固定制造费用预算差异”。如果固定制造费用标准成本差异采用三差异分析法,其中“固定制造费用产量差异”科目可改设“固定制造费用能力差异”和“固定制造费用效率差异”两个科目。

这些成本差异科目的借方登记超支差异,贷方登记节约差异和差异转销额(超支用蓝字,节约用红字)。

三、标准成本制度下的账务处理

现以上述世纪公司的资料为例,对本月甲产品的各种成本差异进行归集并编制会计分录如下:

(1) 借:基本生产成本——甲产品　388 800
　　　　直接材料数量差异　43 200
　　　　直接材料价格差异　9 600
　　贷:原材料　441 600

记入“基本生产成本”科目借方的是直接材料的标准成本,记入“原材料”科目贷方的是原材料的实际成本。两者的数量差异和价格差异因为都是超支差异,所以记入两差异账户的借方。如果企业的材料成本差异单独核算,该笔分录只记录直接材料数量差异,那么,“原材料”科目应记录计划成本。

(2) 借:基本生产成本——甲产品　580 800
　　　　直接人工效率差异　52 800
　　贷:应付职工薪酬　576 000
　　　　直接人工工资率差异　57 600

记入“基本生产成本”科目借方的是直接人工的标准成本,记入“应付职工薪酬”科目贷方的是直接人工的实际成本,两者的差异一个是直接人工工资率差异,因为是节约差异,所以记入该科目的贷方,另外一个差异是直接人工效率差异,因为是超支差异,所以记入该科目的借方。

(3) 借:制造费用　792 000
　　　　变动制造费用效率差异　72 000
　　贷:原材料、应付职工薪酬等　820 800
　　　　变动制造费用耗费差异　43 200

道理同上。

(4) 借：制造费用　475 200
　　固定制造费用产量差异　19 800
　　固定制造费用预算差异　65 000
　贷：原材料、应付职工薪酬等　560 000

或

借：制造费用　475 200
　固定制造费用效率差异　43 200
　固定制造费用预算差异　65 000
贷：固定制造费用能力差异　23 400
　原材料、应付职工薪酬等　560 000

道理同上。

(5) 借：基本生产成本——甲产品　1 267 200
　贷：制造费用　1 267 200

假设本月生产的甲产品全部完工，则有：

借：库存商品　2 236 800
贷：基本生产成本——甲产品　2 236 800

(6) 将全部标准成本差异转入本月“主营业务成本”科目。

借：主营业务成本　161 600
贷：直接材料数量差异　43 200
　直接材料价格差异　9 600
　直接人工效率差异　52 800
　直接人工工资率差异　(57 600)
　变动制造费用效率差异　72 000
　变动制造费用耗费差异　(43 200)
　固定制造费用产量差异　19 800
　固定制造费用预算差异　65 000

通过这项结转分录，月末各成本差异科目均无余额。将成本差异科目的余额全部转入“主营业务成本”科目，虽然核算上比较简单，但如果差异较大，就会对当月的利润影响较大，并且会影响在产品和产成品计价的准确性。因此，也可以按标准成本的比例在当月在产品、库存商品和主营业务成本之间分配。

本章小结

标准成本制度是以预先运用技术测定等科学方法制定的标准成本为基础，将实际发生的成本与标准成本进行比较，核算和分析成本差异的一种成本制度，也是加强成本控制、评价经营业绩的一种成本控制制度。

标准成本制度实施的关键是标准成本的制定，标准成本要遵循科学性、客观性、正常性和稳定性等特点。标准成本主要包括理想标准成本、正常标准成本和现实标准成本。产品标准成本的制定应按成本项目进行，通常有直接材料标准成本、直接人工标准成本和制造费用标准成本。标准成本差异包括直接材料数量差异、直接材料价格差异、直接人工效率差异、直接人工工资率差异、变动制造费用效率差异、变动制造费用耗费差异、固定制造费用产量差异和固定制造费用预算差异。固定制造费用产量差异又可分为固定制造费用能力差异和固定制造费用效率差异。

标准成本的各项差异可全部转入“主营业务成本”账户，调整当期的利润，也可按标准成本的比例在主营业务成本、库存商品与在产品之间分配。

本章关键词

标准成本	standard costs
标准成本制度	standard costing system
理想标准成本	ideal standard costs
正常标准成本	normal standard costs
现实标准成本	actual standard costs
直接材料成本差异	direct material variance
直接人工成本差异	direct labor cost variance
变动制造费用成本差异	variable manufacturing overhead variance
固定制造费用成本差异	fixed manufacturing overhead variance
直接材料总差异	total direct material variance
直接材料价格差异	direct material price variance
直接材料耗用差异	direct material usage variance
直接人工总差异	total direct labor variance
直接人工工资率差异	direct labor rate variance
直接人工效率差异	direct labor efficiency variance
变动制造费用总差异	total variable manufacturing overhead variance
变动制造费用耗费差异	variable manufacturing overhead expenditure variance
变动制造费用效率差异	variable manufacturing overhead efficiency variance
固定制造费用总差异	total fixed manufacturing overhead variance
固定制造费用产量差异	fixed manufacturing overhead volume variance
固定制造费用预算差异	fixed manufacturing overhead expenditure variance
固定制造费用效率差异	fixed manufacturing overhead volume efficiency variance
固定制造费用能力差异	fixed manufacturing overhead volume capacity variance

思考题

1. 什么是标准成本制度？其特点是什么？
2. 如何制定直接材料、直接人工和制造费用的标准成本？
3. 标准成本差异有哪些？如何对它们进行分析？

4. 标准成本法的核算程序有何特点?
5. 固定制造费用有哪几种差异?如何计算这几种差异?
6. 如何运用标准成本制度进行成本控制?
7. 定额成本制度与标准成本制度有何区别?

同步思考题参考答案

9.1

直接材料总差异=100 000－98 600=1 400(元)(F)

直接材料数量差异=(10 000－11 700)×10=－17 000(元)(U)

直接材料价格差异=117 000－98 600=18 400(元)(F)

9.2

直接人工总差异=10 000－8 900=1 100(元)(F)

直接人工效率差异=(2 000－2 300)×5=－1 500(元)(U)

直接人工工资率差异=11 500－8 900=2 600(元)(F)

9.3

变动制造费用总差异=1 200－1 230=－30(元)(U)

变动制造费用效率差异=(400×2－760)×1.5=60(元)(F)

变动制造费用耗费差异=760×1.5－1 230=90(元)(U)

9.4

固定制造费用总差异=20 450－1 100×20=1 550(元)(F)

固定制造费用预算差异=20 000－20 450=－450(元)(U)

固定制造费用产量差异=1 100×20－1 000×20=2 000(元)(F)

固定制造费用能力差异=(5 400－5 000)×4=1 600(元)(F)

固定制造费用效率差异=(1 100×5－5 400)×4=400(元)(F)

案例讨论

某企业标准成本资料如下:

项　　目	金　　额
直接材料(16 千克×6 元/千克)	96 元
直接人工(6 小时×12 元/小时)	72 元
固定制造费用(6 小时×14/小时)	84 元

该企业在 2017 年 9 月发生下列成本差异:

项　　目	金　　额
直接材料价格差异	18 840 元(F)
直接材料耗用差异	480 元(U)
直接人工工资率差异	10 598 元(U)
直接人工效率差异	8 478 元(F)
固定制造费用支出差异	14 192(U)
固定制造费用产量差	11 592 元(F)

实际发生的固定制造费用为 200 000 元，直接人工费用为 171 320 元。该企业直接材料的实际单位成本为 5.5 元。没有期初期末存货。

要求：

1. 计算预算产量；
2. 计算实际产量；
3. 计算实际人工小时；
4. 计算平均每小时工资率；
5. 计算实际采购和耗用的材料数量。

第十章

责任成本与成本考核

引　言

西方企业责任会计源于泰勒制。20世纪初，美国工程师泰勒创建了“泰勒制”，即科学管理理论，其目的是提高职工的生产效率，实现企业利润的最大化。泰勒将科学知识、科学研究系统运用于管理实践，泰勒制的建立对提高劳动生产率、缓解劳资关系起到了很大作用。美国会计学者进一步将泰勒制与会计相结合，提出了“供管理上用的会计”理念，并将标准成本和预算控制纳入会计系统，要求人们对由成本表示的行动负责，并将成本管理作为责任中心，侧重于成本管理实施控制、核算和考察。至此，会计职能进一步深化，企业责任会计的雏形产生。20世纪40年代后，随着分权管理制度的产生，企业发展的侧重点逐渐由成本管控向成本、利润方向转变。企业内部管控以目标利润为基础，目标利润的设定则以内部经济责任管理为依据，将成本管理和利润管理划分为责任中心，明确责任范围，两者相互结合，相辅相成，建立一整套责任单位的绩效考核制度。至此，责任会计体系的发展进入新阶段。20世纪50年代后，跨国公司大量涌现，经济不断发展，企业的竞争压力不断增大，仅注重公司内部的管理已经不能满足企业的需求，企业管理需要充分考虑企业的宏观、微观效益，尽量减少行为的盲目性。为使企业适应客观形势的变化，现代管理科学完善了责任会计体系的构建。责任会计体系从物质、精神两方面出发，不断激发职工生产动力、责任心和合作精神。在侧重成本、利润的同时，借助运筹学，预测最优成果，做出科学决策，保证企业获得最大利润。

我国企业责任会计的发展始于20世纪50年代，班组经济核算是我国最初企业责任会计形式，60年代班组经济核算发展为岗位责任制，70年代进一步发展为内部核算制，80年代初“责任会计”概念被引入我国，在随后的发展中，为了考核成本业绩也逐渐形成了责任中心和责任成本的概念。

学习目标

1. 理解分权与责任中心的关系。
2. 理解责任成本的意义。
3. 掌握责任成本的计算方法。
4. 理解责任成本与可控成本的关系。

5. 掌握责任成本与产品成本的区别和联系。
6. 掌握责任成本的计算方法。
7. 理解成本考核的意义。
8. 掌握责任成本的考核方法。

第一节 分权与责任中心

由于经营方式和所有制形式向多样化、多元化方向发展，以及企业的规模不断扩大，一个管理层次众多的集中管理企业无法达到有效的信息传递、控制和协调；同时，企业组织规模的扩大和复杂性的增加，使得企业高层管理既不可能具体了解企业正在进行的生产经营活动情况，也不可能为企业未来的生产经营活动做出决策；更重要的是，依靠企业高层的少数几个人来经营管理一个庞大的企业，已显得越来越力不从心。为了提高企业的经营效率和竞争能力，分权管理已成为现代企业管理的基本模式。

随着企业的日益壮大，大多数企业由许多不同职能的子单位构成。例如，一家生产性企业通常拥有采购、生产、销售、运输、会计及人事等多个部门，而生产部门和销售部门又常常根据生产线和销售地区划分为更多的分部门。企业的这种组织形式使管理人员和员工各自从事专门的工作，同时也产生清晰的管理职责的分割，从而建立了责任区域。分权管理的主要表现形式是部门化，通常采用统一领导、分级管理的原则，在其内部合理地划分责任单位，承担相应的经管责任，并赋予相应的权限，促使企业内部各单位各尽其责并协调配合。分权管理思想的发展，一方面使企业的日常经营决策权不断地下放，从而达到了决策的有效性；另一方面，企业经营管理的责任也随着经营决策权的下放层层落实到各级管理部门，使各级管理部门在充分享有经营决策权的同时，也对其经营管理的有效性承担经济责任。在这种情况下，成本考核要求责任者对所控制的成本负责任，同时与奖惩制度相结合。这种权责范围就是各个责任单位能够对其经济活动进行严格控制的区域，也即“责任中心”。

换言之，责任中心实际上是指企业内部按各自生产经营的特点和一定的控制范围，由其主管人员对其可控制的生产经营活动负责并拥有相应权力的内部单位。就企业内部单位而言，生产经营活动通常具有自身的特点及相应的控制范围，如生产车间，其生产经营活动的特点是进行产品的生产，控制的对象是产品的生产成本；而一个分厂的生产经营活动除了产品生产外，还包括产品销售等，因此，控制的对象不仅有产品的生产成本，还有收入和利润等。因此，不同的内部单位，因生产经营活动的特点及相应的控制范围不同，可以成为不同的责任中心。划分责任中心是为了充分调动一切积极因素，使各中心在其权责范围内，恪尽职守，努力工作，然后按成绩优劣进行奖惩，从而真正提高企业整体的经济效益，增强企业的竞争能力。

综上所述，责任中心是为完成某种责任而设立的特定部门，其基本特征是权、责、利相结合。具体地说，责任中心具有如下特征：

(1) 拥有与企业总体管理自主权相协调，与其管理职能相适应的经营决策权，使其能在最恰当的时刻对企业遇到的问题做出最恰当的决策。

(2) 承担与其经营权相适应的经济责任。有什么样的决策权，就须承担什么样的经济责任,这是对有效使用权利的一种制约。

(3) 建立与责任相配套的利益机制,将管理人员的个人利益与其管理业绩联系起来,从而调动全体管理人员和职工的工作热情和责任心。

(4) 各责任中心的局部利益必须与企业整体利益一致,不能为了各责任中心的局部利益而影响企业的整体利益。

责任中心根据其控制区域和权责范围的大小,一般可分为成本中心、利润中心和投资中心三种类型。

一、成本中心

成本中心是指那些只能控制成本从而只对成本负责的责任中心。成本中心有狭义和广义之分。狭义的成本中心是指对产品生产或劳务提供所造成的资源耗费负责的责任中心,也即生产产品或提供劳务的责任中心;广义的成本中心除狭义的成本中心外,还包括那些非生产性的以控制经营管理费用为主的责任中心,也即费用中心。

成本中心的特点是没有经营权或销售权,无法控制收益,因而其责任只是对在其职权范围内发生的成本或费用负责,成本中心的目标也就是在保质保量完成生产任务或搞好管理工作的前提下控制及降低成本和费用。企业中的某一生产部门,比如组装部或精加工部,就是成本中心的实例。生产部门的管理人员不制定价格或做出营销决策,但可以控制生产成本。因此,成本控制的好坏是对成本中心管理者评价的主要依据。

成本中心是应用最广泛的一种责任中心形式,上至工厂一级,下至车间、工段、班组,甚至个人都可划分为成本中心。由于成本中心的规模大小不一,因此,各成本中心控制、考核的内容也不一样。

二、利润中心

利润中心是对利润负责的中心。由于利润等于收入减去成本和费用,因此,利润中心实际上既要对收入负责,又要对成本费用负责。利润中心有两种形式:

(一) 自然形成的利润中心

这种利润中心虽然是企业内部的一个责任单位,但它既可向企业内部其他责任单位提供产品和劳务,又可直接向外界市场销售产品和提供劳务,获得收入并赚取利润。分公司、分厂就是自然利润中心的实例。

(二) 人为划分的利润中心

这种利润中心一般不直接对外销售,只对本企业内部各责任单位提供产品或劳务,但需按内部转移价格进行内部结算,实现等价交换,并确认其成本、收入和利润。企业中的各个成本中心,如果只要对其提供的产品或劳务制定内部转移价格,就是人为的利润中心。

建立“人为”利润中心的主要目的是明确划分经济责任,正确评价各责任中心的业绩。由于能够为成本中心相互提供的产品或劳务规定一个适当的内部转移价格,使得这些成本中心可以“取得”收入进而评价其业绩,因此,大多数成本中心总能转化为“人为”的利润中心。

一个部门或责任中心是否为利润中心,关键的因素是要有独立的经营决策权,即生产何种产品、生产多少、用什么材料等都可以由利润中心决定,否则就无法对其收入和成本负责。

所以，与成本中心相比，利润中心往往处于较高的层次，其权力更大，但责任也更重。对于利润中心来说，营业利润是评价管理者业绩的一项重要指标。

建立利润中心，其主要目的是通过授予必要的经营权和确立利润这一综合性指标来推动和促进各责任中心扩大销售、节约成本，努力实现自己的利润目标，使企业有限的资金得到最有效的利用。同时，通过利润这一综合性指标的考核，将各利润中心的经营业绩与其经济效益紧密挂钩，有效地调动全体职工的积极性，从而形成从上到下，群策群力，为实现企业目标而共同努力的风气。

三、投资中心

投资中心是既对成本、收入和利润负责，又对其投资及其利用效益负责的责任中心。与投资中心相比，利润中心只有短期的经营决策权，而投资中心除此之外还拥有长期投资决策权。因此，投资中心在责任中心中处于最高层次，具有最大的决策权，也承担最大的责任。投资中心着重考核的是投资效益，这类责任中心一般为子公司或分公司。

投资中心实质上也是利润中心，但它的控制区域和职权范围比一般的利润中心要大得多。它与利润中心的主要区别是：利润中心没有投资决策权，因而它是在企业确定投资方向后进行的具体经营；而投资中心拥有投资决策权，即当企业总部将一定数额的资本交给投资中心后，应投资什么行业、生产什么产品等都是投资中心的职责，企业总部一般不予干涉，但投资中心必须对其投资的收益负责。所以，投资中心包括了利润中心的特点，但比利润中心范围更大，特别是要更多地考虑长期效益。企业的分部经常被认为是投资中心。投资中心的管理者除了控制成本和进行价格决策外，还有权进行投资决策，比如开设或关闭一家工厂，保持或停产某一生产线。因此，营业利润和某种类型的投资报酬率都将成为评价投资中心管理者的重要指标。

为了准确地计算出各投资中心的经济效益，必须对各投资中心共同使用的资产划分清楚；对共同发生的成本应按适当的标准分配；各投资中心之间相互调剂使用的现金、存货、固定资产等，均应计息清偿，实行有偿使用。只有这样，才符合责任会计的要求，才能正确计算、评价与考核各投资中心的经济效益和工作业绩。

综上所述，成本中心、利润中心和投资中心并非各自孤立存在，每个责任中心必须对其分工负责的指标向其上一级责任中心承担经管责任。例如，最基层的成本中心（如班组）应就其经管的可控成本，向其上层的成本中心（如车间）负责；上层的成本中心（如车间）则就其本身的可控成本和下属转来的责任成本，一并向利润中心（如分厂）负责；利润中心（如分厂）则就其本身经管的收入、成本（包括下属单位转来的责任成本）和贡献毛益（或税前利润），向投资中心（如事业部）负责；投资中心（如事业部）则就其经管的投资报酬率和剩余收益，向总经理或董事会负责。这样，企业的各种类型和层次的责任中心就形成了一个“连锁责任”网络，促使每个责任中心为保证经营目标一致性的实现而协调工作。

同步思考题 10.1

美亚音像公司拥有全国范围经营的连锁商店。请说明美亚公司将下列中心视为成本中心、利润中心还是投资中心，并简要说明理由。

1. 一家加盟的音像出租店。
2. 一家加盟店内的小吃吧。
3. 一家加盟店内的一台游戏机。
4. 每个分店内的保安人员。

第二节 责任成本

尽管责任中心的规模大小不一,各责任中心控制的区域和权责范围也不一样,但是,不论层次高低、所负责任大小,责任中心都有成本发生,都要考核其责任成本。

责任成本是指由特定的责任中心所发生的耗费。当将企业的经营责任层层落实到各责任中心后,就需要对各责任中心发生的耗费进行核算,以正确反映各责任中心的经营业绩,这种以责任中心为对象进行归集的成本叫作责任成本。责任成本是企业目标成本管理的核心,它可以作为评价责任者成本责任的履行情况,考核成本经营绩效的依据。将其与经济利益相结合,就能达到控制成本费用、提高经济效益的目的。

一、责任成本的特点

责任成本与产品成本有很大的不同,其主要区别如下:

(1) 成本核算的对象不同。产品成本是以一定种类或批次的产品为对象归集产品的生产耗费;而责任成本是以责任中心为对象归集的生产或经营管理费用。

(2) 成本核算的原则不同。产品成本的核算原则是谁受益,谁承担;而责任成本的核算原则是谁负责,谁承担。

(3) 成本核算的内容不同。产品成本既包括可控成本,又包括不可控成本,只要应归属于产品的,都是产品成本;而责任成本只包括可控成本,不可控成本只作为参考指标。

(4) 成本核算的目的不同。产品成本核算能为考核成本计划完成情况及计算利润、制定产品价格提供依据,是实施经济核算制的重要手段;而责任成本核算则是为了评价和考核责任预算的执行情况,是进行成本控制和成本考核的重要手段。

分清产品成本与责任成本的区别,是责任中心成本核算的一个基本前提。责任成本与产品成本虽然有许多不同点,但它们之间也有密切联系:

(1) 两者核算的原始成本信息是相同的,只是加工整理的主体不同。

(2) 责任成本控制的有效与否将直接影响产品成本的耗费水平,所以,虽然责任成本和产品成本控制的角度不一样,但它们的总目标是一致的。

(3) 在不存在不可控成本的前提下,一定时期的责任成本总额和一定时期的产品成本总额是相等的。

责任成本与产品成本的区别和联系如图 10-1 所示。

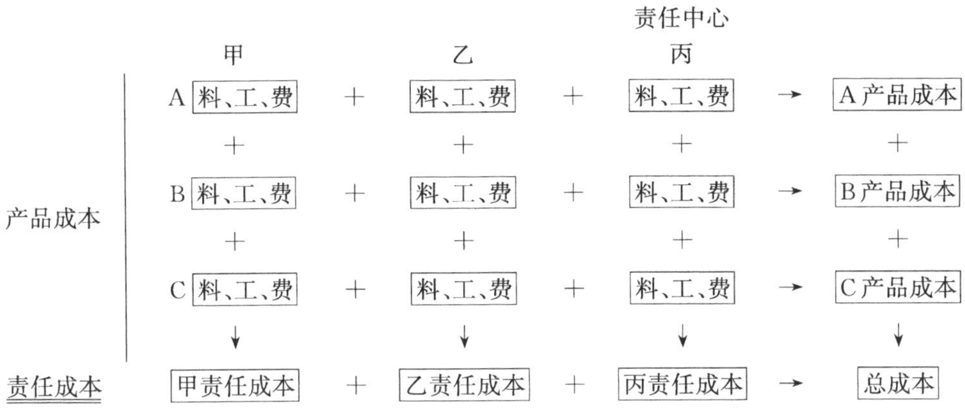

图 10－1　产品成本与责任成本的区别

从图 10－1 可以看出，生产费用横向按产品成本计算对象归集，构成了产品成本；纵向按责任中心归集，构成了责任成本。划清产品成本与责任成本的界限，是责任成本核算的一个重要前提。

二、责任成本的计算

为了正确计算各责任中心的责任成本，提高成本控制的有效性，首先必须将成本划分为可控成本和不可控成本。

(一) 可控成本与不可控成本

可控成本是相对于不可控成本而言的。凡是责任中心能控制的各种耗费称为可控成本，凡是责任中心不能控制的各种耗费则称为不可控成本。对某一个责任中心来说，可控成本应具备如下几个条件：

(1) 能预知将发生的各种成本费用。

(2) 能确切计量所发生的成本费用。

(3) 能为该责任中心控制并调节各种成本费用。

某个责任中心的各项可控成本之和，即为该中心的责任成本。

必须注意的是，成本的可控性是就特定的责任中心、特定的期间和特定的权限而言的，因此，可控成本与不可控成本的划分不是绝对的，而是相对的。首先，某项成本对某责任中心是可控的，但对另一责任中心却是不可控的。例如，直接材料的耗用量，对生产部门来说是可控的，但对供应部门来说却是不可控的。其次，有些成本在这段时间是可控的，而在另一段时间可能是不可控的。例如，在建造新厂房之前，管理部门可以决定厂房规模的大小、成本的多少，此时，新厂房的建造成本是可控的；但厂房一旦建成，则厂房的建造成本就为不可控成本。再次，可控性还与特定的权限有关，有些费用对下一级责任中心来说是不可控成本，而对于上一级责任中心来说却是可控的。如制造费用中的固定费用，对生产车间来说是不可控的，但对厂部来说却是可控的。

由此可见，对某责任中心进行成本考核，应以其可控成本为主要依据，不可控成本仅作为参考。

(二) 计算责任成本

责任成本的计算与产品成本的计算是两个不同的核算体系。产品成本以产品品种等为核算对象,将各种产品在各责任中心所发生的料、工、费加总起来,就是生产各该产品的生产成本。而责任成本则以各责任中心为核算对象,将各责任中心为生产各种产品所发生的料、工、费加总起来,就构成责任成本。所以,根据责任成本核算的特点,应建立责任成本核算体系,以保证责任成本计算的顺利进行。

责任成本核算体系的具体内容包括:

(1) 责任中心的明确划分。

(2) 根据责任成本计算的要求搞好各项基础工作,如原始凭证的设计、填制、计量设备的购置、内部零部件转移价格的制定等。

(3) 各种内部控制制度的建立和完善等。

例 10-1

某公司生产甲、乙、丙三种产品,每种产品都需经过 A、B 两个基本生产车间加工,另有 C 辅助生产车间提供劳务,其发生的费用按一定的比例分配计入产品成本。A、B、C 三个车间均为成本中心。某年度根据料工费耗用的原始凭证及有关的分配表计算的产品成本如表 10-1 所示。

表 10-1 **产品成本计算** 单位:元

项　　目	甲产品	乙产品	丙产品	合　计
直接材料	80 000	100 000	120 000	300 000
直接工资	40 000	50 000	70 000	160 000
制造费用(辅助车间转来)	22 000	35 000	40 000	97 000
制造费用(生产车间发生)	28 000	45 000	50 000	123 000
总成本	170 000	230 000	280 000	680 000

各车间只对其车间的成本负责。可计算各生产车间的责任成本,如表 10-2 所示。

表 10-2 **责任成本计算** 单位:元

项　　目	A 车间	B 车间	C 车间	合　　计
可控成本				
直接材料	147 000	108 000	45 000	300 000
直接工资	56 000	35 000	28 000	119 000
其　他	64 000	41 000	16 000	121 000
小　计	267 000	184 000	89 000	540 000
不可控成本	64 770	67 230	8 000	140 000
合　计	331 770	251 230	97 000	680 000

各责任中心将各月的责任成本加总起来,即为全年的责任成本。如果是成本中心,就以

此作为生产业绩的考核依据。如果是利润中心或是投资中心，则将其与各责任中心的收入相配比，计算出利润作为考核经营业绩或投资业绩的依据。表 10－2 中计算的产品成本仅表明是当月(年)发生的成本，再加上各产品的期初在产品成本，然后在完工产品与期末在产品之间进行分配，就可以计算出完工产品的成本和期末在产品的成本。

第三节　成 本 考 核

成本考核就是定期通过成本指标的对比，对目标成本的实现情况和成本预算指标的完成结果进行全面的审核和评价。它是成本会计职能的重要组成部分。成本考核作为成本会计的重要职能之一，对于降低成本、促进成本工作水平的提高，具有十分重要的意义。

成本考核是目标成本管理的重要环节。成本考核必须与目标成本责任制结合起来，才能使成本目标落到实处。目标成本责任制的核心是责、权、利相结合，如不进行考核，成本责任便无法实施，成本目标就要落空。所以说，按归口分级管理的渠道进行目标成本的考核过程，就是对目标成本管理成果的检查过程。只有经常检查考核，才能奖惩分明，激励降本增效的积极性，从而促进目标成本管理的健康发展。

在实行成本责任制的企业，成本考核是评价各责任中心特别是成本中心业绩的主要手段，通过考核，促进各责任中心控制和降低各项耗费，并借以控制和降低各种产品的生产成本和经营管理费用。成本考核工作主要包括编制和修订责任成本预算、确定成本考核指标及分析和评价最终业绩等几个方面的内容。

一、编制和修订责任成本预算

责任成本预算是根据预定的生产量、生产消耗标准和成本标准，运用弹性预算方法编制的各责任中心的责任成本核算。严格地遵守和完成责任成本预算是各责任中心应履行的职责。

弹性预算就是在编制预算时，预先估计到预算期间业务量可能发生的变动，编制出一套能适应多种业务量的成本费用预算，以便分别反映各责任中心在不同业务量的情况下所应开支的责任成本。

编制弹性预算的基本原理是：按照成本性态，将所有的成本划分为固定成本和变动成本，由于固定成本在相关范围内一般不随业务量的增减而变动，而变动成本则随着业务量的增减而成比例地变动，因此，在编制弹性预算时，只需将变动成本部分按业务量的变动加以调整即可。

弹性预算的编制方法有列表法和公式法两种。

(一) 列表法

列表法是按照生产能力利用程度的不同，用列表的方式编制弹性预算，也称多水平编制方法。

例 10－2

某公司预计在 2017 年正常生产销售 A 产品 5 000 件，单位售价 300 元，单位变动成本构成如下：

直接材料　　100 元
直接人工　　30 元
变动制造费用　　5 元
预计年固定制造费用　　80 000 元

根据上述资料，分别确定 A 产品产销量为 4 000 件、5 000 件、6 000 件、7 000 件和 8 000 件时制造成本的控制水平，编成弹性预算，如表 10－3 所示。

表 10－3　　**弹性预算**　　单位：元

产销量	分配率	4 000 件	5 000 件	6 000 件	7 000 件	8 000 件
直接材料	100	400 000	500 000	600 000	700 000	800 000
直接人工	30	120 000	150 000	180 000	210 000	240 000
变动制造费用	5	20 000	25 000	30 000	35 000	40 000
固定制造费用		80 000	80 000	80 000	80 000	80 000
合　计		620 000	755 000	890 000	1 025 000	1 160 000

(二) 公式法

公式法是根据预计的固定费用总额和变动费用率编制弹性预算的方式。其计算公式如下：

制造成本预算总额 ＝ 固定制造费用 ＋ 变动制造费用率 × 产品产销量

例 10－3

承例 10－2 的资料。当 A 产品的产销量为 6 000 件时，其制造成本预算总额可计算如下：

80 000＋135×6 000＝890 000(元)

可见，编制弹性预算后，就可以根据实际产销量水平，选用相应产销量水平的预算数与实际支出数进行对比。

如果该企业实际生产销售 A 产品 6 000 件，实际总成本为 900 000 元，其中直接材料 597 000 元，直接人工 168 000 元，变动制造费用 28 800 元，固定制造费用 106 200 元。现根据 A 产品的实际产销量水平，选择相应的预算数进行对比，其结果如表 10－4 所示。

表 10－4　　**实际与预算对比表(6 000 件)**　　单位：元

项　　目	实 际 数	预 算 数	差　　异
直接材料	597 000	600 000	－3 000
直接人工	168 000	180 000	－12 000

续　表

项　　目	实 际 数	预 算 数	差　　异
变动制造费用	28 800	30 000	－1 200
固定制造费用	106 200	80 000	＋26 200
合　　计	900 000	890 000	＋10 000

将实际成本与弹性预算进行比较，可以看出，直接材料、直接人工和变动制造费用都是节约的，总成本超支是由于固定制造费用超支引起的。因此，弹性预算能清楚合理地表明企业实际工作业绩的好坏。

责任成本预算是各责任中心业绩控制和考核的重要依据。责任成本预算应按各责任中心的预定业务量编制，并按实际发生的业务量做调整。如前所述，责任成本包括变动成本和固定成本两部分。变动成本和固定成本应分别计算，即首先根据业务量和单位标准成本计算出变动成本总额，然后加上固定成本总额即为总责任成本。

在编制责任成本预算时，为了正确评价各责任中心的经营业绩，应注意以下两个问题：一是当实际业务量与计划业务量不一致时，责任成本预算应按实际业务量予以调整；二是当企业和市场环境发生变化时，应不断地修订产品生产消耗的标准成本，以不断适应环境的变化。

二、确定成本考核指标

进行成本考核的关键在于成本考核指标的制定。企业产品的预算成本或目标成本制定完成后，应进行归口分级管理，层层分解至每一个有关部门，明确其经济责任和经济利益，定期考核兑现。成本考核的指标主要集中于目标成本完成情况，包括目标成本降低额和目标成本降低率两个指标。

（一）目标成本降低额

目标成本降低额是一个绝对数指标，它以绝对数形式反映目标成本的完成情况。这一指标的计算公式如下：

目标成本降低额 ＝ 预算成本 － 实际成本

例 10－4

假如例 10－1 中 A、B、C 三个责任中心的责任成本预算分别为 300 000 元、172 000 元和 89 000 元，则 A、B、C 三个责任中心的目标成本节约额可计算如下：

A 责任中心目标成本降低额＝300 000－267 000＝33 000（元）

B 责任中心目标成本降低额＝172 000－184 000＝－12 000（元）

C 责任中心目标成本降低额＝89 000－89 000＝0

其中，正数为节约额，负数为超支额。

(二) 目标成本降低率

目标成本降低率是一个相对数指标,它以相对数形式反映目标成本的完成情况。这一指标的计算公式如下:

$$\text{目标成本降低率}=\frac{\text{目标成本节约额}}{\text{目标成本}}\times 100\%$$

根据上例资料及目标成本降低额的计算结果,各成本中心的目标成本降低率计算如下:

A 责任中心目标成本降低率＝33 000÷300 000×100％＝11％

B 责任中心目标成本降低率＝－12 000÷172 000×100％＝－6.98％

C 责任中心目标成本降低率＝0÷89 000×100％＝0

在进行责任成本考核时,还应注意区分可控成本和不可控成本,不可控成本不应计入其责任成本。还需要注意的是,如果预算产量与实际产量不一致,应先按弹性预算的方法调整预算指标,再进行考核。

例 10－5

某企业的一车间生产 A 产品,预算产量 500 件,其成本预算资料如表 10－5 所示。

表 10－5　　A 产品成本预算

成本项目	标准单价	标准用量	标准成本
直接材料	3 元/千克	5 千克/件	15 元
直接人工	8 元/小时	1 小时/件	8 元
合　计			23 元

当年实际生产 A 产品 550 件,实际发生的成本资料如表 10－6 所示。

表 10－6　　A 产品实际成本

成本项目	实际单价	实际用量	实际单位成本	实际总成本
直接材料	3.50 元/千克	4.80 千克/件	16.80 元	9 240 元
直接人工	8.20 元/小时	1.1 小时/件	9.02 元	4 961 元
合　计			25.82 元	14 201 元

从上述资料可知,一车间 A 产品的预算总成本为 11 500 元(23×500),实际总成本为 14 201 元,实际成本超支了 2 701 元。然而,对一车间来说,由于材料单价和人工单价是不可控的成本,因而,应该按标准单价和实际用量计算确定一车间的责任成本,作为其考核业绩的依据。

一车间的责任成本＝(3×4.80＋8×1.10)×550＝12 760(元)

在评价该成本中心的业绩时,还应按弹性预算的方法,根据实际产量对预算成本进行调整,从而做出合理的评价。

调整后的预算成本＝23×550＝12 650(元)

目标成本降低额＝12 650－12 760＝－110(元)(超支)

目标成本降低率＝－110÷12 650＝－0.87%(超支)

三、业绩评价

目标成本节约额和目标成本节约率两个指标是相辅相成的,因此,评价一个责任中心的经营业绩时必须综合考核两个指标的结果。从上述指标的计算中可以看出,A责任中心目标成本完成情况较好,目标成本节约额为33 000元,目标成本节约率为11%,均完成预算;B责任中心目标成本完成情况较差,目标成本超支额12 000元,目标成本超支率为6.98%,均未完成预算;C责任中心既不超支,也不节约,正好完成预算。根据这一计算结果,如果没有其他环境影响,则可得出如下结论:A责任中心的成本控制是有效的,业绩是好的;B责任中心成本控制较差,业绩也较差;C责任中心一般。但在实际工作中,还应考虑一些具体情况,例如:几种产品耗用的材料是否相同;标准成本前一次修订时间的长短,因为如果标准成本很久没有修订的话,就很难适应环境的变化,这样以过时的标准来衡量现在的工作业绩,就会失之偏颇;以及有无特殊情况或不可预计或不可控情况的发生。只有综合考核了各个方面因素的影响,业绩评价才能做到公正、合理,才能收到良好的效果。

需要说明的是,对于可控的间接费用,各责任中心还应将其划分为固定费用与变动费用分别进行考核。固定费用总额在一定相关的范围内一般不随产量的增减而变动,当实际支出与预算数有较大差异时,应视为不合理超支。变动费用按产量或有关业务量增减比例调整后,若实际支出数仍有较大超支差异,就隐含着不合理现象。

总之,责任中心的成本考核应以可控成本为重点,编制各该责任中心的业绩报告,据此可使各责任中心负责人全面了解与其有关的成本。根据业绩报告,可以进一步对差异形成的原因和责任进行剖析,充分发挥信息的反馈作用。这将有助于各个责任中心积极采取措施、巩固成绩、消除缺点,促使其可控成本不断降低,并根据各自的特点,为实现企业总体目标而互相协调、卓有成效地开展有关活动,以最大限度地提高企业生产经营的经济效益。现以上述资料中的成本中心为例,列示其业绩评价报告的基本形式如表10－7所示。

同步思考题 10.2

假如本章的例10－2不是以弹性预算成本作为评价业绩的基础,而是以单一的业务量,即正常业务量的预算(又称固定预算)作为评价业绩的基础,那么评价的结果将会如何?你认为什么情况下采用此方法比较合理?

表 10－7　成本中心业绩报告

	当月		全年	
	预算	超支(节约)	预算	超支(节约)
第一小组				
可控成本：				
直接材料	6 300	(60)	72 000	210
直接人工	12 400	340	11 500	250
其他	1 200	(48)	15 200	(98)
小计	19 900	232	98 700	362
不可控成本	820	14	12 000	(102)
合计	20 720	246	110 700	260
A 车间				
可控成本：				
第一小组	19 900	232	98 700	362
第二小组	13 800	(108)	171 300	(3 362)
小计	33 700	124	270 000	(3 000)
不可控成本	5 760	28	64 500	200
合计	18 560	152	334 500	(2 800)
全厂(厂部)				
可控成本：				
A 车间	33 700	124	270 000	(3 000)
B 车间	27 300	(32)	182 000	2 000
C 车间	7 500	(43)	90 000	(1 000)
小计	68 500	49	542 000	(2 000)
不可控成本	14 200	(105)	145 000	(5 000)
合计	82 700	(56)	687 000	(7 000)

本章小结

为了提高企业的经营效率和竞争能力，分权管理已成为现代企业管理的基本模式。分权管理的主要表现形式是部门化，通常采用统一领导、分级管理的原则，在其内部合理地划分责任单位以及承担相应经管责任，并赋予相应的权限，促使企业内部各单位各尽其责并协调配合。

责任中心是为完成某种责任而设立的特定部门，其基本特征是权、责、利相结合。责任中心根据其控制区域和权责范围的大小，一般可分为成本中心、利润中心和投资中心三种类型。

尽管责任中心的规模大小不一，各责任中心控制的区域和权责范围也不一样，但是，责任中心不论层次高低、所负责任大小，都有成本发生，都要考核其责任成本。

责任成本是指由特定的责任中心所发生的耗费。与产品成本相比，责任成本具有核算对象不同、核算原则不同、核算内容不同和核算目的不同等特点。

责任成本是以各责任中心为归集对象的，将各责任中心为生产各种产品所发生的料、工、费加总起来，就构成责任成本。为了正确核算和考核各责任中心的责任成本，提高成本控制的有效性，责任中心所计量和考核的责任成本必须是可控成本。

成本考核就是定期通过成本指标的对比，对目标成本的实现情况和成本计划指标的完成结果进行全面的审核和评价，是成本会计职能的重要组成部分。成本考核作为成本会计的重要职能之一，对于降低成本、促进成本工作水平的提高，具有十分重要的意义。

成本考核工作主要包括编制和修订责任成本预算、确定成本考核指标及分析和评价最终业绩等几个方面的内容。责任成本预算是各责任中心业绩控制和考核的重要依据。责任成本预算应按各责任中心的预定业务量编制，并按实际发生的业务量加以调整。

本章关键词

分权	decentralization
责任中心	responsibility center
成本中心	cost center
利润中心	profit center
投资中心	investment center
责任成本	responsibility cost
成本考核	assessment on cost
责任成本预算	budget of responsibility cost
弹性预算	flexible budget
目标成本降低额	the amount of target cost reduction
目标成本降低率	the rate of target cost reduction
业绩评价	performance appraisal

思考题

1. 为什么要划分责任中心？责任中心有何特点？
2. 为什么成本中心是应用最广泛的一种责任中心？
3. 为什么对责任中心进行成本考核应以其可控成本为主要依据？
4. 什么是责任成本？它与产品成本有什么不同？
5. 为什么要采用弹性预算的方法确定责任成本？
6. 成本考核的意义是什么？
7. 责任中心与责任成本之间有何关系？

8. 产品成本、责任成本和可控成本之间有什么关系?
9. 责任成本的计算能否与产品成本计算结合起来?为什么?
10. 如何进行责任成本的考核?

同步思考题参考答案

10.1

1. 投资中心。因为每一家加盟店都拥有其独立的资产,并创造利润。
2. 利润中心。因为其资产与加盟店的资产是不可分割的。
3. 利润中心。因为游戏机是加盟店资产中的一个组成部分。
4. 成本中心。因为保安人员不会为企业创造利润。

10.2

如果以固定预算的成本作为评价业绩的基础,则评价结果如下:

实际与预算对比表

2017 年度　　单位:元

成本项目	实际数(6 000 件)	预算数(5 000 件)	差异数
直接材料	597 000	500 000	+97 000
直接人工	168 000	150 000	+18 000
变动制造费用	28 800	25 000	+3 800
固定制造费用	106 200	80 000	+26 200
合　　计	900 000	755 000	+145 000

采用弹性预算方式,是根据 A 产品的实际产销量水平,选择相应的预算数进行对比。而采用固定预算方式,是将实际费用直接与固定预算相比。由于没有按产量调整,直接材料、直接人工、变动制造费用和固定制造费用各项目均发生超支,且超支数额很大,因此,对比结果难以评价企业的实际业绩。特别是当企业的实际执行结果与预期业务活动水平相距甚远,仍以固定预算进行业绩评价和考核的情况下,显然缺乏可比基础,因而难以发挥预算控制的作用。

当企业的实际业务量水平与预期业务量水平完全一致时,以固定预算对企业进行考核是比较合理的。

案例讨论

苏珊刚被命名为荆江酒店的会计主管。荆江酒店每月编制责任报告,报告中所有的固定成本按每个利润中心产生收入的比例被分摊到每个利润中心。

酒店的餐厅经理罗伯特认为这种方法低估了其部门利润。罗伯特认为:“餐厅的声誉越来越高,收益也在稳步地增长,但是,随着收入的增多,所负担酒店的经营成本也越来越多。而且,当酒店空房率上升时,房租收入就会下降,分摊到餐厅的经营费用相对就更多了。因此,我们良好的业绩被客房部较差的业绩掩盖了。”因此,罗伯特建议酒店的固定费用按照各个利润中心所占用的面积分摊。

大堂经理欧文反对罗伯特的建议。他指出:“大堂占地面积很大,因为它供酒店的客人阅读、娱乐和观赏景色。虽然大堂也销售饮料等食品,但这些收入与大堂的面积相比是很小的。更何况很多客人到大堂只是为了享用免费的餐前开胃食品,很少购买饮料。”欧文的建议显示大堂几乎没有收入,但是一家酒店必须有大堂供客人休息。

要求:

1. 分别评价两位经理提出的建议。
2. 就酒店的费用分摊方法提出自己的建议。

第四篇 战略成本管理

近几十年来，由于新的生产及信息技术的出现、以客户为本的理念的形成及全球市场增长等因素，竞争环境日益激烈，而成本会计信息在帮助企业确定战略方向和获取竞争优势等方面起到了至关重要的作用，成本会计领域也因此而发生了巨大的变化。

本篇的内容关注企业长期竞争优势的取得。每一个成功的企业都拥有并维持一个基于特有战略的竞争优势。这一战略明确了企业必须获得的各种成功因素，只有在这些关键因素上取得成功，企业才可能取得并维持其战略竞争优势。战略成本管理的作用就是及时、准确地识别、计量、收集、分析和报告有关这些关键因素的信息。通过本篇的学习，能更好地理解成本管理信息在企业整体成功方面所起的重要作用，并且理解成本会计是如何帮助企业在其所在的行业中更高效地竞争的。

第十一章
战略成本管理

引　言

时代的变革导致了企业经营环境的变化，经营环境的变化推动了管理科学的发展，顺应这一发展趋势，战略管理应运而生。战略管理的核心是要寻求企业持之以恒的竞争优势。竞争优势是一切战略的核心，它归根结底来源于企业能够为客户创造的价值，这一价值要超过该企业的成本。在日益激烈的竞争中，传统管理体制的缺陷越来越明显，并且由此引发了一场管理上的革命——战略管理。这场革命在成本管理领域的体现就是战略成本管理的兴起。

为了服务于战略目标，企业开始利用成本管理来支持战略目标。战略成本管理为管理层提供了一套比传统产品成本信息更为广泛的成本信息。这些信息应该满足两个要求：第一，包括关于企业外部环境和内容流程的信息；第二，具有使人们能够洞察未来的前瞻性。

学习目标

1. 认识战略成本管理的重要性。
2. 了解战略成本管理的产生背景。
3. 理解战略成本管理与传统成本管理方式的主要区别。
4. 掌握战略成本管理的特点及其基本框架。
5. 理解价值链分析的重要性及其分析方法。
6. 理解成本动因分析在战略成本管理中的作用。
7. 理解战略定位分析的意义及其过程。
8. 了解确定战略目标所使用的三种分析方法。
9. 了解企业常用的三个竞争战略。

第一节　战略成本管理概述

一、战略成本管理的产生背景

“战略”一词源于军事，在 20 世纪 50 年代，战略被作为“手段”或“方法”的代名词引入管理领域，成为企业管理学的一个范畴。“战略成本管理”最早由英国著名管理学家肯尼斯·西蒙兹提出，他在1981年出版的《战略成本分析——从管理会计到战略会计的演进》一书中将战略成本管理定义为“对关于企业及其竞争者管理会计指标的准备和分析，用来确立和监督企业战略”。战略成本管理强调外部环境的影响以及企业内外的协调发展。它顺应时代而生，突破了传统成本会计的研究范畴，将管理会计推动到了一个全新的发展阶段。

战略成本管理的兴起不仅仅是一种新技术方法的出现，更重要的是一种贯穿于成本管理运作系统的观念更新。战略成本管理之所以日益受到企业的重视，其根本原因是市场环境的巨大变化。20世纪60年代以来，由于社会富裕程度逐渐提高，市场需求由大众化向个性化转变，传统的大批量、标准化生产向小批量、个性化产品生产过渡。这种市场需求和市场竞争的变化，一方面要求企业更加重视市场，并能够根据市场需求的变动及时地调整企业的生产经营活动，管理的视角由单纯的生产经营过程管理，扩展到与顾客需求及利益直接相关的、包括产品设计和产品使用环节的产品生命周期管理；另一方面要求企业更加注重内部组织管理，尽可能地消除各种非增值作业，以获取竞争优势。由此可见，战略成本管理的主题是创新，其对物耗成本的核算和控制需求更多的是出于价值评价和价值分配方面制度创新的考虑。

二、战略成本管理的概念及特点

战略成本管理是指管理人员运用专门方法收集、加工、整理、分析企业本身及外部环境的相关资料，为管理者制定战略目标、实施战略规划提供决策依据，从而帮助企业取得并保持长期竞争优势的一种新型成本管理方法。与传统成本会计主要着眼于企业内部“成本降低”相比，战略成本管理的首要任务是关注企业内部及其竞争对手的成本战略空间、过程、业绩，可表述为“不同战略选择下如何组织成本管理”，即将成本管理贯穿于整个战略循环过程之中，站在战略的高度，对公司的成本结构、成本行为进行全面了解、控制与改善，其核心是帮助企业寻求成本竞争优势。不难看出，“降低成本”与“成本优势”是两个有着不同内涵的概念，具有本质的区别。

战略成本管理的一切活动是以保证战略目标的实现为前提的，其主要特点如下：

(一) 管理的开放性

战略成本管理的主要特点之一就是突破了会计主体的限制，跳出了单一企业这一狭小的空间范围，将目光更多地投向影响企业的外部环境，具有开放系统的特征。战略成本管理不仅要收集、分析企业内部的数据信息，而且要为企业提供外部市场环境的信息，如与供货方和销售方的战略关系、竞争对手情况、法律和制度的变更以及整个经济市场和自然环境的变动等。它拓展了成本管理的范围，将成本管理向后延伸到采购环节，乃至研究开发与设计环节，向前还必须考虑售后服务环节，既重视与供应商的联系，也重视与客户和经销商的联结。

战略成本管理强调市场观念，密切关注整个市场和竞争对手的动向，在确定的战略目标下，企业的经营和管理都要进行及时调整以适应市场的变化，是“权变”管理思想的体现和应用。传统成本管理主要针对企业内部环境，如提供的决策信息主要依据企业内部的生产经营条件，业绩的评价主要考虑企业自身的业绩水平等，从而构成了一个封闭的管理系统。因此，为了真正发挥战略成本管理的作用，必须改变传统成本管理中诸多静态假设，在动态的外部条件下进行各项决策分析。例如，价值链分析要讨论企业与供应商、顾客之间的联系，考虑上下游相关企业的整合问题，而不是仅限于企业现有的经营格局。战略成本管理所具有的开放性，缩小了理论模型与实际环境之间的差距，增强了成本管理信息的相关性和准确性。

（二）对象的全面性

战略成本管理以企业整体为分析对象，根据企业总体发展状况制定战略目标，具有结果控制与过程控制相结合的特征。在这种整体观念的要求下，管理者只有重视企业活动的各个环节和各个方面，减少内部职能的失调，才能确保战略目标的实现。从企业活动的各个环节来看，战略成本管理克服了传统成本管理只主张结果分析的片面性，而将结果控制与过程控制相结合，通过过程的控制将企业供产销各个环节都与企业的整体目标紧紧相连，以过程的控制实现对结果的影响，并保证预期结果的实现。从企业活动的各个方面来看，战略成本管理既重视主要活动，也重视辅助活动，既重视生产制造，也重视其他价值链活动，如人力资源管理、技术发展、后勤服务等活动。因此，战略成本管理的视野更加开阔，分析更加全面。目前成本管理中的适时系统、全面质量管理和作业成本会计等都显示成本管理正朝着过程与结果相结合的方向发展。

对象的全面性还体现在战略成本管理把企业内部结构和外部环境综合起来进行分析。从战略成本管理的角度来看，企业的价值贯穿于企业内部自身价值创造作业和企业外部价值转移作业的二维空间，企业不过是整个价值创造作业全部链节中的一个链节。因此，战略成本管理从企业所处的竞争环境出发，进行企业内部价值链分析、竞争对手价值链分析以及企业所处行业价值链分析，从而达到知己知彼、洞察全局的目的，并以此为基础形成各种经营战略。

（三）目标的长期性

战略成本管理立足于长远的战略目标，其核心目的就是帮助企业取得并保持长久的竞争优势，使企业在激烈的市场竞争中能够获取生存和发展的空间。战略成本管理注重企业未来的发展，重视企业在市场中竞争地位的提高以及市场份额的扩大。竞争地位和市场份额代表企业未来的业务收入或利润，所以，战略成本管理不是不注重利润，而是更注重长期的利润。目标的长期性还体现在，战略成本管理不再局限于单一的会计期间，而是从多期竞争地位的变化中，把握企业未来的发展方向。它充分考虑不同发展阶段的企业特点，使各个发展阶段都服从于企业的长远目标，甚至不惜牺牲短期利益来追求持久的竞争优势，从而帮助企业扩大市场份额，最终确立起优势地位。

与战略成本管理相比，传统的成本管理立足于短期的成本管理，未考虑能够长远并持续降低成本的策略，属于战术性的成本管理。例如，在传统的成本管理方式下，企业宜雇用年龄相对较大、技术熟练程度高的员工以便降低人工成本，其成本优势是短暂的。而在战略成本管理方式下，企业会从长远出发，加大智力投资的比重，雇用相对年轻、文化程度高的员工，利用学习曲线，以获得较长时期的成本优势。

（四）信息的多样性

战略成本管理提供了超越会计主体范围的更广泛、更有用的信息，并为适应战略管理的要求而创立了一个独特的全面性的管理会计信息系统（同时也是企业决策的支持系统）。战略成本管理提供的信息主要有：战略财务信息和经营业绩信息，对各种信息的分析、评价、判断结果信息,企业发展的潜力和面临的风险信息,环境状况信息以及竞争对手信息等。例如,在竞争对手方面,战略成本管理主要注重搜集、分析并提供以下信息:竞争对手的目标和所采取的战略措施及其成功的可能性;竞争对手的竞争优势和劣势;面对外部企业的挑战,竞争对手相应的反击策略等。战略成本管理的重要目标之一是营造企业的竞争优势,而企业的竞争优势又是建立在与竞争对手对比的基础之上。战略成本管理突破了会计主体的限制,关注竞争对手的信息,通过对竞争对手信息的搜集、整理和分析,帮助企业知己知彼,在竞争中立于不败之地。

在衡量企业的竞争优势时,仅靠财务信息是远远不够的,战略成本管理提供了更多的非财务方面的信息。传统成本管理以货币为计量尺度,研究的是货币信息,企业在进行决策时只能从财务分析中获取信息,忽略了其他信息对企业的影响。战略成本管理克服了传统成本管理在这方面的缺陷,提供了大量诸如质量、需求量、市场占有率等极为重要的非货币信息。以反映企业战略地位的主要指标之一的市场占有率为例,它是联系成本与利润的重要指标,在一定程度上代表了未来的现金流入量,它的变化代表了企业竞争地位的变化,相对市场占有率还可用于揭示主要对手的竞争实力。战略成本管理有助于企业获得全面的竞争战略信息。

需要注意的是,战略成本管理在得到大量信息资料时,不仅要对信息做进一步的筛选、加工以及处理,而且要对包括财务信息在内的各种信息进行综合分析与评价,向管理层提供全部的整体分析结论和决策建议,这就对管理会计人员的素质提出了更高的要求,管理会计人员将转变为“跨专业的、具有广博知识和深入洞察力的管理顾问”,为企业提供高智慧的谋略,全面提高企业综合竞争能力。

(五)策略的抗争性

战略成本管理帮助企业创造成本优势。成本领先战略不仅是企业在激烈的竞争中所采取的能够与对手抗衡的基本竞争战略之一,也是企业面对来自各方面的冲击、压力、威胁和困难时,迎接这些挑战的行动方案。传统的成本管理方法较少考虑竞争、挑战,只是单纯想要改善企业经营现状,增加企业的经济效益。只有当这些成本管理工作与强化企业竞争力量直接相关、具有战略意义时,才能构成战略成本管理的内容。

战略成本管理之所以能够产生和发展,就是因为企业面临着激烈的竞争和严峻的挑战。企业推行战略成本管理的目标之一就是实现成本领先,取得优势,战胜对手,保证自己的生存和发展。因此,战略成本管理不仅仅通过改善设备运行状态和建立严格的管理制度来控制成本费用,还通过以下途径来降低成本:第一,加强研究开发管理,在设计时进行价值工程分析,优化部件结构和加工工艺,尽可能确保产品结构的合理性并减少因修改设计而导致的物料损失;第二,提高对市场信息预测的准确程度,改善物料计划管理,统筹兼顾,合理安排,减少因物料供应不配套而带来的库存积压或停工待料;第三,建立内部信息通道和高效率的求援系统,加快信息传递速度,加强部门之间的横向联系,提高企业对顾客需求的回应能力,充分利用销售平台,尽可能提高产品销量,降低单位产品的固定费用;第四,建立激励机制,积极开展合理化的激励活动,不断挖掘各分部改善管理、降低费用的潜力。

综上所述,战略成本管理根据企业自身成本动因、内部的价值链以及行业价值链中企业所处位置来制定决策。由于战略成本管理帮助企业进行长期定位,因此它更关注企业的结构性成本动因(如一个企业的地理位置和规模)和执行性成本动因(如信用卡客户账单支付流程的设计)。战略成本管理的基本内容是关注成本驱动因素,运用价值链分析工具,明确成本管理在企业战略中的功能定位。因此,价值链分析、成本动因分析、战略定位分析构成了战略成本管理的基本框架。

第二节　价值链分析

价值链分析最早由美国管理会计教授桑客(Shank)作为一种战略分析工具引入战略成本管理与战略管理会计中。通过价值链分析,企业可以对内部生产经营以及外部行业价值链条进行流程再造,从而提升自身竞争力,获取并保持长期竞争优势。

价值链是由一系列创造价值且相互联系的作业所构成,这些作业分布在从产品设计、原材料采购到最终销售给客户的每一个环节,形成一个始于供应商,经过企业内部,最后为顾客提供产品或劳务的作业链。每一个企业都有其独特的价值链,供应商不仅为企业的价值作业提供生产要素,还会对企业的生产成本和产品品质产生极大的影响;而顾客则是每一环节累积成本的最终承担者,价值链上所有活动价值的体现都取决于顾客愿意对最终产品或服务所支付的价格。这一价格是整个价值链上所有边际利润的总和,形成企业的收入来源。企业的竞争优势归根结底产生于以同样的成本或比竞争对手低的成本创造更高的客户价值,或以低于竞争对手的成本创造同等的客户价值,二者都要求企业不仅要关注自身内部的作业及其流程,更要注重内部价值链和外部价值链的联系。

价值链分析可以帮助公司了解其在行业中所处的竞争地位,了解竞争对手的成本情况、市场份额,评估自身的优劣,以便制定正确的竞争战略。价值链分析可以从不同视角进行:从最终顾客的视角进行价值链分析时,应以产品或服务的提供为起点,向后追溯到原材料的供应;从一个企业的视角进行价值链分析时,应从价值链的中间开始,向下追溯到最终顾客(下游),向上追溯到原材料供应商(上游)。多元化视角的分析方法有助于为管理层提供更全面的信息以支持其做出决策。

价值链分析主要有以下步骤:第一,确认企业及行业的价值链并将收入与资产分摊到价值链的各项价值作业中,计算每项价值作业的资产报酬;第二,确认各价值作业的成本行为,即分析各价值作业的成本动因;第三,通过控制成本动因或流程再造,构建具有自身特色的价值链,以取得竞争优势。企业除分析自身价值链外,还要分析行业价值链以及竞争对手的价值链,从而达到知己知彼、洞察全局的目的。

一、企业内部价值链分析

企业内部价值链分析研究的是企业内部价值的运动过程,是价值链分析的起点,也是进行行业价值链和竞争对手价值链分析的前提和基础。企业内部价值链分析的目的,就是找出最基本的价值链,然后分解为单独的作业,并根据企业整体战略目标进行价值作业之间的权衡、取舍,帮助企业实现成本最低、状态最佳,从而达到价值增值最大化。

企业生产经营中的作业可分为两大类:一类是增值作业,如产品的开发设计、加工制造、包装以及营销方面的作业;另一类是非增值作业,如与存货有关的各种形式的作业(如存货的储存、维护、分类、整理等),以及原材料、在产品、半成品、产成品等因质量不符合需求进行加工、改造而形成的追加作业等。并不是所有作业的实施都能使顾客价值增加,因此,要优化价值链就要尽可能消除非增值作业;同时,对可增加价值的作业,也要尽可能提高其运作效率,减少其对资源的占用和消耗。内部价值链分析使企业进一步认识其业务流程及价值创造过程,从而为企业竞争优势的形成打下基础。

内部价值链分析往往可以揭示企业内部开展的各项活动及其功能。图 11－1 可以概括一个企业的内部价值链。

图 11－1　企业的内部价值链

一般来说,企业内部的各项活动之间都有联系,所以某一项活动的开展往往会影响另一项活动的成本。如进行产品设计活动时,设计的复杂程度、材料的易获取程度等不仅影响生产活动的成本,产品设计的合理性还影响着产品发生故障的概率,从而影响售后服务活动的成本。因此,通过企业内部价值链分析,企业可以识别各项作业及其联系,并利用这些联系降低成本、增加价值。价值链中的每一项活动都可分解成若干作业,每一项作业都承担一定的成本,都会占用企业的一部分资源。将企业的经营成本和资产在价值链的每一项作业中进行分配,可以在最大程度上还原产品的完全成本。这样做有以下几个方面的意义:第一,产品的定价和企业利润的核算更为准确;第二,成本细分到作业可以产生大量有助于计量和考核业绩的数据信息与非数据信息,可以帮助管理层进行业绩评价与员工激励,并实现事前、事中、事后的全程管理;第三,为成本压缩指明方向,有助于企业把有限的资源分配到成本收益比率较高的环节。

在现代市场经济中,企业可以以高新科技为基础,运用与之相适应的先进的管理形式,实现企业内部价值的优化。例如,实施"适时生产系统",在企业生产经营的各个环节上力求"零存货";实施"全面质量管理",在原材料、外购件的供应以及在产品、半成品、产成品生产的各个环节上力求"零缺陷",就可基本达到这一目的。

二、产业价值链分析

产业价值链分析也叫纵向价值链分析。任何企业都位于其产业价值链的某个阶段。产业价值链分析,就是把企业与供应商和顾客的关系视为内部价值链的延伸,将企业置身于产业的大环境中,从合理分配利润的角度进行战略规划,分析企业是否可以利用上、下游价值链,建立企业与供应商和顾客之间的战略合作伙伴关系,从而进一步降低成本,使企业获得独特的竞争优势。

一个企业的成本竞争力不仅取决于该企业的内部活动,还取决于企业外部一个更大的活动体系。这个更大的体系包括企业的上游供应商的价值链,以及将产品送至最终用户的下游客户或联盟的价值链。通过对某产业价值链上利润共享情况的分析,以及对产业未来的发展趋势的合理预期,企业可以做出进入或退出该产业的判断。同时,通过分析利用上游(供应商)与下游(分销商和顾客)价值链的各种可能性,企业可以明确自身在产业价值链中的位置,并决定是否将企业内部现有的生产销售活动向企业外部拓展,如采用纵向整合的方式突破企业自身价值链,或将企业价值链向上延伸、与供应者整合,或向下延伸、与顾客协作,从而调整企业在产业价值链中的位置与范围,确立企业的成本优势地位。但需要注意的是,纵向整合有可能会降低企业经营效率以及提高企业退出壁垒,因此,企业在做决策时,还需要更细致地考量整合和利用之间的博弈关系,这是一个非常复杂的管理过程。图 11－2 可以概括一个产业价值链,从中我们可以清楚地看到企业在外部价值链中的位置,并以此为起点分析上下游价值链,开发利用与供应商和顾客的联系,从而帮助企业调整其价值链结构,提高整体的盈利能力。

图 11－2　产业价值链

产业价值链分析强调这样一个事实:企业必须了解整个价值系统,而不是只了解它参与竞争的价值链部分;一个企业要建立持久的竞争优势,就不能忽略与供应商和顾客之间的联系。因此,有效的战略管理会计要求对企业外部予以关注。

产业价值链分析有助于战略合作伙伴通过研究他们共同的价值链以实现"双赢"。例如,供应方的工程师只要对所售产品的技术规格稍加修改就可以大幅度地降低购买方的生产成本,通过协商,双方可以确定产品规格以及工艺流程的最佳改进方法,以降低总成本,分享增加的利润。

例 11－1

Dell 计算机公司利用技术和信息将计算机价值链上的供应商、生产商和顾客的流程垂直联系起来。供应商为计算机生产零部件,Dell 计算机公司将供应商的送货与生产的计划协调起来,供应商生产的零部件只有在需要时才被直接送到车间,而不是仓库,也不需经过卸货、检查、储存、领用等环节。这就需要供应商和购买者能够持续地分享信息和计划。Sony 公司为 Dell 计算机公司的计算机提供显示屏。但是,显示屏在销售发送给顾客之前并不送到 Dell 计算机公司,而是由 Express 公司或 UPS 公司将它们同需要发送的计算机一起包装,并一起发送给顾客。1996 年,在行业的领导者康柏的增长率为 30%的情况下,Dell 计算机公司的销量增长了 58%。事实证明,Dell 计算机公司的价值链方式在计算机行业产品寿命周期"转瞬即逝"的情况下颇具有竞争优势。

顾客也会对一个企业的战略地位产生重大的影响,因此,细分市场是明确企业战略地位的一个重要因素。在传统的成本计算方法下,营业费用和管理费用等通常作为期间费用处理,这种方法最终为企业提供的信息是:或者顾客服务没有任何成本,或者每个顾客都按相同的比例承担服务成本。实际上,不同客户为企业带来的利润是有很大差别的。行业价值链分析有助于区分盈利顾客和不盈利顾客,一旦明确顾客是否盈利,就可以采取相应措施来强化企业的战略地位:对于盈利顾客,企业可以通过提供更高水平的服务/更低的价格/新的服务或这三方面相结合,努力提高顾客满意度;对于不盈利顾客,企业可以通过提高顾客服务的效率以减少服务成本,或提高价格以鼓励不盈利顾客离开。

例 11－2

美国第六大银行——第一联合银行运用一个以颜色做标记的计算机信息系统,向为顾客服务的银行雇员提供顾客盈利能力率的信息。红色代码意味着该顾客正在使银行遭受损失,绿色代码意味着该顾客是银行的巨大利润源泉,黄色代码意味着该顾客介于两者之间。要求降低信用卡透支利率或退回支票收费的绿色代码顾客会得到一个肯定的回答,红色代码顾客几乎总是会得到一个否定的回答,黄色代码顾客会得到一个协商的机会。第一联合银行估计这种方法会使它的年度收入增加 1 亿美元。大约 1 亿美元中有一半来自对不盈利顾客收取的额外费用和其他预付款以及现有盈利顾客因得到更多服务而增加的存款。

三、竞争对手价值链分析

竞争对手价值链又称横向价值链。在一个行业中往往存在很多生产同类产品并处在相同竞争环境中的企业,这些企业的价值链在行业中处于平行位置。企业的任何价值活动都或多或少受其竞争对手的影响;同时企业也作用于外部,影响和制约着竞争对手的价值活动,它们之间相互作用、相互影响,进而决定了各个企业在产业内部的相对竞争地位。

价值链分析的一项重要应用就是揭示企业与竞争对手的相对成本地位,所需要做的工作就是对每个竞争对手进行成本比较,其中成本是各个竞争厂商为一个界定清晰的消费群或者细分市场提供产品或服务而产生的。一家企业的成本优势或劣势的规模可能随各个产品的不同而不同,可能随消费群的不同而不同,也可能随地域市场的不同而不同。通过对竞争对手价值链的分析,测算出竞争对手的成本水平、成本构成与成本支出情况,并与企业产品成本进行比较,揭示出决定竞争优势的差异所在,从而根据竞争对手的不同反应制定相应的战略,扬长避短,争取竞争优势。

价值链管理的好坏程度是衡量一个企业有无持续盈利能力的关键,同时也是企业能否获取和保持持久竞争优势的关键。一个企业的竞争优势往往是建立在其超越对手的技能、诀窍等基础上的。换言之,它是建立在对竞争成败至关重要的价值链的卓越管理基础上的。价值链分析告诉我们,企业可以通过创建全新的价值链体系,或者通过重组现行的价值链,剔除那些创造极少价值而成本高昂的价值链活动,获得巨大的成本优势。

上述价值链的每一项活动都有其自身的资源耗费以及相应的收入补偿,为了分别考察每种活动的成本效益状况,应将资产成本和收入分配到产生它们的活动中去,并确定每项活动的成本动因,将其影响予以数量化。可见,在企业价值链的分析中,成本动因分析是重点。

第三节　成本动因分析

在进行价值链分析时,了解成本动因与价值链的关系是至关重要的。成本动因是影响成本的驱动要素。库珀和卡普兰教授曾于1987年在合写的一篇题为《成本会计怎样系统地歪曲了产品成本》的文章中提出了“成本驱动因素”，即成本动因理论，为战略管理会计的实施奠定了理论基础。

一、战略成本动因分析与传统成本管理的比较

库珀与卡普兰对传统成本管理仅仅分配间接成本，却没有关注这些成本究竟从何而来的做法提出了批评。他们认为，战略管理会计要把间接成本与隐藏在其后的“推动力”联系起来。这种隐藏在间接成本之后的推动力，就是他们所称的“成本动因”。成本动因理论的提出，充分完善了成本会计中流行已久的成本性态理论。

传统的成本管理假定产量是唯一的成本动因，因而过分简化了成本的产生过程。在生产单一产品的企业中，生产的数量可通过生产的单位数来计算；而生产多产品的企业中，直接人工小时数或直接人工成本甚至机器小时数通常被作为产量的替代品。在过去高度人工密集型的企业里，对成本动因所做的这种假定不会重大地歪曲产品的成本。因为在生产中涉及的主要成本是材料和人工，两者均可直接追溯至生产的单位数，而制造费用作为生产成本中的“杂项集合体”则并不重要(仅有极少的机器需要折旧和极低的服务成本)。然而，随着新制造环境的出现，情况则明显地不同了。由于自动化意味着更高的折旧费用和其他同机器有关的费用，大多数制造成本均落入制造费用的范畴。在这种情况下再假定人工“驱动”制造费用将导致不准确的产品成本计算。事实上，如果我们站在更高的高度、以更宽广的视野来看待成本的影响因素，就会发现成本动因可分为两个层次：一是微观层次的与企业的具体生产作业相关的成本动因，即经营性作业的成本动因，它是驱动日常经营性成本的因素，包括零件数量、搬运次数、产品数量、顾客订单数量、退回产品数量等。很明显，经营性作业是作业基础成本法的焦点。二是战略层次上的成本动因，如规模、技术多样性、质量管理等。与作业成本动因相比，战略成本动因对成本的影响较大，可塑性也大。从战略成本动因来考虑成本管理，可以控制住企业日常经营中的大量潜在的成本问题。战略成本动因具有以下特点：与企业的战略密切相关，如企业的规模、整合程度等；对产品成本的影响更长期、更持久、更深远；动因的形成与改变均较为困难。

传统的成本分析大多侧重于发掘企业内部和责任中心中成本的影响因素，分析成本升降的原因。而成本动因的分析超出了传统成本分析的狭隘范围，不但扩充了对宏观经济环境、行业特点及市场前景的动因分析，而且更加注重对企业规模、整合程度、产品多样性等结构性的、无形的成本动因进行分析，同时注重预测和控制企业面临的各种潜在风险，确定和实施适当的成本战略。这些与企业战略密切相关的成本动因在传统的成本管理中常常被忽视。

传统成本管理的目标定位于企业利润的最大化，而战略成本动因分析的目标定位于最终获得竞争优势。在战略成本动因分析中，企业也要降低产品的成本，但更注重避免生产过程中无效成本的耗费。在一定条件下，为了取得长期的竞争优势，企业可能也会适当地增加某些产品的成本。

传统的成本管理重在成本绝对额的降低，力求在生产过程中不消耗无价值成本和通过改进工作方式来节约成本支出，通常表现为“成本维持”和“成本改善”两种形式。而战略成本动因分析则重在“成本避免”，立足于预防：在进行企业策划时，就对企业的地理位置、市

场定位、经营规模等一系列具有源流特质的成本动因进行全面综合的考虑,以从源头上控制成本的发生;在产品的设计与开发阶段,为避免成本的发生,尽力设计满足目标成本要求且具有竞争力的产品。

从整个企业角度来看,其相对于竞争对手的成本状况是由组成价值链的各项活动的成本性态决定的。作业影响成本,动因影响作业,因此,成本动因是成本发生的根本原因。战略管理会计通过辨别每项活动的成本动因,将其影响加以数量化,以揭示各种成本动因的相对重要性。再对其竞争对手进行同样的分析之后,即可有的放矢地进行有效的成本控制,降低所有价值活动的累计总成本,从而取得成本竞争优势。只有将这种竞争优势有效地保持,对企业才有战略上的意义。由于各个企业的经营状况不同,影响其成本的因素也会不同。

二、战略成本动因的分析

战略管理会计认为单一的产量不是成本的唯一驱动因素。尽管最明显的成本动因是那些消耗资源的作业,但每一项满足顾客需要的作业都是由事先的结构性和执行性的决策,即战略成本动因所确定的。美国学者瑞利(Riley)将战略成本动因分为结构性成本动因与执行性成本动因,如图 11－3 所示。这两种成本动因从不同的战略角度影响企业的成本态势,从而为企业的战略选择和决策提供支持,这种划分方法也普遍为理论界所认可。

结构性成本动因 → 有关组织的经营规模、经营范围和采用的技术的基本选择

执行性成本动因 → 有关组织的流程和作业的选择

图 11－3　成本动因的主要类型

(一) 结构性成本动因分析

结构性成本动因是指受企业基础经济结构影响的成本驱动因素。结构性成本动因的形成往往发生在生产开始之前,其支出属于资本性支出,其形成需要较长时间,且一经确定往往很难变动,因此支出前必须慎重行事,要进行充分的评估与分析。结构性成本动因决定了企业的产品成本,据统计,产品成本的 70%形成于结构性成本动因;同时,它也会对企业的产品质量、人力资源、财务、生产经营等方面产生极其重要的影响。由此可见,结构性成本动因的选择可以决定企业的成本态势乃至企业的竞争态势,对于企业来说具有重大战略意义。结构性成本动因通常包括以下内容:

1. 企业规模

企业经营规模是一个重要的结构性成本动因,它主要通过规模经济效应对成本施加两方面的影响:一种情况是当企业规模扩大时,企业可以提高作业效率,或者因业务量扩大而使单位产品分摊的成本降低,即通过增加使用企业共享资源的规模和频率,降低产品成本,形成递增的规模收益,对企业产生积极的影响,即所谓的规模经济;另一种情况是当企业规模扩大时,固定成本加大,单位产品成本并未因产量的增加而降低,即由于生产的复杂性及管理成本的提高,企业效益下降,如必须新增大量固定资产以及人工成本来支撑更大的生产销售规模,以及由于需求走高导致原材料供给出现紧张致使采购价格上涨等,这些因素都会形成递减的规模收益,对企业产生消极的影响,即所谓的规模不经济。因此,企业规模的战略选择是要找出临界点,努力达到规模经济,限制或消除规模不经济。

2. 整合程度

整合程度指的是垂直一体化程度，就是在同一个行业中扩大公司的竞争范围。整合是指企业根据自身的发展需要和战略目标，将公司的业务范围后向延伸到供应源或前向延伸到最终产品的消费者。比如，电脑制造商建立自己的芯片生产基地，以摆脱对主要部件供应商的依赖；同时也可进入电脑营销领域，建立自己的市场分销体系，以促进产品销售服务的质量与效率。实际上，该电脑制造商依然没有超出原来行业的界限，唯一的变化是公司的业务单元跨越了行业价值链体系中的两个阶段。垂直一体化可以是全线一体化（参与行业价值链的所有阶段），也可以是部分一体化（进入整个行业的某些阶段），这完全取决于企业和市场对垂直整合程度的要求。如果合并或协调行业价值链中紧密相关的活动能够带来重大的成本节约，前向一体化或后向一体化就有很大的潜力，整合程度的提高就可能带来效率的提高或成本的降低。例如，避免使用市场所带来的额外成本（包括采购费用和销售费用）能使企业获得更多的附加值等。当然，整合也并非总是带来成本的降低，在有些情况下其结果可能正好相反，因为整合需要资金的大量投入，会造成企业组织弹性的降低，容易丧失其灵活性，从而带来成本的提高，反而为企业造成较高的退出壁垒。因此，企业必须详细评估整合的优势与劣势，视实际情况决定各价值活动的整合程度，既可以选择整合的策略，也可以选择解除整合的竞争策略。

3. 学习与溢出

企业价值链活动可以通过学习提高作业效率从而使成本下降。这种随着工作量和经验的积累而带来的成本节约，称为成本的学习曲线或经验曲线。学习使员工学会新的技术并能够高效地完成任务，从而带来成本的节约；学习可以帮助企业找到合理的修改产品设计、简化零配件装配以及改善工厂布局和工作流程的方式和途径，降低物耗，减少损失；学习还可以降低建造和运作新零售分点、新生产工厂或新分销设施的成本。学习的作用因企业而异：处于初建期的企业学习效应尤为明显，而在企业发展到非常成熟的阶段时可能不太显著；对于价格敏感性较高的行业，学习可带动需求，加大产量，进而降低成本，作用十分显著。因此，企业在选择学习策略时也应根据自身的发展特点以及未来的发展需要加以权衡。

此外，学习还存在一个溢出的问题，即学习的成果可以通过咨询顾问、新闻媒体、前雇员和供应商等渠道从一个企业流到另一个企业。学习的溢出主要有以下几种方式：获取一个竞争对手的样品，然后让设计师研究其产品制造的方式；以其他公司类似活动的业绩为参照对比本公司的活动与业绩，进行标杆学习；采访供应商、咨询人员和竞争对手的退休职员以利用他们的智慧等。这些方式都可以帮助企业了解竞争对手的成本优势，从而弥补自身成本控制方面的不足，甚至形成超越对方的竞争优势，开展学习与溢出对保持成本优势至关重要。

4. 地理位置

企业的地理位置可以以若干种方式影响成本。比如，所处位置的气候、文化、观念等人文环境会对成本带来影响；地形交通、运输条件、能源储量及相关基础设施则对企业的产供销成本带来影响；地区之间最低工资水平、税率、投资限定条件等地方政策性差异也会对企业成本有所影响。企业可以通过重新布置生产工厂、基层办公室、仓储或总部的运作地点，找到降低成本的机会，但也涉及权衡取舍的问题。例如，如果把厂址转移到能源产地或人才济济的地区,虽然企业拥有一流水平的管理者,但同时也付出了高人力资源成本和运输成本的代价;如果把厂址转移到劳动力成本较低地区,虽然企业拥有较低的工资成本,但同时也加大了高层次人才流失的可能性和能源成本等方面的支出。因此,企业在进行厂址的选择、工业布局活动时应慎重行事,一旦将其地理位置确定,许多成本就会成为沉没成本,对企业的长期战略有着持久的影响,企业管理者必须给予足够的关注和重视。

5. 技术

技术是指企业在每一条价值链活动中所运用的技术处理方式,体现企业生产工艺技术的水平和能力。企业的技术选择也是一个权衡的过程,譬如,机械零件的加工过程是采用现代工艺提高使用寿命、减少使用成本,还是采用简单的工艺方法降低产品成本从而降低售价。任何企业的生产经营都涉及大量的技术,只有那些能使其保持成本领先地位,或通过技术变革能转变为率先行动者优势的技术,才能为企业带来持久的成本优势。但事实上,技术变革并非总能降低成本:首先,技术的开发或应用本身需支付较高的成本;其次,技术变革可能带来较大的风险,在技术革新迅速、产品日新月异的行业,技术的先行采用者可能因过早行动而面临所应用的技术迅速被淘汰而又无力更新的窘境。所以,企业在选择能获得持久成本优势的技术创新时,应在成本与其利益之间加以权衡;在选择技术领先还是技术跟随的策略时,也应视企业自身客观条件而定。

总之,从结构性成本动因来看,在一定的环境下,单纯扩大企业规模、业务范围或采用高新技术、追求产品的多样化,对企业的影响都是双方面的。结构性成本动因分析就是分析以上各项成本驱动因素以及它们之间的相互作用对价值链活动成本的影响,而企业运用结构性成本动因分析所做出的战略决策最终可归纳为一个"选择"问题,即企业采用何等规模和怎样的经营范围,又如何设定目标和总结学习经验,以及如何选择地理位置和技术等。这种选择能够决定企业的成本地位,是企业在经济结构层面的战略选择。

(二) 执行性成本动因分析

执行性成本动因是指企业在执行具体作业时的成本驱动因素,它是在结构性成本动因决定以后才发生的,而且这些成本动因多属非量化的成本动因,其对成本的影响因企业而异。这些动因若能执行成功,则能降低成本;反之,则会使成本提高。虽然执行性成本动因多属于战术层面,但是由于战略目标的最终实现依赖于战术的实施,从这个意义而言,执行性成本动因分析也是企业成本战略的重要组成部分。执行性成本动因通常包括以下内容:

1. 生产能力运用模式

生产能力运用模式是一个很重要的成本驱动因素,它本身附带了巨大的固定成本,因此,生产能力运用模式主要通过固定成本影响企业的成本水平。在既定的工厂规模选择的前提下,当企业的生产能力利用率提高,如进行技术改造或采用先进的生产管理方法等使产量上升时,由于固定成本在相关的范围内不随产量的增加而改变,产品所负担的单位成本就会降低。对于那些业务资本密集度越高或固定成本占总成本的比重越高的企业,这个成本驱动因素的重要性就越明显。当然,生产能力利用率的提高并不总是意味着企业效率的改善。如果企业产量提高而销量不变,虽然产量提高所引起的固定成本的分摊基础扩大造成了单位成本的下降,但是这部分被分摊的固定成本实际上全部转入了库存,并未转化为企业经济效益的实际流入，所以生产能力利用率的提高应以产销一致为前提。

例 11－3

杭州邦达物流有限公司（以下简称邦达物流）是一家专业的第三方医药物流公司，承载着浙江省医药企业价值近 150 亿元的药品、5 万多个终端的配送服务。面对如此大的业务量，邦达物流主要采用以下方法应对：在江浙沪区域县级以上城市及全国的大中城市设立物流中转平台，利用来回货物有效组合降低物流成本，解决回城空载问题。设立通道车辆配送和配送车辆接力棒式分工操作，通道车辆是班车式运作，配送车辆配备在各物流中转平台，整个大平台到中转平台都是利用夜间操作，配送时间则安排在白天。24 小时连轴转的运作有力地保证了客户的到货需求。

2. 联系

联系是指各种价值活动之间彼此相互关联。这种关联可分为企业内部联系和垂直联系两类，前者遍布整个价值链，后者反映的是企业与供应商和销售渠道之间的相互依存关系。如果一项活动的成本受另一项活动的影响，那么，确保相关的活动以一种协调合作的方式开展就可以降低成本。例如，当一个公司的质量控制成本或材料库存成本与供应商的活动相关时，就可以在零配件的设计、质量保证程序、及时送货，以及一体化材料供应等方面与关键供应商合作来降低成本。因此，有效地协调相联系的活动具有降低成本的潜力。

3. 全面质量管理

全面质量管理制度的实施以及电脑化设计和制造系统的建立与使用，带来了管理观念和管理技术的巨大变化，适时制采购与制造系统也应运而生。全面质量管理强调质量管理的范围应是全过程的质量控制，即从产品研究、开发、设计、制造，直到售后服务整个寿命周期内都要进行质量成本分析，且企业的每一名员工都要承担质量责任。在此系统下，为了以最少的质量成本获得最优的产品质量，并且最低的质量成本可以在产品“零缺陷”时达到，企业非常重视质量成本分析，即对预防成本、鉴定成本、内部质量损失和外部质量损失的分析。由于对错误的纠正成本是递减的，因此，总成本会保持下降的趋势，直至最后的缺陷被消除。只有全面掌握与质量有关的成本信息，管理者才能够做出准确的质量成本预算，借以转变目前企业中重产量轻质量的观念。对于质量成本较高的企业来说，它无疑是一个重要的成本动因，能给企业带来降低成本的重大机会。

例 11－4

苹果电脑公司前掌门人史蒂夫·乔布斯十分注重全面质量管理，坚持对产品的软硬件乃至售后服务实施全过程的质量控制。在市场形势不景气的年份里，这种理想主义的工作态度被认为于事无补，因为微软公司及其合作伙伴可以利用价格低廉的计算机把苹果公司产品彻底击垮。不过，随着音像产品和摄影作品逐步实现数字化，消费者需要的是制作精美、风格简约的产品。在乔布斯这种“过于追求完美”的管理风格的引导下，苹果公司凭借着iPod、iPhone、iPad硬件设备和iTunes软件的完美结合,以及完善的售后服务取得了巨大的成功,为音像娱乐产业和信息技术带来了全方位的变化,并将微软、索尼等竞争对手远远甩在了后面。乔布斯本人也因此树立了一个新标准,用来衡量数字时代公司的管理水平。

4. 员工对企业的向心力

企业的行动是众多具体个人行动的总和,企业各部门的每一名员工都与成本直接相关,如果企业上下人人都具备节约成本的思想,并以降低成本为己任,企业的成本管理效果自然就会好,企业才能将成本置于真正的控制中,实现成本管理的目标。传统的成本管理以按照成本核算制度计算的、可计量的成本为核心内容,以物治人;战略管理会计则要求重视人的因素,强调以人为本,以人治物,充分调动员工的积极性和创造力,提高员工对企业投入的向心力,从而达到充分降低成本、取得竞争优势的目的。

对执行性成本动因来讲,加强全员参与、全过程进行的全面质量管理,提高生产能力利用率,协调整个价值链等都会增加产出、提高效率,从而降低成本。所有这些,对企业来讲,当然投入力度越大越好。可见,这是针对业绩目标对成本态势的战略性强化。

(三)两类战略成本动因的关系

上述两种战略成本动因的最主要区别是,对于结构性成本动因而言,并不是程度越高越好,而是存在一个适度的问题。例如,企业的规模应适应其发展的需要,而非越大越好;整合程度也非越高越好。但对于执行性成本动因而言,一般认为程度越高越好。例如,应尽量加强和鼓励员工的全面参与,健全全面质量管理体系。

从以上分析还可以看出:执行性成本动因与结构性成本动因有着不同的性质。结构性成本动因分析所要求的战略性选择针对的是怎样才是“最优”的问题;而执行性成本动因分析所要求的战略强化则针对“最佳”的效果目标。前者解决资源优化问题,是前提;而后者解决绩效的提高问题,是其持续。

从企业微观层次看,结构性成本动因分析主要是解决决策层面的问题;而执行性成本动因分析主要是解决执行层面的问题,对目标的实现起到基础保证作用。两类成本动因分别从基础经济结构和作业程序两方面决定日常作业的数量和本质,从而影响企业总成本态势,为企业改变其成本地位提供选择。在企业基础经济结构既定的条件下,通过执行性成本动因分析,可以提高各种生产执行性因素的能动性,并优化它们之间的组合,从而使价值链活动达到最优。

成本是多重成本动因共同作用的结果。尽管某一个成本动因可能对一类价值活动的成本产生最大影响,但若干个成本动因常常相互作用以决定该项成本。这种相互作用采取两种形式,即相互加强或相互对抗,如规模经济或学习效应可以强化企业在时机选择中的优势,而纵向整合的成本优势也可能被生产能力利用不足所抵消。因此,企业还应重视分析各成本动因之间的相互作用,以避免成本动因间的相互抵触,并充分利用成本动因间的相互加强的效果来获得持久竞争优势。

总之,战略成本动因分析为企业改变成本地位、增强竞争力提供了契机。由于企业的成本总是由一组独特的成本动因来控制,选择于己有利的成本动因作为成本竞争的突破口无疑是企业竞争的一项重要策略，应引起企业管理者的高度重视。

同步思考题 11.1

以下所列示的是某公司的成本动因：

1. 工厂的数量；
2. 材料的搬运次数；
3. 员工参与的程度；
4. 机器设备的利用；
5. 产品线的数量；
6. 分销商的数量；
7. 工厂布局；
8. 直接人工小时；
9. 与顾客的联系；
10. 质量管理的方法；
11. 接受订单的数量；
12. 员工的经验；
13. 工艺流程技术；
14. 采购订单的数量；
15. 生产规模。

要求：分析上述各项成本动因是战略成本动因还是作业成本动因。如果是战略成本动因，还需确定其是结构性成本动因还是执行性成本动因。

第四节　战略定位分析

企业的战略目标以及竞争战略，可以通过战略定位分析来确定。战略定位分析是指在激烈的市场竞争中，企业如何选择竞争武器以抗衡竞争对手的分析方法。战略定位分析的过程如下：首先分析企业竞争能力，即对企业所处的外部环境、竞争对手以及企业的自身条件进行分析，制定出企业的战略目标；其次，在确定战略目标以及与此相适应的组织任务基础上，制定出企业的竞争战略，从而形成企业的竞争优势。战略管理会计的目标就是在强化所选择的战略定位的同时降低成本。

一、确定战略目标

对企业竞争能力进行分析是为了确定战略目标，为下一步企业竞争战略的选择提供决策依据。

(一) 结合企业外部环境分析

企业外部环境处于企业实体之外，但对企业生产经营产生影响。外部环境可以分为总体环境和营运环境。总体环境包括政治环境、经济环境、社会环境和技术环境等。营运环境主要体现为市场，企业可以采用 SWOT 分析法对营运环境进行分析。SWOT 分析是指企业在制定竞争战略时，通过周密地审视企业营运环境，以确定外部存在的机会(opportunities)与威胁(threats)，同时认清企业的优势(strength)与劣势(weakness)。其中，机会是指企业环境中存在的对企业有利的情况；威胁则是指对企业不利的情况；优势是指企业拥有比其他企业更多的技术和资源，是企业建立总的竞争优势的基础，也是企业克敌制胜的法宝；劣势是指与竞争对手相比，企业所缺乏的重要技术和专长。企业将所面临的市场机会和威胁，与企业自身的优势和劣势相比较，可得出四种组合方式(以下分别以四个区域来表示,见图 11-4),从而制定出企业的战略目标。

	企业优势	企业劣势
市场机会	(1) 大胆发展	(3) 缓和
市场威胁	(2) 分散	(4) 撤退

图 11-4　SWOT 分析图

如果企业处于区域(1)这样的市场环境,无疑是最理想的,这时企业应大胆发展,用自己的优势去抓住市场机会。若企业处于区域(2),可以有两种思路:一种是利用现有的优势去发展其他产品和市场,使企业重新回到区域(1),另一种是以企业的优势去战胜市场威胁。假如企业处于区域(3),可以利用市场机会来缓解企业的劣势。如果企业处于区域(4),那将是最糟糕的事情,企业唯一的出路是减少或改变产品及市场,另谋出路。

总之,建立在 SWOT 基础上的战略应充分利用企业的优势,不失时机地抓住一切可能的机会,将机会资本化,扬长避短,出奇制胜。

例 11-5

中国邮政储蓄银行于 2007 年 3 月 6 日正式成立,由于其成立时间较晚,在市场已被四大国有银行和外资银行占领的情况下,运用 SWOT 分析对自身进行全面的分析比较,发现优势与不足,认清威胁与机遇,帮助自身在激烈的金融业竞争中找准市场定位,是其迫切需要解决的问题。通过分析,可以得出以下矩阵结论:

表 11-1　　邮政储蓄银行市场定位的 SWOT 分析

企业 市场	优势(S)	劣势(W)
	1. 银行有 316 万个网点遍布城乡,其中近 60%的储蓄网点和近 70%的汇兑网点分布在农村地区,成为沟通城乡居民个人结算的主渠道 2. 资金优势明显,资金数量和资金运用有一定优势 3. 中国邮政有着良好的品牌信誉,特别是在偏远的农村地区,邮政通信是与外界沟通的唯一渠道	1. 与其他商业银行相比,邮政储蓄银行从业人员的总体文化水平和业务水平较低 2. 放贷运作和风险防范经验不足,金融产品种类单一,难以产生规模效益 3. 由于长期"只存不贷",经营管理、运行方式、风险防控等方面存在很多问题
机遇(O)	SO 战略	WO 战略
1. 根据党中央和国务院连续几年在"中央一号文件"的要求,邮政储蓄银行正好充当服务"三农"的一支主力军 2. 我国商业银行中间业务起步较晚,对于新成立的邮政储蓄银行来说,无疑减少了其竞争压力	1. 抓住政策机遇,大力拓展农村金融服务市场,充分分析邮政储蓄银行在农村市场的发展道路,努力打造农村第一金融品牌 2. 把握市场机遇,开展银行中间业务	1. 树立"根植邮政,立足城市,面向农村"的发展战略,稳住阵脚,把握时机 2. 转变经营机制,完善制度建设;加强业务创新,扩展业务品种;加强业务培训,提高队伍素质;加大宣传力度,树立企业形象

续　表

威胁(T)	ST 战略	WT 战略
1. 我国的信用体系尚未完全建立，社会信用的整体大环境欠佳 2. 市场竞争对手众多，中资银行、民营银行和外资银行已经占有可观的市场份额与客户群体	1. 城市中高端市场是邮政储蓄银行的薄弱环节，因此要有选择地进入市场，针对中小企业和个人的商务贷款应作为当前的主打业务 2. 找准服务“三农”的契合点，占领农村金融市场	1. 近期：服务中小企业和“三农”是近期目标的重点，看准机遇，避开风险，有所为有所不为 2. 中期：创新业务品种，拓宽发展渠道，逐步向现代商业银行迈进 3. 长期：形成混业经验格局，打造全功能的现代商业银行

“好借好还”小额贷款业务是邮政储蓄银行根据企业外部环境分析，利用自身的优势以及市场机遇推出的一款拳头产品。截至 2010 年 10 月 16 日，小额贷款业务已覆盖全国所有地市和 2 100 个县市及主要的乡镇，4 500 多个网点已开办这项业务，小额贷款发放量突破 1 000 亿元。这标志着邮政储蓄银行小额贷款业务发展已开始走向成熟，邮政储蓄银行实行的商业可持续发展小额贷款模式初步获得了成功。

(二) 结合竞争对手分析

分析了企业外部环境之后，就会对企业的发展方向有一个初步的思路，但这还远远不够，还应结合竞争对手进行分析，有的放矢地进行有效的成本控制，以降低所有价值活动的累计总成本，取得成本竞争优势，这种竞争优势若能有效地加以保持，才具有战略上的意义。由于相对市场份额是反映企业与竞争对手实力对比的一个重要指标，企业可以采用波士顿矩阵(又称产品组合矩阵)来分析。波士顿矩阵以相对市场份额为横轴，以市场增长率为纵轴，具体如图 11－5 所示。

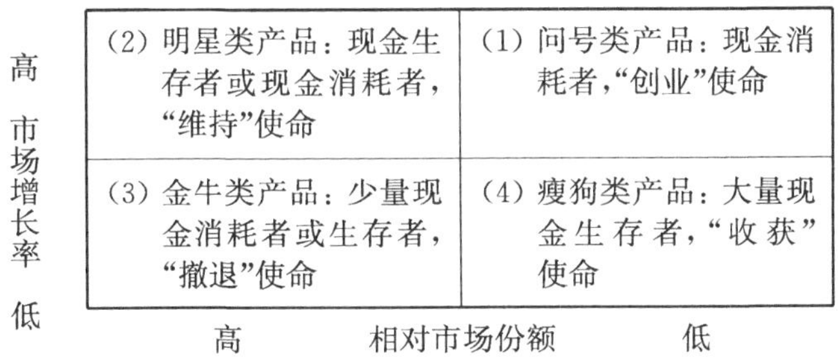

图 11－5　波士顿矩阵

其中：

市场增长率＝(本企业某年度产品销量－本企业上年度该产品销量)÷本企业上年度该产品销量

市场增长率代表了企业的现金耗用。这是因为，高市场增长率需要大量的资产投入和资金支持，从而消耗大量的现金。

相对市场份额＝本企业该产品的市场份额÷除本企业外的该产品市场份额最大的企业的市场份额

相对市场份额代表了企业的盈利水平和生成现金的能力,这是因为根据经验曲线效应,较高的相对市场份额意味着企业是市场的领先者,应该具有最低的成本,因此,会产生大量的现金流入。

如果企业的产品处于区域(1),则该产品就称为问号类产品。这类产品是现金的消耗者,此时企业应以“创业”为使命,增加现金投入,使其迅速占领市场,从而上升到明星类产品乃至金牛类产品,以达到更高的市场份额为战略目标。如果企业处于区域(2),这时企业的产品称为明星类产品。这类产品需要大量的现金投入,因为市场还在高速成长,企业必须继续投资,以保持与市场同步增长,并击退竞争对手。但它们强有力的竞争地位可以自行产生所需的资金,对这类产品应以“维持”为使命,以保持现有市场份额为主要战略目标。假使企业的产品处于区域(3),这类产品就称为金牛类产品,由于其很高的市场份额产生了规模效应,单位成本低,因此,该产品在市场上占统治地位;又由于市场增长率不高,不需要再投入大量的营销费用,这时便会产生大量的现金净流入,故须继续保持市场份额,不失时机地抓紧收获,并尽量延长收获期,换句话说,金牛类产品应以短期利润最大化或现金净流入最大化为目标。若企业的产品处于区域(4),则要执行“撤退”使命,尽早将其逐出企业的经营范围,而以开发新产品为主要战略目标。

(三) 结合产品生命周期进行分析

采用产品组合矩阵可初步确定企业战略目标,但为了确保战略目标的合理性,我们通常还可以采用产品生命周期进行分析。产品生命周期是指某种产品自投放市场到从市场上消失为止的整个时期,这一过程可以分为导入期、成长期、成熟期和衰退期四个阶段(见图11-6)。在不同的阶段,企业会面临不同的机会和挑战,因而需要采取不同的阶段战略。产品生命周期战略可以很好地指导企业的战略成本管理。

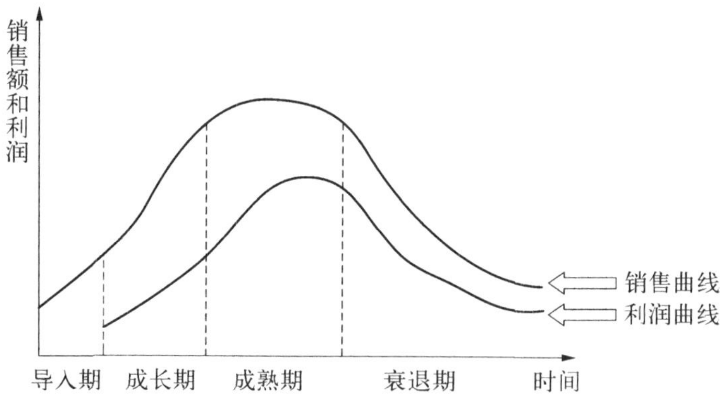

图11-6 产品生命周期曲线

在导入期,消费者对产品知之甚少,销售量增长缓慢,必须花费大量销售费用,致使利润几乎不存在,因此企业此时应执行“创业”使命,以扩展市场份额为主要战略目标。在成长期,产品被市场迅速接受,销售量和利润都直线上升,前景一片光明。在成长后期,高额利润促使竞争者不断加入,竞争日益激烈,为了确保龙头地位,此时企业仍应以继续扩大市场份额为主要战略目标,乘胜追击。在成熟期,由于大多数潜在购买者已购买此产品,销售增长缓慢，但销量和利润仍然很大，企业可采用固守战略。为了对抗竞争，企业不能一劳永逸，必须执行“维持”使命，增加营销费用，努力保持现有的市场份额和竞争优势；同时由于营销费用上升，利润稳中有降。到了衰退期，销售额和利润下降的趋势不断增强，企业可采用收获与撤退战略，尽量延长衰退期，抓紧收获，甚至不惜牺牲部分市场份额，以预期利润和现金流入的最大化为战略目标。由上述可见，随着产品从导入期逐渐成长并走向成熟，企业所面临的外部环境和内部条件越来越稳定，企业所采取的成本管理系统也相应地变化。

应该注意的是：生命周期成本管理的重点是成本降低，而不是成本控制。成本降低战略应该明确地识别出那些在产品生命周期的早期阶段采取的、能够在生产和消费阶段降低成本的措施。因为90%以上的产品生命周期成本在设计开发阶段确定，在产品的这个阶段强调作业的管理很有意义。产品生命周期战略充分体现了战略管理会计的长远性思想，不仅适用于产品的生命周期，而且适用于企业的生命周期乃至产业的生命周期。

目标成本法是设计阶段确立成本降低目标的一个特别有用的工具。目标成本是获得预定的市场份额需要的销售价格与期望单位利润之间的差额。如果当前实际成本高于目标成本，管理当局就必须寻找降低成本的方法，使实际成本趋向目标成本。寻找降低成本的途径是目标成本法的主要挑战。

目标成本可以推动设计人员改进设计方案工作，以降低产品未来的制造成本；目标成本是企业全体员工工作奋斗的目标，它可以激励全体员工努力做好工作，以提高工作效率；目标成本通过分析实际与目标的差异及其原因，以有效地评价各责任人的工作业绩；目标成本有利于企业实行例外管理原则，从而进一步挖掘降低成本的潜力。目标成本以顾客为导向，以顾客认可的价格、功能、需求量等因素为出发点，使企业更具有竞争力。

在市场经济的情况下，企业的目标成本从属于企业的经营目标。一旦确定了产品的目标，包括价格、功能、质量等，设计人员将以目标价格扣除目标利润得出目标成本。目标利润是指产品所提供的、用来补偿企业经营成本的边际贡献。因此，企业的目标成本应按下列公式确定：

目标成本 = 目标价格 − 目标利润

目标成本的计算是一个反复的、连续的产品及工序设计方案的改进过程（如图 11 - 7 所示）。

从图 11 - 7 可以看出，目标成本最终反映了顾客的需求，以及资金供给者对投资合理收益的期望。因此，目标成本是管理者关注的中心，同时也为产品及工序设计指明了方向。

企业在实施战略管理会计的实际过程中，要循着战略管理会计的特征，通过战略定位分析确定战略目标，并采取相应的竞争战略，对投资立项、研究开发与设计、生产、销售等进行全方位的监控分析，研究影响成本的各个环节，从而进一步找出降低成本的途径。

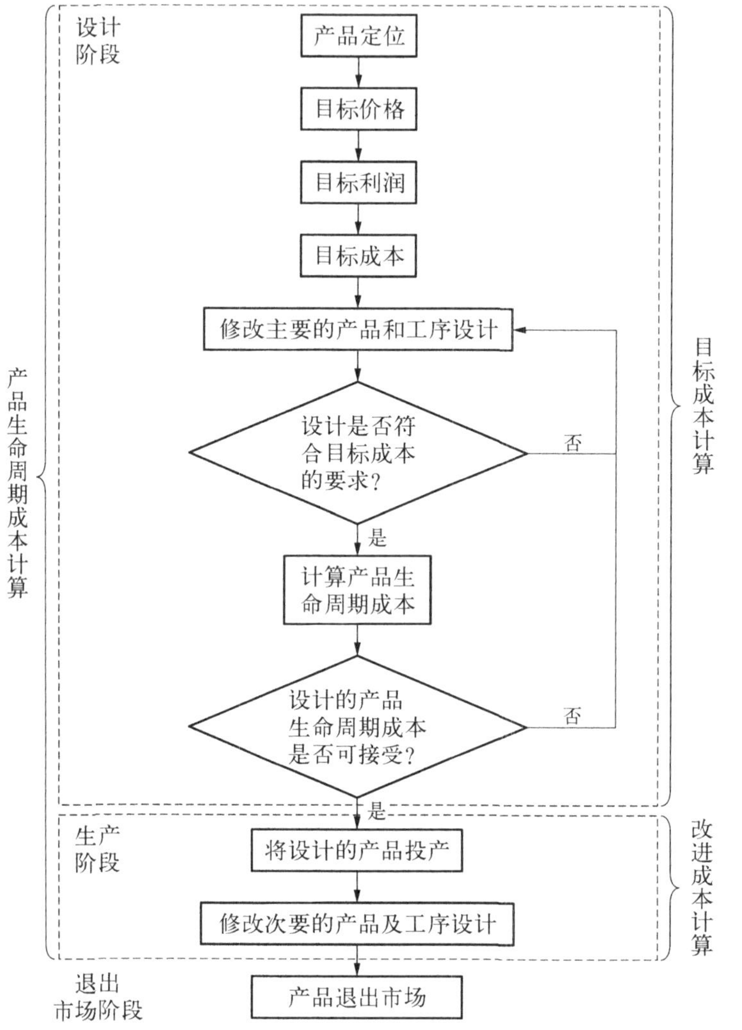

图 11－7　目标成本控制图

二、制定企业竞争战略

在完成对企业的竞争能力分析后，战略目标一经确定，下一步就是制定竞争战略，以取得持久的竞争优势。竞争优势是指以同样的成本或比竞争对手更低的成本创造更高的顾客价值，或以低于竞争对手的成本创造同等的价值。增加顾客的价值以获得竞争优势与明智的战略选择紧密相关。成本领先战略、差异领先战略和目标聚集战略是通常采用的三个基本战略。

(一) 成本领先战略

成本领先战略是借助规模经济和严格的成本控制，使企业成为行业内成本最低的生产者。成本领先战略意味着以成本为竞争的中心或先导，如果企业进行所有价值活动的累计成本低于竞争者的成本，它就具有成本优势。成本领先战略是诸战略中最为明确的一种。在这种战略指导下，企业的目标就是要成为其产业中的低成本生产(服务)厂商，也就是在提供的产品(或服务)的功能、质量差别不大的条件下，努力降低成本来取得竞争优势。

一般来说，购买者对价格越敏感，低成本战略就越有吸引力。换言之，在那种竞争主要集中于价格的市场上，低成本是唯一重要的竞争优势。

随着科技的高速发展，有些产品如彩色显像管、冰箱压缩机和DCD激光头的技术，要想在一些主要性能上与众不同，往往比较困难，此时，成本领先就显得尤为重要。如果企业能够创造和维持全面的成本领先地位，那它只要将价格控制在产业平均水平或接近平均的水平，就能获取优于平均水平的经营业绩。

企业获取成本优势主要有两种方法：(1) 控制成本驱动因素。一旦企业已识别其价值链并判定出重要价值活动的成本驱动因素，就可以通过更好地控制这些成本驱动因素而获得优势。(2) 重构价值链。企业相对成本地位的显著变动最常见的来源是与竞争对手有显著差异的价值链。企业可以采用有所不同、效率更高的方式来设计、生产、分销或销售产品。

企业采用成本优先战略，可以使用独特的技术，借助于有利的原材料购入渠道，引进更先进的设备、改变产品结构以降低料耗，改善工艺流程以降低能耗，改良销售渠道以降低间接成本，或者利用规模经济，使其成本低于竞争对手，从而以稍低于同业平均价格的售价取得大量的市场份额。更重要的是，一旦价格大战拉开，那些成本最高者首先就会被淘汰出局，成本领先者的低成本优势将转化为高收益。成本领先战略的逻辑要求企业成为成本领先者，而不是竞争这一地位的几个企业之一，所以，成本领先是一种格外强调先发制人的战略。只要成本领先战略实施成功，企业就会处于“低成本—高市场占有率—高利润—技术投资—降低成本”的良性循环之中，从而取得持久的竞争优势。成本领先战略可通过大规模生产、学习曲线效应、严格的成本控制来实现，企业必须发现和开发所有成本优势资源。

采用低成本战略时应注意以下几个问题，否则会陷入“低成本陷阱”：(1) 采用低成本战略后，应该使企业的利润率提高；否则，低成本供应商可能会由于过度的削价而使利润率非但没有提高反而降低；(2) 应清醒地认识到成本优势的价值取决于它的持久性，而成本优势的持久性又取决于公司保持这种成本优势的方式和途径，应采用能够保持专有成本优势的方式，防止被竞争对手模仿或匹配；(3) 应防止由于太热衷于追求低成本而使企业的产品或服务缺乏特色。若购买者转向高质量、创造性的性能特色、更快的服务以及其他一些差别性的特色，那么，热衷于追求低成本的企业会由于产品或服务太“简洁”或太“干瘪”而失去竞争优势。

(二) 差异领先战略

差异领先战略是通过树立良好的品牌形象和提供优秀的客户服务等方式来提供独特的、受到客户青睐的产品以创造竞争优势。差异领先战略的核心是追求特色与创造特色，是一种“人无我独有”的战略。当一个企业能够为买方提供一些独特的、对买方来说不仅仅是价格低廉的产品时，这个企业就具有了区别于其他对手的经营差异性。如果购买者偏好的多样性太强，标准化的产品难以完全满足，那么，差异领先战略就成了一个很有吸引力的竞争战略。

一个企业想要采用差异领先战略取得成功，就必须认真研究购买者的需求和行为。企业还必须使产品或者服务包含特定的购买者想要得到的属性，其中企业自己所提供的这些特定属性与竞争对手所提供的属性有着明显的差别。购买者对差别化的偏好程度越高，对满足其偏好的产品的认同度就越高，与企业的联系就越密切，企业所获得的竞争优势也就越强。成功的差异领先战略可以使企业提高议价能力，并能获得购买者对其品牌的忠诚。

成功的差异领先战略关键在于以竞争对手无法模仿或者抗衡的方式为购买者创造价值。一般来说,有四种差别化途径来为购买者创造价值:

(1) 提供能够降低购买者使用企业产品的总成本的产品属性和用户特色;

(2) 提供能够提高购买者从产品中得到的性能;

(3) 提供能够从非经济或者无形的角度提高购买者的满意度的产品;

(4) 通过竞争对手没有或者不能复制的竞争能力来为顾客提供价值。

例如,麦当劳以其物超所值的产品,劳力士以其名望和特异性,强生公司婴儿产品以其可靠性,本田汽车以其高质量的品质,成为差异化战略成功的典范。

差异领先战略重在创新,要求企业选择那些有利于竞争的并能使自己的经营独具特色的产品。差异领先战略要求企业就客户广泛重视的一些方面在产业内独树一帜,或在成本差距难以进一步扩大的情况下,生产比竞争对手功能更强、质量更好、服务更优的产品以显示其不易被复制的经营差异。企业可以运用价值工程法和成本效益法分析,在技术、材料、设计、外观、功能、售后服务等方面进行改良或创新,使自己的产品或服务与众不同。由于实行差异化,产品就容易引起顾客的兴趣,使顾客对价格的敏感性下降,激发顾客的购买欲望。

例 11-6

随着云计算的不断发酵及技术的更新迭代,云计算行业日益成熟,公有云服务竞争愈加激烈,私有云服务市场需求不断增大。工信部预测,2019 年中国云计算产业规模将达到 4 300 亿元。巨大的市场规模使得阿里云、腾讯云、金山云、百度云等国内传统 IT 厂商不惜重金投入,以在云计算深水区占据更多优势。2017 年 12 月,创立 5 年的金山云宣布阶段性完成 D 轮 3 亿美元融资,至此,金山云投后估值达到 19 亿美元,成为国内估值最高的独立云服务商。与美国云计算企业模式不同的是,金山云更关注垂直领域的建设。从 2013 年的云存储、2014 年的游戏云到 2016 年的视频云,都证明了金山云差异化战略布局的正确性。目前,金山云为 90%的互联网、媒体及广电等行业头部客户提供服务,业务覆盖直播、短视频、长视频、OTT 等多种视频业态。在游戏领域,金山云为国内 90%的重量级游戏发行商和 CP 提供一站式云服务解决方案,累计服务上千款游戏,连续 3 年成为小米广告游戏行业核心代理商,游戏生态逐步完善。差异化的发展以及资本的积累,无疑为金山云在未来的市场布局增加了更多的筹码,让其保持市场战略的灵活性,将主动权掌握在自己手里。

在实行差异领先战略时应注意以下几个问题:

(1) 实行差异领先战略后价格要能为顾客所接受,否则会由于产品的价格相对于竞争对手的产品来说太高使购买者转向低价格的竞争对手,从而陷入“差异陷阱”。

(2) 重视向购买者暗示或宣传差别化的价值,而不能仅仅靠内在产品属性来获得差别化。

(3) 实行差异领先战略带来的溢价要超过相应的额外成本,否则,就不能获得超额利润,缺乏竞争优势。

如果购买者满足于基本的产品,认为“附加”的属性并不值得支付更高的价格,在这种情况下,低成本的生产商就可以击败差异领先战略。

(三)目标聚集战略

目标聚集战略是采取适当的突破点,从成本上或差异化上领先于他人。目标聚集战略与成本领先战略和差异领先战略的不同之处在于前者的注意力集中于整个市场的一个狭窄的部分。为了顺应整个市场个性化需求的趋势,企业被迫把市场分割为越来越多的细分市场,并针对各个细分市场的需求特点,开发出不同的产品。目标聚集战略的最大特点是:不追求大市场的小份额,而是追求小市场的大份额。从本质上说,聚集战略只是成本领先和差异领先战略的局部实施。

目标聚集战略的目的是比竞争对手更好地服务目标细分市场的购买者。实施目标聚集战略的厂商的竞争战略基础是:

(1)服务小市场的成本比竞争对手的成本低。

(2)能够给小市场的购买者提供他们认为更好的东西。

以低成本为基础的目标聚集战略取决于是否存在这样一个购买者细分市场,满足他们的要求所付出的代价比满足整体市场其他部分的要求所付出的代价小。以差异化为基础的目标聚集战略取决于是否存在这样一个购买者细分市场,他们想要得到或者需要特殊的产品属性或企业能力。

采用目标聚集战略时,企业利用自己的优势,主攻某个特定的细分顾客群、某种产品系列的一个细分区段或某一个细分市场,以确定在某个目标市场上的霸主地位。

例 11-7

Mote16 酒店和里茨卡尔顿酒店在美国的住宿行业中参与竞争时所选择的战略有所不同。Mote16 所采取的目标聚集战略是以低成本为基础的,其竞争优势的基础是能够以比竞争对手低的成本为对价格很谨慎的旅行者提供基本的、经济的住宿服务。里茨卡尔顿所采取的目标聚集战略是以差别化为基础的,其竞争优势的基础在于为一群富有的客户提供上乘的住宿服务和无与伦比的个人服务。虽然它们所采取的竞争战略有所差别,但由于住宿市场包含着多种多样的购买者细分市场,它们的偏好和支付能力也多种多样,因此,Mote16 酒店和里茨卡尔顿酒店都能够获得竞争的成功。

从以上例子可以看出,目标聚集战略的最大特点是不追求大市场的小份额,而是追求小市场的大份额。如果企业能同时取得成本领先和差异领先的竞争优势,回报将是巨额的,因为收益是累加的——差异领先会带来价格溢价,与此同时,成本领先意味着成本的降低。

采用目标聚集战略应注意以下一些问题:

(1)竞争对手可能会寻找能与采取目标聚集战略厂商相匹敌的有效途径来服务于目标小市场。

(2)小市场上的购买者的偏好和需求可能会转向大众购买者所喜好的属性。

(3)长期来看,目标聚集战略的厂商所聚集的细分市场非常具有吸引力,以至于各个竞争厂商蜂拥而入,瓜分细分市场的利润。

必须指出的是,战略定位分析与竞争战略分析存在着密切的关系。战略管理会计强调事前控制,通过确定战略目标和竞争战略这些科学有效的事前规划,可以为企业日后的经营节约大量的成本费用开支,这正是战略管理会计的精髓所在。此外,三种基本战略在理论分析上有各自独立的意义:在产品性能与质量差距不大的情况下,可选择成本领先战略取胜,即努力以降低成本、降低售价来取得竞争优势;在成本差距不可能拉大的情况下,可选择实施差异领先战略和目标聚集战略,即以生产比对手更优的产品以显示差异,吸引顾客。总之,三种模式都具有鲜明的市场特性,都立足于企业竞争优势。

同步思考题 11.2

迈克逊准备购买一台家用电脑,他决定在甲公司的A电脑和乙公司的B电脑中进行选择。甲公司和乙公司都是信誉良好的公司,而A电脑和B电脑是两家公司的拳头产品。A电脑和B电脑的处理器速度相同,其他配置和基本软件相同,售价也相同。经过进一步的对比,迈克逊发现,在三年间,A电脑的运行和维护成本约为400元,而B电脑的运行维护成本约为1 200元。A电脑的销售人员强调其较低的运行和维护成本,而B电脑的销售人员强调其售后服务的特色。基于这些信息,迈克逊最后决定购买B电脑。

要求:

(1) 迈克逊购买的全面产品是什么?

(2) 甲公司和乙公司所追求的竞争战略是什么?为什么?

(3) 当有人问迈克逊为什么选择B电脑时,他认为B电脑比A电脑提供更大的价值。这个更大的价值的可能来源是什么?

本章小结

战略成本管理的一切活动都是以保证战略目标的实现为前提的,它具有管理的开放性、对象的全面性、目标的长期性、信息的多样性及策略的抗争性等特征。

战略成本管理的基本内容是关注成本驱动因素,运用价值链分析工具,明确成本管理在企业战略中的功能定位。价值链分析、成本动因分析、战略定位分析构成了战略成本管理的基本框架。

所谓价值链,是指企业为了生产有价值的产品或劳务给顾客而发生的一系列创造价值的活动所构成的链条。价值链分析可从企业内部价值链、产业价值链和竞争对手价值链三方面进行。通过企业内部价值链分析,企业可以识别各项作业及其联系,并利用这些联系降低成本、增加价值。通过行业价值链分析,可以弄清楚企业在行业价值链中的位置,并以此为起点分析上下游价值链,开发利用与供应商和顾客的联系,有助于企业调整其价值链结构,提高整体的盈利能力。而对竞争对手价值链的分析,可以揭示决定竞争优势的差异所在,从而根据竞争对手的不同反应制定相应的战略,确定扬长避短的策略以争取竞争优势。

成本动因就是引起产品成本变动的原因。成本动因可分为两个层次:一是微观层次的与企业的具体生产作业相关的成本动因,如物耗、作业量等,即作业成本动因;二是战略层次的成本动因，如规模、技术多样性、质量管理等。战略成本动因又可分为结构性成本动因与执行性成本动因两种。战略成本动因对成本的影响比重比较大，可塑性也大，从战略成本动因来考虑成本管理，可以控制住企业日常经营中的大量潜在的成本问题。战略成本动因分析为企业改变成本地位、增强竞争力提供契机。

战略定位分析就是指企业在赖以生存的市场上如何选择竞争武器，以抗衡竞争对手的分析方法。战略定位分析的过程就是对企业所处的外部环境、竞争对手以及企业的自身条件进行分析，从而确定战略目标，最终制定企业竞争战略的过程。确定战略目标的具体方法有结合企业外部环境分析、结合竞争对手分析和结合产品生命周期分析等。结合企业外部环境分析可以采用 SWOT 分析法对企业的营运环境进行分析；结合竞争对手分析可以运用波士顿矩阵来有的放矢地进行有效的成本控制；生命周期成本管理的重点是成本降低，而不是成本控制，目标成本法是设计阶段建立成本降低目标的一个特别有用的工具。

在确定竞争目标后，企业就可以制定出相应的竞争战略。基本的竞争战略主要有成本领先战略、差异领先战略和目标聚集战略三种。成本领先战略是借助规模经济和严格的成本控制，使企业成为行业内成本最低的生产者。差异领先战略是通过树立良好的品牌形象和优秀的客户服务等方式来提供独特的、受到客户青睐的产品。目标聚集战略是采取适当的突破点，从成本上或差异化上领先于他人。

本章关键词

战略成本管理	strategic cost management
成本优势	cost advantage
价值链分析	value chain analysis
顾客价值	customer value
零存货	zero inventory
全面质量管理	total quality control
零缺陷	zero defect
成本动因分析	cost driver analysis
结构性成本动因	structural cost driver
执行性成本动因	execution cost driver
战略定位	strategic positioning
产品生命周期	product lifecycle
目标成本	target cost
竞争优势	competitive advantage
成本领先战略	cost leadership strategy
差异领先战略	differentiation strategy
目标聚集战略	focusing strategy

思考题

1. 什么是战略成本管理？试述战略成本管理的必要性。
2. 与传统成本管理相比，战略成本管理有什么特点？
3. 战略成本管理的基本内容有哪些？
4. 价值链分析的意义何在？
5. 如何通过价值链分析开发企业与供应商和顾客的联系？
6. 什么是成本动因？成本动因分析的主要目的是什么？
7. 战略成本动因有什么特点？如何进行分析？
8. 什么是战略定位分析？如何进行战略定位分析？
9. 如何确定战略目标？基本分析方法有哪些？
10. 如何制定竞争战略？基本战略有哪些？企业如何通过这些战略取得竞争优势？

同步思考题参考答案

11.1

项　　目	战略成本动因		作业成本动因
	结构性成本动因	执行性成本动因	
1. 工厂的数量	√		
2. 材料的搬运次数			√
3. 员工参与的程度		√	
4. 机器设备的利用		√	
5. 产品线的数量	√		
6. 分销商数量		√	
7. 工厂布局	√		
8. 直接人工小时			√
9. 与顾客的联系		√	
10. 质量管理的方法		√	
11. 接受订单的数量			√
12. 员工的经验		√	
13. 工艺流程技术	√		
14. 采购订单的数量			√
15. 生产规模	√		

11.2

(1) 迈克逊从其所购买的电脑中获得了有形和无形的利益，包括基本的和特别的产品特性、服务、质量、使用指导、品牌和其他重要的因素。

(2) 甲公司所追求的战略是成本领先战略,因为甲公司强调其成本比任何其他品牌都要低;而乙公司追求的战略是差异领先战略,因为乙公司强调其售后服务的特色。

(3) 这个更大的价值是指乙公司的售后服务具有的独特性,如使用指导等,而这正是甲公司没有提供的。当迈克逊认为这项特别的服务重要时,B 电脑就比 A 电脑提供了更大的价值。

案例讨论

John Snyder 在听到任命其为 Central Electronics 公司对 Household Appliance 公司新销售代表时非常兴奋。在过去的 4 年,Central Electronics 公司一直为 Household Appliance 公司提供生产洗衣机和干衣机所需的所有电开关。作为 Central Electronics 公司的卖方销售代表,John Snyder 的工作包括以下几项内容:

(1) 与 Household Appliance 公司的工程师一起设计满足成本和质量要求的电开关;

(2) 帮助 Household Appliance 公司解决与电开关有关的任何问题;

(3) 监督 Household Appliance 公司电开关存货的库存水平,在适当的时候编制电开关的订货单。

这个任命需要 John Snyder 去德国波恩工作两年。尽管 John Snyder 对这次的调动感情复杂,但他深知这是改善 Central Electronics 公司财务业绩的关键,他也非常清楚地意识到前两任的卖方销售代表在委任期满后得到晋升的事实。

当 John Snyder 随同前任的销售代表 Janet Smith 参观了 Household Appliance 公司在波恩的工厂后,他的心情从兴奋转为担忧。很明显,Central Electronics 公司并没有以尽可能低的成本提供给 Household Appliance 公司最合适的电开关。现在的情况是:Central Electronics 公司电开关的存量太多了,很可能要在五六年后才能用完。此外,由于电开关用船从北美运载到欧洲的数量也很大,Household Appliance 公司电开关的存货水平很快就要超过下 4 个月的需求量。

要求:如果你是 John Snyder,你会怎么做?

第十二章

作业基础成本法

引　言

宏达农机厂是典型的国有企业，实行以销定产、多品种小批量生产模式。传统成本法下制造费用超过人工费用的200%，成本控制不力。为此，企业决定实施作业成本法。

根据企业的工艺流程，确定了32个作业，以及各作业的作业动因，作业动因主要是人工工时，其他作业动因有运输距离、准备次数、零件种类数、订单数、机器小时、客户数等。通过计算，发现了传统成本法的成本扭曲：最大差异率达到46.5%。根据作业成本法提供的信息，为加强成本控制，针对每个作业制定目标成本，使得目标成本可以细化到班组，增加了成本控制的有效性。

通过对成本信息的分析，发现生产协调、检测、修理和运输作业不增加顾客价值，这些作业的执行人员归属一个分厂管理，但是人员分布在各个车间。通过作业分析，发现大量的人力资源冗余。根据分析，可以裁减一半的人员，并减少相关的资源支出。分析还显示，运输作业由各车间分别提供，但是都存在能力剩余，将运输作业集中管理，可以减少三四台叉车。

此外，正确的成本信息对于销售的决策也有重要的影响，根据作业成本信息以及市场行情，企业修订了部分产品的价格。修订后的产品价格更加真实地反映了产品的成本，具有更强的竞争力。

学习目标

1. 了解作业基础成本法的基本概念。
2. 了解作业基础成本法的基本原理。
3. 掌握作业成本法的一般计算程序。
4. 掌握作业成本管理的本质和意义。
5. 掌握作业成本管理的二维观念。
6. 掌握作业成本管理的实施及应用。
7. 掌握作业成本法相比传统成本法的优缺点及其适用条件。

第一节　作业基础成本法的基本原理

自 20 世纪 80 年代以来，企业制造环境发生了巨大变化，随着自动化生产、电脑辅助设计和电脑制造的普及，以及弹性制造系统、适时制生产方式和全面质量管理的实施，生产成本中的间接费用大幅增加，其构成内容也愈加复杂。传统的成本核算方法已经无法满足经营管理的要求。为了正确核算产品的生产成本，必须改变传统的以"产品"为中心的成本核算思路。作业基础成本法(activity-based costing，ABC)在此背景下应运而生。

作业基础成本法，是以作业为基础，通过对作业成本动因的分析来计算产品生产成本，并为企业作业管理提供更为相关、相对准确的成本信息的一种成本计算方法。由此可见，作业基础成本法的实质就是在资源耗费和产品耗费之间借助作业来分离、归纳、组合，最终形成各种产品成本。作业基础成本法最早在 20 世纪 70 年代提出，而首先对其给予明确解释的则是哈佛大学学者罗宾・库珀(Robin Cooper)和罗伯特・卡普兰(Robert S. Kaplan)。在此之后，作业基础成本法风靡全世界并在理论上趋于成熟。

一、基本概念

(一) 资源

资源是指企业生产经营过程中消耗的人力、物力、财力。具体而言，一个企业的资源包括直接人工、直接材料、生产维持成本(如采购人员的工资成本)、间接制造费用以及生产过程以外的成本(如销售推广费用)。作业基础成本法中的资源是指为了产出作业或产品而进行的费用支出，是指各项费用总体。

(二) 作业、作业链和价值链

作业是作业基础成本法计算模式和作业管理的核心，是企业为提供一定量的产品或劳务所消耗的原材料、人力、技术、方法和环境等的集合体。它也是与产成品的独特特性无关的重复执行的标准化方法或技术。"作业"一词在使用上比较广泛，它可以是一个部门或一个生产流程的同义词。比如，有些企业把其精加工部门称为精加工流程或精加工作业。从不同的角度出发，可对作业进行不同的分类。常见的分类方法是将作业按产出或消耗方式，分为单位水平作业、批次水平作业、产品维持作业和工厂维持作业。

1. 单位水平作业

它是指能使每一单位产品都能受益的作业，如机器加工、组装。这类作业的成本包括直接材料、直接人工等。这类作业在生产过程中不断发生，并与产品产量成比例变动。

2. 批次水平作业

它是指与产品批次相关并能使一批产品受益的作业，如为生产某批产品而进行的设备调整、材料处理、订单处理、检验等。

3. 产品维持作业

它是指为生产特定产品而进行，并能使该产品每一单位都受益的作业，如编制产品生产流程、产品数控规划、材料清单等。这种作业与产量和批次无关，仅与产品品种相关。

4. 工厂维持作业

这是为使各项生产条件保持正常工作状态而发生的作业，如企业管理、设备和场地的维护、保养等。这类作业与产品种类、产品批次和产品产量都无关。

如何确定企业的作业类型，每个企业可根据其作业特点进行设计。设计作业时应考虑生产的类型、组成、多样性和复杂性，而不能仅考虑生产的业务量。在作业基础成本法下，将制造费用看成一系列作业的结果。这些作业消耗资源，并确定了制造费用的成本水平，而不是由产品直接消耗资源。也就是说，是作业驱动了制造费用成本。所以要反映产品真实的资源消耗，它们的制造费用份额必须按这种作业基础来吸纳，同时，它要求管理者分清导致成本发生的原因，在正确的层次上加以控制。

与作业相关联的概念是“作业链”和“价值链”。实质上，现代企业是为了满足顾客需要而设计的作业的集合体，因为从产品设计到产品销售过程的整个生产经营过程，都是由一系列前后有序的作业构成，这些作业由此及彼、由内到外相连接，从而形成了一条“作业链”。作业消耗资源，产品消耗作业，每一项作业的完成都需要消耗一定的资源，同时又有一定的价值量和产出转移到下一个作业。价值沿作业链在各作业之间转移，就构成了一条“价值链”。因此，“作业链”的形成过程其实就是“价值链”的形成过程。作业的推移，同时也表现为价值在企业内部的逐步积累和转移，最后形成转移给外部顾客的总价值，这个总价值就是产品的总成本。

(三) 成本动因

成本动因是指驱动或产生成本、费用的各种因素，是作业基础成本体系中非常重要的一个概念。在作业成本会计中，成本动因可分为两种：一是资源动因；二是作业动因。

资源动因是指将资源成本分配到作业中心的标准。它反映了作业中心对资源的耗用情况。例如，如果人工费用的耗用主要与从事各项作业的人数有关，那就可以按照人数向各作业中心分配人工方面的费用，这里的人数就是资源动因。将资源一项一项分配到作业中心的成本要素，进行加计汇总，就形成了作业成本库。通过对成本要素和成本库的分析，可以揭示哪些资源需要减少，哪些资源需要重新配置，最终确定如何改进和降低作业成本。表 12-1列示了美国电话电报公司新河谷厂将各种资源成本分配给作业中心时所选用的资源动因，以供参考。

表 12-1　　美国电话电报公司新河谷厂的资源动因

资　源	资源动因
人事	营业部工人人数
仓库	营业部耗用的挑选整理次数
工程师	在营业部或为营业部工作的时间
材料管理	在营业部或为营业部工作的时间
会计	在营业部或为营业部工作的时间
研究开发	为产品而开发的新型号码
质量	在营业部或为营业部工作的时间
公用事业	场地大小

资料来源：F. B. Green，Felix Amenkhienan and George Johnson. 业绩评价与 JIT[J]. 管理会计，1991(2)：53.

作业动因是将作业中心的成本分配到产品或劳务的标准。它反映了产品消耗作业的情况。例如，各种产品或劳务所发生的设备维修费与维修小时有关，那么，维修小时就是作业动因。通过分析作业动因可以揭示哪些作业是多余的，应予以消除，哪些作业应予以改进，以及整体成本应该如何改善、如何降低等。表 12－2 列示了 John Deere 组件厂的作业动因，以供参考。

表 12－2　　John Deere 组件厂的作业动因

作　业	作业等级	作业动因
材料采购	单位水平	材料成本
直接人工供应	单位水平	直接人工成本
机器运行	单位水平	机器小时
调整准备	批次水平	调整小时
生产指令	批次水平	指令单份数
材料整理	批次水平	卸货次数
零部件管理	产品维持	零部件数量
一般行政管理	工厂维持	增值额

资料来源：Robin Cooper and Robert S. Kaplan. *The Design of Cost Management Systems: Text, Cases and Readings*. Englewood Cliffs, New Jersey, 1991, p. 310.

确定合理恰当的成本动因是作业基础成本法计算的关键。在选择成本动因时，往往需要考虑以下因素：

1. 相关程度

在分配过程中假设分配源的成本与成本动因的数量线性相关。在实际中，存在多个成本动因，成本动因数量与分配源总成本线性相关最好的成本动因是最恰当的成本动因，这样能保证成本信息的准确性。

2. 实行成本

一次分配需要针对每个分配目标采集成本动因数据，无法采集数据则无法分配。确定成本动因时，必须考虑成本动因数据采集成本，保证相关数据易获取。如果数据采集成本太大，就可能使得作业成本法无法实施。

3. 行为导向

不同的成本动因有不同的分配结果，不同的成本分配结果以及基于分配结果的管理决策（如奖金）会对组织和员工的行为产生导向作用。因此，必须仔细分析成本动因的行为导向作用。企业可以利用成本动因的行为导向功能，将员工的行为导向有利于降低成本的方向。

二、基本原理

作业基础成本法的基本指导思想是，“作业消耗资源，产品消耗作业”。根据这一指导思想,作业基础成本法把成本计算过程划分为两个阶段:第一阶段,将作业执行中耗费的资源追溯到作业,计算作业的成本并根据作业动因计算作业成本分配率;第二阶段,根据第一阶段计算的作业成本分配率和产品所耗费作业的数量,将作业成本追溯到各有关产品。因此,作业基础成本法下的成本计算过程可以概括为“资源→作业→产品”,如图12-1所示。

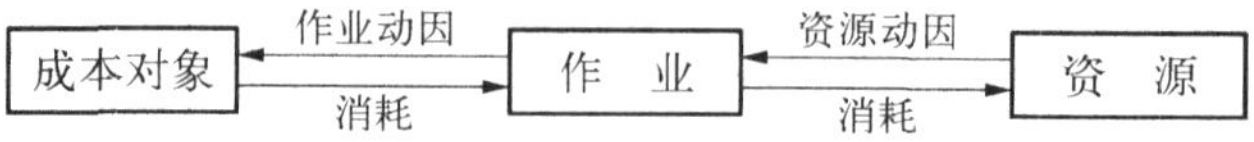

图12-1　作业成本分配流程

同步思考题12.1

下面哪个是批量水平的作业?

A. 工程设计　　B. 产品检查　　C. 建立生产线　　D. 产品设计

第二节　作业基础成本法的一般计算程序

一、作业基础成本法的一般计算程序

作业基础成本法是以作业消耗资源、产品消耗作业的概念为基础的。所以,作业成本计算的基本程序就是:先将各类资源价值分配到各作业成本库,再把各作业成本库所归集的成本分配给各种产品,具体步骤如下:

(1) 确定成本计算对象,如以产品的品种、批次或步骤作为成本计算对象。

(2) 确定直接生产成本类别,如直接材料、直接人工等。

(3) 确认作业类别,建立作业中心,如可以将制造企业的作业确认为订单作业、采购作业、进货作业、生产作业、质量检验作业、销售作业、发货作业、售后服务作业等。

(4) 将资源分配到各作业中心,计算各作业成本。在将资源分配到各作业中心时,如果某资源能分清是哪一作业所耗,可将该资源直接分配到该作业中心,如某作业中心发生的办公用品费;如果某资源由几个作业中心共同耗费,不能分清是哪一个作业所耗,则须采用一定的资源动因,将该资源在共同耗费该资源的作业中心之间分配。

(5) 分配作业成本。选择成本分配基础,即作业动因,计算间接成本动因率,用成本动因率乘以产品或批次耗用的成本动因量,即得该产品或批次所分得的该项间接成本。成本动因的选择,应遵循因果关系、受益性、合理性等原则。

(6) 计算各产品成本。将各产品发生的直接生产成本和各成本库中作业成本分别汇总,即得该产品总成本或单位成本。

作业基础成本法的成本计算程序如图12-2所示。

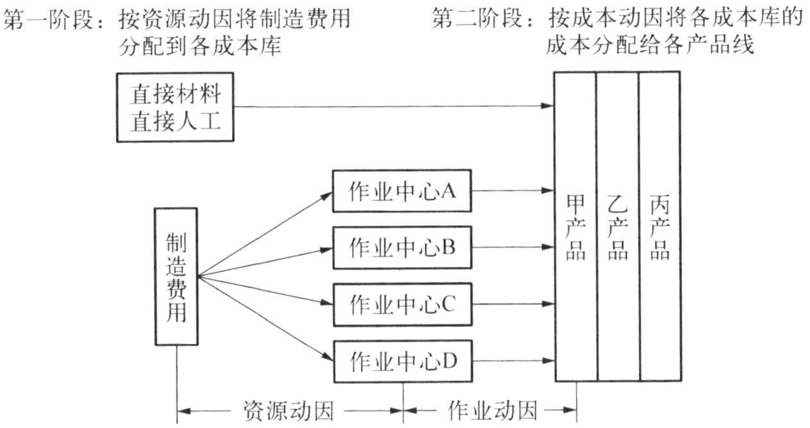

图 12－2　作业成本计算程序

二、作业基础成本法的成本核算举例

例 12－1

飞跃公司生产 A、B 两种产品，过去企业按照传统成本法计算产品成本。新上任的财务经理认为作业基础成本法有利于提高产品成本计算的准确度。现有 2017 年度 3 月份该企业两种产品的产量及成本资料，如表 12－3 所示。

表 12－3　　产量及成本资料　　单位：元

项　目	A 产品	B 产品	合　计
产销量/件	50	100	150
直接人工/小时	100	300	400
直接材料成本	4 250	7 500	11 750
直接人工成本	1 000	3 000	4 000
间接材料成本			3 060
间接人工成本			5 000
其他间接费用			1 940

通过对企业的生产工艺流程和间接成本情况的分析，确定该企业的制造费用由移动材料、设备维修、设计变化以及设备调试四个作业引起，本月共计 10 000 元，现对该月的资源成本进行分析后，编制如下资源成本分配表，如表 12－4 所示。

表 12－4　　资源成本分配表　　单位：元

项　目	直接材料	间接材料	直接人工	间接人工	其他间接成本	合　计
A 产品	4 250		1 000			5 250
B 产品	7 500		3 000			10 500

续 表

项 目	直接材料	间接材料	直接人工	间接人工	其他间接成本	合 计
移动材料		1 100		1 000	900	3 000
设备维修		400		1 000	200	1 600
设计变化		800		1 600	600	3 000
设备调试		760		1 400	240	2 400
合 计	11 750	3 060	4 000	5 000	1 940	25 750

在将资源成本分配到各作业从而形成作业成本后，需要对各作业的成本动因进行分析，并计算出成本分配率。各项作业的作业动因及其成本分配率如表 12－5 所示。

表 12－5　　作业成本动因及成本分配率计算表　　单位：元

作 业	作业成本	作业动因	作业动因数			成本动因率
			A 产品	B 产品	合 计	
移动材料	3 000	移动次数	40	20	60	50
设备维修	1 600	维修小时	10	6	16	100
设计变化	3 000	设计次数	5	3	8	375
设备调试	2 400	调试次数	7	5	12	200
合 计	10 000					

根据成本动因率和各产品的成本动因量，可将作业成本分配至各产品中去，如表 12－6 所示。

表 12－6　　作业成本分配表　　单位：元

作 业	成本动因率	A 产 品		B 产 品	
		成本动因量	作业成本	成本动因量	作业成本
移动材料	50	40	2 000	20	1 000
设备维修	100	10	1 000	6	600
设计变化	375	5	1 875	3	1 125
设备调试	200	7	1 400	5	1 000
合 计			6 275		3 725

最后，可编制产品成本计算表，如表 12－7 所示。

表 12－7　　产品成本计算表　　单位：元

成本项目	A 产品(50 件)		B 产品(100 件)	
	总 成 本	单位成本	总 成 本	单位成本
直接材料	4 250	85	7 500	75
直接人工	1 000	20	3 000	30

续 表

成本项目	A产品(50件)		B产品(100件)	
	总成本	单位成本	总成本	单位成本
制造费用	6 275	125.5	3 725	37.25
合 计	11 525	230.5	14 225	142.25

例 12－2

沿用例 12－1 的资料，假定飞跃公司采用原先的传统成本法计算 A、B 两种产品成本，制造费用以直接人工小时法分配。制造费用分配如表 12－8 所示。

表 12－8　　制造费用分配表　　单位：元

项 目	分配标准(直接人工小时)	分配率	分配金额
A产品	100	25	2 500
B产品	300	25	7 500
合 计	400		10 000

根据上述制造费用分配的结果，可计算 A、B 产品成本如表 12－9 所示。

表 12－9　　产品成本计算表　　单位：元

成本项目	A产品(50件)		B产品(100件)	
	总成本	单位成本	总成本	单位成本
直接材料	4 250	85	7 500	75
直接人工	1 000	20	3 000	30
制造费用	2 500	50	7 500	75
合 计	7 750	155	18 000	180

将采用传统成本计算方法与采用作业成本计算法计算的 A、B 产品的单位成本进行比较，如表 12－10 所示。

表 12－10　　作业成本法与传统成本计算方法比较　　单位：元

项 目	作业成本法(1)	传统成本计算法(2)	差异(3)＝(1)－(2)
总成本	—	—	—
A产品	11 525	7 750	3 775
B产品	14 225	18 000	－3 775
单位成本			
A产品	230.5	155	75.5(48.71%)
B产品	142.25	180	－37.75(20.97%)

从表12-10可见,与作业基础成本法相比,采用传统成本法A产品少分配了3 775元,B产品多分配3 775元。从单位成本看,两种方法的差异为:A产品的差异为75.5元,差异率为48.71%;B产品的差异为-37.75元,差异率为20.97%。

从上述分析比较可以看出,传统成本计算法采用单一分配标准进行费用的分配,忽视了各种产品生产的复杂性和技术含量的不同以及与此相联系的作业量的不同,造成成本信息严重失真,而这必然会导致管理决策和方针确定方面产生潜在的失误;相反,作业基础成本法则较好地反映了制造费用成本的同质性,并且按不同成本动因分配,提供的成本信息相对比较精确。

同步思考题12.2

某家具生产厂生产传统家具和现代家具。传统家具采用批量的方式定期进行生产,而现代家具则根据客户的订单进行生产。有关成本资料如下:

项　目	传统家具	现代家具
直接材料和直接人工	105 000元	20 000元
机器开动次数	70次	50次
机器时间	25 000小时	5 000小时
直接人工小时	5 000小时	600小时
生产数量	10 000件	1 000件
制造费用	两种家具	
机器开动成本	33 600元	
机器加工成本	168 000元	

要求:

(1) 用直接人工小时分配制造费用,并计算两种家具的总成本和单位成本。

(2) 用机器时间分配制造费用,并计算两种家具的总成本和单位成本。

(3) 用机器开动次数分配机器开动成本,用机器时间分配机器加工成本,并计算两种产品的总成本和单位成本。

第三节　作业成本管理

一、作业成本管理概述

(一) 作业成本管理的实质

作业成本法的核心在于确定了"成本动因"概念,主张以成本动因作为分配间接成本的基础,利用成本动因来解释成本性态。这样,作业成本法就将间接成本与隐藏其后的推动力相联系，通过确定较为合适的成本动因，不仅能够合理地分配间接成本，有效地提高成本的归属性、计算的准确性、定价决策的科学性和灵活性，而且对帮助企业制定管理决策也非常有用。

为了提高企业的经济效益，管理者总希望能从成本动因中找出增值作业和不增值作业，从而从价值链中消除不增值活动而不增加过多的成本。这种利用作业成本动因减少或消除非增值活动的过程称为作业成本管理（activity-based management，ABM）。作业成本管理是以提高客户价值、增加企业利润为目的，基于作业成本法的新型集中化管理方法。它通过对作业及作业成本的确认、计量，最终计算产品成本，同时对企业所有作业活动追踪（动因分析）并动态反映，进行作业分析，为企业决策提供准确信息；指导企业有效地执行必要的作业，消除和精简不能创造价值的作业，从而达到降低成本、提高效率的目的。所以，作业成本管理的核心是尽可能消除“不增值作业”，改进“增值作业”，优化“作业链”和“价值链”，最终增加“顾客价值”和“企业价值”。企业可通过改变生产布局、获取高质量的原材料、购买新设备、对某些企业难以完成的作业实施外包、提高生产技术等方法达到减少或消除某些作业的目的，而企业为此付出的代价也应是最经济、最合算的。

作业成本管理涉及的不仅仅是生产成本，而且还包括期间费用，如研发费用、销售管理费、客户服务费等。这些费用对企业利润的影响有时会超过产品生产成本对利润的影响。例如，美国强生公司废除了每月对所有账簿和相关交易进行结账的方法，而是采用季度结账法，并且加快了其融资过程的处理速度，从平均需要 26 天降到平均 7 天，从而将其世界范围内的财务预算缩减了 8.4 亿美元，而且大多是来自交易处理成本的节减。

（二）作业成本管理的二维观念

作业成本管理这个提法来自美国波特兰州立大学的成本管理教授彼得·B. B. 托尼（Peter B. B. Turney）。他认为作业成本管理是一个“二维”的观念，是由两个相互关联的过程组成的：（1）作业成本的计算（分配）过程，即成本分配观；（2）作业的控制过程，即过程观。具体如图 12－3 所示。

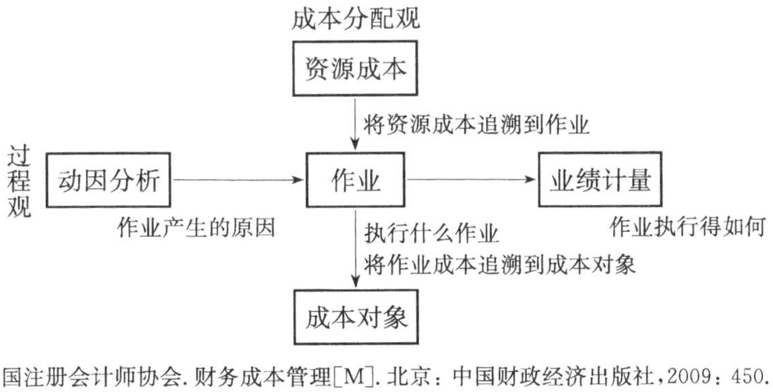

资料来源：中国注册会计师协会. 财务成本管理[M]. 北京：中国财政经济出版社，2009：450.

图 12－3　作业成本管理的二维观念

图 12－3 中的纵轴代表的是成本分配观，它以“成本对象引起作业需求，而作业需求引起资源需求”为基本依据，将资源成本追溯到作业，再将作业成本追溯到成本对象。这一过程提供了资源、作业及成本对象的有关信息，可用于成本战略及战术分析，支持定价及多种产品生产的决策。

图 12-3 中的横轴代表的是过程观,反映的是作业产生的原因,执行的是什么作业及作业完成效果。企业可以利用这些信息优化价值链,改善经营过程,最终实现降低成本、提高客户价值、增加企业盈利的目标。

(三) 作业成本管理的意义

1. 能够很好地适应高新经济技术环境对成本管理的客观要求

作业成本管理与传统成本管理的显著区别在于,前者将企业视作为满足顾客需要而设计的一系列作业的集合体,企业商品凝聚了在各个作业上形成而最终转移给顾客的价值,作业链同时表现为价值链,成本管理的着眼点与重点从传统的"产品"转移到了"作业",以作业为成本分配对象,这样不仅能够合理地分配各种制造费用,提供较为客观的成本信息,而且能够通过作业分析,追根溯源,不断改进作业方式,合理地进行资源配置,实现持续降低成本的目标。因此,作业成本管理能够很好地适应高新经济技术环境对成本管理的客观要求。

2. 有利于加强成本控制

自 20 世纪 80 年代以来,现代企业间的市场竞争进入白热化。与此相适应,企业商品通常采用多品种、个性化、小批量的生产经营模式,以适应顾客日新月异的多样化需求。传统的以"产品"为管理的核心与起点,以标准成本与实际成本的差异分析及控制为重点的成本管理已越来越难以适应这种新的、动态的、不稳定的生产经营环境。而作业成本管理则以作业成本为对象,以每一作业的完成及其所耗资源为重点,以成本动因为基础,及时、有效地提供成本控制所需的相关信息。这样,可极大地增强管理人员的成本意识,并以作业中心为基础设置成本控制责任中心,将作业员工的奖惩与其作业责任成本控制直接挂钩,充分发挥企业员工的积极性、创造性与合作精神,进而达到有效地控制成本的目的。

3. 有利于提高商品的市场竞争能力

随着社会生产的发展和世界经济的一体化,现代企业间的市场竞争也逐渐趋于激烈化和国际化。而我国传统的成本管理模式只注重商品投产后与生产过程相关的成本管理,忽视了投产前商品开发与设计的成本管理,已越来越难以适应当代社会经济发展的需要,极大地阻碍了企业商品市场竞争能力的提高。作业成本管理能很好地适应现代企业在激烈的市场竞争中的发展需要,从一开始就特别重视商品设计、研究开发和质量成本管理,力求按照技术与经济相统一的原则,科学合理地配置相对有限的企业资源,不断改进商品设计、工艺设计以及企业价值链的构成,从而提高企业商品的市场竞争能力。

二、作业成本管理的实施及应用

作业成本管理是作业成本法的延伸和升华。作业成本法是作业成本管理的基础,西方国家最初引进作业成本法是为了将其运用到成本管理中去。尽管不同行业、不同经济技术条件、不同规模的企业实施作业成本管理各具特点,但也不乏一些共性。根据作业成本管理的基本原理,同时借鉴西方企业的实施经验,从成本分配观和过程观两个角度,分析说明作业成本管理在当今企业中的实施及应用。

(一) 产品盈利分析

随着市场竞争日趋激烈,企业的产品成本越来越逼近售价,企业的获利空间因此也越来越小。同时,在新的制造环境下,高新技术的广泛应用使得间接费用在产品成本中所占的比重大大增加。而传统的成本计算方法往往容易导致成本信息的扭曲与失真。显然,扭曲的成本必然不能真实地反映各种产品的盈利与亏损情况。这就很可能会导致决策失败。根据作业成本管理的“成本分配观”，分析产品在生产过程中耗费了哪些作业，而这些作业又是如何耗用企业资源的，可以帮助企业得到真实的产品成本和盈亏信息，有效地解决成本扭曲和产品利润不真实的问题，避免因盲目扩大那些实际成本较高的产品的销售市场而形成亏损，或者拒绝价格合理的订单而使企业丢掉实际成本较低的产品的市场份额。以下的例子就很好地说明了这一问题。

例 12－3

PM 公司是一家汽车零配件的制造商，公司有三条产品线，每条产品线各占其销量的 1/3。大部分的重型印模配件是销往一个汽车制造商，而其他的印模和车体的外装产品主要销往其他两个汽车制造商。PM 公司采用直接人工分配制造费用。1987 年中期，PM 公司预计当年亏损 50 万美元。当时，PM 公司的产品成本计算表明，三条产品线每年的亏损额都在 13.8 万～20.2 万美元。PM 公司的领导层难以接受这样的事实，遂聘请某单位对各产品线重新评估。

评估采用作业成本计算制度，对三条产品线获利能力重新分析。分析结果表明：重型印模配件每年亏损 110 万美元，而其他的印模和车体外传产品线每年分别获利 10 万美元和 50 万美元。1987 年圣诞节期间，PM 公司停止了重型印模配件产品线，1988 年 PM 公司开始盈利。年末，业主将 PM 公司卖给了一家上市公司。

（二）生产分析

对于企业而言，生产过程是其经营过程的关键环节。而生产过程又是由一系列作业来实现的。从作业成本管理的过程观角度而言，生产分析是对作业产生的原因、作业执行情况以及作业执行的结果进行分析，从而消除非增值作业、降低非增值成本、提高增值作业的效率，实现价值链的优化，提高客户价值，增加企业盈利。其内容主要包括成本动因分析、作业分析、价值链分析以及在此基础上的业绩评价。

1. 成本动因分析

要管理作业，必须找出导致作业成本发生的驱动因素，以便对症下药，保证作业成本管理的有效性。而成本动因分析能够将影响企业成本的因素很好地揭示出来，同时指出企业应采取什么方法来控制这些因素，以更好地为作业成本管理服务，实现企业战略成本管理的目标。从广义上说，成本动因分析既包括战术层面的作业成本动因分析，又包括战略层面的成本动因分析，但是能够与企业战略相匹配的是战略成本动因分析。战略成本动因分析超出了传统成本管理的狭隘范围，而代之以更宽广的视野、与战略相结合的方式来分析成本是否应该发生。由于战略成本动因可以分为结构性成本动因和执行性成本动因，因此，成本动因分析也是从这两个方面展开的。结构性成本动因分析要求从战略成本管理的视野来选择企业的规模、业务范围、经验、技术、多样性和厂址等，它针对的是如何通过企业的基础经济结构的合理安排，从而形成有利于企业的竞争优势。执行性成本动因分析要求从战略成本管理的视野来强化企业的劳动力参与、全面质量管理、生产能力利用、工厂布局的效率性、产品外观、联系等方面的作业程序安排，为战略成本管理目标的实现提供效率保证。

2. 作业分析

作业分析是生产分析的核心。要实现作业成本管理的基本思想,就必须借助于作业分析。进行作业分析时,成本分配就不能仅限于“产品”这一层次,而应深入到每一作业。要降低成本,首要的是消除不必要作业,而不考虑提高该类作业的效率;对于那些能为最终商品或劳务增加价值的作业,要进一步分析该类作业是否有改进的可能,其所消耗的资源能否节约。

从作业管理的实质来看,作业管理的主要目标有两个:一是从外部顾客的角度出发,尽量通过作业为顾客提供更多的价值(价值是指顾客就企业提供给他们的产品或服务所愿意支付的金额);二是从企业自身角度出发,尽量从顾客提供的价值来获取更多的利润。为实现上述两个目标,企业管理也必须深入到作业水平,进行作业分析。作业分析具体包括如下步骤:

(1) 分析哪些作业是增值的,哪些作业是不增值的。企业的作业通常可分为增值作业与非增值作业两大类。若某项作业对顾客或组织而言是必要的,能为企业最终商品增加价值,则为必要作业或增值作业;若某项作业对顾客或组织而言无多大作用,不能为企业最终商品增加价值,则为不必要作业或非增值作业。由此可见,企业要实行作业成本管理,首先就要明确作业的耗费,而要做到这一点,就必须以作业成本法计算为基础。作业成本法作为追踪作业、动态反映作业成本的信息系统,可以为旨在改进企业作业链而进行的作业成本提供所需信息。生产工艺流程中的各项作业一般都是增值作业,比如机械厂生产工艺流程中的制模、浇铸、下料、冲压、成形、装机、调试等作业。非增值作业是指对增加顾客价值没有贡献,或者凡经消除而不会降低产品价值的作业,比如储存、移动、等待、检测等作业。管理者应尽可能减少这部分作业。

(2) 分析重要性作业。企业的作业通常多达几十种,甚至上百种、上千种,对这些作业一一进行分析是不必要的,因为不符合成本效益原则。根据重要性原则,只要对那些相对于顾客价值和企业价值而言比较重要的作业进行分析。

(3) 把企业的作业与其他企业类似的作业进行对比。因为增值作业并不意味着有效和最佳,通过与其他企业先进水平的作业进行比较,可以判断某项作业或企业整个价值链是否有效,以便寻求改进的机会。例如,产品设计作业,应是一种增值作业;但是,如果某企业采用手工方式进行图纸设计,而其他企业却采用能快速提供服务的电脑辅助设计,在采用多品种、少批量生产方式和要求快捷供货的情况下,用计算机辅助设计替代人工设计应是必要的。

(4) 分析作业之间的联系。作业成本计算法下的各种作业相互联系,形成作业链。理想的作业链应该是使作业完成的时间最短和重复次数最少。由此可知,作业管理不仅是一项管理工作,更为重要的是,它还是不断改进企业作业活动的动态过程。

3. 价值链分析

价值链分析是作业成本管理的基本方法。作业成本管理将成本看作“增值作业”和“不增值作业”的函数,并以“顾客价值”作为衡量增值与否的最高标准。这样,一方面,将顾客的需求与企业的作业发生、资源的消耗、成本的形成等联系起来;另一方面,通过顾客价值将企业的收入与顾客的需求联系起来。这样,有利于从作业的角度权衡成本和顾客价值,从而保证企业经营决策与企业价值最大化目标一致。价值链分析包括企业内部价值链分析、竞争对手价值链分析和行业价值链分析三个方面的内容。通过对企业内部价值链的分析，可以确认企业的价值活动有哪些，处于什么样的分布状态，以及在整个行业价值链中的位置，并将本企业价值活动的所耗成本与其对产品价值的贡献进行比较，确定其发生的合理性，进而决定对其是消除还是改进。通过对竞争对手价值链的分析，能够发现竞争力取决于企业相对于其竞争对手的价值链的合理程度，谁拥有多大的竞争优势或劣势，是哪些价值活动或成本因素导致了这种状况的出现。利用行业价值链分析，企业可以决定是否需要实施纵向整合战略，通过对供应商和购买商的并购或建立战略联盟来降低成本实现竞争优势。总之，价值链分析所得出的信息对制定战略以消除成本劣势和创造成本优势起着非常重要的作用。

增值作业与非增值作业举例见图 12－4。

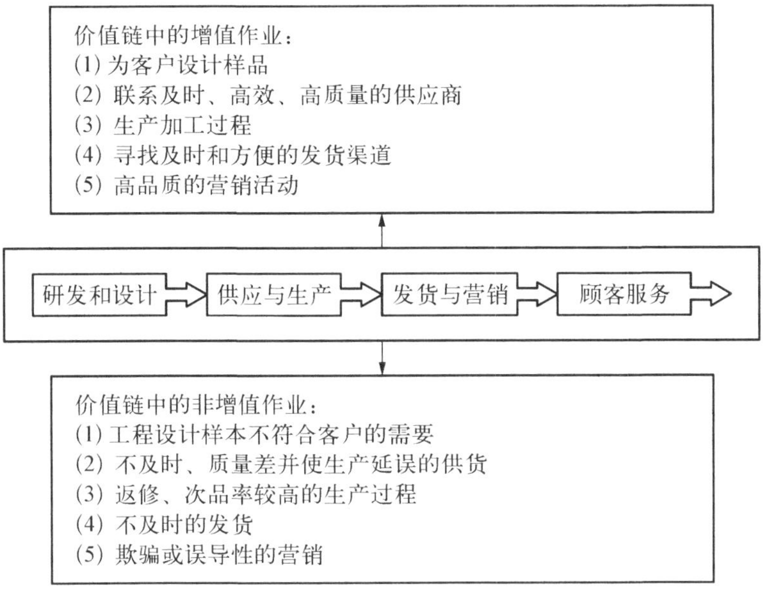

图 12－4　增值作业与非增值作业

（三）业绩评价

在作业分析和价值链分析的基础上，建立相应的业绩评价体系，以便对作业成本管理的执行效果进行考核和评价。然后，通过这种作业成本管理绩效信息反馈，重新进行下一循环的更高层的作业分析和价值链分析。业绩评价体系必须结合责任会计制度，将作业中心的确立与责任中心的划分相联系，明确经济责任和权限范围。通过使用合适的成本动因，保证成本指标和经营绩效的真实性与可靠性，从而有助于管理当局从非财务的角度进行业绩评价，进一步从理论上完善责任会计。

可见，通过以上步骤的分析和评价，作业成本管理将控制成本、降低成本的视野由以“产品”为中心转移到以“作业”为中心，它不是以“成本”论成本，而是联系成本发生的前因（成本动因）与后果（成本耗费）来寻求控制成本的途径和方法。它不是简单、盲目地削减成本，而是通过对作业的跟踪和动态反映，通过事前、事中、事后的作业链及价值链分析，实现企业持续低成本、高效益目标。所以，作业成本管理是以作业为成本管理的起点与核心，相比传统的以产品或劳务为中心的成本管理是一次深层次的变革和质的飞跃。

以上作业成本管理过程是建立在作业基础成本法上的,作业基础成本法是作业成本管理的一个组成部分,二者的关系如图 12-5 所示。

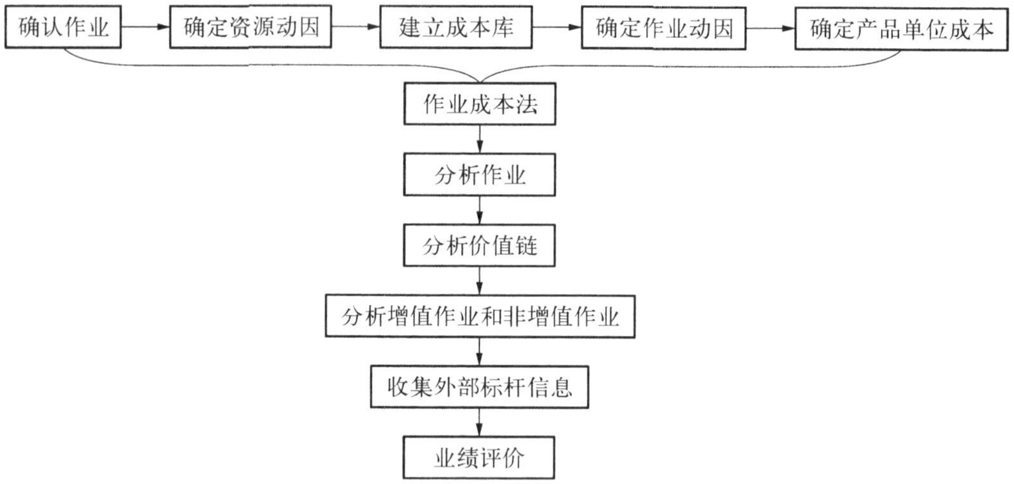

图 12-5　作业基础成本法与作业成本管理

同步思考题 12.3

下面哪种活动是增值作业?

A. 检测时间　　B. 停工待料时间

C. 产品设计时间　　D. 处理订单时间

E. 移动材料时间

三、作业成本管理案例

XYZ 公司是一家国有中型电器制造厂,技术力量雄厚,产品质量过硬,生产过程及生产成本管理严格,多年来一直是行业中的领先者。但是,近年来 XYZ 公司的主导产品 A 产品的市场竞争日趋激烈。为使企业产品在市场上取得强大的竞争力,XYZ 公司跳出传统的以生产制造过程为重点的成本管理范围,应用战略成本管理原理指导成本管理工作,其基础即作业成本管理。企业对 A 产品开展市场需求分析、相关技术发展分析,并在此基础上研究 A 产品的设计成本、供应商成本、顾客使用成本和售后服务成本。

首先,XYZ 公司对 A 产品使用作业成本法进行计算后,发现 A 产品成本是原来制造成本法下该产品成本的 1.8 倍,达 501 元/只,而目前该产品的市场售价为 480 元。利用 ABC 提供的详细资料在同质作业中做对比分析,立刻发现 A 产品的单位成本及其动力成本和生产设备折旧成本明显偏高,要降低产品成本,必须抓住这两个关键作业。

其次,进一步分析作业成本法计算过程,发现这两个作业成本高的原因由一个共同因素引起,即 A 产品的单位机器占用小时数多,是国内同类产品厂家的 4 倍,有一部分是不增加价值的作业,因此,降低 A 产品的单位机器小时的同时减少不增加价值的作业,是降低 A 产品成本的关键。XYZ 公司成立了以技术和设备人员为主的项目组,就如何降低 A 产品的单位机器小时作为突破口开展工作。经分析和研究发现，A 产品机器小时数偏高是两个因素造成的：一是 A 产品的每批工艺耗时为 40 分钟，是国内同类产品厂家的 2 倍；另一个因素是每批产品的出产数量，A 产品为 1 只，而国内同类产品厂家为 2 只。针对这个特点，工艺技术人员通过采用新材料和新工艺使 A 产品的工艺耗时降到 30 分钟/批；同时设备人员通过工艺改进力争每批 A 产品产量提高到 3 只。耗时和产量变动使 A 产品的生产能力提高了 4 倍，其中单位机器小时数为原来的 1/4，成本大大降低。在 A 产品需求没有大增长的情况下，所节约的工时每月可多生产 B 产品 3 000 只，更好地满足了市场对 B 产品的需求。

接着，XYZ 公司结合市场情况对定价重新决策，A 产品由原来的 480 元/只调整为 475 元，使利润信息更加真实，并增加了其市场竞争力。

最后，XYZ 公司运用作业成本法原理对 A 产品进行长期跟踪与监控，从市场需求、产品设计到生产、售后服务各个环节，密切关注竞争对手的成本和战略，随时调整产品价格和投产决策，并把各个环节都纳入作业成本管理之中，运用价值链观念进行长期的全面管理，有效控制了成本，提高了产品质量，改善了企业形象，更好地推行了成本领先型市场经营战略，增加了市场份额。XYZ 公司还对作业成本管理系统不断探索并进行改进，建立了一系列配套制度，使之与企业“成本领先”战略有机结合，如选取更实用的成本库把作业中心与责任会计中心相结合，对成本动因选取的合理性进行持续改进等，从而逐步形成了适合自己的、独具特色的作业成本管理系统。

第四节　作业基础成本法的评价

一、作业基础成本法与传统成本法的比较

虽然传统成本法与作业基础成本法在程序上都有两个基本步骤，即都需先进行成本归集，然后将归集的成本按成本比率分配给各产品，但在这两种方法下，这两个步骤是有差异的。在传统成本法下，通常将不同质的制造费用以部门为基础进行归集，并采用主观的单一的分配率进行分配与再分配，仅满足了与产出量相关的制造费用的分配；而作业基础成本法则将制造费用按不同的动因分配到一系列成本库中进行归集，然后按各自的动因率进行分配。换言之，作业基础成本法将与产出量相关的制造费用和非产出量相关的制造费用相区分，采用不同的动因进行分配，使得成本库中归集的制造费用更具同质性，费用分配与分配标准之间更具因果关系。

此外，经验证明，作业基础成本法给企业提供了许多增加价值的机会。这是因为作业基础成本法比传统的成本会计方法需要更多的数据，也提供了较多的有关产品成本的估计数据，这将使产品成本信息更具价值。更具价值的产品成本信息能够帮助管理人员制定产品价格，并能对特殊订货的价格做出真实的判断，或有利于企业管理人员做出继续或停止生产某产品的决策。此外，通过确认各种作业的成本，管理人员可以知道哪些作业消耗的资源较多，哪些作业消耗的资源较少，从而便于采取措施以降低成本。作业基础成本法与传统成本法的主要区别可归纳如表 12－11 所示。

表 12-11　　作业基础成本法与传统成本法的区别

传统成本法	作业基础成本法
1. 每个部门或整个工厂只有一个或很少几个间接成本库,这些成本库通常缺乏同质性	1. 存在较多的同质间接成本库
2. 间接生产费用分配基础不一定是成本动因	2. 间接生产费用分配基础极可能为成本动因
3. 间接生产费用分配基础通常是财务变量,如直接人工成本或直接材料成本	3. 间接生产费用分配基础常为非财务变量,如产品的部件数量、测试时间等
4. 间接生产费用的分配仅满足了与产出量相关的费用分配	4. 兼顾了非产出量相关的费用分配
5. 不精确的成本信息,成本决策相关性较弱	5. 较精确的成本信息,成本决策相关性较强

尽管作业基础成本法与传统成本法相比,具有极大的优势,然而,并不是说作业基础成本法就没有缺陷。首先,由于作业基础成本法的基础成本资料仍然来自传统的应计制成本计算,因而应计制方法下固有的随意性和可选择性,如折旧方法的选择,所带来会计处理的不同结果,必然会影响作业基础成本法。其次,与传统成本法一样,作业基础成本法在确定作业中心和成本动因时,也具有人为性。如果资源的发生与作业中心成本库有明显的变动关系,那么作业中心的确定也较容易,所分配的成本也较准确。然而,由于企业生产的复杂性和多样性,有些资源的发生是固定的,很难与特定作业相联系,如折旧费、动力费、保险费等。如果将这些资源也硬性追溯到某作业,就会影响成本分配的准确性。如果这种资源的耗费在企业成本费用中所占比重较少,那么问题不大,然而,如果这样的资源耗费所占比重较大,作业中心的同质性就会受到怀疑,采用作业基础成本法的优势就不明显。最后,实施作业基础成本法,可能会给企业带来较长期的经济效益,短期内实施效果不明显,并且实施成本较高。这些成本包括会计人员和其他参与作业基础成本法人员的成本,以及簿记成本、软件成本和咨询成本等。特别是定期收集选定成本动因的数量资料进行资源的分解,这些都会给企业成本核算带来极大的挑战。

二、作业基础成本法的适用条件

并非所有的企业都适合采用作业基础成本法,一般来说,作业基础成本法对具有下列特征的企业更有益:

(1) 间接生产费用在产品成本结构中比重较大。间接生产费用在产品成本中所占的比重越大,采用传统成本法分配间接生产费用,将会使成本信息受到严重的歪曲,进而影响成本决策的正确性。如果采用作业成本法,将会提高成本信息的精确度,使成本决策更具相关性。

(2) 企业规模大,产品种类繁多。产品种类繁多的企业,通常存在间接生产费用在不同种类产品之间分配的问题,当与产出量相关的费用与非产出量相关的费用不呈同比例变动时,传统成本计算法笼统地将不同质的间接生产费用统一以产出量为基础进行分配,显然会使成本信息不可靠。而作业基础成本法则以作业为中心,区分不同质的费用采用不同的动因进行分配,能更准确地将成本追溯到各种产品。

（3）产品工艺过程复杂，作业环节多且容易辨认。作业环节越多，间接生产费用的发生与产出量不相关的可能性就越大，采用单一与产出量相关的分配基础对成本信息的扭曲越大，同时，作业环节越多，非增值作业就可能越多，这时采用作业基础成本法，对消除非增值作业、降低产品成本大有裨益。

（4）生产调整准备成本较高，各次投产数量相差较大。生产准备成本通常与投产批次相关，而与每批的投产数量关系不大，若将这种成本按产出量相关的基础分配到各产品，则会导致分配结果不准确。而作业基础成本法则把该成本按各产品对调整作业的消耗次数分配到各产品，这样显然提高了分配的准确性。

（5）计算机技术较高。先进的计算机技术，可以以适当的成本帮助作业基础成本完成比传统成本计算更为复杂、对计算结果的准确性要求更高的数据收集、信息提供和程序运行工作。

总之，当企业现行成本体系提供的成本信息的准确性受到怀疑，而且已不适应企业管理需求时，在评估自身的条件和能力后，可以考虑采用作业基础成本法。

本章小结

企业的生产过程就是作业消耗资源、产品消耗作业的过程，同时，又是价值的形成过程。资源是指为了产出作业或产品而进行的费用支出，是指各项费用总体；作业是企业为提供一定量的产品或劳务所消耗的原材料、人力、技术、方法和环境等的集合体，是与产成品的特性无关的重复执行的标准化方法或技术。按照作业的产出或消耗，可将作业分为单位水平作业、批次水平作业、产品维持作业和工厂维持作业等。

现代企业实质上是为满足顾客需要而设计的作业的集合体，这些作业由此及彼、由内到外相连接，就形成了一条“作业链”；价值沿作业链在各作业之间转移，就构成了一条“价值链”。

成本动因是指驱动或产生成本、费用的各种因素。在作业成本会计中，成本动因可分为两种：一是资源动因，二是作业动因。资源动因是指将资源成本分配到作业中心的标准，它反映了作业中心对资源的耗用情况；作业动因是将作业中心的成本分配到产品或劳务的标准，它反映了产品消耗作业的情况。

作业基础成本法的基本程序是：第一阶段按资源动因将制造费用分配到各成本库，第二阶段按成本动因将各成本库的成本分配给各产品。

利用作业成本动因减少或消除非增值活动的过程称为作业成本管理。作业成本管理是以提高客户价值、增加企业利润为目的，基于作业成本法的新型集中化管理方法。作业成本法具有二维观念：(1) 作业成本的计算(分配)过程，即成本分配观；(2) 作业的控制过程，即过程观。总之，作业成本管理通过对作业及作业成本的确认、计量，最终计算产品成本，同时对企业所有作业活动追踪(动因分析)并动态反映，进行作业分析，为企业决策提供准确信息；指导企业有效地执行必要的作业，消除和精简不能创造价值的作业，从而达到降低成本、提高效率的目的。在企业中，作业成本管理主要应用于产品盈利分析以及生产分析。

作业基础成本法是与传统成本计算方法不甚相同的一种新的成本计算方法。在该方法下，制造费用的分配不再局限于与产出量相关的分配基础，提高了分配结果的准确性，使决策更具相关性。然而,作业基础成本法也存在主观人为性及实施成本较高的缺陷,通常适合间接生产费用比重较大、生产规模大,产品品种多、产品工艺过程复杂、作业环节多、生产调整准备成本较高,各次投产数量相差较大以及计算机技术较高的企业。

本章关键词

作业成本	activity costs
作业基础成本法	activity-based costing
作业链	activity chain
价值链	value chain
作业中心	activity center
成本库	cost pool
成本动因	cost driver
资源动因	resource driver
作业动因	activity driver
作业成本管理	activity-based management
增值作业	value-added activity
非增值作业	non-value-added activity
批量水平作业	batch-level activity
单位水平作业	unit-level activity

思考题

1. 什么是作业基础成本法?
2. 什么是作业、作业链和价值链?
3. 作业基础成本法的基本程序是什么?
4. 什么是成本动因? 它分成哪几种类型? 它们的区别是什么?
5. 作业基础成本法与传统成本计算方法有何区别?
6. 为什么说在传统成本计算法下,高产产品给低产产品提供了补助?
7. 作业基础成本法有哪些缺陷? 如何克服这些缺陷?
8. 具备什么特征的企业比较适合采用作业基础成本法?
9. 什么是作业成本管理? 它包括哪些战略思想?
10. 什么是作业成本管理的二维观念?
11. 如何进行成本动因分析、作业分析和价值链分析?
12. 作业成本管理是如何影响企业决策的?

同步思考题参考答案

12.1 B

12.2

1.

项　　目	传 统 家 具	现 代 家 具
直接材料和直接人工成本	105 000	20 000
制造费用		
201 600÷5 600=36(元/小时)		
36×5 000	180 000	
36×600	______	21 600
总成本	285 000	41 600
生产数量	10 000	1 000
单位成本	28.5	41.60

2.

项　　目	传 统 家 具	现 代 家 具
直接材料和直接人工	105 000	20 000
制造费用		
201 600÷30 000=6.72(元/机器小时)		
6.72×25 000	168 000	
6.72×5 000	______	33 600
总生产成本	273 000	53 600
生产数量	10 000	1 000
单位成本	27.3	53.6

3.

项　　目	传 统 家 具	现 代 家 具
直接材料和直接人工	105 000	20 000
制造费用		
机器开动		
33 600÷120=280(元/次)		
280×70	19 600	
280×50		14 000
机器加工		
168 000÷30 000=5.6(元/小时)		

续 表

项　　目	传统家具	现代家具
5.6×25 000	140 000	
5.6×5 000	________	28 000
总生产成本	264 600	62 000
生产数量	10 000	1 000
单位成本	26.46	62

12.3　C

案例讨论

李明是家宝电器厂总经理，非常关注企业年末的营销报告。据营销经理王光报告，下一年企业需要再次对集成电路板降价才能保持市场份额。集成电路的目前销售价格为 18 元，每只可赚取利润 2 元，是正常利润的一半。为了应对竞争厂家一再降价，每只集成电路的价格必须从 18 元降到 14 元。这样降价将会导致家宝集成电路板的销售价格低于其生产和销售的成本。其他公司怎么可能销售这样低的价格呢？

为了找到公司经营中存在的问题，李明决定聘用一名咨询专家来评价家宝集成电器的生产和销售方式。两星期后，咨询专家确认了生产 120 000 只集成电路板的作业和成本资料如下：

作　　业	成　　本
开动机器	125 000
材料处理	180 000
检查	122 000
客户支持	120 000
客户投诉	100 000
质量担保	170 000
储存	80 000
返修	75 000
直接材料	500 000
水电	48 000
人工操作	250 000
其他直接人工	150 000
总成本	1 920 000

咨询专家经过初步作业分析认为，单位产品成本至少可以降低7元。营销经理认为，如果集成电路板的价格能降到12元，将会使其在市场上的份额增加50%。

要求：

1. 分析以上作业哪些是增值作业，哪些是非增值作业。

2. 如果所有的非增值作业都能消除，每只集成电路板的单位成本能够降低多少？

3. 计算企业在现有的市场份额下，在每只赚取正常利润4元的情况下的目标成本。如果将市场份额增加一半，目标成本又为多少？到目前为止，为了达到这个目标，每只单位成本还需降低多少？

4. 咨询专家认为如果电路板的人工操作改为自动操作，将能节省直接人工成本90 000元，返修成本20 000元和质量担保成本40 000元。而每年必需的机器成本为50 000元。根据这个信息，每只集成电路板可潜在降低多少成本？家宝公司能实现其保持现有市场份额的目标成本吗？

第十三章

质量成本管理

引　言

最近20年来，许多企业的管理者已经认识到质量改进的战略意义，它可以为企业带来巨大的、持续的竞争优势。企业在竞争中无论采用成本领先战略还是差异领先战略，其经营活动的各个方面都要涉及质量问题。无论企业生产的是哪一种类型的产品，对于企业自身来说，都是要求创造利润的。而利润的来源，就是顾客对产品的满意度。提高顾客的满意度，除了正确地进行产品定位之外，更重要的是注重产品的质量。可以说，质量决定了产品的生存，质量也提升了顾客的满意度。质量对许多企业来说，实际上已成为生死存亡的关键因素。通用电气公司这家由大发明家爱迪生创办的百年老店是“世界上最值钱的公司”和“全球最成功的公司”，它提出的“质量管理，人人有责”的公司信条深入人心，世代相传，成效巨大。

许多事实证明，改进质量能够提高一个企业的战略竞争地位，因为改进质量能够在降低成本的同时，增加市场份额和销售。

学习目标

1. 定义质量，并解释质量经济性的意义。
2. 理解现代质量成本的特征。
3. 理解质量成本的基本内容及其分类方法。
4. 理解各类质量成本之间的关系。
5. 掌握质量成本的计量方法。
6. 理解隐性质量成本的特点及其计量方法。
7. 比较质量成本管理目标的两种方法。
8. 掌握三种质量业绩报告的编制方法和分析方法。

第一节　质量成本概述

一、质量的意义

21 世纪是一个注重质量的时代,全球化的竞争由价格竞争转向质量竞争。随着竞争的日益加剧,顾客需要质量更好的产品和服务,日益加剧的竞争压力要求企业更多地关注质量问题。质量对许多企业来说,实际上已成为生死存亡的关键因素。许多事实证明,改进质量能够提高一个企业的战略竞争地位,因为改进质量能够在降低成本的同时,增加市场份额和销售。因此,质量是企业生存和发展的第一要素。

质量是指产品或服务满足消费者的程度,包括设计质量和一致质量两个基本方面。设计质量是指产品或服务的功能符合顾客需求的程度。一致质量是指根据设计和生产规格来生产产品或提供服务的程度。设计质量和一致质量的关系如图 13－1 所示。

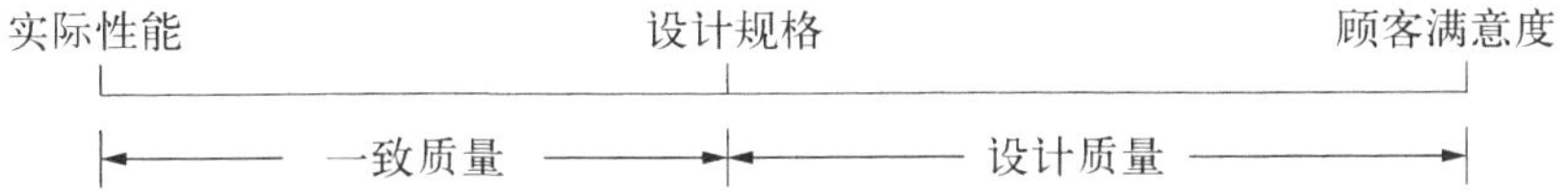

图 13－1　质量框架

可见,企业必须符合一致质量以符合设计规格,同时也必须符合设计质量以设计出满足顾客需要的产品。质量就是满足需要,首先是满足顾客的需要。

世界上许多成功的公司如美国的福特汽车公司、英国的英国通讯公司、日本的富士和丰田公司、墨西哥的克莱斯勒公司等都把全面质量管理(TQM)作为 20 世纪 90 年代最主要的成功因素,因为全面质量管理能够减少成本,并提高顾客的满意度。许多久负盛名的大奖,如美国的 Malcolm Baldrige 质量奖、日本的 Deming 奖、墨西哥的 Premio Nacional de Calidad 奖都是为奖励优异质量而设置的。国际标准化组织发布了质量标准 ISO9000,更证明了质量的重要性。不断提高质量已成为大多数公司最重要的战略。

为什么质量问题受到人们越来越多的重视呢? 其原因在于: 首先,提高质量可以节省大量的费用,从而增加利润;反之,忽略质量管理必然使企业利润遭受重创。2010 年 1 月 21 日、27 日,丰田汽车因油门踏板问题,在北美召回 339 万辆问题汽车;1 月 26 日,暂停在美国销售 8 款车型;1 月 28 日,天津一汽丰田汽车公司宣布召回 75 552 辆 RAV4 车辆;1 月 29 日,欧洲市场惨遭“牵连”,180 万辆汽车被丰田召回。丰田累计召回汽车总量已达 720 万辆,甚至超过了其 2009 年全球 698 万辆的汽车总销量。此外,因美国一家杂志《消费者报告》曝光雷克萨斯 GX460 多功能运动车在高速行驶时存在失控侧翻可能,丰田宣布停售这款豪华系列车。同年,丰田还因没有及时告知美国政府其生产汽车所存在的技术缺陷,收到美国交通部 4 月初开出的 1 640 万美元的巨额罚单,该罚金是美国政府向一个汽车制造商发出的最大一笔民事罚款。其次,提高质量可以防止低收入。如果某企业的竞争对手正在改善其产品的质量,而该企业自身却没有在提高质量方面进行投资,其可能的结果是该企业市场份额和收入的下降。因此,提高质量的目的在于防止低收入,而不是产生高收入。再次,提高质量能够提高公司的声誉和顾客的关切度,从而能够提高企业未来的收入。总之,在许多企业中,很少有别的因素能像质量成本一样,对总成本及利润产生如此巨大的影响。

质量管理发展的历史表明:产品质量的经济性是产品质量特性要素的基础。产品质量只有在用户使用时才能得到实现,只有通过产品的整个寿命周期才能得到验证。产品质量随地点、时间、使用对象、社会环境、市场竞争的变化而要求不同,它从功能、成本、服务、环境、心理诸方面综合地满足用户的需要。简言之,只有实现产品质量的经济性,才能体现企业经济效益和社会效益的统一。质量的经济性不仅有重要的理论意义,而且有重大的现实意义。

产品质量的经济性一般用下列三方面的质量水平指标加以反映和考察:

(1) 产品的实物质量指标。它是反映产品本身质量的指标,反映产品的性能能否满足社会及消费者个人的一定需要,及其满足的程度。产品的实物质量指标综合反映产品应具备的质量特性,一般用产品技术性能、质量分等指标加以反映。从宏观经济管理要求考虑,可以用产品质量指数、产品质量等级指数等指标观察实物质量动态变化,研究产品质量与标准水平及国际先进水平的差距。

(2) 产品的工作质量指标。产品质量是各项工作质量的综合反映,是企业全体职工通过各个环节的一系列活动所形成的。因此,工作质量是产品实物质量的保证。在实际工作中,一般可用合格率、废品率、返修率、回用率,以及产品的优质品率、质量稳定提高率、正品率、等级品率等指标,观察产品质量稳定提高的情况。

(3) 质量效益指标。考察产品质量,不仅考虑其较高的实物质量水平,而且要考虑市场的需求,以及企业主客观条件。因此,必须综合考核反映产品质量经济效益的指标。产品质量是构成企业经济效益的主要内容,提高产品质量,一方面可以更好地满足社会的需要,增加产量,提高市场占有率;另一方面可以增加销售收入,降低成本,从而直接表现为企业利润额的增加。

除此之外,质量的经济性还表现在消费者与企业在利益、成本、风险三个方面的考虑。

(1) 利益方面。从消费者方面考虑,必须减少费用,改进产品适用性,提高消费者的满意度,增加消费者对产品质量的信任;从企业方面考虑,必须提高利润水平,提高产品的市场占有率等。

(2) 成本方面。从消费者方面必须考虑产品使用的安全性,考虑降低消费者购置费用,以及包括使用成本在内的寿命周期成本;从企业方面必须考虑降低质量成本水平,以预防、检验费用的少许投入,杜绝先天性损失,以及厂内厂外的质量损失。

(3) 风险方面。从消费者方面必须考虑产品对人身健康和安全的影响;从企业方面必须考虑由于产品质量导致企业形象或信誉损失的风险,以及人力、财力浪费的风险。

随着对企业环境保护责任要求的增加,许多企业开始重视环境质量,并着手处理空气污染、废水、石油和化学品的泄漏、有害废品等方面的问题。因此,质量的经济性还体现在企业经济效益与社会效益(包括环境治理、生态平衡)的统一。

二、质量成本概念的产生和发展

随着科学技术的发展,高精度、高可靠性工业的兴起,产品质量的竞争日趋激烈。企业为了保证和提高产品质量而进行的设备更新、新材料开发、工艺方法的改善及管理技术培训等方面的支出大幅度增加,形成了数量可观的质量费用,因此,企业纷纷探索最适宜质量成本的途径。正是在这样的背景下,美国的菲根鲍姆和朱兰等质量管理专家先后提出“全面质量管理"的理论，强调必须注重质量管理的经济学，要求把质量和经济结合起来研究。西方经济发达国家，尤其是美国，对于质量成本的理论研究和实际应用已有几十年的历史，并取得了令人瞩目的成果。

20 世纪 50 年代初，美国通用电气公司质量管理专家 A. V. 菲根鲍姆主张把质量预防费用和检验费用与产品不符合要求所造成的厂内损失和厂外损失一起考虑，首先明确提出质量成本的概念，并且得到了西方国家的普遍重视。20 世纪 60 年代初，菲根鲍姆又提出把质量成本划分为预防成本、鉴定成本、厂内损失和厂外损失四大类，为质量成本在全面质量管理中的应用奠定了理论基础。20 世纪 80 年代，菲根鲍姆进一步发展了质量成本的内涵，提出质量成本的范围应扩大到产品的整个寿命周期。产品寿命周期形成于研制、设计、技术准备、生产制造等阶段，体现在生产、销售、使用等阶段。各个阶段所发生的质量投入、质量损失，涉及产品的寿命周期，都应包含在质量成本之中。而美国质量管理专家 H. J. 哈灵顿认为，质量成本概念会使人们误解为产品高质量需要高成本，因而不如用质量不良成本表述更为确切；认为它不仅包括预防成本、鉴定成本、内部损失和外部损失四项直接质量成本，而且还包括信誉损失、用户损失等间接质量不良成本。

美国质量管理专家 J. M. 朱兰博士提出的"矿中黄金"理论，使质量成本理论更趋完善。朱兰博士提出质量成本如同"矿中黄金"，随着科学技术的飞速发展，这座"矿中黄金"的蕴藏量将越来越大，其开发利用价值也越来越大。该理论的核心思想是通过"矿中黄金"的开采，使投入质量控制的资金得到补偿并取得可观的回报。即通过把预防成本、鉴定成本这些"可控成本"与内外损失这些"结果性损失"结合起来研究，寻求两者之间的理想结合点，并在这一核心思想的基础上建立各种优化的质量成本结构。对此，朱兰博士经研究发现，预防成本 10%、故障成本 50%、鉴定成本 40%为最佳结构。此时，质量管理进入了一个全新的阶段，即由统计质量管理进入全面质量管理阶段。

可见，全面质量管理是从实践中逐步发展起来的由企业全体职工参加，建立起从市场调查、生产方案、产品设计、技术标准、物质供应、生产制造、质量检验、产品销售到产品使用全过程的严密的质量管理制度、手段和方法，以及质量保证体系。全面质量管理的内容是全面的，它不仅要求企业管好产品质量，而且要重视和管好产品质量赖以形成的工作质量。讲求质量经济性，探求成本最低、经济效益最高的经济性质量水平，是全面质量管理的目的。

综览国外有关文献，尽管很多著名学者和质量管理专家对质量成本的表述在形式上有所差异，对其内涵有不同的理解，但对质量成本管理是全面质量管理的重要组成部分已达成共识。质量成本管理是编制质量计划、确定质量方针、进行质量决策的重要依据。通过质量成本信息，可以揭示产品质量与经济效益的关系，有利于控制和降低成本，改进和提高产品质量，实现经济效益和社会效益的统一。

综上所述，现代质量成本具有以下特征：

(1) 广泛性。质量成本具有广泛的内涵，它要求功能、成本、服务、环境、心理等诸方面都能满足用户需要，既适用于有形的产品，也适用于无形的劳务，如服务质量、工作质量、管理质量、决策质量等。因此，现代质量成本不仅反映物质生产部门的质量成本状况，而且还要覆盖非物质生产部门质量管理的效益状况。质量成本除了反映现实的内容外，还应研究反映潜在的和隐含的质量成本支出。

(2) 动态性。质量成本是个相对的、变化的、发展的概念，它随着地域、时期、使用对象、社会环境、市场竞争的变化而赋予不同的内容和要求,而且随着社会的进步及知识的更新,其内涵与要求也不断地更新和丰富。因此,质量成本作为服务于质量经营和体现产品质量适用性的专项成本,必须始终保持自身的动态性,随着产品质量适用性的变化而变化。譬如,随着社会文明的进步,现代型产品必须具有环保、无污染、节能和更高的安全性等质量要求,这都是新型产品质量成本投入新的增长点。

(3) 多样性。由于不同的质量成本主体所要达到的目的各不相同,质量成本的考核方法多种多样,因此,质量成本除了主要采用货币计量形式外,还要兼用其他的计量形式,从各个侧面反映质量成本的内在属性。

(4) 收益性。质量成本作为服务于企业资本增值盈利的管理成本,目的是通过核算和反映一定量的质量改进资本投入与由此产生的质量收益之间的相互关系,寻求两者之间的最佳结构,从而为质量经营决策提供全面的价值依据。因此,现代质量成本不仅应及时、有效地反映企业的质量成本支出,而且还要反映质量收益,进行质量成本的经济效益核算和决策,以便企业在市场竞争、顾客需求和企业的生存、获利之间进行权衡。

三、质量成本的主要内容及其分类

(一) 质量成本的主要内容

尽管很多著名质量管理专家和国际组织对质量成本内涵的表述在形式上有所差异,在内容上有所侧重,但对其本质的认识是一致的:质量成本是指企业为确保规定的产品质量水平和实施全面质量管理而支出的费用,以及因为未达到规定的质量标准而发生的损失的总和;它一般由预防成本、鉴定成本、内部缺陷成本以及外部缺陷成本几个部分组成。

1. 预防成本

预防成本是为了防止产生不合格品与质量故障而发生的各项费用,主要包括质量工作费用、产品评审费用、质量培训费用、质量奖励费用、质量改进措施费用和质量管理专职人员工资及福利费用。

2. 鉴定成本

鉴定成本是为检查和评定产品质量、工作质量、工序质量、管理质量是否满足规定要求和标准所需的费用,主要包括进货检测试制费、现场产品制造和加工检测及产品测试等费用。

3. 内部缺陷成本

内部缺陷成本是指产品交用户前由于自身的缺陷而造成的损失及处理故障所支出的费用之和,主要包括废品的损失、返工品的返修损失、返工后或矫正后的产品重复检测和试验的复验费用,由于产品质量事故引起的停工损失及产品降级损失等。

4. 外部缺陷成本

外部缺陷成本是指在产品交用户后,因产品质量缺陷引起的一切损失费用,主要包括由于质量缺陷而支付的诉讼费用、索赔费用、退换货损失、保修费用和降价损失,以及由于产品质量缺陷而丧失的市场份额和销售额(也即机会成本)等。在所有的质量成本中,这一类质量成本是最具有破坏性的,而且是最难计量的。

对于质量缺陷所发生的机会成本,如由于低质量而导致的销售量下降,低价或降价而放弃的收益等,通常并不在会计系统中计量,因此,又称隐性质量成本。但是,机会成本有可能是很大的,并且是重要的成本动因,因此,在分析时应加以考虑。

（二）质量成本的分类

质量成本就其发生的性质可以划分为三类：第一类是企业为确保产品质量而发生的预防成本和鉴定成本；第二类是由产品质量和生产工作质量造成企业实际支付的内部缺陷成本和外部缺陷成本；第三类是由产品质量和工作质量造成企业不必支付而应计算的外部缺陷成本（如因不良质量而失去的销售额和市场份额等），也即机会成本。

质量成本按其表现形式可以划分为显性质量成本和隐性质量成本两种：

从价值补偿的角度考察，显性成本是企业在生产经营过程中实际发生的有形损失，必须得到补偿，它直接对企业造成损失，因而又称直接质量不良成本。显性成本可以从企业会计记录中获取数据的成本，包括预防成本、鉴定成本、内部缺陷成本、外部缺陷成本等。

隐性成本是实际发生但并未支付的无形损失，主要是由不良质量而形成的机会成本，它间接地对企业造成损失，因而又称间接质量不良成本，如由于顾客不满意而丧失的市场份额和销售额等。隐性质量成本是不可计量的，为了满足分析决策之需，只需估计而不必得到补偿。

质量成本从成本控制的角度考察还可以分为可控成本和结果成本两类。预防成本和鉴定成本是可控成本，通过其增减变动对内部缺陷成本及外部缺陷成本产生影响。内部缺陷成本、外部损失和隐性成本是结果成本，是因质量达不到既定要求、控制失效而造成的厂内和厂外损失，它受可控成本的影响。

质量成本的分类，如图 13－2 所示。

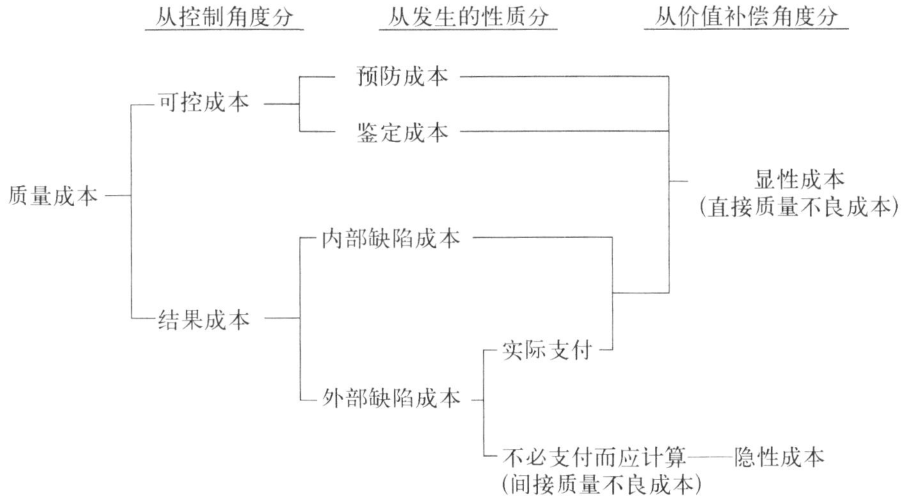

图 13－2　质量成本的分类

第二节　质量成本计量

由于企业的性质、规模、产品类型的不同，以及会计核算的管理体制不同，质量成本项目也有所不同。从我国实际情况出发，借鉴国外质量成本管理的经验，根据设置质量会计项目的原则，在会计核算上，质量成本项目大体可设置四大类。具体内容如下：

一、预防成本类

预防成本类主要包括下列项目：

(1) 质量工作费用：质量管理体系中，为预防、保证和控制产品质量而制定的质量政策、目标、标准，开展质量管理所发生的办公费、宣传费、搜集情报费，以及编制手册、制定全面质量管理计划、开展 QC 小组活动、组织质量管理工作和工序能力研究等所发生的费用。

(2) 产品评审费用：对设计方案评价、制订试验和实施计划，以及试制产品质量的评审所发生的费用。

(3) 质量培训费用：为了达到质量要求，提高人员素质，对有关人员进行质量意识、质量管理、检测技术、操作水平的培训费用，也包括培训计划的制订直至实施所发生的一切费用。

(4) 质量奖励费用：为改进和保证产品质量而支付的各种奖励，如 QC 小组成果奖、产品升级创优奖、质量信得过集体和个人奖、有关质量的合理化建议奖，以及为提高产品质量管理做出成绩的奖励等。

(5) 质量改进措施费用：为建立质量保证体系，提高产品及工作质量，改变产品设计、调整工艺、开展工序控制、进行技术改进的措施费用(属于成本开支范围)等。

(6) 质量管理专职人员的职工薪酬：质量管理部门和车间从事专职质量管理人员的应付职工薪酬。

二、鉴定成本类

鉴定成本类主要包括下列项目：

(1) 检测试验费：对进厂的材料、外购件、外协件、配套件、工量具，以及生产过程中半成品、在制品、产成品按质量标准进行检查、测试检验、设备的校正所发生的费用。

(2) 检验试验办公费：为检验材料、零部件、产成品所发生的办公费用、参考资料等费用。

(3) 检验测试设备及房屋折旧费用：质量检测设备、仪器以及质量检测用的房屋基本折旧及大修理折旧费用。

(4) 质量审计：参与产品和服务质量的全部人员的工资和薪金及在质量鉴定期间所发生的其他费用等。

(5) 信息费：准备和证明质量报告所发生的成本。

三、内部缺陷成本类

内部缺陷类主要包括下列项目：

(1) 废品损失：在技术上无法修复或在经济上不值得修复的在制品、半成品及产成品报废而造成的损失。

(2) 返修损失：对不合格的产成品、半成品及在制品进行返修所耗用的材料、人工费等。

(3) 停工损失：由于质量事故引起的停工损失。

(4) 加班赶工的成本：由于在维修或返工上浪费了时间，加速制造运营而引起的成本。

(5) 事故分析处理费用：由于质量问题进行分析处理所发生的损失费用，如判定不合格品能否使用所实施的处理工作而发生的费用,或由于抽样检查不合格品进行筛选的费用。

（6）产品降级损失：产品因外表或局部的质量问题,达不到质量标准,又不影响主要性能而降级处理的损失。

四、外部缺陷成本类

外部缺陷成本类主要包括以下项目：

（1）诉讼费用：由于产品质量低劣,用户要求赔偿而提出申诉,企业为处理申诉所支付的费用。

（2）索赔费用：根据合同规定,因产品质量缺陷赔偿给用户的费用。

（3）退货损失：产品出厂后,由于质量缺陷造成用户退货、缺货而支付的损失费用。

（4）保修费用：根据合同规定在保修期间,对用户提供修理服务所发生的损失费用。

（5）销售损失：由于质量问题导致客户取消订单、销售额减少及市场占有率下降而损失的边际贡献。

（6）声誉恢复成本：为使质量问题造成的声誉损失最小化并恢复企业的形象和名誉,从事营销活动所发生的成本。

应该注意的是,由于显性质量成本是可以计量的,因此,可根据上述费用项目,按实际发生额计量。又由于显性质量成本中的每一项目都是与某一类质量相关的作业成本,因此往往可以采用作业基础成本法来计算各种产品和劳务的显性质量成本。

例 13－1

三星公司生产扫描仪,该公司 2017 年扫描仪的销售额为 20 000 000 元,营业利润为 1 600 000 元。该公司采用作业基础成本法确定质量成本。销售的 20 000 台扫描仪中废品率为 2.5%,返修率为 10%,索赔率为 5%,退货率为 10%,保修服务率为 15%。每台扫描仪的检测时间为 0.12 小时,质量培训时间和质量改进时间分别为 400 小时和 450 小时。其具体资料及计算过程见表 13－1。

表 13－1　　三星公司质量成本计算

质量成本及各项作业	成本动因	单位分配率	总成本(元)	销售比例(%)
(1)	(2)	(3)	(4)	(5)＝(4)÷20 000 000
● 预防成本：				
质量培训费用	400 小时	800 元/小时	320 000	1.60
质量改进措施费用	450 小时	600 元/小时	270 000	1.35
总预防成本			590 000	2.95
● 鉴定成本：				
检测试验费	2 400 小时	400 元/小时	960 000	4.80
总鉴定成本			960 000	4.80
● 内部缺陷成本：				

续 表

质量成本及各项作业	成本动因	单位分配率	总成本(元)	销售比例(%)
(1)	(2)	(3)	(4)	(5)=(4)÷20 000 000
废品损失	500 台	800 元/台	400 000	2.00
返修损失	2 000 台	160 元/台	320 000	1.60
总内部缺陷成本			720 000	3.60
● 外部缺陷成本:				
索赔费用	1 000 台	200 元/台	200 000	1.00
退货费用	2 000 台	60 元/台	120 000	0.60
产品保修费用	3 000 台	100 元/台	300 000	1.50
总外部缺陷成本			620 000	3.10
质量成本合计			2 890 000	14.45

注:单位分配率的计算过程略。

上述质量成本计算表中没有把机会成本包含在内,比如由于质量缺陷而导致的市场份额和销售额的减少等。之所以没有把机会成本包含在内,是因为作为隐性成本的机会成本通常不在会计系统中计量。

应当指出的是,外部缺陷成本是不增加价值的成本,在许多情况下,最大的外部缺陷成本是机会成本,它们既不在报告中体现,又无法通过企业的会计系统得到。如果不是有意识地发现这些信息,外部缺陷成本就会被人们忽视。但是,在提高质量的计划中,机会成本的数额可能是非常巨大的,并且是重要的动因,因此,应该对其进行估计,比较常用的方法有乘数法、市场研究法和塔古奇损失函数法三种。

(一) 乘数法

乘数法是简单地假定全部损失成本是已计量损失成本的某一倍数。由于隐性质量成本与外部缺陷成本之间存在着密切的关系,因此,其计算公式为:

$$隐性成本总和 = K \times 已计量外部缺陷成本$$

式中,K 值为乘数因子,可根据经验估计确定。

例 13-2

某公司的 K 值为 3~4,假定已计量的外部缺陷成本为 150 000 元,则可推算出实际外部缺陷成本为 450 000~600 000 元。

乘数法有助于管理层更准确地确定用于防止和评估质量作业所耗资源的水平。

(二) 市场研究法

市场研究法常用于判断不良质量对销售额和市场份额的影响。通过对顾客的调查和与公司销售人员的面谈,可以对公司隐性成本的估计提供重要参考依据。市场研究的结果可用于预计不良质量所带来的未来利润的流失数。

(三) 塔古奇损失函数法

塔古奇损失函数法假定任一质量特性相对目标值的偏离都会导致隐性质量成本发生。而且,当质量特性实际偏离目标值时,隐性质量成本以平方倍增加。其计算公式为:

$$L(y) = k(y - T)^2$$

式中,k 为企业外部缺陷成本结构的比例常数,y 为质量特性的实际值,T 为质量特性的目标值,L 为质量损失。

应该注意的是,运用塔古奇损失函数,必须先估计 k 值。用一个极限相对目标值的偏离值平方去除该极限的预期成本,可得出 k 值:

$$k = \frac{c}{d^2}$$

式中,c 为规格上限或下限的损失,d 为上限或下限相对目标值的偏离。

一旦知道了 k 值,就可以估计质量特性相对目标值的任何水平的偏差所导致的隐性质量成本。

综上所述,计量质量成本的目标是:消除外部缺陷成本,最小化鉴定成本和内部缺陷成本,有效投资于预防成本。

例 13-3

某公司的外部缺陷成本结构的比例常数 k 值为 400 元,产品质量特性为产品的直径,目标直径 T 为 10 厘米,所生产的四件产品质量特性的实际值分别为 9.9 厘米、10.1 厘米、10.2 厘米和 9.8 厘米,则这四件产品的隐性质量成本的计算如表 13-2 所示。

表 13-2　　隐性质量成本计算

编　号	实际值(y)	$y-T$	$(y-T)^2$	$k(y-T)^2$
1	9.9	−0.10	0.010	4.00
2	10.1	0.10	0.010	4.00
3	10.2	0.20	0.040	16.00
4	9.8	−0.20	0.040	16.00
合计			0.100	40.00
产量			÷4	÷4
平均			0.025	10.00

从表 13-2 的计算可以看出,当目标值的偏离加倍时,成本增加了 4 倍(如产品 2 和

产品3)。此外,利用表14-2中的平均方差以及单位产品损失成本,可预计某种产品的全部隐性损失成本。例如,某种产品的产量是2 000件,平均方差是0.025,则可预计:

平均单位成本=0.025×400=10(元)

2 000件产品的预计损失=10×2 000=20 000(元)

同步思考题13.1

"一个企业应该注重质量的财务指标,因为只有这些指标才与企业的税后净利润相关。"你同意上述说法吗?为什么?

第三节　质量成本管理

一、质量成本目标的确定

在现代市场经济条件下,任何一个企业的生产和经营都是以市场为导向。一般而言,每个企业都有自己的市场定位和相对的顾客消费群体,换言之,不同的消费群体对产品或服务的质量有不同的需求标准,由此产生了质量标准理解和使用上的差异。当然,如果不考虑顾客的经济能力和企业的质量成本,对质量的要求几乎是没有上限的。所以,为达到客户现实有支付能力的质量标准要求,企业必须进行最低限度的质量成本投入;为争取市场,企业还要进行竞争性的产品质量成本投入,即获取竞争优势,其中首选的手段之一是使自己的产品质量超过竞争对手。这种质量竞争手段,既符合社会进步的要求,又满足企业长远利益。因此,解决质量和质量成本问题包括两个方面的内容:一是质量(包括产品质量和工作质量)要提高到满足相对顾客有支付能力的需要标准;二是要为高质量产品付出相应的质量成本。企业若能解决好质量和质量成本问题,则可以增加企业的效益和利润;反之则会降低企业的效益,甚至危及企业的生存。

质量成本有其自身的特点,所以,在确定质量成本目标时,既要考虑节约开支,降低质量成本,又要处理好质量成本与质量、功能等方面的关系,通过质量成本效益分析,结合企业的具体条件,寻求质量成本的最佳值。产品质量与产品成本存在着怎样的依存关系,以及它们之间的因果关系如何,这是研究质量成本问题的关键。

(一)传统质量成本管理目标的确定——可接受质量水平

传统质量成本管理的目标是寻找可接受的质量水平(acceptable quality level, AQL)。可接受质量水平观念是建立在传统的不良产品概念基础之上的。在这种传统观念里,如果一个产品的质量超出质量特征的容忍范围,则该产品是有疵点的或者是有缺陷的。在此观点下,只有产品未能达到设计要求时才会发生结果成本,而且在控制成本与结果成本之间存在一个最优的选择问题。传统质量观认为,质量成本可分为两大类,一是控制成本(包括预防成本和鉴定成本),二是结果成本(包括内部缺陷成本和外部缺陷成本)。这两类费用发生的情况不一样,预防成本与鉴定成本随着产品质量的提高,呈向上迅速增长的趋势,而内部缺陷成本与外部缺陷成本则随着产品质量的提高而迅速下降。因此，质量水平与质量成本中的可控成本和结果成本是互为条件、互为因果的。质量成本水平与可控成本呈相同方向的变化，与结果成本呈反方向的变化。根据质量成本中可控成本与结果成本的特点和相互关系，可寻求质量成本的最佳结构。具体如图 13－3 所示。

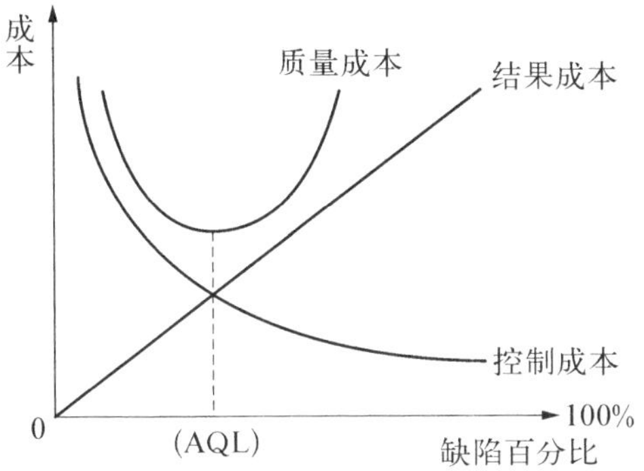

图 13－3 传统质量成本控制

在质量成本最佳结构图中，以质量水平为横坐标，以质量成本为纵坐标，分别做出控制成本与质量水平关系的曲线、结果成本与质量水平关系的曲线，以及质量总成本曲线。从图中可以看出，这两类成本之间存在着互为消长的关系。控制成本的提高，将导致结果成本的下降。只要结果成本的下降速度大于控制成本的速度，企业就应进一步加大对不良产品的预防和检测的力度，直到这种努力所发生的任何额外支出大于相应的损失成本的减少额这一点。该点代表质量成本总和达到最低，即当控制成本与结果成本相等时，质量总成本是最低的，此时可允许的缺陷率水平为可接受的质量水平。可见，AQL 允许并且实际上鼓励企业生产并销售一定数量的缺陷性产品。例如，AQL 设为 3%，则在任何总量的产品中，总有不超过 3%的不良产品将销售给客户。因此，AQL 具有不利于改善经营缺点的弊端存在。

质量成本最佳结构虽然只能做定性分析，但从曲线的分析结果可以说明，对各质量成本进行调整，从各质量成本在质量总成本所占的不同比例中找到一个最佳的比例结构，从而达到质量总成本最低、产品质量最合适、质量效益最好的状态。

(二) 现代质量成本管理目标的确定——零缺陷质量目标

20 世纪 70 年代后期，AQL 受到零缺陷模式的挑战。零缺陷模式要求将不符合质量要求的产品降低到零。企业生产的不符合质量的产品越来越少，就可以取得比继续实施 AQL 模式的企业更多的竞争优势。20 世纪 80 年代中期，全面质量管理将零缺陷模式往前推进了一步。全面质量管理强调顾客愿意接受并支付增加价值的作业。根据现代质量成本观点，内部和外部缺陷作业及其相关联的成本都属于非增值作业，应彻底消除。预防作业可视为增值作业而予以保留。而一部分的检验作业是预防作业所必需的，如质量审计，应视为增值对象。

全面质量管理也称零缺陷模式，反映了全面质量控制的哲学，并要求生产和提供的产品和服务必须满足目标价值。该模式对缺陷产品的定义提出了挑战。它认为，生产不符合目标价值的产品会导致损失，离目标价值越远，其损失就越大。即使实际产品与设计要求之间的偏差在设计允许范围内，损失仍会因产品的生产而产生。换言之，如果在价值链的一个环节出现了缺陷，那么，整个价值链的质量成本就可能上升。而缺陷的存在正意味着尚有通过努力改进质量以形成节约的潜力。由此可见,健全质量模式紧缩了缺陷性产品的定义,更新了人们的质量成本观,同时加快了质量经营管理的步伐。

对在竞争日益剧烈的市场环境中经营的企业而言,质量可以带来重要的竞争优势。如果健全质量模式是正确的,那么,企业应进一步减少缺陷性产品的数量,以便降低其质量成本总水平。质量成本的最优水平存在于所生产产品达到目标价值之处。零缺陷的质量目标为企业创造出一个不同于 AQL 静态质量目标的动态质量目标。

现代质量成本观赖以存在的前提是:每种缺陷都有其可预防的根本原因,且预防总是比较便宜的,如果企业增加其预防成本和鉴定成本并降低缺陷成本,则随后的预防成本和鉴定成本也能够得到削减。从传统的观点看,控制成本与结果成本是一种此消彼长的关系,而现在的实际情况表明,质量成本可以实现永久的降低。从图 13-4 可以看出两类成本关系的这种变化。

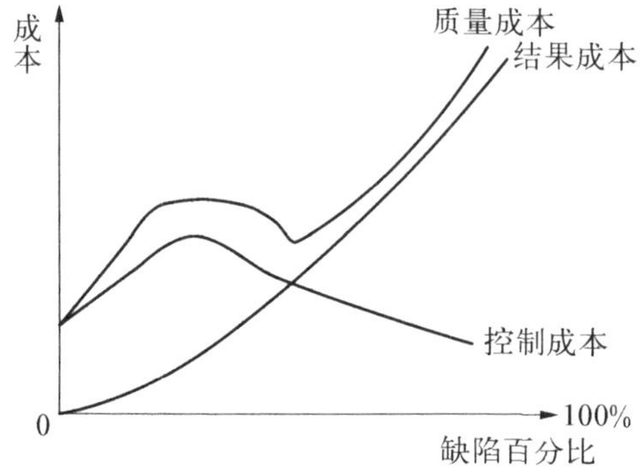

图 13-4 现代质量成本控制

从图 13-4 可以看出,现代质量成本观与传统质量成本观的主要不同点在于:

(1) 通过努力使成本水平降低到零的方式对缺陷成本发起正面进攻。

(2) 对正确的预防性作业进行投资,以实现改善的目的。

(3) 根据所实现结果降低鉴定成本。

(4) 持续不断地评估和更正预防作业,促使产品质量得到进一步改进。

二、质量业绩考核指标

即使产品或服务是无缺陷的,并且完全满足了一致质量的要求,也并不意味着它一定能够销售出去或是有效的。只有产品或服务同时满足了设计质量和客户需要之时,才是能够销售出去或是有效的。因此,质量业绩考核应从客户满意度和企业内部绩效两个方面衡量。

考核质量的指标通常兼用财务指标和非财务指标,因为财务指标和非财务指标各有不同的作用。财务指标的主要作用是:作为权衡预防成本和缺陷成本的通用标准,是反映企业质量状况的简要的、总括性的指标。非财务指标的主要作用是:容易量化,便于理解;直接反映物质生产过程的状况,并有助于将注意力集中在需要改进的问题领域。

(一) 客户满意度

衡量客户满意度的财务指标有外部缺陷成本,如质量担保修理成本、责任赔偿、因销售量减少以及降价销售而放弃的收益等。但是,财务测量的结果不能指明哪些领域有待改进,也不能揭示客户的预期需要和偏好，因此，绝大多数企业还采用非财务指标。

客户满意度的非财务指标主要有：

(1) 销售给客户的不良产品数量占销售产品总数量的百分比。

(2) 客户投诉次数。

(3) 约定交货日与顾客要求交货日之间的时差。

(4) 准时交货的比例。

除了上述几个常用的非财务指标外，许多企业还采用调查的方法来衡量客户的满意度。调查的目的有两个：一是更深入地了解客户对产品的体验和偏好，二是了解客户将来对产品的功能有哪些具体要求。

(二) 企业内部绩效

预防成本、鉴定成本和内部缺陷成本都是反映企业内部质量业绩状况的财务指标。绝大多数企业还采用非财务指标来衡量企业内部绩效。

企业内部绩效的非财务指标主要有：

(1) 每条生产线的缺陷产品数量。

(2) 合格产品占总产品的比例。

(3) 产品的制造周期。

(4) 雇员的离职率。

尽管质量的非财务指标本身具有局限性，但从长期发展趋势来看，它们对管理人员具有很重要的参考价值。

同步思考题 13.2

Ontario 工业制造公司生产两种型号的冷藏柜：Olivia 和 Solta。这两种冷藏柜的有关资料如表 13－3 所示。

表 13－3　　两种冷藏柜的生产资料

项　　目	Olivia	Solta
生产销售的数量	10 000 单位	5 000 单位
销售价格	4 000 元	3 000 元
单位变动成本	2 400 元	1 600 元
设计工时	6 000 小时	1 000 小时
单位检测和调试工时	1 小时	0.5 小时
返工产品比例	5%	10%
单位返工产品成本	1 000 元	800 元
售后维修比例	4%	8%
单位维修成本	1 200 元	900 元
预计缺陷产品所造成的销售损失	—	300 单位

每种作业的单位人工成本如下：

设计	150 元/小时
检测和调试	80 元/小时

要求：

1. 分别计算两种型号冷藏柜的预防成本、鉴定成本、内部缺陷成本和外部缺陷成本，并通过计算两种型号冷藏柜的质量成本占销售额的比例，比较和评价它们的质量成本。

2. 举出 Ontario 公司能够用来进行全面质量管理的两个非财务指标。

第四节 质量成本报告

质量成本报告是衡量企业在某特定期间质量成本分布情况的报表，是用来反映一个企业在质量改进项目上的进展程度的书面文件。质量成本报告并没有统一的格式，常随着编制目的的不同而有所变化。不论企业采用何种方式编制质量成本报告，其内容不外乎强调各成本要素的比重关系(如预防成本与鉴定成本占质量成本的比率)，以及其衡量基础(如质量成本占销售收入或销售成本的比率)。衡量基础的选择，需视企业所处的竞争环境而定。当价格是主要的竞争因素时，为了帮助管理人员判断质量相关支出的合理性，可列示质量成本占销售收入的比率，或列示质量成本占销售成本的比率。在以质量为竞争手段时，列示外部缺陷成本占销售收入的比率则更具有现实意义。

质量成本报告一般有短期质量成本报告、多期趋势质量成本报告和长期质量成本报告三种类型。

一、短期质量成本报告

短期质量成本报告用来反映当期标准或目标的进展情况。每年，企业都必须制定短期质量标准，并据以制订计划，以达到该质量目标水平。期末，短期业绩报告通过将当期的实际质量成本与预算质量成本进行比较，可以反映实际质量成本与预算质量成本之间的差距，从而找出短期质量改进的目标。表 13 - 4 列示了三星公司 2017 年的短期质量成本报告。

表 13 - 4　　三星公司短期质量成本报告

2017 年度

项　　目	实际成本	预算成本	差　　异
● 预防成本：			
质量培训费用	320 000	300 000	20 000(U)
质量改进措施费用	270 000	270 000	0
总预防成本	590 000	570 000	20 000(U)

续 表

项 目	实际成本	预算成本	差 异
● 鉴定成本：			
检测试验费	960 000	1 000 000	40 000(F)
总鉴定成本	960 000	1 000 000	40 000(F)
● 内部缺陷成本：			
废品损失	400 000	350 000	50 000(U)
返修损失	320 000	300 000	20 000(U)
总内部缺陷成本	720 000	650 000	70 000(U)
● 外部缺陷成本：			
索赔费用	200 000	200 000	0
退货费用	120 000	110 000	10 000(U)
产品保修费用	300 000	350 000	50 000(F)
总外部缺陷成本	620 000	660 000	40 000(F)
质量成本合计	2 890 000	2 880 000	10 000(U)
占销售收入的百分比	14.45%	14.40%	0.05%(U)

可以看出，尽管三星公司的实际质量成本与预算质量成本只相差 10 000 元，只有 0.05% 的销售百分差，但内部缺陷成本与预算的差距较大，应作为短期质量业绩改进的重点目标。

二、多期趋势质量成本报告

多期趋势质量成本报告用来反映从质量改进项目实施起的进展情况。多期趋势质量成本报告可以反映质量成本的总体变化，从而可以对质量项目的总体趋势进行评估。

多期趋势质量成本报告是将期内质量改进项目的进展程度以图表的形式加以表达的报告。一般以横坐标表示期数，纵坐标表示相应时间内的销售百分比，将多期质量成本占销售百分比描述在坐标图上，即可反映质量改进项目的执行情况（见图 13－5）。

多期趋势质量也可以按整个组织或部门的质量成本要素反映（见图 13－6）。

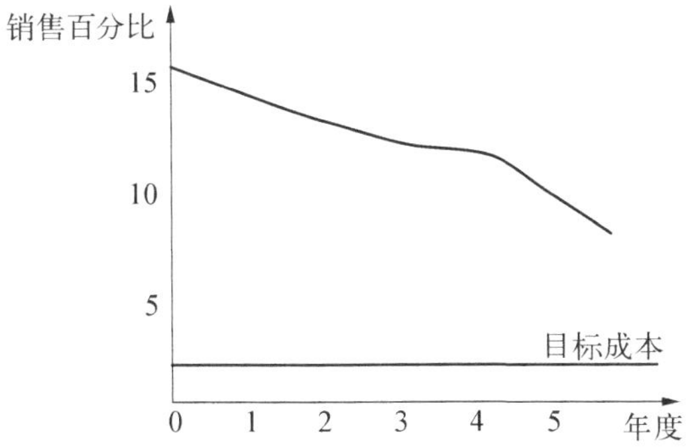

图 13－5 质量成本趋势分析

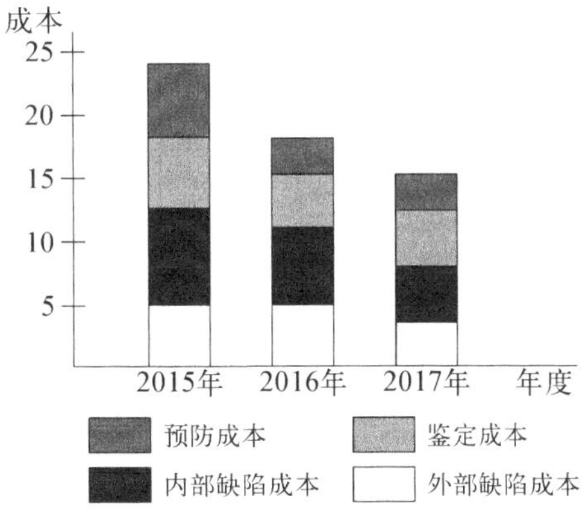

图 13－6 质量成本趋势分析

三、长期质量成本报告

长期质量成本报告用来反映长期标准或目标的进展情况。在每期期末,长期质量成本报告通过将该期的实际质量成本与企业期望最终达到的目标质量成本进行比较,提醒管理者牢记最终的质量目标,反映质量改进的空间,便于编制下一期的计划。

由于现代质量成本管理的目标是追求零缺陷,因而不应存在缺陷成本。长期质量成本报告对当期的实际质量成本与达到零缺陷时允许的目标质量成本进行比较(见表 13-5)。如果目标成本选择恰当,则目标成本都是增值成本,而实际成本与目标成本的差异是非增值成本。因此,长期质量成本报告只是增值成本与非增值成本之间差异的报告。

表 13-5　　三星公司长期质量成本报告

2016 年度

项　　目	实际成本	目标成本*	差　　异
● 预防成本:			
质量培训费用	320 000	180 000	140 000(U)
质量改进措施费用	270 000	150 000	120 000(U)
总预防成本	590 000	330 000	260 000(U)
● 鉴定成本:			
检测试验费	960 000	350 000	610 000(U)
总鉴定成本	960 000	350 000	610 000(U)
● 内部缺陷成本:			
废品损失	400 000	—	400 000(U)
返修损失	320 000	—	320 000(U)
总内部缺陷成本	720 000	—	720 000(U)
● 外部缺陷成本:			
索赔费用	200 000	—	200 000(U)
退货费用	120 000	—	120 000(U)
产品保修费用	300 000	—	300 000(U)
总外部缺陷成本	620 000	—	620 000(U)
质量成本合计	2 890 000	680 000	2 210 000(U)
占销售收入的百分比	14.45%	3.40%	11.05%(U)

* 假定销售收入等于本期实际销售额 20 000 000 元。另假定预算成本都是增值成本。

三星公司长期质量成本报告揭示了这样一个事实:公司在非增值方面的支出仍然太多。同时也提醒管理者,只有确保流程以零缺陷的方式运行,废品成本和返工成本等非增值方面的支出才会消失。

本章小结

质量是指产品或服务满足消费者的程度，包括设计质量和一致质量两个基本方面。世界上许多成功的公司都把全面质量管理（TQM）作为20世纪90年代最主要的成功因素。只有实现产品质量的经济性，才能体现企业经济效益和社会效益的统一。

质量成本是指企业为确保规定的产品质量水平和实施全面质量管理而支出的费用，以及因为未达到规定的质量标准而发生的损失的总和。它一般由预防成本、鉴定成本、内部缺陷成本和外部缺陷成本等几个部分组成。现代质量成本具有广泛性、动态性、多样性和收益性等特征。

显性质量成本是可以计量的，应按实际发生额核算。而隐性质量成本是不可计量的，但由于其数额可能非常巨大，并且是重要的动因，应采用适当的方法做相应的估计。

产品质量与产品成本存在着怎样的依存关系，以及它们之间的因果关系如何，这是研究质量成本问题的关键。传统质量成本管理的目标是寻找可接受质量水平。传统质量观认为：质量水平与质量成本中的可控成本和结果成本是互为条件、互为因果的，因此，可根据质量成本中可控成本与结果成本的特点和相互关系，寻求质量成本的最佳结构。现代质量成本管理的目标是零缺陷，它反映了全面质量控制的哲学，并要求生产和提供的产品和服务必须满足目标价值。现代质量观认为：如果健全质量模式是正确的，那么，企业应进一步减少缺陷性产品的数量，以便降低其质量成本总水平。质量成本的最优水平存在于所生产产品达到目标价值之处。

质量业绩考核应从客户满意度和企业内部绩效两个方面衡量。考核质量的指标通常兼用财务指标和非财务指标。

质量成本报告是衡量企业在某特定期间质量成本分布情况的报表，是用来反映一个企业在质量改进项目上的进展程度的书面文件。不论企业采用何种方式编制质量成本报告，其内容不外乎强调各成本要素的比重关系（如预防成本与鉴定成本占质量成本的比率），以及其衡量基础（如质量成本占销售收入或销售成本的比率）。质量成本报告一般有短期质量成本报告、多期趋势质量成本报告和长期质量成本报告三种类型。

本章关键词

质量成本	cost of quality
预防成本	prevention cost
鉴定成本	appraisal cost
内部缺陷成本	internal failure cost
外部缺陷成本	external failure cost
显性质量成本	explicit cost of quality
隐性质量成本	hidden cost of quality
可控成本	controllable cost
结果成本	resultant cost

质量成本管理	cost of quality management
可接受质量水平	acceptable quality level
零缺陷质量目标	zero defect of quality object
质量业绩	quality performance
质量成本报告	cost of quality reporting

思考题

1. 为什么说质量是企业生存和发展的第一要素?
2. 如何对产品质量的经济性加以反映和考核?
3. 试述现代质量成本的特征。
4. 什么是质量成本?它一般由哪几个部分组成?
5. 质量成本的分类方法有哪几种?
6. 如何进行显性质量成本的计量?
7. 隐性质量成本有什么特点?隐性质量成本是如何计量的?
8. 现代质量成本管理的目标是什么?与传统质量成本管理相比,现代质量成本管理有什么特点?
9. 如何进行质量业绩的考核?
10. 如何编制质量成本报告?

同步思考题参考答案

13.1

不同意。一个企业不仅应该关注财务指标,也要关注非财务指标,如废品率等。因为财务指标的结果不能指明哪些领域有待改进,也不能揭示客户的预期需要和偏好。而非财务指标具有直接反映物质生产过程的状况,并有助于将注意力集中在需要改进的领域等优点。

13.2

1.

质量成本表

质量成本	Olivia		Solta	
	金额	占销售额的比重	金额	占销售额的比重
预防成本: 设计成本	900 000	2.25%	150 000	1.00%
鉴定成本: 检验和调试成本	800 000	2.00%	200 000	1.33%
内部缺陷成本: 返工品成本	500 000	1.25%	400 000	2.67%

续　表

质量成本	Olivia		Solta	
	金　额	占销售额的比重	金　额	占销售额的比重
外部缺陷成本：				
售后维修成本	480 000	1.20%	360 000	2.40%
预计的销售损失	—		420 000	2.80%
合　计	2 680 000	6.70%	1 530 000	10.20%

2. 有关客户满意度的非财务指标：客户投诉次数和准时交货的比例等。有关企业内部绩效的非财务指标：每条生产线的缺陷产品数量和雇员的离职率等。

案例讨论

2017年初，凯金公司实施了质量改进措施以降低废品率。到年底，生产经理的报告显示废品和返工品的成本都有所降低。对此结果，公司的CFO感到很高兴，并想了解更多的关于质量改进对财务的影响。公司的会计人员收集了近几年的有关数据，如下表所示：

凯金公司2014～2016年的生产数据　　单位：元

项　目	2014年	2015年	2016年
销售	1 000 000	1 000 000	1 000 000
废品	450 000	400 000	300 000
返工品	625 000	600 000	400 000
生产鉴定成本	100 000	120 000	125 000
产品保修成本	875 000	800 000	600 000
质量培训成本	20 000	40 000	80 000
原材料鉴定成本	80 000	40 000	40 000

要求：

1. 将成本按预防成本、鉴定成本、内部缺陷成本和外部缺陷成本进行分类。
2. 计算两年的质量总成本占销售额的比例。由于质量改进，利润增长了多少？
3. 找出非增值作业的质量成本，并说明如何减少或消除这些非增值作业。

第十四章

环境成本管理

引　言

经济发展要以资源和环境为支撑，但经济发展的同时又会对资源和环境产生不利影响。近年来，政府要求企业节能减排，同时国际标准化组织（ISO）颁布了 ISO 14000 系列环境管理体系标准，而现代企业面临的环境问题也使得企业不得不重视自身的环境管理工作，因此，构建一个合理的环境管理体系势在必行。在企业的日常生产经营管理中，应涉及环境成本管理最新研究成果的应用，而对于环境成本的研究目前也正趋于系统化。

如何进行环境保护投入，从而满足环保法律法规的要求？如何进行生产流程再造以实现绿色生产和绿色产品销售，从而与绿色消费相吻合？如何将环境问题纳入日常管理活动并进行环境成本核算，以减少巨额环境支出的可能性并更有效地进行各类生产经营决策？如何对环境业绩进行评价以更好地管理环境成本？诸如此类问题均是企业在生产经营活动中所要面临的问题。有鉴于此，成本会计必须适应企业经营环境的这一巨大变化，将环境因素纳入会计核算体系，以更好地体现经济活动和生态环境之间的互动关系，由此便衍生了对环境会计在理论上和实务上的研究，其中发展最快的就是环境成本会计。

学习目标

1. 了解环境成本会计产生的背景。
2. 认识环境成本的特点和不同分类方法。
3. 了解不同环境成本核算方法的特点。
4. 认识环境成本管理方法和实施环境。
5. 了解环境业绩评价的基本方法。

第一节　环境成本概述

可持续发展概念的提出使得企业经营环境发生了重大变化，为了满足政府部门制定和颁布的各种环境政策、环保法律法规，企业将不得不重视环境保护，这就不可避免地发生诸如环保设备购置、运行和折旧费用，环保技术引进和开发费用等环境成本。环境因素已经影响企业整个生产和销售流程，再考虑到环境成本的预期增长趋势，环境成本已逐渐成为企业成本控制不可或缺的部分，客观上需要对其进行核算和管理，以全面、客观地评估企业经营活动所面临的环境风险。与此同时，企业为了树立承担环境保护责任的良好公众形象，并与政府、公众、投资者等相关方沟通，以获得社会认可、提高客户忠诚度等长期利益，就必须披露自身在环境保护方面的努力和投入，其中重要信息之一便是企业所发生的环境成本。

一、环境成本会计的意义

环境成本会计系统的建立可以通过以下几个方面的作用，使得企业更加有效地制定各类环境政策和环境决策。

首先，环境成本会计系统提供相关成本信息使得企业了解并改进环境因素对生产流程所造成的影响，从而找出最符合成本效益原则且符合环保需求的解决方法，并设计出具有环境友好性质的产品及生产流程。

其次，环境成本会计系统使得决策者获知他们所造成的环境成本。环境成本会计系统作为一项制度设计，有助于将相关环境成本信息传达给决策者，并对决策者未来行为形成影响，经常和定期的环境成本信息将有助于公司管理层对环境问题重要性认识的觉醒。

再次，环境成本会计系统可以增加管理者对环境成本的责任意识。尽管环境成本信息对决策者而言是一项有力的工具，但只有将环境成本分配给管理人员，且让他们承担责任，才能达到既定目标。环境成本信息本身就是一种机制，通过此项机制将管理者的日常管理活动与引起环境成本的活动结合在一起，如许多企业在内部开始征收使用环保设施（如废水处理、焚化炉、废弃物清理）的费用，在企业内部也落实污染者付费（polluter pays）原则。

最后，环境成本会计系统可提供企业就符合环境保护标准所从事各项活动的相关证据，这些活动包括在政府规范下所必须要做的项目及企业的自动、自觉环保行为。

二、环境成本的定义和特点

（一）环境成本的定义

尽管实务中不乏披露环境信息的企业，但迄今为止还没有制定对环境信息披露进行规范的会计准则，因此，对于不同企业来说，环境成本的定义和内涵各不相同。联合国国际会计和报告标准政府间专家工作组（International Standard for Accounting and Report，ISAR）第十五次会议文件《环境会计和财务报告的立场公告》认为：环境成本是指本着对环境负责的原则，为管理企业活动对环境造成的影响而采取或被要求采取的措施的成本，以及企业因执行环境目标和要求所付出的其他成本。例如，避免和处置废物，保持并提高空气质量，清除泄漏油料，去除建筑物中的石棉，开发更有利于环境的产品，开展环境审计和检查等方面的成本。罚款、罚金和赔偿等方面的成本虽然被视为与环境相关的成本，但是不属于这一环境成本的定义范围。

（二）环境成本的特点

作为与环境问题相关的支出，环境成本有别于传统会计成本，主要体现在以下特点：

1. 强制性

出于对环境保护的日益重视，公众对环境质量标准的要求越来越高，各国政府也纷纷加强了环境立法,作为主要污染者的企业所承担的责任日益加大,其开展经营活动的前提是必须满足相关环保法律法规的要求,从而不可避免地将要发生环保设施购置、污染罚款等强制性支出。

2. 突发性

环境成本不像其他成本项目如直接材料那样均衡地发生在产品生产过程中,往往具有突发性或一次性的特点,如违反环境法律法规引致的巨额罚款、重大环境污染恢复支出等。

3. 一体性

环境成本的发生贯穿于企业的整个价值链,诸如采购、生产、售后服务等环节都会发生环境成本,并且各个环节发生的环境成本存在此消彼长的情况。

4. 增长性

尽管目前企业的经济活动对环境所造成的损失并不完全由企业承担,但随着外部成本内部化的逐渐推进,以及"谁污染,谁负责"原则的落实,企业所承担的环境成本将逐渐增长。

三、环境成本的确认

现行会计核算体系并没有单独确认和计量环境成本。比如,国外常将有关环境支出记入"制造费用"账户,而国内则将有关环境支出记入"管理费用"等账户。为了有效地管理环境成本,并提供对决策有用的环境成本信息,企业需要将环境成本从现行会计核算体系中分离出来,并对环境成本予以正确核算,从而有必要对环境成本进行适当分类。目前来看,环境成本分类方法众多,远未达成一致,下面对一些主要分类方法予以说明。

(一) 广义与狭义的分类

环境成本按其内涵不同可以分为广义环境成本和狭义环境成本。

广义环境成本是指企业经济活动所导致的所有不良环境后果,或由企业承担,或由全体社会承担,依此又可以分为外部环境成本和内部环境成本。

外部环境成本指的是那些由本企业经济活动所导致,但还不能明确计量,并由于各种原因没有由本企业承担的不良环境后果。尽管还不能称之为会计意义上的"成本",但不可否认的是,环境质量确实已经受到影响甚至遭到破坏,即事实上已经发生了环境成本,只不过目前承担者是全体社会。

内部环境成本指的是企业承担的环境成本,也就是一般所称的狭义环境成本,包括那些由于环境方面因素而引致发生,并且已经明确是由本企业承受或支付的费用,如排污费、环境破坏罚金或赔偿费,以及环境治理或环境保护设备投资等,其显著特点是可以对其予以货币计量。当前可确认的环境成本一般属于内部环境成本概念范畴。

鉴于可持续发展战略的实现前提之一便是将外部环境成本逐步内化,上述广义环境成本与狭义环境成本之间的区分并不是静止不动的,随着更为严格的环保法律法规的颁布和实施,广义环境成本与狭义环境成本将逐渐趋同。

(二) 美国环保局的分类

美国环保局(U. S. Environmental Protection Agency, EPA, 1989)和全球环境管理促进会(GEMI)的环境倡议书均采用类似的组织框架对环境成本分类,包括传统成本、可能隐藏成本、或有成本、形象与关系成本。

其中，传统成本是在成本会计和资本预算中通常包含的使用原料、设施、资本和物料的成本；可能隐藏成本是指通常隐藏在制造费用中的成本，譬如对废物进行管理、测试、检测和监控的成本；或有成本在未来的某一时间可能发生，也可能不发生，譬如因意外事故造成的石油泄漏而带来的修复及赔偿费用；形象与关系成本的发生旨在影响管理者、顾客、员工和执法者的主观判断，譬如提供环境报告的成本。

（三）加拿大特许会计师协会的分类

加拿大特许会计师协会（Canada Institute of Chartered Accountant，CICA）将环境成本分为：环境预防成本（prevention costs）、环境维持成本（conservation costs）和环境损失成本（environmental losses）。

环境预防成本是指在实际环境损失发生之前的主动性环境成本支出，如由于改进产品环境属性的设施或设备、生产工艺调整、材料采购变更等发生的环境成本支出；环境维持成本是指和负面环境影响同步发生，用以维持环境现状而不至于恶化的环境成本支出，如企业为将污染排放量和排放浓度控制在一定范围，专门设立环境管理机构和人员经费支出及其他环境监测费用；环境损失成本是指对以前期间或当期环境破坏后果进行补偿所发生的环境成本支出，其特点是环境损失已经发生，如“三废”排放、重大事故、资源消耗失控等造成的环境污染与破坏的损失。

以上三种环境成本中，环境损失成本属于消极性环境成本，是对污染导致的物质耗损的弥补或是对污染导致的他人健康耗损的补偿，不会形成任何资产增量或收入增量，而预防性环境成本和维持性环境成本都属于积极性环境成本，他们会导致其他资产（如环境保护或治理设施）的增加或生产能力的改善，客观上需要在支出发生前进行成本效益分析。

（四）日本环境省的分类

日本环境省（Japan Ministry of Environment，JME）将环境成本分为：生产领域成本（business area costs）、上游/下游成本（up-stream/down-stream costs）、管理活动成本（management activity costs）、研发成本（research and development costs）、社会活动成本（social activity costs）以及环境损害成本（environmental damage costs）。

其中，生产领域成本指的是为了控制生产领域的产品生产/服务提供活动所导致的环境影响而发生的成本，包括全球变暖防止成本（主要指 CO_2 排放量控制）、资源有效使用成本、资源循环活动成本和环境风险控制成本；上游/下游成本指的是为了控制在上游或下游由于产品生产/服务提供的活动所导致的环境影响而发生的成本，主要是环境友好产品设计成本；管理活动成本指的是环境管理活动中发生的成本，包括相关环境管理员工工资、ISO14000 认证成本以及环境审计成本、员工培训和教育成本；研发活动成本指的是环境友好产品、生产流程的研发活动中发生的成本；社会活动成本指的是社会活动中发生的环境成本，包括社会捐赠和环境信息披露成本；环境损害成本指的是环境损害引致的环境成本，主要是由上述经营活动之外原因引起的。

除了上述分类方法外，环境成本还有其他分类，如按照价值链分类等。究竟何种环境成本分类标准更加适合企业环境管理的需要，最终取决于企业对环境问题的认识及相应采取的环境管理战略。

同步思考题 14.1

试对下列环境成本进行分类：

(1) 维修部门负责对企业包括污水处理设备在内的所有设备进行检修，维修部门人员工资全年总计 60 万元。

(2) 由于生产流程“绿色”再造，生产部门使用了新型环保型生产设备，每年折旧费用 50 万元，与其余设备的折旧费用一同计入管理费用。

(3) 生产部门生产线终端安装了粉尘吸附器，年折旧费用 5 万元。

(4) 污水处理中心负责对各个生产部门产生的污水进行净化，每年发生 16 万元的处理成本。

第二节　环境成本计量

环境成本的确认和计量有助于企业组织在战略计划、生产管理和环境管理方面做出更好的决策。然而，现行会计制度不仅未将外部环境成本纳入成本会计核算体系，缺乏对全部生产成本的核算，而且不能提供内部环境成本信息以供企业制定环境决策。因此，企业必须建立企业层面的环境成本会计系统，加强对环境成本的核算和管理，为相关利益方提供决策有用的会计信息。一方面，环境成本会计既要为企业内部利益相关方(如管理人员、生产人员)进行环境管理活动提供相关的环境成本信息；另一方面，环境成本会计也要为外部信息使用者(投资者、债权人和政府相关部门)进行投资决策或环境监管提供相关的环境成本信息。

一、环境管理战略

从战略成本管理的角度来看，企业的环境成本管理能否取得效果与其所采用的环境管理战略密切相关，环境成本分类和环境成本核算方法也同样取决于此。环境管理战略是指企业对于环境管理的认识和采取的行动，如图 14－1 所示，它可以分为不合规战略(noncompliant)、最低限度合规战略(minimal compliance)、超合规战略(compliance-plus)以及积极性环保领先战略(proactive environmental leadership)。

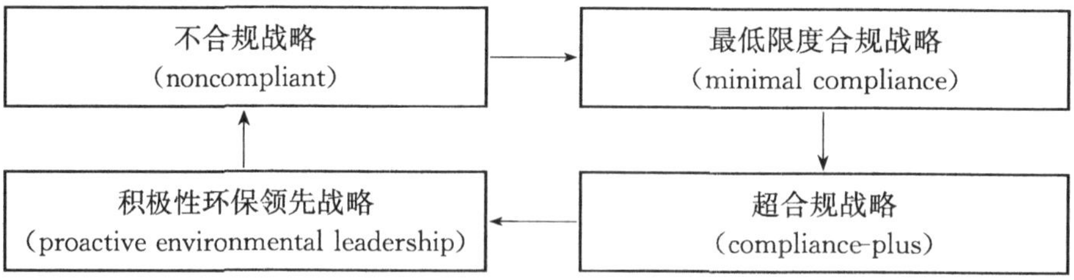

图 14－1　环境管理战略分类

其中，不合规战略指的是企业不考虑环保法规的要求，消极地支付环境污染罚款；最低限度合规战略指的是企业满足环保法规的最低要求；超合规战略指的是企业满足并超出了环保法规的要求；积极性环保领先战略指的是企业对产品设计、生产流程、产品包装等方面进行环保创新，以期在环保方面领先于竞争者。

从不同环境管理战略出发，企业环境成本管理的着眼点也有所不同，从不合规战略开始到积极性环保领先战略，环境成本内涵逐渐扩大。

采用不合规战略的企业，其所确认的环境成本仅限于罚款支出；采用环保法规驱动战略(compliance-driven，包括最低限度合规战略和超合规战略)的企业，对环境成本的单独划分和确认扩大到了环保法规所要求的合规性成本、环境监测成本等；而采取积极性环保领先战略的企业所考虑的环境成本范围更为广泛，除了以上环境成本外，还要考虑转向环境友好生产/经营所发生的环境成本。

二、环境成本核算方法

环境成本核算方法的选择是环境成本核算过程中的重要环节，除现有核算方法外，如制造成本法、作业成本法，企业还可以采用一些特殊的成本核算方法，如生命周期成本法和全成本法。这些核算方法的选择并不是互相排斥的，比如作业成本法和生命周期成本法就可以一起使用。

(一) 传统环境成本计量方法

制造成本法即传统成本核算方法，产品成本由直接材料、直接人工和制造费用构成，其中制造费用以某种分配关系(如产品耗用直接人工小时、机器工作小时等)分配到各个产品。

环境成本一般不归属直接人工和直接材料，可能会列入管理费用、营业外支出或销售成本，还可能会归属到制造费用，之后再分配至全部产品成本中。随着直接材料、直接人工所占产品成本比重的不断降低，制造成本法的准确度日渐降低。同样情况，随着环境成本重要性和金额的增长，通过制造成本法来核算环境成本不再能够满足环境成本管理的需要。以环境成本计入制造费用为例，制造成本法对环境治理费用的处理如图 14 - 2 所示。

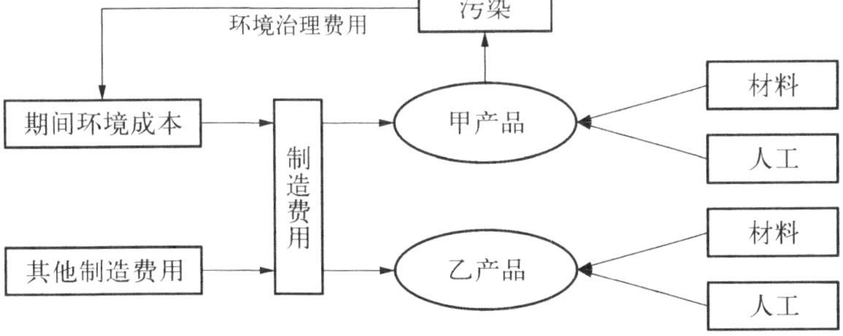

图 14 - 2 制造成本法下的环境成本核算

例 14 - 1

A 企业生产两种产品甲和乙，甲产品和乙产品的产量相同，其中，甲产品是环境不友好产品，乙产品是环境友好产品。对甲产品引致的环境污染进行治理将发生 4 000 元的环境治理费用。若A企业采用传统成本分配方法对环境成本进行分配,即把环境成本支出归入期间费用,并以产量为分配标准在甲、乙产品上进行分配,则该公司的污染产品甲和无污染产品乙,各分摊了2 000元的环境治理成本。表14-1对甲、乙产品的盈利能力进行了分析。

表14-1　　制造成本法下甲、乙产品的盈利能力分析

收入、成本结构	甲产品	乙产品
销售收入	16 000	10 000
直接材料	5 000	3 000
直接人工	2 000	1 000
期间费用	6 000	5 000
账面利润	1 000	−1 000
其中:环境成本作为期间费用(产量基础)	2 000	2 000
环境成本(单独列示)	4 000	0
实际利润	−1 000	1 000

从表14-1可以看出,对环境成本不加区分地在甲产品和乙产品之间予以分摊将扭曲产品定价,使得原本亏损的甲产品反而表现为获得1 000元的利润,而原本是盈利产品的乙产品则变为亏损产品。由此可见,如果没有一个良好的环境成本追踪机制,就会由于成本分摊的不合理而导致产品成本分配错误,从而出现产品定价方面的偏差,即原来盈利的产品就表现为亏损,而实际亏损的产品会错误地表现为盈利。这不仅不利于实施正确产品战略,也不利于企业的市场开拓和长期经营,环境成本金额的不断增加将使得这种缺点更加凸显。

(二)现代环境成本计量方法

1. 作业基础成本法

作业基础成本法(activity-based-costing, ABC)是对制造成本法的改进,近年来得到了广泛的运用。作业基础成本法是指以作业为核算对象,通过成本动因来确认和计量作业量,进而以作业量为基础分配制造费用的成本计算方法。其理论基础是产品消耗作业,作业消耗资源并导致成本的发生。由于采用多种标准分配(不同作业中心采用不同作业动因),制造费用分配的准确性得到了极大提高。

鉴于环境成本发生原因的复杂性,以及对环境成本核算准确性的要求,环境成本核算同样可采用作业基础成本法,即将相关环境作业成本根据单个产品对这些作业的要求进行分配。从环境成本管理角度来看,将作业基础成本法引入环境成本核算具有重要意义,通过在作业层次上对环境成本的动因进行深入分析,可以更有效地追溯环境成本的来龙去脉,而按照不同动因分配标准把环境成本细化到单个产品或作业,可以使环境成本对象化更为准确和有效。采用作业基础成本法对环境成本的处理程序如图14-3所示。

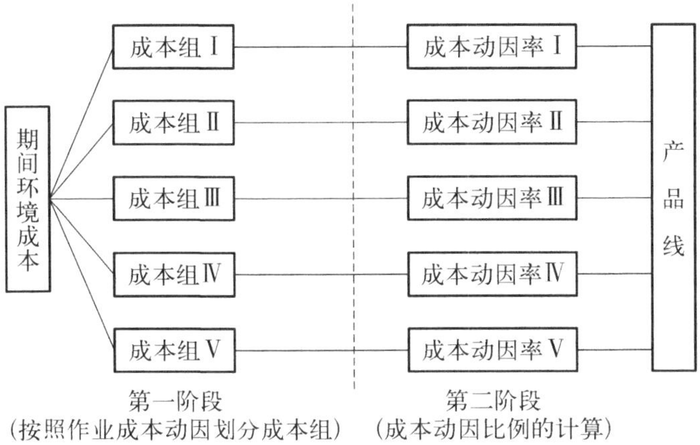

图 14-3　作业成本法下的环境成本核算

例 14-2

B企业生产甲、乙、丙三种产品，产量分别是1 000吨、2 000吨和3 000吨，生产过程中各产生了15吨、10吨、20吨有毒废弃物，根据环保法，有毒生产废弃物必须经过焚化炉处理才能弃置，B企业购置了焚化炉对废弃物进行必要的处理后再弃置。

第一阶段：将与废弃物处理相关的费用按照作业基础成本法划分。

废弃物处理	5 000 元
设备启动	10 000 元
设备维修	10 000 元
焚化炉运转(折旧、动力等)	20 000 元
合　计	45 000 元

第二阶段：计算各种产品的环境成本，具体计算见表 14-2、表 14-3 和表 14-4。

表 14-2　作业动因分析表

废弃物处理的相关费用	成本动因	甲产品	乙产品	丙产品
废弃物处理	废弃物移动	20	30	50
设备启动	启动次数	2	3	5
设备维修	维修小时	12	12	16
焚化炉运转(折旧、动力等)	直接工时	180	100	120

表 14-3　成本动因比率计算表

废弃物处理的相关费用	费用金额	年成本动因量	成本动因比率
废弃物处理	5 000	100 次废弃物搬运	每次搬运 50 元
设备启动	10 000	10 次启动	每次 1 000 元

续 表

废弃物处理的相关费用	费用金额	年成本动因量	成本动因比率
设备维修	10 000	40 维修小时	每维修小时 250 元
焚化炉运转(折旧、动力等)	20 000	400 直接工时	每工时 50 元

表 14－4　　　　产品分摊的环境成本计算表

废弃物处理的相关费用	甲产品	乙产品	丙产品
废弃物处理	1 000	1 500	2 500
设备启动	2 000	3 000	5 000
设备维修	3 000	3 000	4 000
焚化炉运转(折旧、动力等)	9 000	5 000	6 000
合　计	15 000	12 500	17 500
占总成本比例	33.33%	27.78%	38.89%
单位成本(元/吨)	1 000	1 250	875

与此相对应,在传统成本分配法下,假设环境成本的分摊是以产品所耗直接工时比例为分配标准(计算过程略),则其分配结果和作业基础成本法下的分配结果有很大差异。两种方法下的计算结果的比较如表 14－5 所示。

表 14－5　　　　差异比较表

成本核算方法	甲产品		乙产品		丙产品	
	元	%	元	%	元	%
传统成本计算	1 350	45	1 125	25	675	30
作业成本计算	1 000	33.33	1 250	27.78	875	38.89

由表 14－5 的比较结果可以看出,在传统成本分配法下使用直接人工时间来分配,导致产品所分摊的环境成本出现了差异,甲产品多分配的正是乙产品和丙产品少分配的,而作业基础成本法把环境成本分配到了每个产品,保证了分配的准确性和产品定价的合理性,更适宜作为环境成本分配方法。企业可以更具体地识别环境成本动因,更准确地对环境费用进行分配和归集,更有效地追溯环境成本的来龙去脉并对其实施控制,这样不仅可以通过减少这些环境成本的动因来减少成本,还可以使企业更加准确地计算产品的盈利能力。

2. 生命周期成本法

产品生命周期(life-cycle-costing, LCC)指的是从产品的产生直至消亡整个过程所经历的期间,从不同立足点出发,产品生命周期成本的内涵有所不同,如图 14－4 所示。

随着生产的发展,产品成本结构中制造成本比重逐渐下降,生产前端和后端的成本急剧上升,成本控制扩大到研发成本和销售成本,而在可持续发展理论和环境保护运动的推动下，成本控制范围进一步扩大到使用成本和弃置成本，故从社会角度来看，成本控制应该覆盖研发、生产、销售、使用和弃置五个阶段。

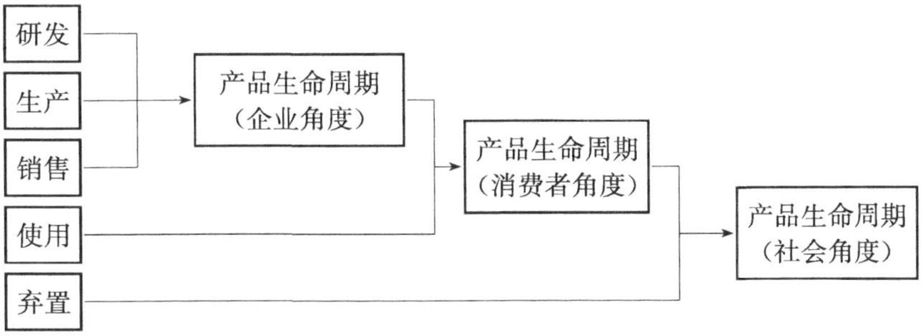

图 14－4　不同角度下的产品生命周期

环境成本同样发生于产品生命周期的各个阶段，企业进行全面环境成本管理，必须在环境成本核算中引入生命周期成本法，不仅需要对生产阶段的环境成本进行核算和管理，还需要将产品研发、销售、使用直至弃置阶段的环境成本纳入环境成本管理框架，在此基础上才能做出更加符合市场需求和长期发展的各种经营决策。

例 14－3

C企业生产产品M，计划年产量1万件，年销售费用100万元，有两种生产方案可供选择：方案1是采用原有工艺流程，直接材料和直接人工合计1 800万元，设备年折旧费用800万元，生产过程产生有毒废弃物40吨，须经处理后对外排放，处理费用5万元/吨，消费者购买产品需支付生态税100元/件，产品报废后的处理成本为20元/件；方案2是开发新工艺，预计研发投入800万元，按10年摊销，并需添置辅助设备，年折旧费用60万元，由于采用新型环保材料，直接材料增加100万元，直接人工不变，有毒废弃物仅产生20吨，最终产品为绿色产品，消费者无须支付生态税，产品报废后的处理成本为5元/件。方案1和方案2比较分析结果如表14－6所示。

表 14－6　　**比较分析表**　　单位：万元

单位成本	方案1	方案2
研发成本	0	80
生产成本	2 800(1 800＋800＋200)	2 860(1 900＋860＋100)
销售成本	100	100
企业角度生命周期成本	***2 900***	***2 960***
使用成本	100	0
消费者角度生命周期成本	***3 000***	***2 960***
弃置成本	20	5
社会角度生命周期成本	***3 020***	***2 965***

从企业角度来看,采用方案 1 固然可以使产品成本最小化,但产品最终是由消费者选择的,他们必然会考虑使用成本,额外支付的生态税会影响其购买决策,并且随着环境成本内化程度的不断加深,弃置成本也将通过某种制度安排转由企业承担,故方案 2 的选择更符合整体社会的可持续发展概念。

3. 完全成本会计法

无论是作业基础成本法,还是生命周期成本法,环境成本核算仅局限于狭义环境成本,即仅考虑由企业承担的环境成本,而未考虑企业个体目前尚未承担而由全体社会承担的环境成本。然而,环境成本的广义与狭义之分并不是静态的,从长期趋势来看,狭义环境成本与广义环境成本之间的差异将逐渐缩小,故企业有必要考虑那些社会承担的环境成本,以有利于各类长期决策的制定。

完全成本会计法(full-cost-accounting, FCA)的提出正是针对这一情况,以加拿大安大略电力公司所定义和应用的完全成本法为例,它涵盖了四类成本:内部成本(不包含环境成本)、内部环境成本、可量化的外部环境影响和不可量化的外部环境影响。其中,内部成本是企业日常经营活动中发生的各类成本,但企业经营活动中存在一些不明显的、隐藏的或间接内部成本,通常没有被单独确认,或是被错误地归到企业或营运部门的制造费用,其中包含环境成本;内部环境成本是企业经营活动中发生的,由企业承担的环境支出;外部影响是企业经营活动对外部环境的影响,但并未包含在产品和服务价格中,按照是否可以以货币计量分为可量化外部环境影响和不可量化外部环境影响。

由于部分环境影响难以量化,因此,完全成本法从严格意义上讲并不是一种会计核算方法,只是一种将环境因素纳入经营决策的方法,逐步尝试将以前企业所忽视的环境成本加以内化,更不意味着改变会计系统或实行全成本定价,其所提供的信息只是作为经营决策的变量,目的是改变管理行为,在产品/服务品种选择、资本支出和投融资决策方面考虑环境成本因素。

4. 环境质量成本计算法

高新技术生产下的全面质量管理模型,以顾客需求为核心,追求零缺陷。在全面环境质量管理模型中,追求的是对环境的零损害。这种损害包括直接损害和间接损害两种。直接损害表现为向环境排放固态、液态或气态的排放物;间结损害则表现为浪费材料和能源从而导致环境的损耗。为了实现零损害目标,必须建立环境质量成本模型。该模型通过计算不同的环境成本,分析其增长与环境质量之间的关系,为推行全面质量管理提供相关信息。

环境质量成本可分为两大类:一类是符合性成本,即符合严格的环境业绩标准的成本;另一类是非符合性成本,即违反这些标准的成本。其中,符合性成本又分为两种:环境预防成本和环境监测成本。环境预防成本是为了防止产生污染物导致环境损害而发生的成本,包括评价和选择供应生成的成本、预防污染的设备的评价和选择成本、为减少或消除污染物对产品或流程进行设计的成本、员工培训成本、环境影响研究成本、环境风险评估成本、环境管理系统设计成本、产品的回收成本和 ISO14001 认证的成本等。环境监测成本是监督企业的产品、流程或其他活动是否符合相应的环境标准要求而进行的活动的成本。这些成本包括环境审计成本、污染物测试成本、环境业绩指标的设计成本、供应商环境业绩的检测成本等。

当预防机制失效时,为纠正环境问题而产生的成本是非符合性成本,包括环境内部损失成本和环境外部损失成本。环境内部损失成本是指在污染物或废物产生之后，排放到环境之前而发生的活动的成本。环境外部损失成本是指在污染物或废物排放到环境之后发生的成本，例如，清理受污染的湖、石油泄漏的残余发生的费用，由于环境污染而对其他主体的赔偿，将土地恢复到原始状态的支出，由于破坏环境影响生育导致销售量的损失等。

采用环境质量成本计算，要使企业向零环境缺陷推进，需要增加符合性成本的投入，随着环境质量的提升，非符合性成本将下降。

第三节　环境成本管理

一、环境成本管理概述

基于企业所采取的不同的环境管理战略，企业在环境成本管理方法方面也将有所区别：采取不合规战略、最低程度合规战略、超合规战略的企业，所考虑的环境损失成本和环境维持成本是既定的，所提供的是最基本的环境成本信息汇总，相应的环境成本管理属于消极性的事后管理；相反，采取积极性环保领先战略的企业，不仅对确定将要发生的环境成本（包括环境损失成本和环境维持成本）加以核算，而且在事先将可能发生的环境预防成本纳入生产经营决策，通过现金流分析对各种可能的采购方案、生产方案等进行最优选择，从而优化企业的价值链，实现企业价值的最大化，其环境成本管理是积极的和前瞻性的事先管理。

从企业可持续发展的角度来看，积极性环保领先战略考虑的环境成本更为广泛，与外部环境成本内部化的趋势相一致，有利于企业的可持续发展和长期环境业绩，再考虑到事先预防成本总是比事后弥补成本来得低，因此，与积极性环保领先战略相适应的环境成本事先管理法是企业的理想选择。除了符合企业长期管理战略外，环境成本事先管理法在管理过程和管理空间方面也有长处。

首先，从环境成本管理过程来看：环境成本事后管理法仅仅是对环境成本数据的归集和报告，不涉及价值链的优化，不会对企业的生产活动产生大的影响；环境成本事先管理法注重的是对企业整个价值链的分析，对企业的采购方案、生产方案等进行优化选择，会涉及企业的采购链、生产流程的再造，从而要求企业具备良好的环境成本核算和估计能力。

其次，从环境成本管理空间来看：环境成本事后管理法的着眼点在于现有生产过程中发生的环境支出成本，然而，在生产流程不变的情况下，环境成本降低的空间有很大的局限性，无法达到控制环境成本支出的目标，也不能避免企业发生巨额环境成本的风险；环境成本事先管理法则不然，它是在考虑环境成本支出的情况下对企业整个价值链的优化选择，从而环境成本控制空间可以有效增大，从长远来看，有利于实现企业环境成本最小化目标。

二、基于价值链理论的环境成本管理

（一）基于价值链理论的环境预测与决策分析方法

企业在投资决策中，可以利用环境影响评价所确定的主要环境因素，分析其对环境的可能影响，并进行定性和定量的分析，从而把环境因素纳入投资决策分析中，使企业对投资活动环境产生有利影响。

根据价值链理论的要求,考虑到环境因素,预测与决策需要改变以往唯市场经济效率是瞻的原则,企业将出于自身意愿或客观要求在生产的过程中采用低排放的发展模式,并把价值链理念融入日常的预测与决策分析中,使环境成本成为影响企业预测与决策的重要因素之一。

(二) 产品研发阶段的环境成本管理

减量化原则的要求属于输入端口控制,其主要目的是减少进入生产和消费过程中的物质和参量,在保持生产和发展的同时降低资源的消耗、减少废物的排出,使资源的消耗速度变慢,进而开发和设计出使企业环境成本符合整体社会经济利益和企业经济利益均衡的产品。从企业环境成本管理的对象来看,在此阶段应该研发和设计行为合理、规范企业全过程管理行为的环境成本,锁定生产和销售环节可能发生的成本,使企业在以后环节的环境成本管理有可遵循的框架。

(三) 生产环节的环境成本管理

生产环节的环境成本管理主要从环境材料的采购和清洁生产两个方面进行。在生产环节利用环境材料进行清洁生产的模式,是从资源保护、合理利用、持续利用的思路出发,充分考虑生产前、中、后的节能、降耗、减污,寻求资源和能源的废物最小化的一种先进的企业环境成本管理模式,它将企业的目标很好地导向可持续发展的方向。

(四) 在营销、分销和顾客服务环节的环境成本管理

在价值链的营销、分销和顾客服务环节,企业通过环境成本管理谋求环保效果和效益的最大化。企业应该树立绿色营销和绿色服务的观念,注重产品的环境质量,并强调产品本身的无害性,在一切营业活动中注重环保,绿色服务则要求将环境因素纳入设计和所提供的顾客服务中。

(五) 要求环境管理会计重视资源寿命周期与使用方式

加强对产品有效寿命的管理,使产品的有效寿命期延长,也就延缓了废弃物的产生。最为常见的方式就是进行标准化生产,使企业甚至该行业生产的同类产品都具有可替换性。

第四节　环境成本管理的业绩评价

无论是环境管理战略,还是环境成本管理方法,最终目的是对环境成本进行有效的管理和控制,但是最终成效取决于具体实施环境和实施人员。有鉴于此,企业推行的环境成本管理战略必须与其内部组织相结合,只有从企业层次上考虑环境成本管理,才能使相关环境决策达到最优,实现环境成本最小化目标。同时,企业推行环境成本管理战略还须调动实施人员即管理层的积极性,将环境保护因素纳入各类业绩考核,并妥善确定环境成本的资本化和费用化标准。

一、内部组织结构

企业内部组织结构大体上可以分为集权式(centralization)和分权式(decentralization)两类。权变理论(contingency theory)认为,企业外部环境的复杂程度决定了其内部组织结构的复杂程度。如果企业内部组织结构与外部环境相适应,那么,企业处理外部环境事项的效率是最高的。随着环境因素的重要性日益提高，企业外部环境的这一变化必然要求其内部组织做出相应调整。

(一) 传统责任中心及其缺陷

20 世纪以来，企业规模呈不断扩大趋势，而几次大规模的企业合并浪潮更是加剧了这一趋势，企业开始向多产品生产、跨行业经营模式转变，跨国企业更是突破了地理区域的限制。企业外部环境的复杂化要求企业具备迅速反应和及时调整的能力，从而大多数企业倾向于采用分权式组织结构，只是在分权化程度上有所差异，不同企业在上下级权力分配比重方面有所差异。

实现分权管理的企业通常将其部门划分为若干责任中心，按照责任中心产出的可计量性和责任中心经理人员在投入、产出方面的决策权利，责任中心具体分为标准成本中心、收入中心、酌量性费用中心、利润中心和投资中心。企业通过实施责任会计来对各责任中心负责的经济活动进行规划、控制与业绩评价。责任会计是为了评价企业各个责任中心的工作成绩而实行的一种会计制度，其中，责任成本会计是企业责任会计的核心内容，以企业内部各责任中心单位为对象，按照“谁负责，谁承担”的原则，即成本可控性来归集成本。

企业设立责任中心，一方面具有增强企业应变能力、节约高层经理人员时间、激励基层人员等好处；另一方面，我们必须认识到责任中心制有其固有成本，最突出的问题便是各责任中心与企业整体之间的目标不一致。通常，企业需要通过业绩评价将经营战略目标传递到各个责任中心，但传统业绩评价并未涵盖经理人员的决策所致的全部经济后果，比如对其他责任中心以及企业整体的影响，并且传统业绩评价所关注的仅仅是短期目标，往往与企业长期发展目标相违背，故需要通过合理授权、激励计划等制度安排对责任中心设立的成本和收益加以平衡。

(二) 企业层次的环境责任中心

在实行责任会计制度的企业，如果将环境成本纳入企业的成本管理系统，那么环境成本管理压力会下传到各责任中心。然而，环境成本的特点和责任会计的固有缺陷决定了环境成本管理要达到既定效果，必须建立企业层次的统一环境成本责任中心。

一方面，环境成本特点决定了建立统一环境成本责任中心的必要性。环境成本的特点之一是一体化，环境成本的发生贯穿于企业的整个价值链，企业各部门如采购部门、生产部门、售后服务部门等都会发生环境成本，更重要的是各部门发生的环境成本是互相影响的，如图 14－5 所示。

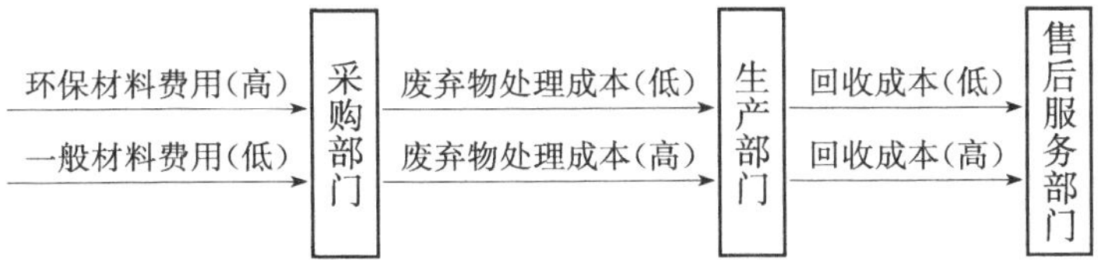

图 14－5　企业整体范围内环境成本的一体化

采购部门如果选取环保材料，则采购成本较高，但生产过程中所产生的污染或废弃物较少，从而生产部门的处理成本较低，最终售后服务部门的回收成本也较低；另一种选择是购买一般材料，采购部门成本较低，但生产过程中所产生的污染或废弃物较多，从而生产部门的处理成本较高，而售后服务部门的最终回收成本也较高。

另一方面,传统分散型责任中心的固有缺陷也决定了建立统一环境责任中心的必要性。在分散型责任中心下,各部门的环境成本支出是按照可控性标准来划分的,出于优化本部门环境成本的目的,各部门会向其他部门转嫁责任分配,从而出现环境成本在企业内部各个责任中心重新分配而整个企业的环境成本却没有降低的情况,同时也不能防止巨额或有环境支出的发生。

鉴于以上分析,企业只有建立统一的环境责任中心,才能对环境成本做出科学规划,并协调各部门的利益冲突,消除单个责任中心的短期行为。不仅如此,统一的环境责任中心可以从长期着眼,将某些不可控的环境成本变为可控的。例如,采购部门本期购置原材料,可能导致生产部门以后期间发生环境成本,对此生产部门不能控制,而采购部门也不对此负责,而环境成本管理范围的扩大将更有利于企业的环境成本管理。

同步思考题 14.2

环境成本为什么具有一体化的特点?

二、环境业绩评价

除了从内部组织方面适应环境成本管理的需要外,企业还需要将环境管理业绩评价纳入管理层的综合业绩考核体系,以此激励经理人员的环境保护动力,从而达到对环境成本的有效管理。

(一) 业绩评价发展

随着企业生产经营特点以及所处社会经济环境的变化,企业所采用的业绩评价方法大体经历了四个阶段:

1. 观察性业绩评价阶段

19 世纪工业革命之前,由于当时企业规模很小,对其进行评价的意义也不大,故评价以观察为主。

2. 统计性业绩评价阶段

19 世纪工业革命之后,由于企业规模日渐扩大,产权关系日趋复杂,业绩评价也越显重要,但这一时期的企业业绩指标大多是统计性的,与财务会计无必然联系。

3. 财务性业绩评价阶段

从 20 世纪初至今,企业逐渐向跨行业经营的大规模企业集团方向发展,企业相关利益方迫切需要一套指标对企业的业绩做出准确评价,其中具有代表性的是杜邦财务分析体系。在实施责任中心制的企业,为将经营战略目标传递到各责任中心,需通过不同的考核指标对不同责任部门进行业绩评价。比如:成本中心主要考核其成本或费用;利润中心主要考核其收入和支出的差额,如利润、边际贡献等;投资中心主要考核其投资效果,如投资收益率、剩余收益。

4. 战略性业绩评价阶段

由于财务指标评价存在诸多缺陷,如重短期财务结果、轻长期利益,重局部利益而轻全局利益等,因此,需要新的指标和方法来对企业做出全面评价,尤以 20 世纪 90 年代后期卡普兰(R. S. Kaplan)与诺顿(D. P. Norton)创制的平衡计分卡(balanced scorecard)最具代表性，平衡计分卡主要从财务、顾客、内部经营过程、学习和成长四个方面对企业业绩进行全面评价。企业在质量、客户或员工满意度、创新这些非财务方面的提高代表对企业个体特定资产的投资，而现行会计制度对此未能予以充分反映。然而，与历史成本会计计量相比，这些“无形资产”投资的非财务指标能够更好地代表企业的未来财务业绩，是对企业财务指标计量的必要补充，因此，战略性业绩评价已成为发展趋势，要求披露企业价值驱动因素的非财务信息的呼声也越来越高。

（二）环境业绩评价指标

由于财务指标很难对企业环境活动或环境管理的长期经济效果予以衡量，为切实降低企业环境风险，环境责任中心的业绩评价需要更多地考虑那些与企业长期可持续发展密切相关的关键非财务因素，以便能够从总体上评价企业经营活动的环境影响。环境业绩评价需要考虑一些不可计量的方面，如环保法规的执行情况、内部环保规定、绿色产品开发成果等，但更重要的是从可计量角度来加以衡量，企业环境业绩的非财务指标可以采用绝对量、投入/产出效率和废弃物再生利用三个方面的关键考核指标。

1. 绝对量

企业的资源消耗总量以及污染物生成总量能够很好地显示企业和整体环境之间的关系。尤其是污染物生成总量，它是企业可能给社会和环境带来污染的最大量，将污染物总量控制在一定范围内是人类社会继续生存发展的根本保证，也是衡量该企业可持续发展能力的重要指标。

有鉴于此，一方面，企业需要设立资源消耗的总量指标，如原材料、包装材料、能源、燃料、水资源等消耗指标，同时设立基准值予以比较，说明由于绿色产品设计或生产流程再造引致的资源消耗减少，或是由于生产规模扩大而引致的资源消耗增加；另一方面，企业需要设立污染物生成的总量指标，污染物生成量主要指的是企业在生产经营过程中产生的废水、废气、废渣等有害物质的生成量，其中最重要的是温室气体的生成量，如《京都协定书》中列举的 CO_2、CH_4 等 6 种温室气体。此外，企业可以编制污染物生成量的刚性削减预算，借此促使自身加大绿色产品开发力度以及采用清洁生产技术。

2. 投入/产出效率

除了污染物生成总量指标外，污染物相对指标有利于不同企业之间的比较，从而显示企业在资源利用和废弃物生成方面的进步和改善，最主要的指标就是企业的投入/产出效率指标，通过衡量企业生产活动与资源投入、废弃物产出之间的关系，有效显示企业经营活动和外部环境之间的互动关系。

企业生产活动的参数可考虑采用销售额，从投入方面来看，主要关注的是企业的资源利用效率，即实现更高销售额的同时尽可能减少资源消耗量，可考虑的指标是资源投入/单位销售额，具体如电力/单位销售额、燃料/单位销售额等；从产出方面来看，主要关注的是企业的相对废弃物产出，即实现更高销售额的同时尽可能减少废弃物生成量，可考虑的指标是废弃物/单位销售额，具体如废水排放/单位销售额、CO_2 排放/单位销售额、NO_2 排放/单位销售额等。

3. 废弃物再生利用

鉴于自然资源的有限性和耗竭性，提高资源利用率的重要环节之一是废弃物再生利用，即企业对生产过程中产生的有害废弃物进行处理，并生产出有价值的物品，一方面可以避免环境污染和保持生态平衡,另一方面也节省了自然资源,并且会给企业带来额外收益。因此,废弃物再生利用率也是企业可持续发展战略中应备受关注的指标,可考虑的指标有废水利用率、包装材料回收率等。

上述环境业绩方面的非财务指标具有一般非财务指标的弊病,即环境业绩在非财务指标方面的改进难以显示对财务收益变化的影响,即难以用货币来衡量非财务指标的改进。然而,从发展角度来看,信息时代高科技的迅猛发展使得非财务评价系统的建立成为可能,财务指标与非财务指标的有机结合将是企业业绩评价的总体发展趋势,环境业绩非财务指标也必将对企业具有财务指导意义,有利于实现企业长远利益的最大化。目前,从环境业绩评价角度来看,为了促使企业各传统责任中心与环境责任中心相互合作,以降低企业整体的环境影响,有必要将各责任中心经理人员的报酬和上述环境业绩的非财务指标相挂钩。同时,由于上述环境指标数据产生于企业的各个责任中心,相应的收集和报告事宜应统一由环境责任中心负责。

本章小结

作为现代工业化生产的产物,环境污染不仅造成了各种资源的快速耗竭,更使得人类社会的生存环境日益恶化,目前已成为亟须解决的全球化问题之一。随着可持续发展理论的提出以及全球范围内在环境治理方面的努力,绿色生产已成为新经济发展模式的核心。环境污染的主体——企业,其外部经营环境正经历着巨大变化,而外部环境成本内部化的趋势日益明显,因此,企业所承担的环境成本支出将大大增加。环境成本已经成为企业各类经济决策,尤其是长期决策中不可忽略的重要因素,企业有必要建立环境成本核算体系来对环境成本进行管理。

环境成本是指本着对环境负责的原则,为管理企业活动对环境造成的影响而采取或被要求采取的措施的成本,以及企业因执行环境目标和要求所付出的其他成本。环境成本具有强制性、突发性、一体性和增长性的特点。环境成本按其内涵不同可以分为广义环境成本和狭义环境成本,其他分类标准还有美国环保局、加拿大特许会计师协会、日本环境省等制定的标准。

从传统来看,环境成本核算可以采用制造成本法,现代的环境成本计算改进方法有作业基础成本法、生命周期成本法、完全成本法和环境质量成本法。

环境管理战略是指企业对于环境管理的认识和采取的行动,可以分为不合规战略、最低限度合规战略、超合规战略和积极性环保领先战略。与环境管理战略相适应,环境成本事先管理法是企业环境成本管理的首选。同时,企业还须为环境成本管理做好制度和人员上的准备,即建立企业层次的环境责任中心,将环境保护因素纳入各类业绩考核。

本章关键词

可持续发展	sustainable development
排放许可证	tradable permits
环境会计	environmental accounting

环境管理战略	environmental management strategy
环境预防成本	prevention costs
环境维持成本	conservation costs
环境损失成本	environmental losses
生命周期成本法	life-cycle-costing
完全成本法	full-cost-accounting

思考题

1. 什么是环境成本？为什么企业对环境成本管理的兴趣日益增加？

2. 环境成本分类方法主要有哪几种？试简要分析。

3. 传统成本计算方法是如何将环境成本分配到产品成本中去的？这种分配方法有什么问题？

4. 作业基础成本法是如何将环境成本分配到产品成本中去的？

5. 生命周期成本法对环境成本如何划分？有哪几类成本？

6. 采用完全成本法核算环境成本有何意义？

7. 环境质量成本法将环境成本如何划分？

8. 环境业绩评价指标选取可从哪些方面入手？试简要分析。

9. 环境成本会计对企业经营活动有什么意义？

同步思考题参考答案

14.1

① 未追溯隐性成本；② 已追溯隐性成本；③ 已追溯显性成本；④ 未追溯显性成本。

14.2

环境成本一体化的特点是由企业价值链决定的。企业价值链由原料投入、产品出产等环节组成，在此期间又与诸多子环节相联系，企业追求的是整个价值链的优化，某个环节的优化不等于整个价值链的优化。由于环境成本的发生与价值链的各个环节相联系，因此，环境成本最小化目标的实现也需要从整个价值链的角度出发来考察。

案例讨论

在近4年内，为了实现其战略目标，比尔公司采取了很多措施来改进其环境业绩。其中受到高度关注的是有害废弃物的数量、液体废弃物的排放量两个指标。首先，公司的目标是减少废弃物产生的数量。其次，公司想改变其将废弃物送入垃圾场和深井灌注的方法，取而代之的是焚烧处理、深埋处理和回收利用。公司总经理史密斯要求会计部门对环境改进的情况加以跟踪和报告。公司编制了内部和外部的环境改进进展报告。下表是其管理目标的资料。

有害废弃物管理目标 单位：吨

年　度	焚烧处理	深埋处理	回收利用	送入垃圾场	深井灌注	合　计
2014	2 000	2 000	1 000	35 000	10 000	50 000
2015	4 000	2 000	2 000	30 000	10 000	48 000
2016	8 000	3 000	3 000	25 000	7 000	46 000
2017	15 000	3 000	3 500	15 000	3 500	40 000

液体废弃物管理目标：

年　度	硫酸盐吨数
2014	100
2015	92
2016	81
2017	73

将有害废弃物送入垃圾场的成本是每吨500元；深井灌注的成本是每吨600元；焚烧处理的成本是每吨700元；深埋处理的成本是每吨1 000元；回收利用则可以获得每吨100元的收益。但是，回收处理方法只适用于特定类型的有害废弃物，并且只有70%的成功产出率。深埋处理方法也只适用于特定类型的废弃物。每吨液体废弃物的罚款、污染治理等费用是40 000元。

要求：

1. 通过绘制有害废弃物变化趋势的柱状图，说明比尔公司环境改进的进展。

2. 计算2014年和2017年比尔公司在有害废弃物和液体废弃物上所发生的成本，并从财务成果角度评价公司取得的环境改进进展。

3. 解释比尔公司治理环境的成本是否被低估。